U0574187

罗志田 著

激情年代

五四再认识

北京师范大学出版集团
BEIJING NORMAL UNIVERSITY PUBLISHING GROUP
北京师范大学出版社

自　序

　　五四运动已经过去一百年了。百年来许多人为它树碑立传，它的形象已更清晰，却也依然如雾中之月，微茫而朦胧。这样说可能让有些专门研究五四的学人不快，但在很多人以为主要历史问题已被研究得差不多的时候，得知像五四这样的重大事件都还大有可为，不也是快事一桩吗？

依然朦胧的五四

　　五四运动向有广狭两义：从字面义言，五四特指 1919 年那次以学生为主的运动；然而通常说到"五四"（以下非特指不加引号），大约都会往前后各推移几年，是所谓"广义的五四运动"（近于通常所说的"新文化运动"）。两种五四不仅运动时间长短不同，就连其象征性的口号也各异。一般视为五四基本理念的"民主"与"科学"，更多适用于广义的五四；而当年游行的学生口里所喊的，却是"内除国贼、外抗强权"一类口号。两者间实有一段不短的距离。

有意思的是：一方面，大家都以 1919 年的学生运动作为一个整体的象征，每逢"周年"就发表纪念的言论；另一方面，很多人心目中的五四运动其实是广义的。一个最显著的例子，就是从 2015 年开始，学界便开始出现一些以"百年"为题的"回望""反思"文字，甚至有一些冠以"百年"的相关研讨会召开。真正到五四学生运动一百周年时，各类纪念活动所涉及的内容，也远超过狭义的学生运动。

随着时间的积累，两种五四的并用已经约定俗成。从研究者到媒体，大家都共同使用含义其实各异的概念，而不觉其间的冲突。这反衬出一个我们可能注意不多却实际存在的事实，即"五四"的内容和意涵本来相当丰富，它的形象原本就不那么"一元化"。如今很多人已在思考怎样继承"五四遗产"甚或是否应当跳出"五四的光环"，其实不论是广义还是狭义的"五四"，不仅未到盖棺论定的程度，甚至一些基本史事都还没搞清楚，仍处于一个言人人殊的状态。

仅举一例，梁启超曾说，要"了解整个的中国，非以分区叙述为基础不可"[1]。即以狭义的五四运动论，也不仅发生在一地。当年北京的学生运动多少有些偶然，尽管有很多当事人的回忆，但究竟是哪些人实际领导了学生的运动，以及当天路途上发生了什么事，迄今尚存争议。连北京市区的运动过程都不够清楚，遑论各地的运动了。蒋梦麟在五四当年就反复说及"从北京到广

---

① 梁启超：《中学国史教本改造案并目录》（1922 年），见《饮冰室合集·文集之三十八》，27 页，北京，中华书局，1989。

东，从上海到四川"①，但广东和四川的五四，我们现在知道多少？

有些历史上的事件和运动是因为材料不足征而不容易弄清楚，五四则不然，相关史料可以说是汗牛充栋。确有一些面相是因为史料不足征，不得不借助想象和推论，因此而多有争议。然而也有一些材料颇充足的面相，长期被研究者视而不见，处于一种存而不论的状态。同以各地的五四为例，尽管已有一些记述大地方的资料集，然使用者不算多。② 已有的相关研究增进了我们的认识，而各省的五四情形基本仍不清楚。若所谓县乡镇层级，在不同程度上也受到运动的影响，受到关注的就更少了。③

区域因素以外的其他方面，五四的历史和历史中的五四，没弄清楚的具体内容也还不少，仍需继续探索。（以下说五四，凡不特别注明，皆广义的。唯用以断时的"五四后"和"后五四"，则多为狭义的。）

另外，五四经过了长时期各种取向的解读，在一些面相愈来愈清晰的同时，也不排除被诠释者增添了一些"作雾自迷"④ 的成分。五四的内容和意涵本来相当丰富，对它的诠释和解读几乎

---

① 蒋梦麟：《这是菌的生长呢还是笋的生长呢》，载《晨报·周年纪念增刊》，1919-12-01，1 版。

② 例如与五四学生运动关联最密切的山东，虽有胡汶本、田克深编的《五四运动在山东资料选辑》（济南，山东人民出版社，1980）等书出版，但研究论著的数量和品质，尚不够令人满意。

③ 这方面一些新探索，参见徐佳贵：《"五四"与"新文化"如何地方化——以民初温州地方知识人及刊物为视角》，载《近代史研究》，2018（6）；瞿骏：《觅路的小镇青年——钱穆与五四运动再探》，载《近代史研究》，2019（2）。

④ 熊十力语，见熊十力：《读经示要》（1944 年），见《熊十力全集》第 3 卷，840、874 页，武汉，湖北教育出版社，2001。

和学生运动同时，起步相当早。随着对五四的研究日益加增，后人对所谓"五四研究"本身，也已歧见日多。

据说老子曾对孔子说："六经，先王之陈迹也，岂其所以迹哉！今子之所言，犹迹也。夫迹，履之所出，而迹岂履哉！"这是《庄子·天运》中所言，义甚悠远。如果"履之所出"乃履迹而非履，而昔人之陈迹未必是其"所以迹"，则西方文论所谓文本一经产生，即具有了脱离母体（即作者）的独立生命，似亦可由此索解。章学诚就曾说，文本一经写定，解读就变化多端，所谓"言一成，而人之观者，千百其意焉，故不免于有向而有背"。①

在某种程度上，历史叙述中的五四，就像一个含义丰富的文本，早已被历来的众多解读者"千百其意"了。熟读老庄的鲁迅曾主张："倘要论文，最好是顾及全篇，并且顾及作者的全人，以及他所处的社会状态，这才较为确凿。要不然，是很容易近乎说梦的。但我也并非反对说梦，我只主张听者心里明白所听的是说梦。"②

依鲁迅的意思，不顾文本作者及其产生的语境而就文本论文本的"说梦"取向，是可以存在的；但听者（即文本诠释的接受者）应当区分并明了"说梦"与"说事"两种取向的不同。若取上述文学批评理论解读五四，最好能指明其所解读出的，乃是作为"独立文本"的五四之意涵，而非与"作者"及其时空关联的那个五四；或将两者进行区分，让"听者心里明白"他们所听的是"说梦"还是"说事"。

---

① 章学诚：《文史通义·朱陆》，56页，北京，中华书局，1956。
② 鲁迅：《"题未定"草七》，见《鲁迅全集》第6卷，430页，北京，人民文学出版社，1981。

　　如果选择了"说梦"取向，在解读时当就已"独立"的文本进行诠释，而不宜将其解读还赠文本的作者，指出某某主张如何，某某赞同和反对什么，等等。不幸的是，一些持"说梦"取向的五四研究者，却未能遵循其所借鉴的理论，常将其想象力丰富的解读，还赠五四的当事人，使我们认知中的五四形象更加扑朔迷离。

　　重要的是，文本不论有多独立，仍有其产生的母体。从时间视角看，其实也可以说，文本一产生，就已经是过去式，也就成为历史了。与其相关的语境，自然同样是历史的。不论是就文本解读文本，还是将文本置于其产生的语境中解读，恐怕都不能不考虑历时性的因素；却也不妨以观时而观空，并以观空而观时。①

　　过去受梁启超影响，都爱说中国对外国的认识有从器物、制度到文化的三阶段进展，而讨论史事也多沿着甲午战争、戊戌变法、辛亥革命一系列事件的时序模式。其实五四学生运动本因外来刺激而起，那时的欧战，特别是"新俄"的出现，使五四人的思想受到强有力的外来冲击，他们对中国现状和历史的反省和对未来的憧憬，包括时人挂在口上的觉醒、解放和再造，基本都在一个时空纵横的框架之中，已经超越了线性的时间进程。无数重时空因缘的叠加，使五四呈现出如许面貌。我们观察五四，最好因循时人的思绪，注意观空与观时的互动。②

　　五四时代的中国，就是一个复调的时空，需要复调的研究。

　　① 陈寅恪：《俞曲园先生病中呓语跋》，见《寒柳堂集》，164 页，北京，生活·读书·新知三联书店，2001。

　　② 前引杜亚泉提出以特定时段的"时势"来划分新旧的主张，而这个时段又以标志性事件来确定，大体即据事件以分新旧，便多少带有以观时而观空的意味。

这也应当落实在历史的表述之上。在技术层面，史学的处理需要尽可能平静。但顾颉刚也曾主张，为了让读者了解"各时代的特殊色彩"，作者就是遇到"抽象的史料，也必得有生动的叙述"，才能使读者"可以眉飞色舞，不受强迫而欢喜自己去看"。① 如果认为这样太强调主观的努力，我们至少可以遵循文如其事的取向，当史事本身富有激情时，表述或也不妨适当动情。对一个激情四射的年代，研究者自己不妨冷静处之，但展现出的五四却不必显得太"镇静"。

戴维斯（Natalie Z. Davis）论新旧史学的差别说，旧史家希望得到"以直白而一目了然的言辞"建立起来的绝对真相，而新史家"处处看见复杂和多歧的现象"，在努力寻求"确切的真相"时，也愿意先接受某种"可能的真相"。② 五四本"是一个多层多面的运动，有其复杂性"。③ 既然史事本身是丰富的，所谓历史书写表现出的五四就不必显得太"整洁"和"凝练"。如史景迁（Jonathan D. Spence）所说："能一目了然的东西并不存在。我们对中国的看法越模糊，越多面化，离那最捉摸不定的真实性也就越近。"④ 这一睿智的提醒，特别适合于对五四的认知和表现，我们确实需要看到一个复调的五四。

---

① 顾颉刚：《中学校本国史教科书编纂法的商榷》，载《教育杂志》，14 卷 4 号，1922 年 4 月，11 页（文页）。

② Natalie Z. Davis, "On the Lame," *The American Historical Review*, vol. 93, no. 3 (June 1988), p. 574.

③ 张灏：《重访五四——论五四思想的两歧性》，见《幽暗意识与民主传统》，200 页，北京，新星出版社，2006。

④ ［美］史景迁：《16 世纪后期至今西方人心目中的中国》，见［美］罗溥洛（Paul S. Ropp）主编：《美国学者论中国文化》，包伟民、陈晓燕译，15 页，北京，中国广播电视出版社，1994。

本书的内容

本书就是探讨五四新文化运动这一激变的时代。我其实一直准备写一本关于五四的专书，也曾拟出了大致的章节，很多都已有半稿或资料长编。唯因随顺世缘①，不少内容不得不写成论文刊发，那书稿只能搁下了。由于已刊发的文字收入不同的文集中，不易形成聚合的认识。这次把版权已到期的论集中与五四相关的文章拆出来②，新写了通论性的前三章，希望能有稍集中的呈现。

这些年在研究生招生口试中发现一个特别的现象，很多大学毕业生的历史素养相当守恒，几乎二十年如一日。能培养出这样的学生，意味着过去二十年的历史研究，不仅未曾影响到教科书，甚至一些专业史学从业者也视而不见，遑论非专业的读者了。在这样的语境下，我们对于五四，仍然需要重新认识，此本书所以斗胆名为"再认识"也。

开篇是引论，提出把"天下"的视角带回历史叙述。近代一大变局就是天下的崩散，向外转化出了世界与中国，向内转化出了"国家"与"社会"。五四运动发生时，身在中国现场的杜威

① 五四永远是热点，每逢周年，总有约稿。而有些约稿，特别是长辈的命题作文，是无法拒绝的。

② 其中两章来自《激变时代的文化与政治——从新文化运动到北伐》（那本书我不准备再版，书中其他内容也会分别纳入其他文集），更多的来自《道出于二：过渡时代的新旧之争》（那本书会重编，侧重相对宏观的论述，而讨论具体人物、事件的都会转入他书）。其余还有一些与五四相关的文字，唯收入的论集版权尚未到期，这次就不纳入了。

(John Dewey) 看到"国家"的诞生，而当事人傅斯年则看见"社会"的出现。这样不同的即时认知充分表现出五四蕴涵的丰富，也告诉我们"国家"与"社会"这两大外来名相尚在形成中。这些五四重要人物自己都不甚清楚的概念，又成为观察、认识、理解和诠释五四的概念工具，表现出"早熟"的意味，也忽视了五四前后出现的一些非国家和超国家的思路。因为其诠释力有限，故有必要把"天下"的视角带回历史叙述，以增进我们对五四运动及其所在时代的理解和认识。

第一章相对宏观地检视五四的体相和个性，强调五四运动是一个"会合的历史运动"，有其中心主旨和统整的体相。一个同质性的五四形象，既是在无意中形成，也包括时人和后人的构建。本章具体从相对宏观的视角观察辛亥革命与五四的关联，以探索后者究竟是外来冲击的反应还是自我的觉醒，并考察民初新旧之争怎样发展为向"文化"开战，一体两面的正本清源努力如何兼容破坏与建设，以及学生运动与新文化运动的相互影响等面相，进而从后五四时代的认知去检视新文化运动的遗产，可以看出五四已成为新文化运动的标识。

第二章从五四的认知历程赓续探讨五四的体相和个性，侧重其时代特性。从五四的下限北伐开始，"五四"认知渐趋定型。然而关于五四形象的历史协商，仍在进行之中。自成一体、自具其相的五四，可以说是自足的。而在整体的五四之中，又有着许多独具特色的个体。把五四放在历史脉络中，更容易看到其时代性，了解它在中国近代史上表现的更多是延续还是突破。同时，自具体相的五四，又显出与整个近代大趋势不同的特异性。这种双重的时代特性增强了认识五四的难度，却也指明了努力的方向。我们需要正视五四那多元复杂而感情洋溢的时代特色，充分认识五四外在的整体个性和内在的多歧个性，注意观空与观时的互动，以复调的取向来研究五四的人和事。

上面三章差可算作通论，以下是各论，大体以时间为序。首先从社会视角看文学革命。当年影响甚广的文学革命，是广义五四的开端。而据当事人胡适晚年的看法，文学革命"这一运动时常被人误解了"。他所说的误解，到今天仍不同程度地存在。一般对文学革命的成功一面，似乎都有偏高的评估，却又不怎么言及其真正划时代的长远结果——全民改用白话文。文学革命的先驱在向着"与一般人生出交涉"这个取向发展的同时，已伏下与许多"一般人"疏离的趋向。可以说那是一场精英气十足的上层革命，故其效应正在知识精英和想上升到精英的边缘知识人中间。

过去谈到五四新文化运动，多体现其抗议和反抗的一面。其实没有什么重大政治变革的五四前一年，对许多时人来说却曾充满了希望：既有"公理战胜"的乐观，也有对"文治"及和平的憧憬。学生参与校外活动受到鼓励，大型欢庆活动至少在方式上为学生运动进行了预备。当时政治和思想走向呈现出特别明显的内外缠结特点，不少人以为人类新纪元从此开始，希望借欧洲战胜的东风，由外及内，一举解决中国的全部问题，进入世界大同境界。巴黎和会与南北和会代表着以会谈方式解决困局的尝试，两者的失败预示着思想和行为方式上和缓取向的艰难。正因希望和失望都来得有些意外，举国的失落感强化了士人心态的激进。

从学生运动前夕读书人心态与政治的关联，可以看到从文学革命到后来的思想论争以及政治走向的脉络，而"问题与主义"

之争恰是一个代表性的事件。那次争论为时不长，却触及到一些时代关注的焦点，反映出五四时期各种流派混杂难分、阵线混淆的重要特征。当年包括安福系在内的朝野各方都以为"社会"的革命或改良不可避免，这样的朝野相似性使"新舆论界"一边希望有所"区分"，以确立自身的特性。简言之，那时的中国思想界远比我们过去认知的更为丰富而活跃。

有些后来以为冲突的观念，对当时当地的当事人而言，未必就那样对立，反有相通之处。例如，中国社会改造是局部解决还是整体解决的问题，就是一个时代关注的焦点，它所涉及的面向远比既存研究所论述的更为宽广。当时倾向于整体或根本解决中国问题的人相当普遍，其中不少人甚至不那么激进；而在主张根本解决的人中间，也有反马克思主义者。对于相当一部分人而言，整体或局部解决两种取向未必势不两立，反可能是一种互补的关系；且"根本解决"也不一定意味着革命，而革命倒可能是走向根本改造的第一步。

另一个时代关注的焦点，则是外来主义与中国国情的关系问题。其中既有读书人在学理方面的探讨，也有革命党人实践中的困扰和因应。争论各方都承认中西社会的歧异，并从世界角度思考中国问题的解决。需要注意的是，胡适关于输入外来"主义"应该考虑适合中国国情的观念，在中共党人探索世界革命与中国革命的客观实际问题时也得到一定程度的呼应。基本上，胡适和李大钊关于"问题和主义"的言论在一段时间里共同成为年轻一辈的思想资源，提示着这一争论未必像后来认知的那样意味着新文化人的"分裂"，或即使"分裂"也不到既存研究所论述的程度。

　　五四时最重要的刊物《新青年》，在后期出现了明显的转向。这与其创始人陈独秀的思想转变密切相关，而其直接的诱因，则是陈独秀不再继续担任北大文科学长。此事既与校外的新旧之争相关联，也涉及校内的大学体制构建，以及与办学取向异同相关的人事之争。陈独秀从自由主义到马克思主义的转移，及其主张的谈政治与《新青年》侧重思想的既定方针之间的紧张，都需要进一步的考察。与思想倾向关系不大的经费问题，反可能是使刊物与中共联系起来的一个实际考量因素。重新探讨《新青年》转向的因缘脉络，揭示出五四远比我们所认知的要更多姿多彩。

　　从学生运动当时及之后老师辈的即时观察和事后反思看，"学生"这一近代新教育的社会成果日渐脱颖而出，体现出群体的自觉，并被赋予救国救民的重任，却也越来越疏离于教育和学术本身。救国和读书怎样两全，成为摆在师生两辈人之间的重要问题，而两代人的认知却不尽相同。渐被视为社会模范的学生却缺乏自制能力，这个充满内在张力的现象，始为老师辈所提醒，继而长期困扰着踌躇满志的学生群体本身，挥之亦难去。

　　五四人的特点是放眼世界，而文化的区域性和世界性是后五四时代一个敏感而微妙的问题，所见人各不一。时人明知东方和西方并未构成一个完整的世界，却惯以它们来表述世界，提示出特定的时代关怀；而对此提出反对的质疑者，其实也有各不相同的具体针对性。尽管如此，时人却可以在缺乏共识的基础上进行相互分享的探讨。后人不宜忽视当年那些似可不言而喻的歧异认知，或当从仿佛可以不计的"小异"中，探索其间的"大不同"。

　　对于五四的基本理念，如德先生和赛先生，后人其实有过认真的反思。北伐后的民主与独裁之争是对德先生的反省，而此前的科学与人生观之争则是对赛先生的反思。张君劢在 1923 年一次带偶然性的讲话，究竟在何处以及怎样挑战了五四新文化人关于"科学"的基本观念，从而使后者不得不拔剑而起？通过考察分析"科学"观念在后五四时期的演变，可以反观五四人心目中的"赛先生"究竟何义。过去有些研究者对科学与人生观的论战水平感到失望，其实论战当事人之所欲言，与这些失望者之所欲观未必一致。时人对于"科学"及"科学方法"有着相当不同甚至带本质区别的理解，许多研究者经常使用的"科学主义"这样一个高度概括性的西方抽象术语，对发生在中国五四后期的一次具体争论，可能没有多大的诠释能力。

本书始于把"天下"带回历史叙述的主张，而当年的中国读书人的确尝试过把天下的政治模式嵌入现代国家。1922 年胡适曾提出"好政府主义"，不久更出现了一个为时短暂的"好人政府"。这个看似历史插曲的努力，就是这样的尝试。好人政府背后的"贤人政治"，大体是一个适应天下时代的传统理念；好政府主义强调政府应积极作为，又更适应现代的国家时代；而时人面对的北京政府，恰是一个具有现代形式却又延续传统小政府理念的政权。那是一个政治伦理转换的时代，新旧政治伦理的纠结容易使人感觉无所适从，却也留下更宽的尝试空间。各种充满张力的取向如何关联互动，是一个需要重新讲述的故事，也表明"天下"并未离开历史现场。①

与我很多专题论文稍不同，本书更偏重于叙事，虽然仍是一

---

① 说详罗志田：《把天下的取向嵌入国家：民初"好人政府"的尝试》，载《近代史研究》，2019（5）。

种分析的叙述，近于压缩的"通论"。各章在写作时，于开头结尾处或多或少都曾言及五四的总义。这次重组为一个整体（尽管仍然松散），此类说法基本都已删略，适当整合入相关的章节。个别章节有所扩充，一些章节的文字有所修订，包括整段整节的文字移易，期能稍更连贯。

各章写作的时间相差十多年（1996—2019），写作机缘不一，也并不系统，甚至不妨说是零散的碎片；然而碎片正是个性的体现，也是体相的构筑者。这些碎片之间并无清晰的边界，也少见明显的断裂，反呈现出相当密切的关联，即都在探讨读书人为寻求中国出路和解决中国问题的上下求索，彰显五四这一时段的丰富和多样化，希望能表现出一个复调的五四。

书中参考和所使用的一些资料，承海内外众多师友，尤其是不少青年朋友，热情指点和帮助，甚至代为查核、影印材料，谨此一并致谢！也要感谢《近代史研究》《社会科学研究》《天津社会科学》《历史研究》《南京大学学报》《社会科学战线》和《清华大学学报》各刊惠允将曾经发表于该刊的拙文收入本书！下面一段话已多次出现在拙作的序言之中，仍愿重复一遍：

本书倘幸有所得，都建立在继承、借鉴和发展既存研究的基础之上。由于现行图书发行方式使穷尽已刊研究成果成为一件非常困难之事，对相关题目的既存论著，个人虽已尽力搜求，难保不无阙漏。同时，因论著多而参阅时间不一，有时看了别人的文章著作，实受影响而自以为是己出者，恐亦难免。故在向既存研究的作者致谢之同时，我愿意申明：凡属观点相近相同，而别处有论著先提及者，其"专利"自属发表在前者，均请视为个人学术规范不严，利用他人成果而未及注明，请读者和同人见谅。

尽管各文尚不成熟，恐怕会有辱师教，但我仍愿意在此衷心感谢成都地质学院子弟小学、成都五中（列五中学）、四川大学、新墨西哥大学、普林斯顿大学各位传道、授业、解惑的老师以及这些年来我所私淑的各位老师。他们在我修业问学的各个阶段中都曾给我以热诚的关怀和第一流的教诲，在我毕业之后继续为我师表，诲我不倦，这或许是我比一些同辈学人更为幸运之处吧！本书若幸有所获，悉来自各师的教导。当然，所有谬误之处，皆由我个人负责。

五四活在我们的血脉中

历史现象本就繁杂丰富，在地大物博的中国，当年的社会与今天一样，应该也是一幅"林子大了什么鸟都有"的图景。五四涉及面甚广，而其前后发生的大事要事也不少，所以直到今天，我们对五四的认知仍是一个朦胧的大体。然而历史是要见之于行事的，具体的所思、所言、所行，永远是重要的。就像余英时师所说，对不同的人，五四就像"月映万川"那样因人而异，"同是此'月'，映在不同的'川'中，自有不同的面目"。若要对五四"求得更深的理解"，也需要见之于人人。①

柯林武德（R. G. Collingwood）在区分自然过程和历史过程时提出，自然过程中的"过去"一旦被"现在"所替代，就可以说消逝了；而历史过程中的"过去"则不同，"只要它在历史上

①　余英时：《我所承受的"五四"遗产》，见《现代危机与思想人物》，71～74页，北京，生活·读书·新知三联书店，2005。

是已知的，就存活在现在之中"。正是历史思维使"历史的过去"成为"一种活着的过去"。因此，不能被后人认知和重新思考的，便等于尚未进入历史过程。① 那些思考怎样继承"五四遗产"或是否跳出"五四光环"的人，或许有些类似柯林武德之所言，侧重的是在我们心中能够重新思考的那个五四。

而蒙思明看法稍不同，他以为，"历史本身的演变，一气相承，川流不息"。一件事有无史料保存，只影响我们的历史知识，却无关于历史本身。一件事的史料消亡，或不被记忆、认知，既不意味着史无其事，也不能说该事件"对于我们当前的生活与思想就无影响"。② 这是一个非常深刻的睿见，从这个视角看，我们的生命中其实融汇了无数过去的生命，而历史也就意味着过去的生命融入了我们的生命。即使在历史言说中"不知"（或在历史记忆中一度隐去）的"过去"，也依然影响着"我们当前的生活与思想"。

五四应当就是这样的"过去"。已是历史的五四，不论我们对其已知多少，也像一切历史那样，早已活在我们的血脉之中。从这个角度言，五四给我们的影响，恐怕是招之未必来，挥之难以去。作为历史的五四，仍有很多基本史事需要进一步的探索和更深入的认识。而了解五四，也有助于我们认识自己。在那些历

---

① 这是柯林武德所谓一切历史都是思想史的学理基础，但他并非"以不知为不有"（傅斯年语），而是主张努力去认知那些尚未被认知的部分。参见 R. G. Collingwood, *The Idea of History*, pp. 225-226, 218-219, 北京，中国社会科学出版社，1999。此书有中译本，参见柯林武德：《历史的观念》，何兆武、张文杰译，256、248页，北京，中国社会科学出版社，1986。

② 蒙思明：《历史研究的对象》，载《华文月刊》，1 卷 6 期，1942 年 11 月，15 页。

史记忆中曾经隐去或为人所"不知"的五四面相进入我们的历史言说，成为我们心中可以重新思考的"历史事实"之后，不仅我们认知中的五四与过去不一样，我们的"生活与思想"也可能有所不同。

2019 年 8 月 16 日
于青城山鹤鸣山庄

目　录

引论　把"天下"带回历史叙述：
换个视角看五四[①]

　　五四学生运动时，正在中国的杜威曾把运动描述为"一个民族/国家的诞生（the birth of a nation）"[②]。而五四运动的当事人傅斯年看到的，则是此时"中国算有了'社会'"[③]。两位一是运动当事人，一是现场观察人。他们对五四的即时认知，显然是不同的。这样的歧异表述有着不可忽视的重要意义，一方面提示出五四的多样性从一开始就存在，另一方面也告诉我们，"国家"和"社会"这两大外来概念及其反映的实体，此时或许尚在形成中，所以出现这类见仁见智的表述。

---

　　①　本文的一些早期想法曾以"从天下视角看五四"为题在华东师范大学历史学系举办的"世界的五四与地方的五四"工作坊（2018 年 8 月 22 日）上陈述，与会学人的评议给我不少启发。正式成稿后，承周月峰、李欣然和王波三位年轻人拨冗审阅，提出了非常有建设性的修改建议。特此致谢！

　　②　"John Dewey from Peking," June 1, 1919, in John Dewey and Alice C. Dewey, *Letters from China and Japan*, ed. Evelyn Dewey, New York, E. P. Dutton & Company, 1920, p. 209.

　　③　傅斯年：《时代与曙光与危机》（约 1919 年），台北史语所藏傅斯年档案。

这样看来，五四不仅如我们一般所知的是个时代分界点，而且它还见证和表述了"国家"和"社会"在中国的"诞生"。而尚在诞生中的国家和社会，又已成为观察和认识五四的媒介和描述时代变迁的诠释工具。不仅如此，五四时代其他重要名相，包括标志性的德先生和赛先生等，同样也是模棱的。时人据此进行的相互探讨和争辩，常常也是"无共识的共论"。①

名相的模棱本身意味着它们的意义正在形成，尚未凝固；而其背后隐伏的，则是那个时代的脉动。中国的近代，用梁启超的话说，就是一个过渡时代。② 在这一较长的过渡时代中，五四又是一个过渡性的短时段，很能体现其所在时代的过渡特性：它常被视为界碑，似乎划分了时代；却又以其丰富而多面的实践，能动地连接了时代③；更以其难以磨灭的遗产，展现了历史的延续。④ 而五四时期"国家"和"社会"这类基本名相的模棱，又揭示出那个时代一个更具根本性的变化——天下的崩散。

十多年前，我在一篇小文中曾说，五四前后，特别是五四后，思想界对究竟是推进"社会"领域的改造还是"政治"层面的革命，曾有一场辩论。这些争论背后，是怎样认知、界定和因应"社会"与"国家"的问题，其核心则是"天下"含义的现代

---

① 参见罗志田：《思想史中名相的模棱》，载《探索与争鸣》，2018（3）；《无共识的共论：五四后关于东西与世界的文化辨析》，载《清华大学学报》，2017（4）。

② 梁启超：《过渡时代论》（1901年），见《饮冰室合集·文集之六》，27～32页，北京，中华书局，1989。

③ 五四运动的广狭两义便是一个显例，广义的五四正以狭义的五四为连接。

④ 白话文的使用，就是至少三千年的一个大转变，也是一个可持续的历史性转变。参见罗志田：《体相和个性：以五四为标识的新文化运动再认识》，载《近代史研究》，2017（3）。

演化。① 换言之，五四前后国家与社会的紧张，很大程度上是天下的崩散所致。这是一个那时尚在发展之中的问题，相关现象不少研究者也曾提及，窃以为还可以进一步提升到意识层面，以深化我们对五四的认识，也有助于理解那个时代的许多重要现象。本文侧重于"国家"，唯因新名相的相互关联，也会不时附及"社会"。

一、从名相模棱看国家概念的"早熟"

德里克（Arif Dirlik）早就注意到，对五四思想有决定性意义的"民主"概念，在（广义的）五四运动进程中，以及对运动中不同的社会派别，具有不同的含义。在学生运动前的《新青年》杂志中，民主更多意味着"思想民主"，有着疏离于政治的明显倾向。到1919年5月，学生运动带来的"政治化"使民主转而成为强调人民参与权的"政治民主"。而同年6月工人阶级加入后，民主的含义又出现向"经济民主"倾斜的新转化，推动了社会主义思潮的澎湃。而学生、工人和妇女这些运动的参与者，则分别从民主概念中找到了罢课、罢工和离开家庭的正当性。②

---

① 罗志田：《士变：二十世纪上半叶中国读书人的革命情怀》，载《新史学》，18卷4期，2007。又见氏著：《近代读书人的思想世界与治学取向》，北京，北京大学出版社，2009，引文在131～132页。

② 本段与下段，参见 Arif Dirlik, "Ideology and Organization in the May Fourth Movement: Some Problems in the Intellectual Historiography of the May Fourth period," *Republican China*, vol. 12, no. 1 (Nov. 1986), pp. 6-7. 此文有中译，参见德利克（旧译如此）：《五四运动中的意识与组织：五四思想史新探》，见王跃、高力克编：《五四：文化的阐释与评价——西方学者论五四》，52～54页，太原，山西人民出版社，1989。

换言之，民主概念不仅是抽象的，它更是可转化的，且在实际运动中已转化为多种社会概念，成为思想斗争的目标。民主也不仅是个具有普遍意义的概念，由于各种时空因素的作用，它在社会实践中被"在地化"① 为各种具体的内容。这些在社会实践中获得的引申义，可能与它原本的含义有所疏离。因此，除非从五四倡导者和追随者的互动中挖掘出民主这一可转化的概念"在运动的进程中所获得的多层意义，我们对此民主思想在运动中所起作用的理解是毫无意义的"。也只有掌握了这一术语在社会层面的多重具体意义，才能真正认识五四时代的"德先生"。

"德先生"如此，"赛先生"亦然。对五四前后的中国读书人以及后之研究者来说，科学同样有着多重的"在地化"含义，有的人看到了科学的精神，有的人注重所谓的"科学主义"②，更多人关注的是表现在技术层面的物质力量③。在陈独秀等人眼里，科学常常意味着更本质也更准确的社会理解④，而在学人中

① 德里克明言，他所说的 local 不仅是地理意义的，更近于语言中所谓"方言"，大概兼具陈寅恪所说的观空与观时两面。参见陈寅恪：《俞曲园先生病中呓语跋》，见《寒柳堂集》，164 页，北京，生活·读书·新知三联书店，2001。并参见 William H. Sewell, Jr., "Geertz, Cultural Systems, and History: From Synchrony to Transformation," in *The Fate of Culture: Geertz and Beyond*, ed. Sherry B. Ortner, Berkeley, University of California Press, 1999, pp. 37-38.

② 参见 D. W. Y. Kwok, *Scientism in Chinese Thought*, *1900-1950*, New Haven, Yale University Press, 1965. 此书有中译本，参见郭颖颐：《中国现代思想中的唯科学主义（1900—1950）》，雷颐译，南京，江苏人民出版社，1989。

③ 从康有为到梁漱溟，大体都倾向于此，详另文。

④ 在陈独秀心目中，科学的人生观就是唯物的人生观，而唯物史观的力量就在于"只有客观的物质原因可以变动社会，可以解释历史，可以支配人生观"。陈独秀：《答适之》（1923 年 12 月）、《〈科学与人生观〉序》（1923 年 11 月），见任建树主编：《陈独秀著作选编》第 3 卷，166、146 页，上海，上海人民出版社，2009。

影响更大的，可能是胡适所说的清儒治学方法。[1]

正因 "德先生" 和 "赛先生" 各有其在社会实践中形成的多重意义，五四后对科学与民主分别有过一场较大的辩论，即1923年的科学与人生观（玄学）之争和北伐后关于 "人权" 的论争，以及 "九一八" 之后的民主与独裁之争。[2] 这些争论的参与者多半是五四新文化运动的当事人，他们之间辩论的持续既表现出中国思想界对五四基本理念的反思，也反映出此前名相模棱留下的时代痕迹颇具韧性，久久挥之不去。

名相模棱的形成，有时可能是随意的，有时却是有意的。如西文的 nationalism 或 nationalisme，国民党人译为民族主义，青年党人译为国家主义。对后者来说，这是郑重其事的有意选择。李璜明确指出，一般人把这个词译作 "民族主义" 是不妥当的，容易强化人和种族之意，而淡化 "一定领土、相当主权的重要意义"，所以必须要译作 "国家主义"。[3] 问题是两种译意的西文原

---

[1] 如刘咸炘便说他本 "不信科学方法能包办人生"，却又 "采用科学方法来教导学生"。这个 "科学方法"，当然不是王星拱、任鸿隽等人心目中的科学方法，不过就是 "考据辨证的高级而已"。参见刘咸炘：《看云》（1925年），见《推十书·增补全本》（庚辛合辑），240页，上海，上海科学技术文献出版社，2009；王星拱：《什么是科学方法?》，载《新青年》，7卷5期，1920年4月；任鸿隽：《科学方法讲义（在北京大学论理科讲演）》（1919年），见樊洪业、潘涛、王勇忠编：《中国近代思想家文库·任鸿隽卷》，143～153页，北京，中国人民大学出版社，2014。

[2] 关于前者，参见罗志田：《从科学与人生观之争看后五四时期对五四基本理念的反思》，载《历史研究》，1999（3）。

[3] 参见李璜：《国民教育与国民道德》，见李璜、余家菊：《国家主义的教育》，71页，台北，冬青出版社，1974；李璜：《国家主义正名》（1924年），见《国家主义论文集》第1集，25～28页，台北，"中国青年党" 党史会，1983，影印本。按：从清季开始出现的 "国民" 就常是 nation 的中译，而国民党的英文表述也是 the Nationalist Party，则国民党人似乎对李璜所说也有所感知。不过张东荪也曾提出："National 译为'国民的'颇易误会，似应改译为'民族国家'。" 见张东荪：《中国政制问题》，载《东方杂志》，21卷1期，1924-01-10，13页。

词是同一的，马君武便从两者"自相冲突"中看到"不通可笑"的一面。① 然而事情没有那么轻松，在 20 世纪 20 年代，尊奉民族主义的国民党与尊奉国家主义的青年党已到水火不相容的程度，彼此都想致对方于死地而后快。② 这个现象可能比较极端一些，但也充分揭示出社会实践中的"在地化"可以发展到离题甚远的程度。

在前述国家主义和民族主义歧异的背后，有一个更基本的名相尚待厘清，那就是"国家"。国家和社会是我们今天习以为常的概念，当年却是外来的"新名词"，其含义尚在确立之中。③ 而其定义的形成，不论是在抽象层面还是在社会实践层面，又是相互影响的，多少带有庄子所说的"非彼无我"特色，既相生又相克。④ 因为近代中国一个宏阔的时代转变，就是"天下"的崩散及其多重演变——向外转化成了"世界"与"中国"，向内转化成了"国家"和"社会"。其间有着剪不断理还乱的关联，让人无所适从又不得不有所抉择。⑤ 前述杜威和傅斯年的不同认知，就直接提示了这一对名相在当时的扑朔迷离。

———————

① 马君武：《读书与救国——在上海大厦大学师生恳亲会演说》，载《晨报副刊》，1926-11-20，45 页（合订本页）。

② 要到 20 世纪 30 年代中期，国民党才逐渐走向与青年党的合作。

③ 甚至可以说，它们的意义今天都还处于半定未定的转型过渡之中，时有盈缩。

④ 关于五四前后国家与社会的缠结，将另文探讨，下面只简略述及。不仅国家和社会，还有相当一些近代中国历史叙述中常见的关键词，如"个人""人民""民族""世界""文明""文化"等，其本身的意义及其相互关联的程度，也都还需要进一步的关注和认识。上面述及的几个名相，也不过点到为止。要对其普遍抽象的意义及其意义的"在地化"进程进行梳理，只能另文为之。

⑤ 天下的崩散不仅有这里所说的内外转化，还有不少未转未化的面相，却被国家、社会等新名词遮蔽而常使人视而不见，故其造成的困扰远更繁复。这个问题甚大，当专文探讨。

　　用报人朱春驹的话说，"因为无所适从，便会人自为政"。① 对名相尤其新名词的理解和使用，就常因无所适从而人自为政。很多时候，特定名相的意义，可能形成于有意无意中，往往在使用者不知不觉、亦知亦觉的状态下逐渐"众志成城"，进而约定俗成，过程可能很长。五四前后的时人，大体就是在熟悉的进程中使用"国家"和"社会"来诠释他们的所见所闻。名相的使用也是其社会实践的一种方式，当其从抽象概念被"在地化"为各式各样的具体"社会概念"之后，其意义也可能产生一定程度的变化。

　　仅从汉字言，"国家"（以及"社会"）是很早就出现过的组合，但在近代，却又是名副其实的新名词。② 陈独秀就曾说，八国联军进来时他已二十多岁，"才知道有个国家，才知道国家乃是全国人的大家"，以前就不知道"国家"是什么。③ 而陈独秀大概还是敏于新事物的少数，别人到那时也未必有和他一样的认知。庚子后不久，我们就看到梁启超指责中国人"知有天下而不知有国家"。④ 从这些先知先觉者的特别强调反观，那时很多国人确实没有国家观念或国家思想。

---

　　① 按：朱春驹原是讨论辛亥革命时的衣着。参见朱春驹：《武昌起义杂忆》（1936年），见丘权政、杜春和选编：《辛亥革命史料选辑（续编）》，176 页，长沙，湖南人民出版社，1983。

　　② 关于近代西方"国家"概念的引入，参见张佛泉：《梁启超国家观念之形成》，载《政治学报》（台北），1 卷 1 期，1971 年 9 月；Yu Ying-Shih，"Changing Conceptions of National History in Twentieth-Century China," in *Conceptions of National History*，eds. Erik Lönnroth，Karl Molin & Ragnar Björk，Berlin and New York，Walter de Gruyter，1994，pp. 155-174；巴斯蒂：《中国近代国家观念溯源——关于伯伦知理〈国家论〉的翻译》，载《近代史研究》，1997 (4)。

　　③ 陈独秀：《说国家》（1904 年），见《陈独秀著作选编》第 1 卷，44 页。

　　④ 梁启超：《新民说》（1902 年），见《饮冰室合集·专集之四》，21 页。

其实梁启超是举人，陈独秀是秀才，他们当然熟读科举考试最看重的"四书"。孟子已说"天下之本在国"（《孟子·离娄上》），《大学》中也有治国和平天下的区别与联系，故中国传统中本有关于国家的论述。他们对这些经典中的言说弃而不顾，而径取西方关于国家的定义，其取舍本身就揭示出"国家"名相的断裂①，特别能展现思想领域的权势转移。下面所说的国家，也循"名从主人"之意，基本不出新定义的范围。

据此新的国家意旨，梁、陈两位都侧重"知"。这既是一种认识上的要求，也是一种认知上的需要。国家这个外来词，有多个层面的意思。若用英文说，至少有 country，nation 和 state，其中 country 和 state 两个层面又都有超出于群体人的含义，特别需要有所分疏：当我们说世界与中国时，这个"国"可能近于country 多一点，而不一定是 state；然而与"社会"相对的"国家"，却正是 state。五四常被称为"爱国运动"，而一般所谓爱国主义里的"国"，又介于两者之间。如果从所谓普遍抽象的意义言，这个"国"应是 country，但时人却常常是从 state 的角度来讨论"爱国"。

从清季开始，"爱国"就成为一个广泛讨论甚至引起争辩的议题。② 这些讨论其实就是怎样认识这新兴的"国家"（或反省国家概念）的进程。当张之洞说"保教必先保国"③ 以及康有

①　此承清华大学历史系李欣然博士提示，谨致谢忱！关于"国家"名相的断裂与传承，当另文探讨。
②　梁启超在 1915 年说："爱国二字，十年以来，朝野上下，共相习以为口头禅。"见梁启超：《痛定罪言》（1915 年），见《饮冰室合集·文集之三十三》，3 页。
③　张之洞：《劝学篇·同心》，见《张文襄公全集》第 4 册，546 页，北京，中国书店，1990。

为、梁启超师弟在清季就此进行辩论时，他们说的国基本是country。[①] 但陈独秀到 1914 年则说，"国家者，保障人民之权利，谋益人民之幸福者也"，故 "保民之国家，爱之宜也；残民之国家，爱之也何居"？[②] 这里的国，显然已改为 state 了。几年后他更明言："要问我们应当不应当爱国，先要问国家是什么。原来国家不过是人民集合对外抵抗别人压迫的组织、对内调和人民纷争的机关。"[③] 这个国仍是 state。

这些 "先知先觉" 者不能代表所有人，但可以看出从 country 到 state 的转移。需要注意的是，在国家还被一些人推崇时，已开始被另一些人质疑。傅斯年说他看到 "社会" 诞生时，他已在打算放弃国家。他那时说过一句广被引用的话——"我只承认大的方面有人类，小的方面有'我'。"这中间包括国家在内的一切，"都是偶像"。[④] 对五四人来说，"偶像" 是拿来 "打破" 的。[⑤] 我们甚至可以猜测，或许就因为傅斯年有放弃国家之想，他才求仁得仁地从五四运动中看到了 "社会" 的诞生。

而傅斯年眼中特别看重的 "社会"，在清季同样是个让人看

---

① 仅黄遵宪感觉到其间的问题，故特地把多数人所说的教与国的关系落实到 "政与教" 之上。参见黄遵宪：《致梁启超书》（1902 年），见吴振清等编校：《黄遵宪集》，486～488 页，天津，天津人民出版社，2003。

② 陈独秀：《爱国心与自觉心》（1914 年），见《陈独秀著作选编》第 1 卷，150 页。

③ 陈独秀：《我们究竟应当不应当爱国？》（1919 年），见《陈独秀著作选编》第 2 卷，114～115 页。

④ 傅斯年：《新潮之回顾与前瞻》（1919 年 9 月），见《新潮》2 卷 1 号（1919 年 10 月），205 页，上海，上海书店，1986，影印本。

⑤ 用罗家伦的话说，五四以后，"我们青年的人生观上发生一种大大的觉悟，就是把以前的偶像一律打破"。志希（罗家伦）：《是青年自杀还是社会杀青年？》（1919 年 11 月），见《新潮》2 卷 2 号（1919 年 12 月），347 页。

不清楚的名相。傅斯年的同学田培林回忆说，他的小学老师（大致和陈独秀是一代人）在清末时使用的新教科书里有"社会"一词，学生"知道有'人'，有'家'，有'国'，可是社会非国非家"，怎么也不懂。而老师显然也不知道"社会"那从外国引进的新意思，只能以过去演戏、救火一类的"会"和"社"来解释，反复讲了一礼拜，还是没讲通。[①] 可知在河南的新学堂里，"社会"这一新词给师生带来很大的困扰。

不仅如此，直到1920年，北大学生的一篇文章还说，"现在有些人看着什么上帝、国、教会、礼法一类的鬼玩艺失了效力了，又横抬出'社会'两个字来哄吓人"。[②] 这是一个看出新旧更替的敏锐观察，而"社会"可以抬出来哄吓人，又很能体现五四后思想界的权势转移。注意这里"社会"取代的名相之一就是"国"，与前述看到"社会"的傅斯年准备放弃"国家"的思绪相近。可知五四时代的人言社会，多少存在一种与国家对应甚或对峙的倾向。那时傅斯年等人正在提倡"造社会"[③]，并主张新文化运动的重心也应转向社会，一方面是对清季兴起的国进民退倾向的一种反应[④]，另一方面也与傅斯年表达出的那种从个人到人类的倾向有某种共性，即"非国家"。

---

① 郭廷以等：《从高小到北大的求学生涯：田培林先生访问记录》，载《口述历史》，第2期，1991年2月，30页。

② 不署名：《女子独立怎么样》，载《北京大学学生周刊》，5期，1920-02-01，13页。

③ 关于五四前后的"造社会"取向，参见王汎森：《傅斯年早期的"造社会"论——从两份未刊残稿谈起》，载《中国文化》，第14期，1996。

④ 一些初步的探讨，参见罗志田：《国进民退：清季兴起的一个持续倾向》，载《四川大学学报》，2012（5）。

当年的无政府主义杂志评论俄国革命说，“俄人做的，系世界的革命，社会的改革，国家思想简直半点也没有”。就像观“西剧，若以旧剧的眼光批评，玩其唱工，味其嗓子，总觉格格不入，无有是处”。所以研究俄事，不能“以旧世界的眼光观察之”，而当“以新眼光观察之”。①

这段话意蕴丰富，首先是“国家思想”已形同“旧剧的眼光”；而作为对应的，是“世界的革命”和“社会的改革”。两者的并列正凸显出时人心目中“社会”与“世界”的关联。的确，新文化运动时世界主义流行，上述与社会主义相关的那些主义，就都表现为相对虚悬的世界，带有不同程度的“超人超国”意味（世界可以是却不必是万国组成的）。如周作人就说，“五四时代我正梦想着世界主义”，试图“养成一种‘世界民’（Kosmopolites）的态度”，他针对的正是“偏狭的国家主义”。② 而国家也是无政府主义攻击的目标，社会却是无政府主义努力的方向。③

一方面，所有这些“非国家”取向的同时出现，当然与作为“爱国运动”的五四有关，特别能提示五四丰富蕴涵中的内在紧张。另一方面，从前引田培林所说的清末小学生“知道有‘人’

---

① 一纯：《俄国过激派施行之政略》，载《劳动》，1卷2号，1918年2月，转引自中共中央马恩列斯著作编译局研究室编：《五四时期期刊介绍》第2集，上册，171页，北京，生活·读书·新知三联书店，1959。

② 周作人：《自己的园地·〈旧梦〉序》《雨天的书·元旦试笔》，分别见《周作人全集》第2册，84、345页，台北，蓝灯文化公司，1992。

③ 关于中国的无政府主义，参见 Peter Zarrow, *Anarchism and Chinese Political Culture*, New York, Columbia University Press, 1990; Arif Dirlik, *Anarchism in the Chinese Revolution*, Berkeley, University of California Press, 1991. 后书有中译本，阿里夫·德里克：《中国革命中的无政府主义》，孙宜学译，桂林，广西师范大学出版社，2006。其第五章对无政府主义与五四期间社会主义思潮的关联有细致的讨论。

有'家'有'国'"却不能理解"非国非家"的社会，可知"国"虽有不少新含义，但毕竟与旧义相衔接，普通人尚易领会。而社会则意思全新，既与"人""家""国"之字义相关联，然又非国非家，确更复杂。同样需要注意的是，社会那取代国家又非国家的含义里所指的"国"，正是 state。

从陈独秀不知"国家"到杜威看到"国家"的诞生，从田培林不解"社会"到傅斯年看见"社会"的出现，也不过就是二十年左右，"国家"和"社会"就从五四重要人物自己都不甚清楚的概念转化成为观察、认识、理解和诠释五四的"概念工具"了。① 当事人大致仍同在，却像已处于不同的时代，颇有几分人还是，物已非的感觉。② 这样一种急剧的时代转变，是认识和理解五四必须注意的语境。从这些人的不同表述看，五四究竟见证、表述和区分了什么，还大有可探索的余地。

若借用梁漱溟对中国文化的一个界定，"国家"与"社会"可以说是一对"早熟"③ 的概念，因为它们在其自身意义尚在形成之中时，就已成为描述时代变迁的诠释工具了。勒高夫（Jacques Le Goff）曾有"驾驶汽车的人仍使用骑马者的词汇"的比喻④，五四

① 关于"概念工具"，参见王汎森：《"思想资源"与"概念工具"——戊戌前后的几种日本因素》，见《中国近代思想与学术的系谱》，181～193 页，台北，联经出版公司，2003。

② 而"社会"本身的命运也相当坎坷，从它"诞生"起不过十多年，丁文江在 1932 年就看到了中国"社会的崩溃"。参见丁文江：《中国政治的出路》，载《独立评论》，第 11 号，1932-07-31。

③ 关于中国文化的早熟，参见梁漱溟：《东西文化及其哲学》，见《梁漱溟全集》第 1 卷，525～529 页，济南，山东人民出版社，1989。

④ ［法］雅克·勒戈夫（旧译如此）：《心态：一种模糊史学》，见［法］雅克·勒戈夫、皮埃尔·诺拉（Pierre Nora）主编：《史学研究的新问题、新方法、新对象——法国新史学发展趋势》，郝名玮译，272 页，北京，社会科学文献出版社，1988。

或许就是一个从骑马向驾驶汽车转移的时段。时人尚未完全脱离 "骑马" 的时代，却已开始 "早熟" 地使用 "汽车" 时代的词汇；而他们在使用 "汽车" 时代的词汇时的思虑，却又留有骑马时代的色彩。① 而这些名相在运用中的各种 "在地化" 演变，又对其意义的形成起到了关键的作用。惟或也因其 "早熟" 的特色，它们的诠释力恐怕有限。

现在我们已经充分接受外来的国家概念，并习惯了以国家作为观察和思考历史事件的单位，从国家的角度来看问题。但在国家观念刚刚起来的时代，国家是不是有那么重要？或者说，我们是否可以假设五四时代的当事人都会从国家视角看问题，或在国家立场上想问题？而在有意无意间，他们是否会从天下的视角看问题，甚至在意识层面从非国家的视角看问题呢？如果昔人确实这样看了，我们是否因为自身眼光的惯性而忽视了他们的思考呢？

毕竟五四前后的当事人本身面临着一个对国家的熟悉化进程，处在一个类似于英语语法中 "现在进行时态" 的过渡时段，在由生疏到熟悉的进程中要用尚未定型的名相来思考和诠释其所见所闻，必然不像后人那么驾轻就熟。他们在意识层面或许会努力趋向于产生中的名相，但在下意识层面，无意中恐怕仍延续着新名相产生前的意态。②

---

① 两个时代互渗之说，承华中师范大学周月峰老师提示，谨致谢忱！
② 据周月峰老师对《新青年》词汇的统计，"国家" 一词出现了三千多次，"社会" 达一万多次，而 "天下" 仅四百多次，很能看出名相的进退趋势。唯时人虽未必经常使用 "天下" 一词，但在他们关于 "国家" 和 "社会" 的表述中，仍隐约透出 "天下" 的意态。谨此谢谢周老师提供他的统计！

后之研究者如果用名相大致定型后的标准和指谓来理解过渡中的言说，出现郢书燕说的后果是非常可能的。其实昔人自己对这些新兴名相也时有不适之感，并曾有突破的尝试，尽管是在有意无意之间。

二、后天下时代"国家"概念的困乏和昔人的因应

20 世纪的前二十年，大体被辛亥鼎革中分为两段。如前所述，在这二十年开头时，一些走在时代前面的人也不过刚刚知有"国家"，而很多人对什么是"社会"还如一头雾水。到这二十年差不多结束而杜威看到"国家"的诞生时，傅斯年却看到了"社会"的出现，并已在打算放弃国家。名相意义的转换，不必与政治变化同步，似也不能与政治脱节。在一个国家和社会有所对立的时代，出现一个可能兼具国家和社会的运动，既表现出"五四"蕴涵的丰富，也揭示出理解"中国"的困难。

过去外国人常把古代中国称为中华帝国，后来我们不少人也喜欢学着这么说。最近欧立德（Mark C. Elliott）教授好像又说以前的中国不是帝国①，估计这个说法也会逐渐影响我们的学者。如果帝国就是帝制的中国，说古代中国是帝国也问题不大；如果像前些年西方所谓"帝国转向"（Imperial Turn）所说的帝国②，恐怕就有些牵强。这个问题当然不是这里可以讨论清楚的，但五

---

① 欧立德：《传统中国是一个帝国吗?》，载《读书》，2014（1）；《当我们谈"帝国"时，我们谈些什么——话语、方法与概念考古》，载《探索与争鸣》，2018（6）。

② 参见 Jane Burbank and Frederick Cooper, *Empires in World History：Power and the Politics of Difference*，Princeton，Princeton University Press，2010.

四时的"国家"总要有出处。如若它们不是从"帝国"转化出来的，就要斟酌是从哪里转化出来的？

近代中国一个根本性的变化，就是康有为所说的从"独立一统之世"进入了"万国并立之时"。[①]这仅是现实世界的变化，而且有配套的学理。与新兴的"国家"伴随而来的，就有社会（群）、民族等一系列（群体性）名相，它们既密切关联而又独立"自主"，有时甚至互不相容，呈现出一种"专门化"的意味，而国家就给人以一个政治单位的感觉。更重要的是，在外来学理的影响下，国家成为历史的基本分析单位。过去的中国历史强调延续，以道正统，并以正闰的区隔来建构整体的历史。而转手于日本的西方观念虽也强调全面的通史，却以国家为分析单位。[②]

作为历史分析单位的"国家"当然有其主体性，同理也适用于"社会"，以及渐显优劣之分的"文化"。这些名相对自身特性的捍卫割裂了彼此的关联，带来不"必要"的对立，导致见仁见智的不同认知。其实以前有一个耳熟能详的词，可涵盖这些有争议的名相，那就是梁启超指责中国人所知有的"天下"。

在没有国家、社会这类分歧概念之前，说"天下"人人都明白。因为天下的含义丰富，既可以是本朝普天之下的王土，也可以是"天之所覆、地之所在"的广阔空间，以及人类社会。只要放在上下文的脉络里，这些意思都无须进一步界定。只是在近代"天下"焕然崩解之后，由于迄今为止仍未出现一个可以完全取

[①]　康有为：《致袁世凯书》（约1898年），见姜义华、张荣华编校：《康有为全集》第5卷，39页，北京，中国人民大学出版社，2007。

[②]　参见德里克：《后革命时代的中国》，70～71页，上海，上海人民出版社，2015。并参阅饶宗颐：《中国史学上之正统论》，北京，中华书局，2015。

代"天下"的新词语，我们不得不去界定究竟是天下转化成了中国，还是转化成了世界，以及更内在的国家与社会。

对许多近代读书人来说，国家与社会等名相是此前思考不多的"新"问题，因此解释不一，最后导致一些同人的分道扬镳，甚至成为竞争对手。① 盖大一统的"天下"包罗万象，涵容了空间、人群、文化等各种范畴，也遮蔽了这些门类的差异。与天下似乎无所不容正相反，国家、社会和文化等似乎都自有其畛域。此前在适当的语境中，它们的意思常可以天下一言以蔽之。但在新的语脉中，就像梁漱溟所说，中国"是国家，非国家？有阶级，无阶级？是封建，非封建？是宗法，非宗法？民主不民主？"这些"在西洋皆易得辨认"的问题，在中国则任何一个都"累数十百万言而讨论不完"。② 因为这些众人想要厘清的名相，以前在中国都不是"问题"，大家基本不往那些方向想。③

由于天下的隐退，在外来的新定义下，中国是不是一个国家忽然成了问题。从 20 世纪开始，不仅有中国无史说④，而且也有人以为中国不是国。梁启超就一面不否认"我黄帝子孙，聚族而居，立于此地球之上者既数千年"为实有其国，一面自认"问其国之为何名，则无有也"。他更反复说及"吾人所最惭愧者，莫

---

① 例如，少年中国学会的分裂，就是因为各成员对究竟学会应侧重学术研究、社会工作还是政治斗争不能达成共识。参见王波：《少年中国学会的成立及前期活动》，硕士学位论文，北京大学，2008。

② 梁漱溟：《中国文化要义》（1949 年），见《梁漱溟全集》第 3 卷，288 页，济南，山东人民出版社，1990。

③ 说详罗志田：《文化表述的意义与解释系统的转换——梁漱溟对东方失语的认识》，载《四川大学学报》，2018（1）。

④ 参见马叙伦：《中国无史辨》，载《新世界学报》，壬寅第 5 期，1902-10-31，史学栏 37～59 页。

如我国无国名之一事"。从唐、虞到明、清，"皆朝名耳"。朝不
是国，故朝名非国名。于是"我中国畴昔，岂尝有国家哉，不过
有朝廷耳"。既然"数千年来，不闻有国家"，说历史也只能勉强
"用吾人口头所习惯者，称之曰中国史"。①

　　梁启超意向中"立于地球之上"的国家，当然是"万国并
立"时代的国家，更多是空间向度的；而那个"吾人口头所习
惯"的国家，因不断改朝换代而显出时间向度。其新旧意思之
间，似不无紧张。而后者更带有某种超越意味（"中国"之名显
然超越于所有的"朝名"），其实已向天下倾斜。梁氏说他"万不
得已"而使用"中国"的称谓，既表明国家这一新名相在当时已
有一定气势，却也暗示着其诠释力并不充足。

　　因不符合新的国家定义，实际是国家的中国却"不是一个国
家"。类似的说法在 20 世纪初年相当流行，那时认为中国不是一
个国家的人不少。多数人是从中国还不够"进步"的意义上这样
看的，所以也总有另一些国人特别想证明中国从来就是一个国
家。但张东荪在 1924 年提出了一个不太有人注意却非常重要的
见解，他说中国从晚清开始几十年的改革，所有的努力都是向着
西方所谓"近世国家"的一个方向在走，其实可以考虑这是不是
一个必须的方向。具体言：

　　　　（中国）近三十年来，无论是练新军，是兴学校，是办
　　　铁路，是谋立宪，是讲共和，要而言之是学外国，希望和外

---

　　① 梁启超：《少年中国说》（1900 年）、《中国积弱溯源论》（1901 年），见《饮
冰室合集·文集之五》，9～10、15 页；《中国史叙论》（1901 年），见《饮冰室合
集·文集之六》，3 页。

国一样。这种革新运动于有意识无意识之间行了数十年。其间虽波折无数，失败重叠，然却有一个一定的方向：就是向着近世国家而趋。详言之，即是努力于构成一个近世式的国家。①

此所谓"近世国家"，就是近代从外国引进来的国家观念，以区别于古代国家（这样或可化解中国是不是一个国家的争议）。张东荪给近世国家起了"一个怪名词，就是'民族战团'"，亦即以民族为单位结合起来，以侵略他种民族和抵御外族入侵为目的，以残苛的武力和狡诈的外交为手段，而"专想以经济收吸他种民族的汗血以养肥自己民族"。这样的结合"最初或许是偶然"，但随着相互的凌辱、侵略和抵御渐成常态，遂演成"民族间的生存竞争，而国家的组成便是对付这种生存竞争的唯一工具"，结果是"全球上各种民族不能不起而构成近世式的国家"。

从经济视角看，这种战团式国家由指挥者和作战者构成，"前者是资本阶级与治者阶级，后者是劳工阶级与被治阶级"。古代的治者与被治者是悬隔的，"治者阶级高悬于上，不能与社会打成一片"。近代的经济发达为民族国家的，"乃把这一个民族国家，用经济为脉络而抟为一体"。代议制度成立的一个重要理由，就是"把社会的意思直贯通到政府里去"，从而打通"治者与被治"者。简言之，"必定经济发达到这个地步，而近世国家方能应运而生"。这些简单勾勒的背后就是一般所谓全国性市场的形

---

① 本段与下数段，参见张东荪：《中国政制问题》，载《东方杂志》，21卷1期，1924-01-10，12～19页。

成以及交税就要有代言人的西方近代诉求，如张东荪所说，"这样干法是起于欧洲"的。

而中国的情形不同，在大一统时代，由于没有自卫兼以侵人的常规需要，故也不曾"把民族抟为一体成一个战团"，自近代"屡次受外族的欺侮"，感觉到"生存竞争的必要"，于是"发生变法维新的问题"。但"中国所以未能构成近世国家，其根本原因即在经济没有发达到'国民的'，不能以经济为脉络把全民族抟为一个单位"。于是社会与政府截然成为没有沟通的两橛，"孤悬于上的政府自渐腐败，而散漫于下的社会日承其弊"。简言之，"中国的政治没有社会化"，仍是一个"古代式的国家"，故"这种国家其实不成为国家"。他"可断定中国不复能安于旧状，然却不见得必定能构成这个民族战团的近世国家"。

张东荪于是提出一个石破天惊的看法，即中国"强勉学外国而竟学不像，勉强造成近世式国家而竟造不成，这不见得就是中国的大不幸"。国人过去数十年对"民族生存竞争"感着"紧急万分的压迫，恨不得立刻解除"中国不是近世国家的问题。其实"国家是和俱乐部研究会一样的特立团体，这种团体尽管消灭了、改更了、重组了，而仍与人群无伤"。如能"静心平心地从容考量"，即使"中国组织不成近世式的装甲经济团体的'国家'"，也不必悲愁，而当"昂首天外，认定人类在宇宙的本位，谋更合理的生活"。

他强调，"中国不必再执迷不悟定要强勉去制造那种不自然的近世国家"，毕竟现在的"政治制度并没有生根"，"不妨因其飘摇不定"而尝试"建立一个更合理的制度"。即以权力下散的方式"使社会各职司得自由发展，在人群上谋进化"；让"社会促起自觉，由自觉而自动"，然后"重新联合"成一种新国家。简言之，就是"建设事业由社会上各部分自动"而"不专靠国家"，终"使社会各职司充分发达了而另成一个职司联合的新国家"。

除了"民族战团"这样的创新表述，张东荪基本使用的是国家与社会这些当时流行的名相（不过他所说的国家常游移于country 和 state 之间），希望从社会来改变政治，但当他说中国这种古代式国家"其实不成为国家"并反省"超越政治"或"超越政府"时，似不难看出他思虑的背后有着天下的影子。重要的是他直接提出了可以考虑中国不向"近世国家"的方向发展，这就不仅点出了当时需要思考的问题，更提示了一个思考现状和历史变化的非国家思路（他那偏重社会而"不专靠国家"的"新国家"，与其说是国家，毋宁说更近于天下）。

这样的主张在当年和后来都不多见，似也很少受到研究者的注意。从他的言说中可以看出，张东荪也在委婉回应和化解中国是不是一个国家的时代问题。到北伐后，或受到对二十年内两次（尤其第二次）武装更迭政权的刺激，逐渐有一些人开始中立地看待中国是不是国家的问题，而不像以前那样视为一个不足。有些外国人对此的观察，也引起了国人的注意。

罗素（Bertrand Russell）曾于 1920 年访问中国，据说在上海演说时曾说"中国实为一文化体，而非国家"。这一"惊人之句"给陈嘉异留下深刻印象，他自称此后"泛观欧西学者论吾国文化之书，始知此语已有先罗素而道之者"。[①] 到 1933 年，美国

---

① 陈嘉异：《与王鸿一梁漱溟两先生讨论中国文化暨党治乡治基本问题（续）》，载《新晨报》（北平），1930-05-09，1 张 3 版。

社会学家派克（Robert E. Park）也说，"中国是不能用西洋人所谓帝国或政治的个体来称呼的，它是一种文明；和欧洲或印度一般，而不是一种政治的个体"。在他看来，"一个民族国家所不能缺少的特性"就是人民要"达到休戚相关的程度，和成就集合动作的能力"。故把各色的人民"造成一个政治的个体，能集合地而且有效地动作"，仍是"中国最大的问题"。①

由于没有需要证明本国算是"国家"的心理负担，外国人或更容易有不一样的观察。不过，派克那时曾在燕京大学教书，他说自己对中国的了解主要来自他的中国学生，则也不排除这样的看法是受到中国人的影响。几年后，雷海宗明言，中国历史上"组成了真正统一的完备国家"的只有战国七雄，"汉以下的中国不能算为一个完备的国家"。则"二千年来的中国，只能说是一个庞大的社会，一个具有松散政治形态的大文化区"。进入民国后进行的建国运动，是在尝试以"一个整个的文化区组成一个强固的国家"。这是人类前所未有的事业，若能成功就是"人类史上的奇迹"。②

又几年后，罗梦册把世界国家"科学地类分"为三大类，即"帝国""族国（民族国家）"和"天下国"：

> 一个民族掌握着国家的主权，或可说通过国家机构而统治着其他之另一个或另一些民族的国家，就是一般人所熟知

---

① 费孝通译：《社会学家派克教授论中国》（1933 年），见《费孝通全集》第 1 卷，134 页，呼和浩特，内蒙古人民出版社，2009。

② 雷海宗：《中国的家族制度》，载《社会科学》，2 卷 4 期，660～661 页，1937 年 7 月。此文后以《中国的家族》为题收入 1940 年出版的《中国文化与中国的兵》，引文见 73～74 页，北京，商务印书馆，2001。

的"帝国"。一个民族掌握着国家的主权，或可说通过国家机构而单纯地管理着自己本民族的国家，就是一般人所熟知的"族国"或"民族国家"。一个民族领袖着其他的一些民族，共同掌握着国家的主权，或可说通过国家机构而治理着一个民族大家庭，或一个"公有天下"的国家，就是向为世人所忽略，到了今日才被我们发现的"天下国"。①

这三种"不同类型不同范畴的政治组织、政治生活和国家形态"存在于"不同时空之中"，"帝国"产生于近中东世界和古欧洲世界，"族国"产生于西洋近代，而"天下国"就在中国。三者的"政治作风"不同：帝国走的是"帝国代帝国之路"；族国走的是"国家主义之路"；而天下国走的是"世界主义"或"天下主义""王道主义"之路。中国"早已是一个国家"，而且是"超'族国'、反'帝国'的'国家'"。由于既是"一个'国家'，又是一个'天下'"，可以称为"天下国"。②

罗梦册的文字和论证实在不能说很高明，重复的话一说再说。后梁漱溟帮他总结为"中国一面有其天下性，一面又有其国家性，所以是'天下国'"。③ 所谓既有国家性又有天下性，其实就是国的意思不那么纯粹，而更近于天下的意思。与前引外国人和留学生雷海宗不同，罗梦册延续了 20 世纪初年国人的心态，特别要强调中国一直就是个"国家"。尽管如此，他还是点出了

---

① 罗梦册：《中国论》，23～24 页，重庆，商务印书馆，1943。
② 罗梦册：《中国论》，11～16 页。
③ 本段与下段，参见梁漱溟：《中国文化要义》（1949 年），见《梁漱溟全集》第 3 卷，26～28 页。

一个认识中国的关键词——天下。

　　上述见解后来都被梁漱溟收入囊中，他并把这些见解概括为 "从前中国人是以天下观念代替国家观念的。他念念只祝望 '天下太平'，从来不曾想什么 '国家富强'"。故 "中国非一般国家类型中之一国家，而是超国家类型的"。①

　　与张东荪相类，梁漱溟并不直接用 "天下" 的名相，而仍用 "国家" 与 "社会" 来说中国。在傅斯年主张造社会时，梁漱溟曾强调 "大家来组织国家，共谋往前过活"。② 但北伐前后的反思使他开始转变，认为中国从晚清 "讲富强、办新政，以至于革命共和"，几十年都在 "想要中国亦成功一个 '近代国家'"（这很像张东荪的意思）。但 "试问什么是 '现代国家'？你如不是指苏俄、那便自然指英法美日"，其实都是西方的 "国家"。这些国家的 "政治背后，有他的经济；他的政治与经济，出于他的人生态度"，都与中国 "数千年赓续活命之根本精神" 大异其趣。③

　　梁漱溟因而提出，中国或许不一定要建立一个西式的 "国家"，而可以通过改造文化建造一个新的 "社会"。④ 在得出与傅

_____

　　①　先是陈嘉异在批评梁漱溟时引了罗素的话，梁漱溟并不欣赏陈嘉异的批评，但在回应时把引罗素说法的那一段列入 "文中亦有为我们很同意处"，见梁漱溟：《敬答陈嘉异先生》（1930 年 5 月 17 日），载《村治》1 卷 1 期，5 页（通讯栏页），1930 年 6 月。后来他更友善地表述为 "友人陈嘉异先生在民十九年写给我的信"。派克的意思本是从不足的一面看中国的，但在梁漱溟眼里，这似乎是一个带有赞扬意味的肯定。雷海宗明显带有不满的表述也被梁漱溟做了中性的处理。

　　②　梁漱溟：《东西文化及其哲学》，见《梁漱溟全集》第 1 卷，367 页。

　　③　梁漱溟：《中国民族自救运动之最后觉悟》（1930 年）、《主编本刊之自白》（1930 年），见《梁漱溟全集》第 5 卷，106～108、23 页，济南，山东人民出版社，1992。

　　④　梁漱溟后来明言："建国这件事呢？在今天便是改造文化。本来数千年的老中国何待再建？说建国，其意乃在建造一新中国社会。"梁漱溟：《中国建国之路》（1950 年），见《梁漱溟全集》第 3 卷，370 页。

斯年和张东荪相近的认知后，梁漱溟也常申述中国是个"社会"，而非西方意义的"国家"。但他更得意并反复强调的，是中国两千年来"总介乎天下与国家之间"，实为"融国家于社会，以天下而兼国家"。①

超国家其实也就是非国家。说中国是一个文明、一个文化体以及一个文化区等超越"国家"的思考，皆依稀可见"天下"的影子，揭示出从"天下"到"国家"的转化。这些或隐或显的"非国家"倾向，也是国人对"国家"的反省。正如天下不仅具有空间意义，国家也不仅是天下的空间压缩，还意味着不同的生活样法，后者恰是超越政治的。但国家的这个面相却常受到忽视，反因为与社会、文化等新范畴的"分工"，国家明显被空间化和政治化了。②

梁漱溟网罗的那些表述出现稍晚，唯上述五四时与社会主义相关的那些主义，也都带有某种"超人超国"意味，多少都隐含一些天下的余韵。甚至民初对"世界"的向往也可从此视角看——那个带有未来风采的虚悬世界，常暗示着原本不必清楚界定的天下，迎合了一些人未必自觉的对已逝天下的怀念。因对"国家"的困惑而移情于"社会"，大致也是对后天下时代的不适应，而这种不适感延续了较长的时间。

从梁漱溟昔年再三强调"融国家于社会"到近年郑振满提出

---

① 梁漱溟：《中国文化要义》（1949年），见《梁漱溟全集》第3卷，200、204、211～212页；《试论中国社会的历史发展属于马克思所谓亚洲社会生产方式》（1974年），见《梁漱溟全集》第7卷，251页，济南，山东人民出版社，1990。

② 空间化是所谓"近世国家"（以及雷海宗所说的战国七雄）的典型特色，在与天下相关联的"古代式国家"那里，便不那么显著。

"国家内在于社会"①，虽然各自的指谓不尽同，而且他们对"社会"本身的认知或也略异，但关注国家与社会关系的"中国特色"则一。不过梁漱溟根本认为中国是"以天下而兼国家"，而振满兄则并不强调作为"国家"的中国有多大的特别。这也就从一个侧面揭示出后天下时代的不适感已基本结束，西来的国家与社会观念大体在中国确立了。然若静心斟酌，它们诠释力不足的老问题似乎并未真正解决。

三、余论：把天下带回历史叙述

陈正国最近提出，天下的崩溃是心理的崩溃，这个崩乱的世界出现了很多思想的隙缝亟待填补。② 随着天下的崩散，中国人在实行帝制数千年后又尝试源自西方的共和体制，国家、政府和社会的关系其实并未在学理上厘清，其间的紧张曾困扰了五四时代很多中国读书人。后之研究者也多是在并未厘清时人认知的基础上，径用这些在西方其实也处于发展中的理念来分析那个真正

---

① 郑振满论 "国家内在于社会" 说："国家与社会的关系，不仅仅表现为国家机器的直接人身监控，精英文化对地方文化、民间文化的抽换，国家对象征资源的垄断和独享等等，以至于两者在根本上具有某种必然的张力；而是表现为两者的相互糅合、相互妥协，是一种我中有你、你中有我的状态，它是经过长时期的、复杂的 '意义协商' 的结果。……在社会生活的最基本层面上，人们可以想象 '国家'、膜拜各种权威、获得 '正统性' 和 '文化霸权'，并以此为基础建构基层社会的权力体系和社会秩序。在这个意义上，我们可以把 '内在化' 看成是国家与社会的一种 '双赢' 或 '互惠' 关系。"见郑振满：《明清福建家族组织与社会变迁》，251～252 页，北京，中国人民大学出版社，2009。

② 这是陈正国兄在 2016 年 12 月清华大学 "晚清思想中的中西新旧之争" 研讨会的发言，收入《重估晚清思想：书写中国现代思想史的另一种可能》，见《思想》第 34 期，台北，联经出版事业公司，2017。

属于"过渡时代"的中国现象。

如果本就无法说清五四到底产生了社会还是产生了国家，尤其现在习用的国家和社会概念间又确实带有紧张冲突的意味，或许可以考虑不从这样的视角来看五四，而引入天下的视角。其实当时的人也不一定都从国家视角看问题、想问题，反而可能从非国家的角度思考。上引张东荪和其他一些人的主张就表明他们确实这样做了，是我们这些后人因为自身眼光的惯性而忽视了他们的思考。

傅斯年有句名言："以不知为不有，是谈史学者极大的罪恶。"[1] 若以不看为不有，或许是更大的罪恶。今日一些治思想史者仍在重复梁启超那"知有朝廷而不知有国家"的指责，而治社会史或文化史者也每从乡村征税代理人那些基本不入流者身上看到了"国家"在地方的展现[2]，可知我们思考的惯性实在不弱。既然是我们以不看为不有，则不仅当有意去看，也可以考虑借鉴他们的思路。

部分或因五四本有广义的新文化运动和狭义的学生运动两面，关于五四的研究，向来更注重思想文化，其次是政治。[3] 所

---

① 傅斯年：《战国子家叙论》，见《傅斯年全集》第 2 册，435 页，台北，联经出版公司，1980。

② 像梁漱溟那样走向下层致力于"社会"建设的人，便已逐渐将中国不是国家视为一个可以依赖凭借的正面特点，详另文。

③ Joseph T. Chen，*The May Fourth Movement in Shanghai：The Making of A Social Movement in Modern China*，Netherlands，Brill，1971，p. 1；Arif Dirlik，"Ideology and Organization in the May Fourth Movement：Some Problems in the Intellectual Historiography of the May Fourth period," *Republican China*，vol. 12，no. 1 (Nov. 1986)，pp. 3-19. 后者有中译，参见德利克：《五四运动中的意识与组织：五四思想史新探》，见王跃、高力克编：《五四：文化的阐释与评价——西方学者论五四》，48~68 页。

以杨念群十年来反复强调应加强对社会面相的关注。① 但即使扩展到社会，研究者关注的，仍然更多是城镇的读书人（有时也包括工人）。而如章清所提示的，对五四不仅要看到 "有"，还要注意 "无"。② 我们不能把城镇的读书人和边缘读书人的声音看作代表了 "中国"，尽管他们可能确实是 "中国" 的代表。

同样，我们在斟酌什么是 "全国的声音" 时，也须进行审慎的推敲。例如，在我们的史学言说中，"社会" 似在清末就已成为一个流行的通用语了。实则大体是留日学生和受他们影响的人，会比较快地使用 "社会" 一词（意思也基本同于今天我们说的社会）。但前引田培林的回忆告诉我们，内地的情形恐怕很不一样。我们不能把清季民初日本留学生和受日本影响的声音视为 "全国" 的声音。恰相反，这种声音虽也算是福柯（Michel Foucault）看重的话语（discourse）③，却又只是一个较小范围里的自述和自闻，不宜扩大到全国。

据傅斯年在 1919 年所写的《时代与曙光与危机》一文提示，社会用法的确定时间相当晚。在此文初稿中有两句是 "近代的思想有两种趋向：一、个性的，二、群性的。前几个世纪是个性的发展，近几十年是群性发展"。而修改稿则为 "近代的思想有两

---

　　① 杨念群：《"社会" 是一个关键词："五四解释学" 反思》，载《开放时代》，2009（4）；《"五四" 九十周年祭——一个问题史的回溯与反思》，北京，世界图书出版公司，2009；《"无政府" 构想——"五四" 前后 "社会" 观念形成与传播的媒介》，载《开放时代》，2019（1）。
　　② 章清：《五四思想界：中心与边缘——〈新青年〉及新文化运动的阅读个案》，载《近代史研究》，2010（3）。
　　③ 说详 Michel Foucault, *Discipline and Punish：The Birth of the Prison*, New York, Pantheon Books, 1977.

种趋向：一、个性的，二、社会性的。前几个世纪是个性的发展，近几十年是社会性发展"。① 文中两个"群"都被改为"社会"了。"群"是西文 society 的早期对译，对北大学生傅斯年而言仍是更加耳熟能详的表述；但也就在五四前后，"社会"的对译已更流行，于是有了这样的修改。②

基本上，城镇读书人更能"与国际接轨"，带进异域风情。我们过去看五四，或太受外国引进来的国家或社会这些概念的影响，从这样的视角看问题，我们可能不自觉地被带进某种框架或固定的思维模式，很难理解上述杜威和傅斯年不一致的观察。盖不论国家和社会是不是两个对立的范畴，以前的当事人显然更多看到它们紧张甚至对立的一面。如果两者更多处于一种对立的状态，从国家或社会的视角看五四就会给历史解释者带来很大的困扰。

然而如果五四可能是既不那么国家也不那么社会的运动，整个认识就可以不一样。以前我们基本上自然接受了五四就是在中国这个"国家"发生的故事。假如这个具有特别定义的国家（西方意义的"近世国家"）还处在形成过程中的话，那五四也可以是在一个非国家空间里的故事。五四本身及其带来的变化，或不一定要从国家的眼光看。同理，如果西方意义的"社会"尚待构

---

① 傅斯年：《时代与曙光与危机》（约 1919 年）。史语所傅斯年档案的整理者特别说明了初稿和修改稿的不同。

② 参见陈旭麓：《戊戌时期维新派的社会观——群学》，载《近代史研究》，1984（2）；金观涛、刘青峰：《从"群"到"社会"、"社会主义"——中国近代公共领域变迁的思想史研究》，见《观念史研究：中国现代重要政治术语的形成》，180～225 页，北京，法律出版社，2009。

建（制造），它与形成中的"国家"是一种什么样的关系，也可以重新思考。

国家与社会这类昔人曾感生疏的名相，今已渐成研究者的常情熟路，甚至在不知不觉中沦为后人下意识层面因循固守的模板，现在或许就到了可以尝试跳出窠臼的时候了。"早熟"的国家与社会之所以诠释力有限，一个重要原因就在于本文开始处提及的那个更具根本性的变化——天下的崩散。

既然国家或社会在认识和解释五四方面不那么有效，或许天下就是一个可以重新引进的视角。美国社会学家斯考切波（Theda Skocpol）曾以把国家带回社会分析（bringing the state back in）而著称[①]，近年裴宜理（Elizabeth J. Perry）又提出把革命带回中国政治研究（bringing the revolution back in）的主张。[②] 如果我们也把天下带回中国史研究（bringing the Tianxia back in），转换视角看五四，既可以增进我们对运动本身的理解，也有助于认识运动所在的近代中国。

当然，伴随着形成中的国家和社会，那是一个正在崩散中的天下，一个回不去的旧梦，因为散成碎片而失去了许多整体的意

---

① 参见 Peter B. Evans，Dietrich Rueschemeyer & Theda Skocpol eds.，*Bringing the State Back In*，Cambridge，Cambridge University Press，1985. 按：斯考切波似乎不会中文，然而她曾依据二手研究提出，传统中国可分为乡村"社会"和帝制"国家"两个关联互渗的"世界"（Theda Skocpol，*States and Social Revolutions：A Comparative Analysis of France，Russia，and China*，Cambridge，Cambridge University Press，1979，p. 68.），可见其眼光的敏锐。

② Elizabeth J. Perry，"Studying Chinese Politics：Farewell to Revolution?" *China Journal*（Canberra），no. 57（Jan. 2007），pp. 1-22.

义，仅留下星星点点的文化基因①，还常被新兴的名相所遮蔽。但对于认识五四来说，这仍是一个很重要的视角。与时人眼中被空间化和政治化了的国家不同，昔人心目中的天下是个时空兼具的开放人类社会。② 也因此，它所遗存的片段或也带有德里克所谓"在地化"的兼时空特性，尽管不必是人为的。

天下的确是个不一样的视角——从天下的眼光看，五四本没有多少国家和社会的紧张，甚至没有个人和世界的冲突。因为天下就是人类的文化生活区，每一个人都在其中。当年梁启超指责中国人"知有天下而不知有国家"的对应语，就是"知有一己而不知有国家"。③ 可知天下本就是一个又世界又个人而不那么国家的范畴。

昔年流行的各种超人超国思路，除了摆脱西强中弱的尴尬，或也有几分思天下的潜在意味。这样一种持续的"去国家"取向，未必是多数人都在尝试的，毋宁是一部分人更偏"去"，而另一部分人不怎么"去"；一些人又"去"又不"去"，另一些人不仅不"去"，还特别重视国家。更重要的是，国家怎样在试图"去"之后又返回，而且返回得有些不以人的意志为转移，地位

---

① 一方面，残存碎片的无序再现，是很难展现整体的（参见 Alasdair C. MacIntyre, *After Virtue*：*A Study in Moral Theory*，Notre Dame，Ind.，University of Notre Dame Press，2nd ed.，1984，pp. 1-3. 此书有中译本，参见［美］A. 麦金太尔：《德性之后》，龚群、戴扬毅等译，3～4 页，北京，中国社会科学出版社，1995）。另一方面，飘零散乱的落叶还是带有树的基因，即使"视之而弗见，听之而弗闻"，仍"洋洋乎如在其上，如在其左右"（《礼记·中庸》）。

② 1906 年在巴黎组成的无政府主义团体名为"新世界社"，而他们在 1907 年开始出版的刊物却名为《新世纪》，两者共同表现出一种时空俱"新"的追求，与天下的意味隐合。

③ 梁启超：《新民说》（1902 年），见《饮冰室合集·专集之四》，21 页。

日高。这方面的进程，还需要进一步的梳理。

五四人既面临着国家观念的强化，也感到国家对个人的压抑，因而强调"国家为人而设，非人为国家而生"①，至少也要"内图个性之发展，外图贡献于其群"②。而如上所述，天下就是人人的。在天下时代，个人远比国家重要，而且是顶天立地的"个人"，不仅是西方个人主义意义的"个人"。③

借鉴五四人关于国家为人而设的说法，或可以说五四运动也是为人而起的。不仅天下是人人的，每个人也自有从个体看五四的视角。余英时师曾经说过，从个人的角度言，五四不必是一个笼统的"思想运动"，而是因人而异的"月映万川"。同是此"月"，映在不同的"川"上，便自有不同的面目。④

在月亮从我们视野中的天空消失之后，映照过月亮的万川仍存留着月的痕迹。科学家或会认为每一条河里那个月亮不过是宇宙中月亮的倒影，然而每条大河小溪不一样，水中的那个月亮恐怕也就不一样了。五四本来是一个，但进入每一个心目中的五四，就不一定是那个五四。其实人人都有自己的五四——当事人也好，解读者也好，每个人都有自己认知的五四。或许那就是天下的五四。

---

① 高一涵：《国家非人生之归宿论》（1915 年），见郭双林、高波编：《中国近代思想家文库·高一涵卷》，45～46 页，北京，中国人民大学出版社，2015。

② 陈独秀：《新青年》（1916 年），见《陈独秀著作选编》第 1 卷，209 页。

③ 在《大学》八目中，涉及个人的凡五，而国仅居其一。这方面的内容当另文探讨。

④ 余英时：《我所承受的 "五四" 遗产》，见《现代危机与思想人物》，71～74 页，北京，生活·读书·新知三联书店，2005。

第一章　体相和个性：以五四
为标识的新文化运动

在很多人心目中，新文化运动与五四运动常常就是同义词（"五四新文化运动"的说法出现很早，我自己也常用）。盖五四运动本有广狭两义，一般所谓狭义的五四运动即指 1919 年的学生运动，而广义的五四运动，常与新文化运动同义，有更宽的上下时限。^① 通常单说新文化运动时，不致与五四学生运动相混；但若说五四运动，则又常指代新文化运动。甚或可以说，五四就是新文化运动的标识。

那是一个蕴涵非常丰富的运动，李麦麦在 1935 年提出，"'五四'运动自身是两个历史运动之携手。'五四'运动，始终是中国底'文艺复兴'（Renaissance）运动和开明（Enlightenment）运动之合流"。此所谓"开明运动"，现在一般翻译成"启蒙运动"，在欧洲与文艺复兴并不同时。两者一前一后，相加约有四五百年之久（从 14 世纪到 18 世纪）。远隔重洋历时几百

————————

① 　关于广狭两义的五四运动，参见周策纵：《五四运动：现代中国的思想革命》，周子平等译，1～7 页，南京，江苏人民出版社，1996。

年的外国精神移到中国，浓缩在几年之间，想不扰乱视听都不行。故他特别提醒说，"会合的历史运动是很易混淆人们视力的"。①

这里所说的五四运动，当然是广义的。用外国的运动来比附五四新文化运动，不是李麦麦的发明，其他人也常用。一方面，这运动毕竟发生在 20 世纪，是一场中国的运动。参考西洋历史上的各种运动，会有助于我们对运动的理解，但比附反可能产生误解。另一方面，李麦麦的提醒很重要，那的确是一个"会合的历史运动"，不能仅进行单一的、枝节的解读。

关于五四新文化运动的论著，真说得上汗牛充栋了。② 不过，因为研究的具体入微，或也不免带些今人所谓的"碎片化"现象。早在抗战中期，林同济就注意到，那时已有人把新文化运动看成"一场五花八门的'杂耍'"。他当然不赞成这样的看法，强调要"在那丰富、复杂以至矛盾的内容中"，"寻出一个个显明的主旨、中心的母题"，以展现"'五四'新文化运动所以成为一个自具'体相'的运动"。③

---

① 李麦麦（刘治平）：《五四整理国故运动之意义》，初刊于《文化建设》1 卷 8 期，又见其《中国文化问题导言》，136 页，上海，辛垦书店，1936。按：李麦麦是刘治平的笔名，但笔名比本名更响亮，以下仍用此出版时所署的笔名。

② 尽管在很多方面已被突破或修正，前引周策纵的《五四运动：现代中国的思想革命》仍是一本较好的参考书。

③ 林同济：《廿年来中国思想的转变》（1941 年），见许纪霖、李琼编：《天地之间：林同济文集》，27～28 页，上海，复旦大学出版社，2004。"体相"在书中作"统相"，据刊物原文改。按：林先生自己在 1943 年所编的《文化形态史观》（1946 年出版）中把他一些文章中的"摄相"和"体相"都改成了"统相"，《文集》或据此改，应有所据。但此文不在《文化形态史观》中，不知是否也当改，暂从刊物。"统相"说是林同济史学理论的一个要素，他在好几篇文章中都有所申论，当另文探讨。以下所说的"体相"，也都可理解为林先生后来说的"统相"。

这是一个非常重要的提示。林先生此前有专文论"体相"，并界定说："体相者，构成全体的各局部相互关系间所表现的一整个母题以及综合作用也。"[1] 尽管我认为对五四新文化运动的研究还大有深入的余地，特别是对其丰富性的彰显还相当不足[2]，但我们确实需要看到一个有主旨有关联的综合性运动。在某种程度上，有了完整的体相，才能真正认识其各自的局部。梁启超曾指出：

> 凡成为历史事实之一单位者，无一不各有其个别之特性。此种个性，不惟数量上复杂不可偻指，且性质上亦幻变不可方物。而最奇异者，则合无量数互相矛盾的个性，互相分歧或反对的愿望与努力，而在若有意若无意之间，乃各率其职以共赴一鹄，以组成此极广大极复杂极致密之"史网"。[3]

很多时候，看似无关甚至矛盾的不同史料"偶然"汇聚在一起，却也可能证明史事的可信。正如许多想得不一样的人可能走到一起而共同创造历史，形成一个"会合的历史运动"。梁启超视之为人类的"不可思议"，而史家之职责，则"在此种极散漫、极复杂的个性中而觑见其实体，描出其总相"。此所要描出的

---

① 林同济：《第三期的中国学术思潮——新阶段的展望》（1940年），见许纪霖、李琼编：《天地之间：林同济文集》，20页。

② 例如，梁启超等人便自有其新文化运动，这是一场北大师生以外的运动，却也有相对明确的团体性。参见周月峰：《激进时代的渐进者——新文化运动中的"研究系"》，博士学位论文，北京大学，2013。

③ 本段与下段，参见梁启超：《中国历史研究法》，见《饮冰室合集·专集之七十三》，112页，北京，中华书局，1989。

"总相"，大体也就是林同济眼中关联而综合的体相。而梁启超的过人之处，在于他还要据此总相进行"因果之推验"，以认识那些"个别之特性"。

要展现五四新文化运动那自具体相的主旨，及其所涵括的种种"个别特性"，需要较为详尽的深入考察。下面的简单探讨无意完成这一任务，但我会尽量从宏观一些的视角来观察。文章主要讨论几个与文化相关的面相，先从辛亥革命与新文化运动的关联认识后者究竟是外来冲击的反应还是自我的觉醒，继考察民初新旧之争怎样发展为向"文化"开战，一体两面的正本清源努力如何兼容破坏与建设，以及学生运动与新文化运动的相互影响，希望能有助于形成整合性的认知。同时文章也通过检视新文化运动的遗产，去理解后五四时代。①

一、革命的延续：从辛亥到五四

如果要在近代中国各种"极散漫、极复杂的个性"中描出其"总相"，我会选择革命。至少在进入 20 世纪之后，中国可以说迈进了"革命的时代"。我所说的革命，不限于政治层面的暴力行动，更多是指诉诸非常规的方式，从根本上改变既存状态。②这样一种行为取向，散见于各种分类范畴之中。不仅在近代开始

---

① 我自己关于五四新文化运动的论述已经不少，凡已论及者便不重复。对他人言说中我赞同的部分，也不再申论。且下面的讨论较为简略，有时可能提出问题还多于"解决"问题。

② 说详罗志田：《士变：20 世纪上半叶中国读书人的革命情怀》，见《近代读书人的思想世界与治学取向》，104～141 页，北京，北京大学出版社，2009。

引领时代风潮的城市，即使在一般以为"落后""停滞"的乡村，也充斥着各式各样颠覆性的变化。

那是一个"泛革命"的时代，从梁启超在清末提出超越于政治的十几种革命起，革命早已不限于武力的改朝换代，也不再与"天命"挂钩。[①] 在梁漱溟眼中，中国进入 20 世纪后，可以说一直是"在革命中"。[②] 五四新文化运动，就常被视为一场革命。《大公报》在 1929 年的五四纪念日发表社评，便说中国国民已"久在革命的轮回地狱中旋转无已"。[③] 其不欣赏革命的口气是明显的，却也看到了时代的特征，并反映出五四在时人眼中的符号意义。

民初有不少人把辛亥革命与新文化运动关联起来思考（尽管或见其异，或见其同），多少体现出泛革命观的延续。辛亥革命不仅导致清廷的覆亡，也意味着几千年帝制的终结。对于这样的历史大转变，当时国际国内都未曾予以足够的重视。部分或因那次革命显得出人意料的容易，好像才刚刚开始，就已胜利结束了。黄远庸当时就说，"革命以来，吾清洁高尚之国民，以爱国之热诚，奔走于义师之下，此所谓人心革命，非一手一足之烈也"。[④] 盖若不是全民人心所向，很难解释这场革命何以能如此

---

① 梁启超正式提及的就有宗教革命、道德革命、学术革命、文学革命、风俗革命、产业革命，以及更具体的经学革命、史学革命、文界革命、诗界革命、曲界革命、小说界革命、音乐界革命、文字革命等十多种。参见梁启超：《释革》（1903 年 1 月），见《饮冰室合集·文集之九》，42 页。

② 梁漱溟：《中国哪一天能太平？》（1949 年），见《梁漱溟全集》第 6 卷，786～787 页，济南，山东人民出版社，1993。

③ 《五四纪念与青年之觉悟》（社评），载《大公报》，1929-05-04，1 张 2 版。

④ 黄远庸：《平民之贵族、奴隶之平民》（1912 年 11 月），见《远生遗著》卷一，3 页，上海，商务印书馆，1920。

轻易便取得成功。不过这也揭示出民初的一股潜流，即从文化角度认识辛亥革命。

中国读书人向具超越意识，往往更关注那些相对虚悬而长远的非物质影响力。稍微高远一点的名相，如"道"在中国，虽然也有具体的时空意义，更永远有超时空的意义。用今人熟悉的语汇说，思想的脉络是长远的，而政治脉络更多是一时的。观念或思绪的流行和不流行可以改变时风，也可能改变政治。反过来，政治的变化也会改变思想。一次大的变革，往往是物质与文质兼具，但具有超越意识的中国读书人，常更容易看到那文质的一面。

黄远庸的说法并非无因而至，还在辛亥革命前夕，已出现"以为革政不足以救亡，非改正人心不可"的主张。年轻的张东荪认为这个看法是错误的，他说，"人心之堕落"并非"突然而成"，"其由来者，政治有以司之"。故"改革人心，必自政治、经济、教育始。而三者之中，尤推政治为先"。若革政成功，并有真正的贤能者，则"其使民也有方，其化民也以理。于是天下之人，皆从而为其所使，固不必一一执人心而正之"。①

张东荪那时的精英倾向很明显，倾向于"得君行道"的上层路线，且隐约带有几分"民可使由之"的意思。但其设想的革政并未成功，也就无法"使民"和"化民"。人心既未能改正，革政也就被革命所取代了。至少我们知道，在革命前已有人注意到改革人心的重要性。黄远庸所说的人心革命当然不尽是文化革命

_____

① 圣心（张东荪）：《论现今国民道德堕落之原因及其救治法》（征文），载《东方杂志》，8卷3号，19页，1911年5月。

的意思（那时文化一词本身还不十分流行），但以人心区分于手足，强调的是革命那"非物质"的面相，还是在向文质一面倾斜。

老一辈的陈庆年在民国二年"得刘文卿书，大意谓：此次革命，除革清命外，并五千年来中国之命一并革之"。刘氏并"殷殷以著书救世相嘱"，被陈庆年视为"大有心人"。[①] 陈庆年等历事更多，看事也更透，其深度的悲观，与黄远庸的乐观成为鲜明的对比。从刘文卿的嘱咐看，他们已将注意力转向"著书救世"的文化层面，多少有放弃政治解决之意，却也展现了辛亥革命那超越于政治的历史含义。

年稍长的李盛铎则没有那么悲观，他在十多年后说：

> 周室继殷而代之，而殷代文化俱被斩绝无余，不能不令人惊骇周室为一大革命；由周迄今，虽易姓更代，而文化相续，不得谓为革命。惟此际唯物学说乘时而起，天崩地裂，文化丕变，又不能不惊骇为周后之一大革命。自兹以往，殆不知将来更成何世界也。[②]

所谓由周迄今文化相续，则辛亥革命并未同时革去"五千年

---

① 陈庆年：《横山乡人日记》（明光选摘），1913 年 3 月 23 日，见中国人民政治协商会议镇江市委员会文史资料研究委员会编：《镇江文史资料》第 14 辑，156 页，镇江，1988。康有为在民国元年已说，"近者大变，礼俗沦亡，教化扫地。非惟一时之革命，实中国五千年政教之尽革"，稍后又说，"革清朝者，即将中国数千年文明之经义、典章、法度而尽革之。然则非革清朝也。自革中国数千年文明之命也"。分别引自康有为：《与与焕章书》（1912 年 7 月 30 日），见姜义华、张荣华编校：《康有为全集》第 9 集，337 页，北京，中国人民大学出版社，2007；康有为：《拟中华民国宪法草案》（1913 年），见《康有为全集》第 10 集，86 页。

② 李盛铎：《序》，1 页，见徐协贞：《殷契通释》，北京，中国书店，1982，影印北京文楷斋 1933 年刻本。

来中国之命"。同样从偏向文化的视角观察辛亥革命，不过李盛铎更多看到了延续，而陈庆年等担忧的则是断裂。李氏之言晚出，或因时日稍长，人们逐渐发现民初与清末的断裂并没有想象的那么厉害，而延续却远多于预想（包括正面和负面的，新文化人便多见负面的传承）。或也因为李盛铎看到了更有力的文化冲击，于是对照出辛亥鼎革带来的文化冲击尚不那么严重。

此前王国维研究殷周制度，强调"殷、周间之大变革，自其表言之，不过一姓一家之兴亡与都邑之移转；自其里言之，则旧制度废而新制度兴，旧文化废而新文化兴"。在他看来，"古之所谓国家者，非徒政治之枢机，亦道德之枢机也"。而"周之所以纲纪天下"，有其制度、典礼以为"道德之器"，足以"纳上下于道德，而合天子、诸侯、卿、大夫、士、庶民以成一道德之团体"。就此意义言，周公所立"制度、文物与其立制之本意，乃出于万世治安之大计"。①

这本是所谓学术研究，并未言及当世。然其从文化视角看鼎革，则与上面数人无异。且王先生此文撰于 1917 年，看似为民国这一新朝背书，或更多是因变局而上条陈，盖此时恰值袁世凯称帝失败而离世，标志着一个政治时代的结束。若不把谈殷、周间之鼎革视为比附民国代清，则文章的一个意思，似可理解为中国已有周公为万世治安所立之制度文物，只要继承延续，就可长治久安。然而袁世凯以后的当政者并未将传承文化列入其议事日程，故民初文化的延续更多是一种自然状态的"百足之虫死而不

---

① 王国维：《殷周制度论》（1917 年 9 月），见谢维扬、房鑫亮主编：《王国维全集》第 8 卷，303、317 页，杭州，浙江教育出版社，2009。

僵"，于是有后来李盛铎眼中天崩地裂的文化丕变。

同在 1917 年，《新青年》早期的主要撰稿人高一涵就把辛亥革命和新文化运动并联思考，以为"往岁之革命为形式，今岁之革命在精神。政治制度之革命，国人已明知而实行之矣。惟政治精神与教育主义之革命，国人犹未能实行"，故应尽快从事其所说的精神革命。① 这里的形式革命和精神革命，很像黄远庸说的手足革命和人心革命，但"人心革命"在 1912 年时是一种对眼前状态的观察，几年后却成了即将采取的行动目标，折射出时人对辛亥革命认知的转变——其不成功正在于人心未曾"革命"，所以仍只是手足或形式的革命，而不是人心或精神的革命。

瞿秋白稍后也说，辛亥革命没有革文化的命，只是革命的"表象"；要到新文化运动，才走向真革命。前者"不过是宗法式的统一国家及奴才制的满清宫廷败落瓦解之表象"，而"一切教会式的儒士阶级的思想，经院派的诵咒画符的教育，几乎丝毫没有受伤"。要到《新青年》"反对孔教，反对伦常，反对男女尊卑的谬论，反对矫揉做作的文言，反对一切宗法社会的思想，才为'革命的中国'露出真面目"。自五四运动起，"中国社会之现实生活确在经历剧烈的变迁过程，确有行向真正革命的趋势"，所以"《新青年》乃不期然而然成为中国真革命思想的先驱"。②

福柯（Michel Foucault）曾有一个著名的比喻，说中世纪国王的脑袋被砍下来了，但在思想文化中仍然没有被砍下来；亦即

---

① 高一涵：《一九一七年豫想之革命》（1917 年 1 月），见郭双林、高波编：《中国近代思想家文库·高一涵卷》，87 页，北京，中国人民大学出版社，2015。

② 瞿秋白：《〈新青年〉之新宣言》（1923 年 5 月），见《瞿秋白文集（政治理论编）》第 2 卷，7 页，北京，人民出版社，2013。

君主制虽然已经被推翻，但此后文化上一系列的相关概念，仍来自帝制时代，需要继续将其揭示出来，甚或进行"斗争"。① 福柯若懂中文，便可从瞿秋白的表述中看到类似的意思。五四前后，分享着那样观念的不在少数。

大体上，后人以辛亥革命与五四运动并论，甚至以为辛亥不如五四，既受鼎革之时轻视革命眼光的影响，也因泛革命观念的吹拂。傅斯年后来提出："近代的革命不单是一种政治改变，而是一切政治的、思想的、社会的、文艺的相互改革；否则革命只等于中国史上之换朝代，试问有何近代意义呢？"② 这是在陈独秀被国民政府抓捕后，要以《新青年》的言说论证陈氏在革命史上的地位，其所谓广义革命的弦外之音是很明显的。

从广义的眼光看革命，仍会发现辛亥革命的不足。身与辛亥革命的戴季陶在五四当年就说，他的一位朋友以为，"革命几次"并未显出什么好的效果，而戴季陶答道，不一定要"炸弹、手枪、军队，才能够革命，才算是革命"，实则"平和的新文化运动，这就是真正的革命"。因为这是"大创造的先驱运动"，如果不想亡国，就"只有猛力做新文化运动的工夫"。③

戴季陶所说的真革命，还是在为非暴力的新文化运动正名。20年后，1916年出生的山东边缘知识青年杜深如则说，因为"辛亥革命没有成功，所以生在有总统的时代和有皇帝的时代没

---

① 参见《米歇尔·福柯访谈录》，见杜小真编选：《福柯集》，437～438 页，上海，远东出版社，2003。

② 傅斯年：《陈独秀案》（1932 年），载《独立评论》，1932-10-30，第 24 号，2 页。

③ 戴季陶：《我和一个朋友的谈话》，载《星期评论》，1919-09-28，第 17 号，4 页。

有什么大差池。真的革命还是在欧战期间展开的，这就是历史上所谓五四新文化运动"。① 真革命所指谓的对象未变，但此时已是不成功的辛亥革命的对应语了。

似此从广义的革命观看两次革命而论其是否真革命，渐成一种思想套路。梁漱溟后来也说："辛亥革命，自一方面说，固不同于过去之变法改制而止，但至多亦只算得中国礼俗丕变之开端。必待'五四'新文化运动，直向旧礼教进攻，而后探及根本，中国乃真革命了。"② 与杜深如基本否定辛亥革命不同，梁漱溟初步肯定了辛亥之举的革命性，但认为不够，所以仍不能算真革命。而新文化运动之所以算得上真革命，即在于其探及根本，直攻旧礼教，亦即其革命之真，恰表现在文化层面。

辛亥鼎革是一次改朝换代的武装革命，而新文化运动则是一场以文化命名的运动。把文化"运动"视为真"革命"，并质疑武装革命是否够"真"，呈现出显著的诡论意味，而这却是当年很多人的共同特点。这样的并论充分体现出近代中国革命的延续性和广泛性，是泛革命时代的鲜明表征。也正因有广义的文化观的存在，新文化运动才可以被看成一场全面彻底的革命。

二、冲击反应与自我觉醒

从上面的引文可以看出，"文化"正从一个并非共享的概念

---

① 写于1938年1月2日，见《杜深如烈士日记》，4～5页，北京，中国文联出版社，2002。

② 梁漱溟：《中国文化要义》（1949年），见《梁漱溟全集》第3卷，225页，济南，山东人民出版社，1990。

逐渐变为一个众皆分享的常用词，这一进程大体与新文化运动同步（详后）。本来中国古人一向以为政教相连，互为表里。但近代西潮冲击带来很多新思想和新观念，包括政治、社会、文化等。到这些外来范畴已经广为人知也广为人用的时代，很多人受西方观念影响，常把政治与文化区别看待，且多见其对立的一面。

同时，尽管"革命"的含义已不再与武力的改朝换代挂钩，很多人心目中的革命仍与暴力密切关联。从那样的视角看，即使偏向政治的五四学生运动，也与一般意识中的"革命"有较大区别，遑论一度有意要疏离于政治的新文化运动。因此，不少人以为辛亥革命是政治革命，而新文化运动侧重文化思想；由于前一次革命的不彻底，后者才起而完成前者未能完成的任务。然而也正是文化的视角，提示人们新文化运动不仅可以看作辛亥革命的延续，还可以追溯到更早的文化努力。

胡适很早就把新文化运动的起源追溯到晚清，以为"中国的新文化运动起于戊戌维新运动"，且文化运动从来就有政治意义，因为"戊戌运动的意义是要推翻旧有的政制而采用新的政制"。如梁启超提出"新民"思想，"指出中国旧文化缺乏西方民族的许多'美德'"，并"推崇西方文明而指斥中国固有的文明，确是中国思想史上的一个新纪元"。[①]

这是一个过去注意不多却很重要的见解，即从戊戌维新开始，中国人寻求的改变就已具有根本性。这些努力包括政治，又超越于政治，并与晚清"民"意识（即把国家希望寄托在一般人

---

① 胡适：《新文化运动与国民党》（1929年11月），见《胡适全集》第21卷，442页，合肥，安徽教育出版社，2003。

民之上）的兴起相呼应。① 不过，在为国家寻求全面改变的同时，习惯了以天下为己任的读书人对人民还是不那么放心，他们要么代民立言，要么重新感觉到智民、觉民等"新民"需要。从那时起，让中国变成不一样的新民族，就成为很多中国读书人的梦想。从这个意义言，新文化运动其实就是清末"新民"努力的延续。

陈独秀在1916年初就号召新时代的中国青年觉醒起来，承担民族更新的大业：

> 当此除旧布新之际，理应从头忏悔，改过自新。……吾人首当一新其心血，以新人格；以新国家；以新社会；以新家庭；以新民族；必迫民族更新，吾人之愿始偿，吾人始有与晰族周旋之价值，吾人始有食息此大地一隅之资格。②

这明显是梁启超"新民"说的衍伸，其所新的面相有所扩大，而目的则更明确，即"与晰族周旋"，并获得"食息此大地一隅之资格"，充分体现出西潮冲击下中国读书人的危机感。

自从梁启超以后，很多人都用器物、政制、文化三段论来诠释近代中国对西方的认识以及中国自身的发展③，一般都把新文化运动视为进入文化阶段的表征。这三次转变的前提是中国读书

---

① 关于晚清"民"意识的兴起，参见柯继铭：《理想与现实：清季十年思想中的"民"意识》，载《中国社会科学》，2007（1）。

② 陈独秀：《一九一六年》（1916年1月），见任建树主编：《陈独秀著作选编》第1卷，198页，上海，上海人民出版社，2009。

③ 参见梁启超：《五十年中国进化概论》（1923年），见《饮冰室合集·文集之三十九》，43～45页。并参见陈独秀：《吾人最后之觉悟》（1916年2月），见《陈独秀著作选编》第1卷，201～204页。

人先接受了以强弱（战争胜负）定文野的思路，故每次都是在中国的不成功后产生进一步外倾的觉悟。① 而其间还有一个不可忽视的差异，即前两次转变都是对外作战（鸦片战争和甲午之战）失败之后的"觉悟"，但第三次却不然。除非是将文化阶段提前到庚子后废科举和新政，否则新文化运动就更多是一次自我的"觉醒"。

这就提示出一个重要的问题，即新文化运动究竟是一个西潮冲击下的反应，还是一个更多带有自我意识的"觉醒"？②

从这个视角看，把新文化运动与辛亥革命关联起来思考，可以有两个方向，一是中国读书人从很早就有了全面改变的意愿，一是到五四前后才首次脱离了对外战败的影响，甚至是受到西方因大战而反省其自身文化的影响。进而言之，究竟辛亥革命已是一场人心革命，还是它基本是一场政治革命，到新文化运动才转向文化？或者如梁漱溟所说，辛亥革命已带有文化革命的痕迹，但要到新文化运动才出现整体性的转向文化？③

如果把辛亥革命视为文化层面的人心革命，即使层次不深，就接近前一方向；如果把辛亥革命视为政治层面的手足革命，就倾向于后一方向。这牵涉到中国读书人何时开始出现全面的"觉

---

① 关于近代国家目标的外倾，参见罗志田：《国家目标的外倾——近代民族复兴思潮的一个背景》，载《近代史研究》，2014（4）。

② 如果把五四学生运动的民族主义口号算进去，则三次一样，都可以说是西方冲击的中国反应。

③ 孙中山似乎倾向于辛亥革命乃人心革命之说，他在新文化运动期间还强调："心之为用大矣哉！……满清之颠覆者，此心成之也。"引自孙中山：《建国方略·建国方略之一·自序》（1918 年），见《孙中山全集》第 6 卷，159 页，北京，中华书局，1985。

悟"及何时有了自我"觉醒"，绝非小问题，而是一个重要差别，需要进一步的探索、思考和论证。

梁漱溟借鉴了梁启超的阶段论，但又多从文化视角观察。他也认为中国人在甲午海军覆没后有了新的认识，类似"兴学校、废科举、造铁路"等主张，以及庚子后的"变法之论"，都是"他们想接受他们当时所见到的西方文化"。光绪末宣统初多数"关心时势的人，都以政治问题是最重要的；只要政治一改，便什么都改了"。而"到了革命事起，更是一个极显著的对于西方化的接受，同时也是对于自己文化的改革"。①

这里的基本叙述，与梁启超的阶段论大致相合，但梁漱溟思路的独特在于，他把所有这些阶段性转变，都视为晚清人接受"当时所见到的西方文化"的一部分。那时"主张立宪论的以为假使我们的主张可以实现，则对于西洋文化的规模就完全有了，而可以同日本一样，变成很强盛的国家。——革命论的意思也是如此"。②故不必到新文化运动才转向文化，辛亥革命本身就既是对西方文化的接受，也是对自己文化的改革，那就是一次文化革命。

张东荪也提出，新文化运动的发生，"有正负两方面做他的发动力"：正的方面是"国人知识渐增，对于西方文化认得清楚了，知其精髓所在，所以主张吸收过来"；负的方面是鼎革"十年以来政治改革的失败，觉非从政治以外下工夫不可"。两者的

---

① 本段与下段，参见梁漱溟讲、陈政记：《东西文化及其哲学讲演录》（1920年），见《梁漱溟全集》第 4 卷，580～581 页，济南，山东人民出版社，1991。

② 梁漱溟：《东西文化及其哲学》，见《梁漱溟全集》第 1 卷，334 页，济南，山东人民出版社，1989。

共性是越过政治而直入文化，既因国人认识到欧美不仅火器强盛，而且在政治组织和法制运用上都超过中国，于是明白必须"改造做人的态度"；也由于这些人中"大部分是曾从事过政治改革的"，故能"一眼看透了政治而直入其背后"。①

很多时人和后人都曾说过新文化运动的两大任务就是引进西方文化和批判传统文化，张东荪的视角稍不同，他是从这两个方面思考运动的发生，即不仅把运动看作对西潮冲击的反应，也视为自我反省的结果，得出一个相对"综合"的见解。非常有意思的是，他把对外来冲击的反应视为"正面的"，而把针对内部经验的自我觉醒看成"负面的"。

这与张东荪对当时文化与政治的关联以及新文化运动本身的界定相关。要知道"文化"虽伴随着新文化运动而兴起，却也多少因为时人将其对现实政治的失望与固有"文化"联系在一起。在张东荪看来，新"文化运动虽是由政治运动失败而发生，却也因为不能离开政治而停顿"。他认为是从事文化运动者自己未曾处理好文化与政治的关系，"有比较上放任政治的倾向"。但"人人的生活总有时是离不开政治，政治既坏了，你不去改良他，他却来影响于你"。②

的确，"不议政"曾是新文化人的一个自觉的主动选择。他们后来放弃这一主张开始要谈政治时，胡适等七位北大教授曾于1920年发表《争自由的宣言》，第一句话就说："我们本不愿意

---

① 东荪：《文化运动与教育》，载《时事新报》，1922-04-12，1 版。

② 东荪：《文化运动与教育》，载《时事新报》，1922-04-12，1 张 1 版。感谢匿名评审人之一提醒我在这一节里说说文化与政治的关联！

谈实际的政治，但是实际的政治却没有一时一刻不来妨害我们。"① 这或许即张东荪之所本，却也是他的一贯主张。前引他在辛亥年说"人心之堕落"是"政治有以司之"，故"改革人心"也必自政治始；要"使民"和"化民"，就不能不"革政"，便是类似主张的先导。

张东荪一面确认"文化运动是这几年来新起的一个名辞"，一面强调其主要内容就是化民成俗。因为文化运动不仅是"改革文化，就是推翻旧文化而传播新文化"，更是"思想的改新"，也就是"从思想方面改革做人的态度，建立一种合于新思想的人生观，而破除固有的一切传说习惯"。而"所谓运动，就是要把这种重新做人的意义普遍于全国，使人人都沐化于其中"。② 化民成俗本是读书人的传统责任，却借文化运动而得到现代表述。要"化民"就必须"革政"，所以从事文化运动不能放任政治。

当然，这也和新旧时代看待政与教的不同眼光相关。若据政教互为表里的传统看法，政治与文化本是既可分又不可分的，两者之间可以有差别，却未必存在紧张。而从新引入的范畴看，文化与政治不仅确有差别，而且时常对立，故不能不有所区分。很多新文化运动的当事人，身处过渡时段，有时是新旧观念兼具也兼用，有时则是用新词语述说旧看法，需要据上下文小心辨析。

在此观念转变的进程中，人们又发现文化的涵盖面其实很宽，政治也仅是其中的一部分。尤其是进入民国后，

---

① 胡适等：《争自由的宣言》，载《晨报》，1920-08-01，《东方杂志》17 卷 16 号（1920 年 9 月 10 日）转载，引文在133 页。

② 东荪：《文化运动与教育》，载《时事新报》，1922-04-12，1 张 1 版。

　　革命也革了，西方也总算接受了，但终是东碰西磕，道路不通，没有法子顺顺当当地走下去。这个时候有人知道了，以为这问题还在后边。我们须从那儿着手，就是从思想——真正的文化——上下手。知道政治制度并非文化的根本，只是一点枝叶；我们不懂得根本，如何能运用枝叶。这才明白了文化的全部，要改革就得索性另走一条路，才可以追求着真的问题所在。这是近两年人的眼光方才看到的，以为要改非统改不可，枝枝节节是不能成功的。①

　　由于政治本是文化的一部分，所以在梁漱溟看来，新文化人不是看到了政治与文化的差别，而是看到了枝节与整体的差别，看到了思想在文化中的重要性。正因思想才是"真正的文化"，以思想为目标的新文化运动也就成了"真革命"。他的言外之意，似乎思想是文化的根本，包括思想的文化才是一个整体。不过这一点他没有进一步申论，此后也未曾特别强调和坚持。

　　无论如何，后五四时代很多人都分享着相当宽广的"文化"含义。当胡适提出"国学的目的是要做成中国文化史"时，他具体列出的"中国文化史"系统包括民族、语言文字、经济、政治、国际交通、思想学术、宗教、文艺、风俗、制度十种史。②这样一种广义的文化观与广义的革命观是相伴随的，韩侍桁在十多年后总结说，"五四时代是中国社会的一个整个革命的时期"，

---

① 梁漱溟讲、陈政记：《东西文化及其哲学讲演录》，见《梁漱溟全集》第4卷，580～581页。

② 胡适：《〈国学季刊〉发刊宣言》（1922年11月），见《胡适全集》第2卷，13～14页。

涉及"经济、政治、社会、思想以及一切的学术的部门"。[1]

而据梁启超的总结，时人因辛亥鼎革后"所希望的件件都落空"，于是"觉得社会文化是整套的，要拿旧心理运用新制度，决计不可能，渐渐要求全人格的觉悟"，遂有新文化运动。[2] 此说代表了很多时人的看法，也广被引用。若按上引张东荪的正负区分，这就仅仅看到了运动的负面动力。另外，如果从戊戌维新起中国人就在寻求根本性的改变，则那一系列阶段性转变，其实可以是对何为文化之"根本"的认识在步步深入，最终形成一种整体文化的认知。

倘若戊戌维新就是一次文化运动[3]，而辛亥革命亦然，则新文化运动与辛亥革命不同的，只是更多侧重人心革命，因其伴随着文化的兴起，遂被视为文化的运动。但其特点究竟是寻求整套的文化改变，还是打击文化的根本，也还需要辨析。从新文化运动的具体表现看，特别是一度提倡读书人不参政、不议政，似乎更多是以整套文化的认识为基础，有选择地打击其心目中文化的根本。因此，文化怎样在新旧之争中兴起，并成为斗争的目标，还需要简略的考察。

---

[1] （韩）侍桁：《文学革命者的胡适的再批判》，载《中山文化教育馆季刊》，2卷2期，1935年4月，677页。

[2] 梁启超：《五十年中国进化概论》，见《饮冰室合集·文集之三十九》，45页。

[3] 戊戌维新一项几乎实现的改革是满汉通婚，特别能表现那次改革运动既是政治的，又超越于政治的，的确可以说是一次文化运动。从人心革命的视角看，这一举措有助于凝聚人心，对朝廷最为有利。然而当时很多人的心态是焦虑的，期望并相信即使涉及根本的改革，也是可以速成的。政变导致连这一步也没实现，成为后来民族主义输入后民族对立意识兴起的一大基础，吃亏最大的还是清廷自己。

三、文化在开战中兴起

前已提到，民初思想言说中文化的兴起，与新文化运动相伴随。更具体言，它首先和文学革命相关。在这次运动中，可以说文化是借文学而兴，也可见一条从文学到文化的发展路径。如韩侍桁所说，五四运动"以文学革命的标语为开端，无论是意识地或非意识地，实是选择了最正确的途径"。因为文学包容较广，"可以作为经济社会的表现，可以作为政治的宣传，可以拿它作为讨论一切社会问题的工具"。而且，"文学"这名词在中国历史上向"未曾有过专门的定义，说是包容一切学术的总名，也未为不可"。①

实际上，在新文化运动时期，尽管已引进西方的"文学"定义，文学的界定仍在发展之中，并未达到"约定俗成"的程度。胡适在 1922 年写了一篇总结性的《五十年来中国之文学》，但在朱维之看来，从胡适列举的人物和作品看，"他所说的文学，不过是'文章'而已，不是近十年来一般青年的文学观念"。② 文学革命的始作俑者所说的"文学"，竟然与一般青年的观念不同，最能说明文学革命虽使文学一词流行，却并未对何谓文学达成共识。③

---

① （韩）侍桁：《文学革命者的胡适的再批判》，载《中山文化教育馆季刊》，2 卷 2 期，1935 年 4 月，677～678 页。

② 朱维之：《十年来之中国文学》，载《青年进步》，100 期，1927 年 2 月，209 页。

③ 例如，也在 1922 年，胡适在答复时人对《努力周报》的批评时，在同一短文中使用的"文学"和"文艺"两词，基本是同义词。参见胡适：《对于〈努力周报〉批评的答复》（1922 年 5 月），见《胡适全集》第 21 卷，270～271 页。

　　"文学"在中国历史上的确包容甚广，直到清末，张君劢进入江南制造局的广方言馆，那时上课是"四天读英文，三天读国文"。① 此中西两"文"，其实更多是中学与西学的代名词。若说到"学"，其在历史上的包容之广，又比"文"更胜一筹。从 20 世纪前二十年间士人的表述中，便可见一个明晰的从"中西学"到"中西文化"的发展进程。

　　从 19 世纪末到 20 世纪最初几年的思想言说，大体还延续着清季"中学为体，西学为用"时代的思路，"教"和"学"（甚至一定意义上的"种"）是使用得较为普遍的词语。② 那时输入的"文明"一词也曾流行，不过更多涉及全世界的文野之分，稍后才逐渐落实到特定的族群或地域之上。"文化"一词在 20 世纪前十年也已出现，多是"文明"的近义词。③ 近于人类学意义的"文化"一词，到新文化运动期间逐步确立，此后乃广泛普及。而"文明"反成为"文化"的近义词，当然也不时有"独立"的含义（详后）。④

　　"文化"一词的流行，与 1919 年的学生运动有直接的关联，

---

　　① 张君劢：《我的学生时代》，载《再生》，第 239 期，1948-11-15，7 页。

　　② 例如，后来许多人爱说的"中西文化竞争"，在清季便多被称为"中西学战"。说详罗志田：《传教士与近代中西文化竞争》，载《历史研究》，1996（6）。

　　③ 龚书铎先生较早勾勒了"文明"与"文化"的输入及其使用异同，他的结论是清季"报刊使用'文明'这个词要比使用'文化'一词为多"。龚书铎：《近代中国文化结构的变化》，见《中国近代文化探索》，14～16 页，北京，北京师范大学出版社，1997。

　　④ 这一点在胡适身上就表现得很明显，观其留学日记及留学期间的文字，多言"文明"而少及"文化"，在 1919 年所写的《新思潮的意义》一文中，已谈及中西和新旧文化，但仍把"再造文明"定为新思潮的唯一目的（胡适：《新思潮的意义》，见《胡适全集》第 1 卷，691～700 页）。在"五四"以后，他就越来越多地谈"文化"，而言及"文明"时往往具有特定的指谓（如辨析精神文明和物质文明）。

更为新文化运动本身所推进。① 据梁漱溟在五四后的观察："大约两三年来，因为所谓文化运动的原故，我们时常可以在口头上听到、或在笔墨上看到'东西文化'这类名词。"② 这方面他自己有着深切的体会：他在 1919 年夏天写《东西文化及其哲学》导言时，曾说及"中国国民受东方化的病太深"，要学会经营现代生活，"非切实有一番文化运动辟造文化不可"。其中"文化运动"四字，"当时自疑杜撰"。但到 1920 年初，不过六个月工夫，"文化运动"一词"竟成腐语滥套"。③

作为一个概念或名词，外来的"文化"能取代既存的"教"或"学"，表明使用者感觉到既存概念不足以涵盖或表现他们想要表述的意思。这一方面体现出那时人们想要表达的内容已经有所不同，文化一词更能表出其所欲言，确有应运而生的意味；另一方面，文化的兴起本身也意味着梁漱溟后来清楚认识到的一个要点，即从虚体到实体的"中国"，皆已几乎不能自我表述了。④

那时"文化"所取代的还不止"教"或"学"一类旧称。章锡琛在 1920 年注意到，"一年以前，'新思想'之名词，颇流行于吾国之一般社会"。但最近则"新思想三字已鲜有人道及，而'新文化'之一语，乃代之而兴"。⑤ 可知在一种特定的意义上，

---

① 参见周月峰：《五四后"新文化运动"一词的流行与早期含义演变》，载《近代史研究》，2017（1）。

② 梁漱溟：《东西文化及其哲学》，见《梁漱溟全集》第 1 卷，331 页。

③ 梁漱溟：《唯识述义（第一册）·〈东西文化及其哲学〉导言》，见《梁漱溟全集》第 1 卷，266～267 页。

④ 说详罗志田：《文化翻身：梁漱溟的憧憬与困窘》，载《近代史研究》，2016（6）。

⑤ 君实（章锡琛）：《新文化之内容》，载《东方杂志》，17 卷 19 号，1920-10-10，1 页。

那时"文化"所取代的范畴，也曾包括"思想"这一新词语。

盖"文化"的兴起与近代的"道出于二"① 密切相关。由于"文化"的意义可广可狭（且视上下文而时广时狭），又出现"学术"这一日渐流行的新词，并带有明显的西化特征。唯近代西方的学术以"独立"为标榜，日益西化的"学术"概念因此而疏离了"道"，于是又有"学术思想"一词的出现②，多少带有以"思想"来弥补"学术"之"失道性"的意味。③ "文化"一时取代"思想"，便因它们那时多少都是同义词。

而文化一旦兴起，其革命的能力、目标和范围都远远胜过文学。前引梁漱溟称许新文化运动是"真革命"，即因其能够"直向旧礼教进攻"，而探及了文化的根本。这也是新文化运动的划时代处：在此以前，"无论是立宪派或革命派，从没有一个人敢与中国文化开战的，就有也不敢十分坚决"，直到 1916 年陈独秀等人"才直截了当从这个地方说起"。且其影响"竟有从前变法论盛行的时那样普遍"，能在几年间"引起全国人都注意文化的改革"，可以说"把大家的意思统统改变了"。④

以赞许的口吻表彰对传统文化开战的坚决，似乎揭示了梁漱溟自己的文化态度，实则未必（详另文）。但他确实看到了问题

---

① "道出于二"语出王国维，具体论述参见罗志田：《近代中国"道"的转化》，载《近代史研究》，2014（6）。

② 这看似一个复合词，却更多是一个不分的整体，梁启超那篇《论中国学术思想变迁之大势》（见《饮冰室合集·文集之七》）便是一个显例。

③ 这一进程非常复杂曲折，此处不能详论。一些初步的探讨，可参见罗志田：《经典淡出之后：过渡时代的读书人与学术思想》，载《中华文史论丛》，2008（4）。

④ 梁漱溟讲、陈政记：《东西文化及其哲学讲演录》，见《梁漱溟全集》第 4 卷，581 页。

的关键所在：文化虽是借文学而兴，而一旦进入开战的层面，其战斗力就远超过文学。因为文学无论怎样战斗，其对象不过是所谓"旧文学"，而且还是范围正在缩小的文学（据西文 literature 而界定）；而文化的战斗对象则直捣根本——从旧礼教到孔子，或时人口中的"孔家店"。也只有这样触及根本的全面战斗，才能"把大家的意思统统改变"。

并非只有梁漱溟这样看，后来李麦麦也说，"满清学者所不敢明目张胆反对的孔子，到'五四'时代陈独秀、吴虞、胡适等却可以明目张胆地反对他了"。且不管后来的人"怎样努力来提倡孔子思想，要想再复活'五四'以前的孔子，是万万不能了"。在他看来，自"战国以后，这是孔子第一次受到重大的打击"。就此意义言，"'五四'时代底非孔运动"，就是"战国底哲人非孔运动之继续"。以马克思主义为武器的李麦麦，遂把随之而起的整理国故视为"近代中国底第三阶级复活春秋战国时代工商业的哲学表示"。[①]

在过去的书籍分类里，儒家乃是诸子百家中的一家，《论语》和《孟子》都是较晚才从"儒家"中升到经典层次的。但在思想领域，自诸子学在晚清兴起后，与儒学确实处于一种竞争的地位。而战国时已经存在的百家争鸣，也可以视为其前导。这样看来，新文化运动中的反对孔孟之道，不论是否回溯到战国，至少也是晚清学脉内在理路的延续。

在梁漱溟眼中，这样直捣黄龙式的战斗，又更多是一种外力

---

① 李麦麦：《五四整理国故运动之意义》，见《中国文化问题导言》，140～144 页。

推动的剧变，不是"中国社会自己所能发生的"。若非"世界大交通，从外面引发他变，一而再，再而三，不会有此"。① 所谓一而再，再而三，即是说新文化运动是从晚清各变革延续而来，但终究是"他变"而非"自变"。不过李麦麦所见略有不同，他以为：

> 思想运动不管是怎样为外铄文化所影响，可是他在一开始时，总不得不把固有的先存的思想当作自己底出发点，不能不在自己固有的历史中找出自己底谱系来。即使"五四"运动是完全的人工的"接生"，但此接生仍不能不借助于先存的思想之根。②

这就是说，新文化运动既有"外铄"的一面，也有"自变"的一面。它不仅是外来冲击的反应，也是一种自我的觉醒。李麦麦这一认识，有助于理解一个向文化开战的革命性运动何以会出现看似温和的"整理国故"，并成为新文化运动一个重要而且持久的特色。

先是胡适试图为新文化运动定调，提出了"研究问题，输入学理，整理国故，再造文明"的口号。具体言，研究问题与输入学理是新思潮的"手段"，主要针对现实人生社会的切要问题，并输入西洋学理以为研究问题的参考材料；而整理国故是新思潮对于旧文化的"态度"，再造文明是新思潮的"目的"。③

---

① 梁漱溟：《中国文化要义》（1949 年），见《梁漱溟全集》第 3 卷，226 页。
② 李麦麦：《五四整理国故运动之意义》，见《中国文化问题导言》，144 页。
③ 胡适：《新思潮的意义》（1919 年 11 月），见《胡适全集》第 1 卷，691～700 页。

整理国故和反孔有一共性，即都是回向过去。李麦麦所谓以先存的思想为出发点，在固有的历史中找出自己的谱系来，有今人所谓正本清源的意味。且回向过去既可以是战斗，也可以是回归，就看怎么理解，怎么推行。有人可能在战斗中不知不觉衍化为回归，也可能本欲回归者因看到了传统的"丑恶"而转向战斗。时人和后人对新文化运动的观感和态度，往往因此而产生歧义。余家菊很早就说：

> 有甲午一役和庚子一役，国民对于本国武力之信念乃完全打破；有辛亥一役，国人对于本国政治制度之信念乃完全打破；有五四一役，国人对于本国之一切思想学术之信念皆完全丧失无余。至此，国民自顾其身，乃无复丝毫昂藏之气、自尊之概；与外人相遇，只觉自惭形秽，无一是处。……如此自暴自弃的民族，还有立足于天地间之余地么？[①]

其所分阶段与梁启超的分段论大致相同，但判断却非常不一样。尤其对五四的完全否定，带有很强的文化民族主义倾向。他正是看到了五四反传统的一面，然所见过于偏颇，实无法解释此后相当长一段时间中整理国故的风靡。

过去很多人都说，民初袁世凯当政几年间有不少复古的举措，是导致新文化运动反孔的直接因素。连后来很多研究者视为保守的杜亚泉那时也观察到："辛亥之革命，即戊戌以来极端守

---

① 余家菊：《民族主义的教育》（1922 年），见《余家菊景陶先生教育论文集》，147 页，台北，慧炬出版社，1997。

旧思想之反动；近日之复古，亦辛亥以后极端革新思想之反响也。"① 这仍体现出那种把新文化运动和晚清举措连接起来考察的思路，顺延下去就可以说：此后反孔的文化革命，亦民初几年复古之反响也。

唯对于有新思想武装的人来说，复古也可以是进步的。李麦麦就把整理国故视为"进步的复古"运动（因为新文化运动是中国的文艺复兴，应像西方一样复古）。前引他说孔子自战国以来第一次受到重大打击，便与整理国故挂钩。与余家菊的看法截然相反，在李麦麦眼里，整理国故和反孔不仅是有共性，几乎就是一回事。而且他用"先生"称国故，说"当时的思想文化中，除了赛、德两位先生外，确还有一位国故先生"。② 五四时以"先生"称的通常只有民治（德）和科学（赛），整理国故能与其并列为三，地位就相当高了。

在黄日葵眼中，整理国故表明一种新的觉悟和进步，即认识到了"以前的思想改造运动是借用欧洲思想为利器的，这种外来的思想，根本就不能使有深根固蒂的中国的传统文明、传统思想能够得到彻底的改造"。现在是"从根本之根本的国民思想之所根据的国故下手做改造的工作"，也就是"离开从前浅薄的改造运动，而从事于根本的改造运动了"。③

由于整理国故的字面义偏向中性，可能吸引更多的参与者，

---

① 杜亚泉：《论思想战》（1915 年 3 月），见田建业等编：《杜亚泉文选》，上海，华东师范大学出版社，1993。

② 李麦麦：《五四整理国故运动之意义》，见《中国文化问题导言》，135～140 页。

③ 黄日葵：《在中国近代思想史演进中的北大》，见《北京大学廿五周年纪念刊》，49 页，1923。

于是在反孔中逐渐减弱了斗争性，甚或变成了一种对传统的建设性整合。潘公展就认为，若从晚清以来的改革进程看，新文化运动的进步在于"采取西洋人研究科学之精神与方法，自动的研究一切自然界之现象及中国固有之学问"，以"贡献于世界"。①

在实践层面，对于当时很多成年人来说，所谓国学其实是他们最为耳熟能详且得心应手的领域，结果貌似"复古"的整理国故很快成了"最时髦"的活动。王慎庐后来回忆说，从 1924 年起，"渐渐的有了复古的倾向"，原本已经滞销的古书又大量出版，销路甚好。到 1925 年他去南京，"一位著名的中学校长很高兴的告诉我说，他们学校已决定从下学期起，将国学列为必修科"，并说"我们要复古了"。王氏回答说："这才是最时髦的课程啊。"②

复古竟然成为最时髦，这让很多趋新者担忧。实际上，新文化运动期间引起社会反弹最大的，除白话文外，恰在这两位一体的反孔和整理国故。所不同的，不过是所谓保守者抗议反孔，而很多趋新者不赞同整理国故。在某种程度上，在 20 世纪中国思想史上，保守者出声较大的，也仅此一次。再以后，各类思想论争基本都是新与新斗（就思想资源而言即西与西斗），各类保守者逐渐失声、噤声以至于无声。从后见之明看，向文化开战的效果是非常显著的。而在当时，由于整理国故的风靡，趋新者也甚感不安。

---

① 潘公展：《从世界眼光观察二十年来之中国》，载《东方杂志》，21 卷 1 号，1924-01-10，35 页（文页）。

② 王慎庐：《中国今日之青年问题》，载《东方公论》，9、10 期合刊，1930-01-10，87 页。

整理国故的反对者认识到，不管提倡者意向如何，只要是回向过去，至少就有"脱离现实"的一面。胡适的老朋友陈独秀便指责说，整理国故是"要在粪秽里寻找香水"。① 终导致胡适本人于 1926 年在北大国学门恩亲会上对自己提倡研究国故表示"深深忏悔"，强调"国学是条死路"。② 到 1928 年他更以书面形式重申：钻故纸堆是"死路"，学自然科学才是"活路"；现在"一班少年人跟着我们向故纸堆去乱钻，这是最可悲叹的现状"。③

然而胡适自己的忏悔并未改变整理国故的风靡，到 1932 年，有人总结新文化运动，以为可分为"各种新社会思想与哲学之输入""语体的新文艺运动"和"以科学方法整理国故"三类，前两种那时"大体多已显示着衰落而集中于社会主义，所以唯物史观的辨证哲学和所谓'普洛文学'，就成为一时流行之风尚"。而

> 惟有所谓"科学方法整理国故"运动，其"流风余韵"，却还相沿未衰。而且在"古色古香"的旧都，正有"方兴未艾"之势。这不能不算是新文化运动中唯一可"庆幸"的事了。④

---

① 陈独秀：《国学》（1923 年），见《陈独秀著作选编》第 3 卷，101～102 页。
② 此次恩亲会各人的发言，见《研究所国学门第四次恩亲会纪事》，载《北京大学研究所国学门月刊》，1 卷 1 号，1926 年 10 月，143～147 页。
③ 胡适：《治学的方法与材料》（1928 年 9 月），见《胡适全集》第 3 卷，143 页。说详罗志田：《国家与学术：清季民初关于"国学"的思想论争》，334～358 页，北京，生活·读书·新知三联书店，2003。
④ 中：《考据漫话》，载《国立北平图书馆读书月刊》，1 卷 10 号，1932 年 7 月，1 页。

作者出以嘲讽的口吻，当然是对此现象不满。但整理国故成为新文化运动唯一尚未衰落的部分，大致也是事实。又很多年后，事过境迁，罗家伦甚至认为，"从新文学运动范围的扩大而产生的"新文化运动，"简单扼要地说，它只是主张'以科学的方法来整理国故'。也就是以科学的方法，来整理中国固有的文化，分门别类地按照现代生存的需要来重新估定其价值"。① 这当然带有显著的后见之明特色，但整理国故竟然成了新文化运动的唯一表征，也说明历时较久之后，一个多面的运动在人们记忆中所呈现的面相，可以有很大的差别。

在五四时代激烈反传统的革命性进程中，最不显激进的整理国故反而流行，并在一段时间里成为新文化运动最具生命力的成分，其反讽意味甚强。然而这样看似诡论性的发展，却也可能是运动的一种自然衍伸，虽有转折，尚不离正本清源的初衷。让保守者和趋新者同感不安的回溯取向，恰表现出新文化运动那自我觉醒的一面。

借用梁漱溟的术语，既然文化是在"开战"中兴起，则战事一起，就不仅是一国一地的问题，其影响可能在战斗中走向四面八方，出现各式各样超出预想或根本未曾想到的发展，导致时人特别是后人对新文化运动产生种种不同的认识。

本来新文化运动就不是一场谋定而后动的运动，故既有超出预想的成分，也有根本未曾想到的成分，后者远大于前者。而其中最大的变数，就是五四学生运动的爆发。要了解五四时代，先

---

① 罗家伦：《蔡元培先生与北京大学》（1967 年），见《逝者如斯集》，60 页，台北，传记文学出版社，1981。

要认识学生运动与新文化运动的关联。

四、学生运动与文化运动

五四学生运动是现代中国史上划分时代的一个界标，这是一般都接受的。不仅如此，即使缩小到新文化运动之中，它也曾起过类似分水岭的作用。陈独秀自己就坦承 1919 年的学生运动凸显和确立了《新青年》在当时的主流地位。[①] 学生辈的罗家伦在一年后总结学生运动，也数次对比五四前后形势的根本性转折。[②] 可以说，五四既是新文化运动的标签，也的确划分了时代，造成了短期或长期的多方面时代转变。

身与学生运动的罗家伦对五四带来的转折有切身感受，最明显的变化就是五四以前"受了多少压迫，经了多少苦战，仅得保持不败"；而五四以后则"形势大变，只听得这处也谈新思潮，那处也谈新思潮；这处也看见新出版品，那处也看见新出版品"。在五四以前，"谈文学革命、思想革命"的刊物和报纸不过几种；而到五四以后，"新出版品骤然增至四百余种之多"。

不过罗家伦不仅看到了学生运动带来的改变，他也注意到，学生运动就是新文化运动所孕育出来的。故"五四运动的所以成功，并不是一朝一夕的缘故，事前已经酝酿许久了！大家有几年

---

① 参见罗志田：《陈独秀与"五四"后〈新青年〉的转向》，载《天津社会科学》，2013（3）。

② 罗家伦：《一年来我们学生运动底成功失败和将来应取的方针》（1920 年 5月），见《新潮》2 卷 4 号（1920 年 5 月），848～858 页，上海，上海书店，1986，影印本。下面两段中的引文也出其中，不一一出注。

的郁积，几年的休息，正是跃跃欲试的时候，陡然一下暴发出来"。常乃惪后来也认为，"五四运动的前身"是"导源于《新青年》派和《新潮》派"。① 此所谓"前身"，大体与罗家伦说几年酝酿相类，都是指新文化运动对学生的培养。

或许可以说，新文化运动培养了五四当年从事运动的学生，而五四学生运动又推动和改写了新文化运动。② 也因此，五四逐渐成为新文化运动的标识。

五四学生运动对新文化运动最明显的改写应是走向"政治解决"的所谓转向③，却也不限于此，如学生行为方式的套路化，就是一个不小的转折。罗家伦观察到，"当五四的时候，大家东谋西画，都有一点创造的精神"；此后则"一举一动，都仿佛有一定的形式：有一件事情出来，一定要打一个电，或是发一个宣言，或是派几个代表，而最无聊的就是三番五次的请愿，一回两回的游街"。④ 运动有了套路，或表现出某种"成熟"，却也因此改变了风格，减少了"创造的精神"。

对一个以青年为核心队伍的运动来说，这样的转变多少也意味着朝气的减退。实际上，梁漱溟就从学生在运动中的表现看到

---

① 本段与下段，参见常乃惪：《从王光祈先生想到少年中国学会》（1936 年），收入《蛮人之出现》，见黄欣周编：《常燕生先生遗集》第 7 册，178~179 页，台北，文海出版社，1967。

② 胡适就曾指出，五四学生运动后，学生界的出版物猛增，数以百计的小报"皆用白话文章发表意见，把数年前的新文学运动，无形推广许多"。胡适：《五四运动纪念》（1928 年 5 月），见《胡适全集》第 21 卷，368 页。

③ 参见罗志田：《走向"政治解决"的"中国文艺复兴"——五四前后思想文化运动与政治运动的关系》，载《近代史研究》，1996（4）。

④ 罗家伦：《一年来我们学生运动底成功失败和将来应取的方针》，见《新潮》2 卷 4 号（1920 年 5 月），852 页。

了他们与一般人的共相。他那时态度比较理性，主张尊重法治，"纵然是国民公众的举动，也不能横行"。既然学生打伤了人，就是现行犯，应接受司法审理，遵判服罪。不能因其所作所为是正义的，就可以犯法。那种"专顾自己不管别人"的大毛病，"是几千年的专制养成的"。在这方面，参加运动的学生并不比普通民众高明。也正因几年来一些人经常"借着国民意思四个大字不受法律的制裁"，才促成中国当时的状况。①

梁氏最后一语非常值得体味，即新文化运动对学生的"培养"是多义的，既有思想方面的提升，也有行为方面不受约束的鼓励。不仅如此，由于五四运动"实在成功太速"，陡然把"学生的地位抬得狠高，而各界希望于学生的也愈大"，出现了学生"虚名过于实际"的现象。尤其是 6 月 3 日军警大批逮捕学生引动社会反应之后，"学生界奇军突起，恍惚成了一个特殊的阶级"。学生自己也产生出"'学生万能'的观念，以为我们什么事都可以办，所以什么事都去要过问"，"常常站在监督和指导"其他人的地位，实际却"什么事都问不好"。②

一方面，学生和普通人一样有"专顾自己不管别人"的毛病；另一方面，他们又因"虚名过于实际"而感觉"万能"，于

---

① 梁漱溟：《论学生事件》（1919 年 5 月），见《梁漱溟全集》第 4 卷，571～572 页。稍后钱玄同也说，如果让五四运动的主人翁来做总统，也未必比徐世昌更高明，"因为佢们的原质是一样的"。见钱玄同：《致鲁迅（致鲁迅、周作人）·九》（1921 年 1 月 11 日），见《钱玄同文集》第 6 卷，15 页，北京，中国人民大学出版社，2000。

② 罗家伦：《一年来我们学生运动底成功失败和将来应取的方针》，见《新潮》2 卷 4 号（1920 年 5 月），851～853 页。按：学生这类逾越出课堂的做法曾引起老师辈的忧虑和劝阻，参见罗志田：《课业与救国：从老师辈的即时观察认识"五四"的丰富性》，载《近代史研究》，2010（3）。

是什么都要过问。其间的紧张是明显的。很多年之后，还有人回忆起五四时的青年像"被春雷唤醒了的蛰虫小鸟一样，纷纷的在大地上活动，在温暖的春风里跳舞"；不仅自己要因应念书和救国的双重要求，又要同时向旧礼教和帝国主义者进攻，还要"替被压迫的同胞鸣不平"。① 的确是什么都承担在肩上，也什么都要过问。

不过，五四虽然带来某种"蓬蓬勃勃的气象"，身为学生领袖的罗家伦自己却不太乐观。他联想到中国在世界学术界明显的"失语"，醒悟到过去"中国的社会固然是毁坏学者"，现在那种"忽而暴徒化，忽而策士化"的学生运动，也"一样的毁坏学者"，故主张学生们应据性之所近有所"分工"，一些人不妨继续街头行动，另一些人则可转而侧重于真正与思想相关的"文化运动"。②

并非只有他这样想，陈承泽在大约同时就主张，读书人应"遵守分业的原则"，选择"自己相宜的社会事业"全力做去，不能"忽然现身学术界，忽然跑到政治旋涡里头"。③ 郑伯奇更提出，中国的文化运动已经到了"转换期"，亦即"文化运动的分业期"，应组织"有明确观念、共同目的"的团体，使"人人各尽其所长，各发挥其所能"，或献身艺术，或专攻学业，或到

---

① 王慎庐：《中国今日之青年问题》，载《东方公论》，9、10 期合刊，1930-01-10，86 页。

② 罗家伦：《一年来我们学生运动底成功失败和将来应取的方针》，见《新潮》2 卷 4 号（1920 年 5 月），858～861 页。

③ 陈承泽：《知识阶级应有的觉悟》，载《学艺》，2 卷 4 号，1920-07-30，9 页（文页）。

"十字街头去教化民众"。①

至少一些《新潮》社同人分享了罗家伦的"觉悟"，傅斯年等《新潮》社主要成员都选择了出国留学之路。然而此举又让一些时人感到失望。比他们小几岁的杨鸿烈，就对那些"了解文化运动意义的人大多数出外留学，这样就丢下了他们未竟的工作"很为不满。②

的确，《新潮》社同人是新文化运动的骨干成员，他们的成批出国，以及不久后《新青年》同人的分道扬镳，在很大程度上影响了新文化运动的发展和演变。

当时就读于北京高师的常乃惪，便从《新青年》和《新潮》同人那里感觉到了北大人的自我中心意识：由于"这两派的中坚分子，他们的眼光志气不出于北京大学系统以外，他们的魄力，他们的公平广大心，都够不上网罗领导全国的优秀青年"，于是那些没被"网罗"的青年们便"自己起来组织成一个'少年中国学会'"。③

按：少年中国学会虽酝酿于五四学生运动之前，成立实在其后，故常乃惪说其是"五四运动以后一个新兴的学术团体"。且如他所说，学会一度成为"当时青年运动的中心"。重要的是，它最初是"一个纯粹研究学术并从事社会活动的团体"，故能把"当时青年界中的优秀分子，差不多全网罗在内"。后来学会也恰

---

① 郑伯奇致恽代英，载《少年中国》，2 卷 1 期，1920 年 7 月，65～66 页。此"分业"的提法，承王波博士提示。

② 杨鸿烈：《为新青年社的老同志进一解（续）》，载《晨报副刊》，1924-02-04，1 版。

③ 本段与下段，参见常乃惪：《从王光祈先生想到少年中国学会》，见《常燕生先生遗集》第 7 册，178～179 页。

因不能兼顾学术与社会活动而分裂，那些走向街头者产生了巨大影响，使少年中国学会成为中国许多"革新运动的发祥地"。①

所谓《新青年》和《新潮》两派人"眼光志气不出于北京大学系统以外"，虽不排除一些人确有此感觉，却未必符合事实；但以其不能"网罗领导全国的优秀青年"来论证少年中国学会在当时起到的凝聚作用，则看到了问题所在。不过，正当新文化运动因学生运动的加持而如火如荼之时，为什么会缺乏中心，新成立的少年中国学会又何以能成为中心，这都是必须反思的重要问题。

上述关于街头行动和文化思想分工、分业的思路，显然不是主要原因，因为少年中国学会本是两者兼顾的。在某种程度上是否可以说，学生运动对新文化运动的改写，不仅是在运动的方向上。学生运动对社会的冲击促使新旧之争进一步白热化，最终迫使陈独秀离开京城；它也引起师生两辈人的反省，学生中出现了分工的思路，而老师辈也开始走向分裂。简言之，文化运动出现"转换期"，多少与学生运动相关。

在老师方面，五四学生运动当年出版的《新青年》7卷1号首次发表了试图集大成而妥协的《本志宣言》，同期发表胡适的《新思潮的意义》、陈独秀的《实行民治的基础》以及王星拱的《科学的起源和效果》，显然想要"以正视听"。但这样的整合尝

---

① 北伐前后中国三大政党中，青年党的领袖几乎全出于此，而共产党的很多领导人也出于此会。少年中国学会分裂的主要原因，即无法确定究竟是向学术发展还是走政治救国之路。参见王波：《少年中国学会的成立及前期活动》，硕士学位论文，北京大学，2008。

试，仅取得了表面的成功。①

就学生而言，在罗家伦所说"大家东谋西画，都有一点创造精神"的时段，仿佛各行其是，却都是为了相对一致的目标；到了运动出现固定的套路时，反而没了主心骨，出现了困惑和迷茫，难以维系各处青年的思想。于是少年中国学会应运而生，一时凝聚了相当广泛的力量。②

学生运动的确改写了新文化运动，但后来一些发展，也可能是新文化运动的一种自然衍伸，虽有转折，却不离初衷。正如回向过去的正本清源努力本有一体两面的意味那样，两方面的结果都可能是历史逻辑的正常发展，而不必就是什么转变。在历史记忆中，当时最受瞩目的，后来不一定受人关注；昔年或只是"空洞"的口号，后日却成了运动的标识。要理解五四和后五四时代，有必要简单清理新文化运动的遗产。

五、新文化运动的遗产

今日说到新文化运动，最多提到的是所谓"德先生"和"赛先生"。其实新文化运动真正改变历史的地方，是我们正在使用的白话文。比较而言，"德先生"和"赛先生"到现在也还是一个发展中的状态，而白话文已经确立，且在可预见的时间里还会延续。对中国来说，这是至少三千年的一个大转变。在新文化运

---

① 参见罗志田：《陈独秀与"五四"后〈新青年〉的转向》，载《天津社会科学》，2013（3）。

② 为什么是少年中国学会，以及这学会何以能一下子凝聚如此广泛的力量，非数言可了，只能另外探讨。

动带来的所有历史性转变中，这恐怕也是唯一具体可见也可持续的变化。因此，百年后回看新文化运动，白话文的确立，是比"德先生"和"赛先生"更直接也更显著的后果，具有更持久的影响。

对于这样一个重要转变，胡适的贡献是比较大的。用黎锦熙的话说，他是白话文一方的"总司令"。且胡适"担任这路总司令，并不是我派的，也不是大家推举的，尤不是他自己要干的，乃是敌军只认他为总司令"。① 这个有趣的观察提示我们，考察一个运动，除了它本身的一面，还可从敌对方的认知入手，且往往能得到意外的收获。

要说五四前后对读书人的影响，胡适恐怕是一时之最。他在那些年的开风气影响是显著的：继提倡文学革命之后，又转向思想革命，同时以"重新估定一切价值"的态度推动整理国故，并以《中国哲学史大纲》示范了新的治学取向，在思想上和学术上都可以说造成了具有库恩（Thomas S. Kuhn）所谓"典范转移"（paradigm shift）性质的转变，建立了新的典范。② 且胡适也没有黎锦熙所说的那么谦退，从他后来的回忆看，胡适虽未必自居文学革命的总司令，却也基本自视为这一革命的发起人。③

后五四时期就已注意到文学革命之划时代影响的人不多，黎锦熙是其中之一。他就认为"国语运动"在中国现代史上，是

---

① 黎锦熙：《一九二五年国语界"防御战"纪略》（1926 年），见舒新城编：《近代中国教育史料》第 3 册，78 页，上海，中华书局，1928。
② 说详余英时：《中国近代思想史上的胡适——〈胡适之先生年谱长编初稿〉序》，见《现代学人与学术》，242～255 页，桂林，广西师范大学出版社，2006。
③ 参见［美］唐德刚译注：《胡适口述自传》，第七章，上海，华东师范大学出版社，1993。

"比辛亥革命（一九一一）更为艰巨的一种革命"。因为辛亥革命虽然"将民族革命与政治革命一气呵成"，甚至"连国体都变更了，却也不过换一个名号叫做什么'民国'，实际上仍是主权的移转"。在中国历史上，三千多年"就换了二十多个朝代，平均不过百余年革一次命"，所以未必有多么了不得。而国语运动则不然，是一次"牵涉了几千年来的文化和社会生活"的革命。[①]黎氏在几年后重申这一观点时，更特别指出他所说的"国语运动"是"广义的，连新文学和新文化运动都在一起"。[②]

与黎锦熙将国语（即白话文）的推广使用作为新文学和新文化运动的标识相类，稍后刘大白也以所谓"文腔革命"或"人话革命"来指代五四运动，认为它在中国革命史上的意义，"比辛亥的单纯的民族革命底意义重大得多多"。因为这些革命者"敢于大胆地对于在文坛上称霸了二千多年的鬼话文，竖起叛旗，摇动它底宝座，比对于外族的一姓的占据中国不过二百六十多年的满清君主竖起叛旗，摇动它底宝座，意义重大到十倍以上"。[③]

两人的看法相似，均认识到使用白话文这一革命性变化的重要性在于它是几千年来的第一次。他们也都延续了前述对辛亥革命的轻视——刘大白仅把辛亥革命视为推翻满族统治的民族革命，而黎锦熙虽看到了国体的转变，但仍强调几千年一次的革命与三千多年就有二十多次的主权转移有很大不同。无论如何，两

---

① 黎锦熙：《一九二五年国语界"防御战"纪略》，见舒新城编：《近代中国教育史料》第 3 册，75～76 页。

② 黎锦熙：《国语运动史纲》（1934 年），见黎泽渝、刘庆俄编：《黎锦熙文集》下卷，164 页，哈尔滨，黑龙江教育出版社，2007。

③ 刘大白：《文腔革命和国民革命底关系》（1928 年），见《白屋文话》，71 页，长沙，岳麓书社，2013。

位都看到了白话文取代文言这一重大历史性转变，并且黎锦熙注意到帝制的终结，只是忽略了这也是几千年来的第一次，多少表现出那种看"人心革命"重于"手足革命"的遗风。

不过，在认识新文化运动的遗产方面，黎、刘等人的认知并未得到多数人的呼应。相较于"德先生"和"赛先生"，不论是狭义的文学革命还是广义的白话文（国语）运动，在后来的相关研究中都显得有些默默无闻。这部分可能与后起的学科分类相关。文学既然成了一个独立的学科，史学研究者便自觉地将文学革命拱手让与文学研究者，多少导致了与"文学"相关的内容在关于新文化运动的历史论述中逐步失声。不过这更多是技术层面的后起影响，在当日如火如荼的运动中，文学本有其局限性。

文化在新文化运动中原是借文学而兴，但在文化兴起后，文学似有些功成身退的味道。这是因为，一场革命是必须战斗的。文学革命的战斗性不可谓不强，但文学本身因外来观念的引进而界定渐窄，其战斗对象乃是新定义下的所谓旧文学，而文化的战斗对象则是全面的旧文化。又适逢上面论及的对文化根本和整体的认知，比较之下，文学就不免相形见绌，甚至在与文化的竞争中因向文化靠拢而失语。①

所谓遗产，也分已定型或仍在进行中的、长期的和短期的。可以借助后见之明的后人，与五四学生运动后几年的人，所见未必相同。后五四时代的人能看到的五四遗产，更多是相对短期已定型的。例如，前述向文化开战致使各类保守者长期全面失语，

---

① 参见罗志田：《文学的失语："新红学"与文学研究的考据化》，见《中华文史论丛》第 70 辑，上海，上海古籍出版社，2002。

这效果当时的人就不容易见到。其实若从黎锦熙提示的观察对方认知的视角看，当年守旧者的反击，主要集中在白话文和"打孔家店"（黎氏能见及白话文的重要，或即因此）。但后五四初期白话文"前程"未定，还在发展之中，所以不容易看到，较能说几句的是更狭义的文学革命；而整理国故尚在风靡，且孔教会也仍在活动，所以也少见人将此视为新文化运动的遗产。

胡适自己就说，"新文化运动的一件大事业就是思想的解放"，其"根本意义是承认中国旧文化不适宜于现代的环境，而提倡充分接受世界的新文明"。故"新文化运动的大贡献在于指出欧洲的新文明不但是物质文明比我们中国高明，连思想学术，文学美术，风俗道德都比我们高明的多"。正是在此意义上，胡适强调，陈独秀指出了"新文化运动只是拥护两位先生，一位是赛先生（科学），一位是德先生（民治）"，而吴稚晖后来又"加上一位穆拉尔姑娘（道德）"。①

实际上，陈独秀那段有名的"要拥护德先生，又要拥护赛先生"的名言，直到 1919 年《新青年》6 卷 1 号的《本志罪案之答辩书》才出现。② 此前《新青年》言论的一个重心，应当就是文学革命。只是因为时人和后人对新文化运动遗产的认知逐渐朝着特定的方向倾斜，白话文取代文言这个几千年一次的革命性巨

---

① 胡适：《新文化运动与国民党》，见《胡适全集》第 21 卷，439～440、444页。按："穆拉尔姑娘"那时并未达到可以与德、赛两"先生"并列的程度，不过胡适此文是在挑战国民党新政权，或许特意提到党国元老吴稚晖的贡献。关于"穆姑娘"，参见鲁萍：《"德先生"和"赛先生"之外的关怀——从"穆姑娘"的提出看新文化运动时期道德革命的走向》，载《历史研究》，2006（1）。

② 陈独秀：《本志罪案之答辩书》（1919 年 1 月），原载《新青年》6 卷 1 号，后题《〈新青年〉罪案之答辩书》，收入《陈独秀著作选编》第 2 卷，10～11 页。

变，才在潜移默化中身不由己地淡出了人们的历史记忆，而让"德先生"和"赛先生"独大。

常乃惪甚至以为，"《新青年》杂志一直到七卷一号才有了系统的主张"，从那时起"才入于完全自觉的意识状态"，并"揭起了拥护德先生和赛先生的两面大旗"。①在这篇发表于1928年的文章中，他完全不提曾经风靡一时的文学革命，也未及曾经很受关注的反孔，好像那些都算不上"完全自觉的意识"，恰表明一种根据德、赛二先生独大之后的认知来反观《新青年》的思路，为我们揭示了历史转变的痕迹。

稍后李麦麦总结道，新文化运动之所以"较辛亥以前的思想文化运动彻底"，主要有破坏和引进两方面。前者在于"第一，它破坏了传统的偶像；第二，它毁坏了传统的伦理思想；第三，它废弃了贵族文字和文学"。后者体现在"介绍方面，它提出了'赛先生'和'德先生'"。②与破坏相比，介绍也是一种建设。或许后来的人无意中更看重新文化运动的建设方面，所以偏重了两位先生。

值得注意的是，胡适上引关于两先生、一姑娘的言说，涉及当事人对新文化运动的重新界定。那时胡适与北伐后刚掌权的国民党关系很不好，他特意撰文梳理新文化运动与国民党的关系。同在那篇文章中，他非常明确地指出："新文化运动的最重要的方面是所谓文学革命。"③这话似未引起后来研究者足够的重视，

---

① 常乃惪：《前期思想运动与后期思想运动》（1928年），见《常燕生先生遗集》第7册，70页。
② 李麦麦：《文化运动与民族运动》，见《中国文化问题导言》，177～178页。
③ 胡适：《新文化运动与国民党》，见《胡适全集》第21卷，438页。

但当时就有一些人表示了不满，左派的任卓宣（其曾用名叶青更为知名）就专门反驳了这一说法。

任卓宣以为，"新文化运动"可以直接称为"文化运动"，而"文学革命"和胡适重视的"思想自由"，都"不足以尽'文化运动'底内容，甚至还没有把握着'文化运动'底意义"。因为文化包括物质和非物质两类，文学仅仅是非物质文化的一部分，"而胡适之所谓文学革命，还只是变文言文为语体文，乃文学形式底改变"。在他看来，胡适《新文化运动与国民党》一文的中心，"不外第一白话文，第二白话文，第三白话文，翻来覆去地说"。这是因为"胡适底特长只是白话文。他在五四'文化运动'中所领导的，只是打倒文言文、提倡白话文这一文学革命中之文字和文法那种形式的改造运动"。其他各种活动，包括"介绍赛（科学）德（民主），并不是他领导的"。①

虽然任卓宣是持一种批判的态度，且其所说的"意义"也有所特指，但是他的观察却较为准确。尤其他指出了胡适的领导作用主要体现在文字和文法的形式改造，而对于推介"德先生"和"赛先生"，其贡献就不比其他人（如陈独秀）大。并非只有任氏这么看，梁漱溟在很多年后也说，胡适推动的"白话文运动是当时新文化运动的主干"，但陈独秀提倡的"新人生思想"，则"更属新文化运动的灵魂"。那运动也只有"借陈先生对于旧道德的勇猛进攻，乃得引发开展"。故"新文化运动自不能不归功于"胡适，但只有陈独秀"才能掀起思想界的大波澜"，造成广泛的

---

① 任卓宣（叶青、如松）：《怎样做"文化运动"——评胡适博士底理论》，载《二十世纪》，1卷2期，1931年3月，1～5页。

影响。两人的合作，打开了"今日的局面"，形成了"今日的风气"。①

　　梁漱溟虽略有保留，其寓意仍比任卓宣正面许多。观其谨慎地辨析新文化运动的"主干"和"灵魂"，可知要区分两人的贡献，实非易事。正如李麦麦所说，新文化运动本是一个"会合的历史运动"。又很多年后，日本学者沟口雄三注意到五四的丰富与多元特色，以为在把五四"定义为反帝反封建运动"的一般认知外，还有与"那个'五四'"不同的"另一个'五四'"。他选择以梁漱溟作为"另一个'五四'"的表征，而不是胡适等"后来走上与中共对立之路的人士所走过的轨迹"之人。因为梁漱溟代表了"一条与陈独秀、李大钊等人处于同一条轨道，但却是相互对立的轨迹"。②

　　尽管沟口雄三的论述多少受到"文化大革命"时期中国言说的影响，但他对五四的丰富性确有独到的体悟。从他的言说看，所谓"五四"还不止"另一个"，因为胡适等"与中共对立之路"的人，实不能排除在"五四"之外，却尚未进入其论述的范围之中。可知五四新文化运动远不像一般认知的那么简明，其所涵括的内容，还大有进一步挖掘的空间。

　　而对运动遗产的分疏，牵涉到后人对新文化运动的理解和认识。任卓宣看得很明白，新文化运动的内容和意义，都与此相关。如果参考沟口雄三的区分和梳理，并借用任卓宣的意思，把

---

　　①　梁漱溟：《纪念蔡元培先生——为蔡先生逝世二周年作》（1942年），见《梁漱溟全集》第6卷，332页。
　　②　[日]沟口雄三：《中国的冲击》第九章《另一个"五四"》，王瑞根译，153～154、163～167页，北京，生活·读书·新知三联书店，2011。

新文化运动大体区分为德、赛两"先生"和文学革命两个阵营①，则梁漱溟显然偏向德、赛两"先生"一边，而不在文学革命一边。在其相关论述中，梁漱溟也的确更多肯定德、赛两"先生"，而不太强调文学革命的作用。

不过事情没有那么简单。在白话文和文言的竞争尚未定案时，梁漱溟用白话文写其《东西文化及其哲学》，也是一种立场的选择，等于用实际行动表示了对文学革命的肯定。梁漱溟自己解释说，他久想作《孔家哲学》《唯识述义》和《东西文化及其哲学》三本相连的书，因为《唯识述义》用白话写，"所以都用白话，其实我并非要作新文学的文字，且实在不会作"。② 但这更多是谦逊的表示，而不是立场的声明。他在《唯识述义》的《初版序言》里明言，自己既然"来讲旧古董"，就先要说明自己的立意，"庶乎一般旧古董家不错认我们以后所讲的话是为他帮腔而益坚其迷惑"。③ 可知他的使用白话文，多少是"谋定而后动"的抉择。

唯后之研究者有时似更看重时人怎么说，而看轻其怎么做。相比而言，"德先生"和"赛先生"已成为普遍历史记忆中新文化运动的典型标识，而文学革命和白话文运动或更多存在于专业学者的研究之中。以今日的后见之明看，那两个胡适贡献不大的标识，仍然处于"发展中"的阶段；而这个他贡献特别大的，竟

---

① 实际当然并非如此，如沟口先生提到的多数人物，都是文学革命的要角。

② 梁漱溟：《唯识述义（第一册）·〈东西文化及其哲学〉导言》，见《梁漱溟全集》第 1 卷，266 页。

③ 梁漱溟：《唯识述义（第一册）·初版序言》，见《梁漱溟全集》第 1 卷，251 页。引文中"所讲的话"原作"所讲话的"，从文义改。

然就长留下来了。

胡适曾提倡"拿一个学说或制度所发生的结果来评判他本身的价值"[1]，若从这一视角看，他说文学革命是新文化运动最重要的方面，不论当时是基于何种预设，有什么样的针对性，还真是一个准确的表述。我们如果模仿任卓宣的语气，可以说到目前为止，新文化运动留下的真正永久性痕迹，第一是白话文，第二是白话文，第三还是白话文。

任卓宣仅比胡适小几岁（胡适 1891 年生，任 1896 年生），就写作言他们却仿佛处于两个世代。对发动文学革命那一代人来说，用白话文写作其实比用文言更难。而文学革命兴起时任卓宣正进入青年阶段。对他们这一代来说，以白话文表述或更容易，似有水到渠成之势。前引其驳斥胡适的文章写于文学革命后十多年，那时用白话文写作大致已成新兴刊物的常态。对这些相对"自然"地使用白话文的人而言，或不觉其重要，后之研究者也并未特别看重。实则对一个数以亿计的民族而言，改变其书面表述方式，是一件了不得的大事。

这当然是有了长程视野的后见之明，从时人的言论看，仿佛不经意间就已获胜的白话文似乎有些胜而不显，而"德先生"和"赛先生"则不胜却显。

另外，从社会视角看，新文化运动无意之间造成的一大转变，是美国留学生在思想界、教育界里逐渐压倒了日本留学生，出现了所谓镀金和镀银的差别[2]（但日本留学生在法律、金融以

---

① 胡适：《杜威先生与中国》（1921 年），见《胡适全集》第 1 卷，361 页。

② 王汎森：《"思想资源"与"概念工具"——戊戌前后的几种日本因素》，见《中国近代思想与学术的系谱》，194 页。

及商界都已稳固立足①）；更重要的是，在梁漱溟所谓"生活样法"方面，各类东瀛的舶来品逐渐为西方事物所取代，在这方面似乎比辛亥革命带来的改变还大。只有众多来自日本的新词语，因其本是汉字，得以借白话取代文言的东风，以"白话"的名义轻松"转型"，几乎无须"包装"就自然卸除了附着其上的产地标识。②

回顾严复在译词方面那艰难而失败的斗争③，胜者那悄无声息的"华丽转身"，让这些中文词汇的"始作俑者"吃了个哑巴亏。但"德先生"却是少见的例外，无论是民初人常用的"民治"还是后来流行的"民主"，在很长时间里都让人感觉无法涵盖democracy的全部意义，不得不继续使用"德谟克拉西"的音译。

无论如何，中国需要"德先生"和"赛先生"，的确是五四后思想界获得的一种共识。有些人对此或许仍有保留，但他们不是自我禁抑，就是已处于"失语"状态。我们很少看到直接反对两位"先生"的言说，即使有也不太引人注意。从这个意义上言，"德先生"和"赛先生"既是新文化运动的标识，也是其遗产，不过有人把它们视作"西方文化"的代表，有人直接视之为"世界文化"的成就。

所以，作为标识的"德先生"和"赛先生"，其实负载着繁

---

① 参见罗志田：《乱世潜流：民族主义与民国政治》，79～80页，北京，中国人民大学出版社，2013。

② 参见杨国强：《漫长的认知：中日之间可比也不可比》，载《东方早报·书评周刊》，2015-08-09，5版。

③ 参见罗志田：《抵制东瀛文体：清季围绕语言文字的思想论争》，载《历史研究》，2001（6）。

复而歧异的意义。鼓吹接受"德先生"和"赛先生"的人，可能有着很不一样的憧憬、追求和寄托，因而也常常相互批评。如果以赞同和接受"德先生"和"赛先生"为标准，我们可以看到，很多激烈争论、相互抨击的人，其实具有共同的立场。而他们之所以彼此批评，恰因当时有着新旧中西以及世界与中国的区分。前引余家菊对五四那与众不同的判断，便揭示出这样的时代语境，也告诉我们，历史记忆中的五四，可以很不一样。

六、余论：广狭五四的互动

我们确实需要看到一个有中心主旨并自具体相的五四运动，不仅是基于历史研究中再现客观史事的需要，也因其表现为一种史学意义的"事实"，即作为一个同质概念的"五四新文化运动"，并非仅仅是在无意中"形成"，也包括当时人已开始，后人继续推进的有意"构建"。那些将五四运动与辛亥革命联系起来观察的做法，以及对各种正本清源努力的认知，包括"德先生"和"赛先生"最终被视为这一运动的标识，都说明人们很早就在创造一个具有同一性的五四新文化运动，不论是有意还是无意。[1]

同时，一个综合的体相，有助于我们认识运动各自的局部。上述种种构建的努力，已揭示出那时的政治、文化运动本身就有很多"个性"。本章的论述并未侧重五四人究竟"怎么做"，而是更多引用了当事人或同时代人事后的认知。这些接近事件当时的

---

[1]　林同济对五四体相就有自己的结论，即"个性的解放"。见林同济：《廿年来中国思想的转变》，见许纪霖、李琼编：《天地之间：林同济文集》，27～28 页。又，本段和下段一些看法，承厦门大学历史系梁心老师提示，谨此致谢！

观察不仅彰显出运动本身的歧异，也反映出不少人在尝试弥合运动中出现的各种"歧路"。换言之，通过凸显、忽视或删略特定部分而使之"统一"的努力，恰展现出时人感觉到了运动中不小的差异，故不能不为之整合。

这类获取"统一"体相的努力，不必是有意识的，更多恐怕是在无意中进行。甚至可以说，正因整合者各自的具体"战役目标"不太一样，甚至很不一样，最后才形成了各方都可以"接受"的德、赛两"先生"这样一个本身晚出、从未真正落实，但更具有概括性也显得"正确"的五四遗产。

由此得到分享的遗产看，在整合的进程中，一方面，狭义的五四可以说完败于广义的五四，或者说新文化运动完胜了学生运动。因为学生游行时所喊的标志性口号是"内除国贼、外抗强权"，而不是什么"民主"和"科学"。故尽管学生运动改写了新文化运动，它自己却被后者所涵盖，而渐失其基本的标识。另一方面，学生运动成功获得了冠名权——作为整体的象征，"五四"成为广狭运动的标准称谓；即使持广义五四说者，也和其他人一样每逢 1919 年的"周年"便举行纪念活动，发表纪念言论。只是到了百周年临近时，一些想要纪念的人才"发现"，被称为"五四"的运动其实并非始于运动的当年。

从基本标识言，两个"五四"含义其实各异，却为大家所共用，从研究者到媒体，都不觉其间的冲突。这样一种约定俗成反衬出一个实相，即不论是形象、实质或遗产，五四原本就不那么"一元化"。其"统一"体相的存在，可能不过是经过未必有意的"协商"（negotiations）而产生的妥协。上面所谓大家"接受"，也就是相对多的人这样看而已。

且这样的协商仍在进行之中，即使那被接受的五四遗产，也还长期处于某种"竞存"的状态——1923 年的"科学与人生观"之争，大体代表了国人对"赛先生"的整体反思[1]；北伐后的"人权论争"和"九一八"后的"民主与独裁"之争，也可代表国人对"德先生"的整体反思。两次论争表明，作为五四遗产的德、赛二"先生"，在很长时间里仍处于一种"任重而道远"的发展状态（迄今亦然）。

到 1948 年，王铁崖总结说，"五四运动的目标是民主与科学"，但"五四运动纵然不是完全失败，至少没有达成其原定的目标"。运动三十年后，"我们还没有真正的民主，科学也没有发生其真正的作用"。民主和科学"变成装饰品，完全失去意义"；反倒是"白话文与学生运动，延续了五四运动的反传统、反权威与追求真理的精神"。因此，"五四运动只限于文化的局部"，还应当"从文化的局部，走到政治、经济、社会的各方面"。[2]

王铁崖恰是在狭义五四的周年述说广义的五四。在某种程度上，他所看到的就是五四的实际遗产和象征性遗产的差距。王氏自己还在鼓吹一个"新五四运动"，其实所谓以民主和科学为原定目标的五四运动本身，就已然是个"新"的五四运动了。或许从 1920 年起，五四就开始被"新"，几十年间已经被"新"了很多次，后来仍在继续。在此被"新"的进程中，五四也在逐渐定型中模糊了原型，失去了鲜活。

---

①　一些初步的看法，可参见罗志田：《从科学与人生观之争看后五四时期对五四基本理念的反思》，载《历史研究》，1999（3）。

②　王铁崖：《五四运动与新五四运动》，载《北大半月刊》，第 4 期，1948-05-01，3 页。

从上文可以看到，对年龄稍长的任卓宣而言，五四还是感性的，所以胡适还是挑战的对象；而对更年轻的李麦麦而言，五四基本就是可以通观的历史了。在李麦麦讨论五四的同时，与其年相若的郭湛波，已经在写近几十年的思想史。[①] 大体上，任卓宣可能还算一个五四人，而李麦麦和郭湛波已是后五四人。对他们而言，以五四为标识的那个时代已经结束了，其所身处的，是后五四时代。

不少人以为五四新文化运动已无多少剩义可探寻，其实对那场运动的经过及其参与者、反对者和旁观者的言与行，我们的了解还不能说充足。因此不足，我们对五四究竟在何种程度上书写了历史、影响了后人，仍缺乏深入的体悟。考察新文化运动的渊源、体相和遗产，有助于我们认识后五四时代；由于后五四人的历史记忆参与了五四的形塑，从后五四时代反观，也有助于理解以五四为标识的新文化运动。

---

① 郭湛波《近三十年中国思想史》初版于 1935 年，后修改更名为《近五十年中国思想史》于 1936 年再版，现有上海古籍出版社的简体字新版（2010）。

第二章　多重的复调：五四的特异性与多歧性

2019 年是五四运动一百周年。五四的内容和意涵本来相当丰富，对五四的诠释和解读也历久不衰。我们比以前更了解五四的体相和个性，然而随着时间推移，五四的遗产被不断重估，又促成了五四形象的波动。

五四向有广狭两义，两种五四不仅运动时间长短不同，就连其象征性的口号也各异。随着时间的积累，两种五四的并用已经约定俗成。从研究者到媒体，大家都共同使用含义其实各异的概念，而不觉其间的冲突。① 这反衬出一个我们可能注意不多却实际存在的事实，即"五四"的形象原本就不那么"一元化"，还需要继续探索。（以下说五四，凡不特别注明，皆广义的，唯用以断时的"五四后"和"后五四"，则多为狭义的。）

林同济曾提出，"每个时代有每个时代特具的中心现象"，亦即"时代的'体相'（gestalt）"。明乎此，也就知晓了"那时代

---

① 实则即使 1919 年的运动，也还可以细分，我们若回看时人的文字，当年很多人是把"五四"和"六三"视为两个运动的。

的意义"。五四就可说是一个自成一体、自具其相的自足时代。①
不过，自具体相的五四却表现出与整个近代大趋势不同的特异性
（详后）；而在整体的五四之中，还有着许多独具特色的个体（不
仅是所谓组成整体的局部）。② 尤其那是一个充满矛盾、冲突和
激情的时代，发生在当时的任何事情，多少都带有时代的烙印。
我们需要正视五四那多元复杂而感情洋溢的时代特色，充分认识
五四外在的整体特异性和内在的多歧个性，以复调的取向来研究
五四的人和事。

一、五四的延续与转折

说到对五四的认识，运动究竟何以发生，就还需要进一步的
探索。张东荪在学生运动两年后就指出，"在五四以前，可以发
生和五四相同的事件的机会不知凡几，而卒无一件"发生；"五
四以后，可以继起的名义又不知凡几，而竟继起不成"。③ 他说
的更多是狭义的五四，却也适合于广义的五四。

五四学生运动当年的危机并不是近代中国前所未有，何以几
千人的游行就造成那么大的影响，的确需要深入分析。我的一个
感觉，很可能是此前大家都太轻松乐观了些，缺乏"出事"的思

---

① 参见林同济：《战国时代的重演》，载《战国策》，第 1 期，1940-04-01，2
页；《廿年来中国思想的转变》，载《战国策》，第 17 期，1941-07-20，45～46 页。

② 林同济特别强调，"全体不是一切局部的总和"，也"不是某一局部的放大或
延长"，所以问题应当要总体地看，而不是从局部的各角度去看。参见林同济：《第三
期的中国学术思潮——新阶段的展望》（1940 年），见许纪霖、李琼编：《天地之间：
林同济文集》，19～25 页，上海，复旦大学出版社，2004。

③ 东荪：《创造群众》，载《时事新报》，1921-05-29，1 张 1 版。

想准备所致。[①] 但这只是导致学生运动的一个具体因素，此前新文化运动的兴起，却更多是危机感所致，方向恰相反。可知学生运动的前几年是一个希望与失望并存的短时段，或以物喜，或以己悲。不同的人有不同的感受，百感交集，而又激情四射。

张东荪所谓有继起的名义而竟继起不成，特别适合于广义的五四。常乃惪稍后即说，《新青年》六卷一号发表宣言，"明白表示他们主张是拥德先生和赛先生"，把"文化运动的方向和内容都规定得更清楚了。不过可惜《新青年》以后并没有切实向这个主张去发挥，新文化运动以后也没有切实往这个方向去走"。[②] 他那意思，新文化运动以后还在延续，却未必是沿着此前设计的方向走。

这就提示出一个重要的问题，即五四在中国近代史上所表现的，更多是延续还是突破？史华慈（Benjamin I. Schwartz）不止一次强调，五四不是"一座从平川上突兀拔起的山峰，而只像是一脉连绵丛山中的一座更高的山峦"。康有为、梁启超、严复和章太炎那一代人，早年深受传统影响，"生活在中国文化的长流之中"，各种"来自西方的新元素，仍然被嵌入由 19 世纪中国思想的意识框架所形成的精神世界中"，他们才是近代"突破性的一代"或"转型一代"。而五四师生那一代人则是在一个新的时

---

① 参见罗志田：《"六个月乐观"的幻灭："五四"前夕士人心态与政治》，载《历史研究》，2006（4）。

② 常乃惪：《中国思想小史》（1930 年），见黄欣周编：《常燕生先生遗集补编》，183 页，台北，文海出版社，1967。按：常乃惪原说的是七卷一号，应为六卷一号。

代推进了上一代人的突破，在他们眼里，"中国传统"与"现代西方"已"绝然两分"。①

史华慈强调了两代人的延续，认为五四一代②不过是推进了前人的突破。但若从他所说的西方冲击下传统对人的影响和人对传统的感受言，显然又表现出一种断裂。可见延续与断裂是并存的，深受史华慈影响的许纪霖兄，就把1918—1919年视为两代知识分子世代交替的转折点。③ 既言交替，似乎五四一代也有自己的突破乎？

更广义地说，两代人的差异与天下的崩散直接相关。晚清一代生于天下尚存之时，仍是所谓天下士，具有"澄清天下"的责任，天下和他们的身世是共存的（不仅生死与共，个人的道德完形也涵容于其中）。而五四一代则生于后天下时代，徘徊于世界与中国、国家与社会之间，探寻其归属而不得。他们一方面深感自己受到文化、政治、社会关系的全方位压迫，试图从这些既抽象又具体的桎梏和羁绊之下解放出来；另一方面又因为天下已去，有一定程度的自我异化，从国家到所谓"传统"，都可以质

---

① ［美］本杰明·史华慈：《〈"五四"运动的反思〉导言》《"传统—现代模式"的局限：中国知识分子的情形》，见［美］本杰明·史华慈著，王中江编：《思想的跨度与张力：中国思想史论集》，206～207、225～227页，郑州，中州古籍出版社，2009。

② 若严格说，五四师生对传统的态度还是有些差异的。我们不必一说传统就远及先秦的孔子和诸子，所有"统"都是一代一代传续下来的，则对在世者而言，前一代人也可算是传统。若从对康有为和章太炎那一代前辈的态度来说，五四老师和学生还是不同的。陈独秀要驳康有为，还先说些尊敬的话。而胡适至少在学问上，可以说对章太炎充满恭敬。若到傅斯年这一辈，抨击康、章都更不留情，也基本不说什么客气话了。

③ 许纪霖：《五四新文化运动中"旧派中的新派"》，载《华东师范大学学报》，2019（1）。

疑甚或排拒。所以他们可以把自己的传统视作"客体"，也可以向往全盘彻底的西化。① 从这个意义言，两代人的异多于同。

其实历史之流永远是连续的，就像逝者如斯的流水，抽刀难断。晚清到五四，当然也是连续的。但在王汎森兄看来，这种连续的方式跟一般所想的大不相同，就像行进的火车，前进的动力固在，韦伯所说的"转辙器"却使火车转换前进的方向。这是一种"竹节"式的跳跃发展，仿佛火箭发射，一节节推进，每一节自成一个结构。过去的研究不免依据后见之明，抹除了那些顿挫、断裂、犹豫的痕迹，强化了思想发展为单纯延续的印象。其实五四至少有五个方面与前不同：

一是晚清以来公理、公法、公例所明示或暗示的中西、古今在同一平台上的想法变了，更强调中西或东西的对立；二是晚清那种追求一国富强的取向淡出了，不再以为中国将来也要成为像帝国主义那样的强者，而偏向于普世的人类和世界主义；三是政治概念的代谢，许多从传统脱胎出来的政治词汇没落了，而日系词汇大胜，以科学为主的知识论和形而上学词汇大量出现；四是以前分散的民主与科学渐被绑在一起，形成整体性的影响，白话文也成为一个放之四海而皆准的表述方式；最后，基于以上不同，人们看待事物的方式也发生了变化，其影响广及方方面面，

---

① 这个问题太大，只能另文探讨。一些初步的看法，参见罗志田：《把"天下"带回历史叙述：换个视角看五四》，载《社会科学研究》，2019（2）。关于视传统为"客体"的一些初步探讨，参见 Zhitian LUO & Yanjie ZHAO, "Understanding Chinese History in the Context of World History: An interview with Luo Zhitian," *Journal of Modern Chinese History*, vol. 10, no. 2 (Dec. 2016)；罗志田：《文化翻身：梁漱溟的憧憬与困窘》，载《近代史研究》，2016（6）。

并延伸到后来。①

我们知道，民初有相当一些人从革命和文化的双重角度，强调五四超过辛亥，因为后者未曾带来人们向往的"人心革命"。②这或许带有时代的偏见，但改朝换代的辛亥鼎革尚不如承平时代的五四，也说明时人多么看重人心的转变。正是在此意义上，武装的革命可以表现出时代的延续，而文化的运动却因改变了人们看待事物的方式而成了时代的"转辙器"。

从大趋势言，或可说五四之前延续多，五四之后转折多。晚清开始的物质化、集团主义轨道并未发生大的转变，但五四的特异性却悄悄转换了行进的方向。以文化为表征的运动最终促成了再次的武装革命，而"行动时代"的出现也逼退了与读书相关的方方面面。五四孕育了后来的行动时代，却也终结了特异的自己。即使认为从晚清到五四是一个延续的大格局，因"转辙器"作用而变换的方向，已远非始料所及。对最看重人心转变的五四人来说，这就是划时代的变化，而五四就是分水岭。

二、划时代的分水岭

傅斯年在 1919 年曾提出一个近代中国人觉悟的四段论，即"中国人从发明世界以后，这觉悟是一串的：第一层是国力的觉悟，第二层是政治的觉悟，现在是文化的觉悟，将来是社会的觉

---

① 本段与下段，参见王汎森：《启蒙是连续的吗?》，载《近代史研究》，2019 (5)。
② 说详罗志田：《体相和个性：以五四为标识的新文化运动再认识》，载《近代史研究》，2017 (3)。

悟"。① 不过这个说法当年没有发表，不为人知。最常为人引用的是梁启超稍后总结的三段论，即近代士人的"觉悟"有一个由器物到政制再到文化的阶段性演变。而第三期的开端正在五四前后，其特征就是"从文化根本上感觉不足"。由于辛亥"革命成功将近十年，所希望的件件都落空，渐渐有点废然思返，觉得社会文化是整套的，要拿旧心理运用新制度，决计不可能，渐渐要求全人格的觉悟"。此时"恰值欧洲大战告终，全世界思潮都添许多活气"，国内也有新人物的努力，故能"划出一个新时期来"。②

　　两人都把五四看作分段的界碑，也都看重外来影响。陈独秀更把中国的转变与世界大势关联思考，以为欧洲"此次大战争，乃旷古所未有；战后政治学术，一切制度之改革与进步，亦将为旷古所罕闻"。这样的大变势必影响到中国，国人必须有相应的"觉悟"。③ 或受此影响，杜亚泉稍后也强调，欧战改变了世界，需要引起国人的充分注意：

　　　　（欧战既终）吾人对此时局，自不能不有一种之觉悟，即世界人类经此大决斗与大牺牲以后，于物质精神两方面，必有一种之大改革。凡立国于地球之上者，决不能不受此大改革之影响。④

---

　　①　傅斯年：《时代与曙光与危机》（约 1919 年），台北史语所藏傅斯年档案。
　　②　参见梁启超：《五十年中国进化概论》，见《饮冰室合集·文集之三十九》，43～45 页，北京，中华书局，1989。
　　③　陈独秀：《俄罗斯革命与我国民之觉悟》（1917 年 4 月），见任建树主编：《陈独秀著作选编》第 1 卷，322～323 页，上海，上海人民出版社，2009。
　　④　杜亚泉：《大战终结后国人之觉悟如何》（1919 年），见田建业等编：《杜亚泉文选》，384 页，上海，华东师范大学出版社，1993。

这个改变既是泛指，也有所特指。中国人当一方面"实行政治上、精神上之社会主义，以纾未来之祸"；一方面"留意于世界改革之大势，明其真相，悉其主旨，详其利害，以为适应之预备"。① 其中以社会主义"纾未来之祸"一语，特指如何应对"新俄"的社会革命。

上引各位都使用了同一个关键词——觉悟。这就提醒我们，至少在认知层面，他们都感觉到了时代的转变（具体所"觉悟"到的未必相同）。其他很多人，不论是否发声，估计也分享着相近的感触。

杜亚泉并提出一个以特定时段的"时势"来划分新旧的主张，而这个时段又以标志性事件来确定，实即据事件以分新旧。由于"时势"在变迁之中，所以新旧不是固定的，而是相对的。盖新旧与时代相关，"时代不同，意义亦异"。如戊戌时代和欧战后现时代之新旧，意义就不同。两者不能混为一谈，亦不能相互否定。具体言，戊戌时代"以主张仿效西洋文明者为新，而以主张固守中国习惯者为旧"；但欧战改变了整个世界局势，西洋先知先觉者已"深知现代文明在现时已无维持之法，惟有创造未来文明，以求救济"。则戊戌时代想要仿效的"西洋之现代文明，乃不适于新时势，而将失其效用"。②

最后的意思才是杜亚泉的真意所在，即过去欧洲的"现代文明"，是"以权利竞争为基础"；而世界将生的"新文明"，将"以正义公道为基础"。这其实与中国的"旧文明"相近，如欧洲

---

① 杜亚泉：《大战终结后国人之觉悟如何》（1919 年），见《杜亚泉文选》，390 页。

② 杜亚泉：《新旧思想之折衷》（1919 年），见《杜亚泉文选》，408～409 页。

的"平民政治"与中国的民本主义，欧洲的世界和平运动与中国的大一统主义，都"忽合无间"，易使固有文明固结于心的中国人产生"共鸣之感"。故欧洲"新文明产生"实即中国"旧文明复活"。而此前想要仿效的西方"现代文明"，则不能不让其"死灭"，以结束因权利竞争而生的"近二十年来之纷扰"。①

这个看法既展现了前瞻的眼光，又提出了返回传统。前者是针对世界的，后者则面向自己的本土。从更宽广的脉络看，近代中国不能不有重大变革是多数"有识之人"的共识，但中国的出路究竟在于割断历史的延续还是出新意于固有文化之中，亦即应当推陈出新还是温故知新，是从晚清就出现而延伸到民国的一个基本问题。越来越多的民初人日渐倾向于前者（《新青年》就是一个代表），也有一些人因对前者不相信而倾向于后者，但感觉说不出口。② 杜亚泉是相信并公开申论后者的少数人之一，但他又不是一般所说的复古派，而以前瞻性的世界眼光为其主张护航。

无论如何，根据以事件为表征的"时势"观来看，强调欧战的世界性转折意义意味着同时的五四也是划时代的。就中国自身而言，五四的确像是一个分水岭，将此前和此后的时代潮流大致区隔。毛泽东甚至认为，"自有中国历史以来，还没有过这样伟大而彻底的文化革命"。在"全部中国史中，五四运动以后二十

---

① 杜亚泉：《大战终结后国人之觉悟如何》（1919 年），见《杜亚泉文选》，387 页。

② 陈寅恪稍后所谓"论学论治，迥异时流，而迫于事势，噤不得发"，就是一个典型的表征。参见陈寅恪：《读吴其昌撰梁启超传书后》，见《寒柳堂集》，168 页，北京，生活·读书·新知三联书店，2001。

年的进步，不但赛过了以前的八十年，简直赛过了以前的几千年"。①

这可能是迄今为止对五四划时代意义的最高认可。且不论五四带来的变化是否赛过了几千年，但相对"以前的八十年"和以后的几十年而言，五四的突破显然超过了延续。梁漱溟就说，新文化运动影响深巨，"是历史上不可磨灭的事"。如果"将来要有个新中国出现；那么，后来作史的，一定要从那时叙起"。新文化运动虽以白话文的风行著称，其实还表现出"一种新人生新政治新经济的要求"，因此而"不到创造出新中国不止"。②

梁先生所说的新中国当然是较为广义的，而点明它的历史要从新文化运动叙起，确是一个睿见，也与五四当时一些人的观察相吻合。

五四时正在中国的杜威描述进行中的学生运动说："我们正目睹一个民族/国家的诞生（the birth of a nation）。"③ 这大概是那时不少在华外人的共识，法国公使也认为五四运动表现出"一种前所未有的、最令人惊异的重要现象，即中国为积极行动而形成了一种全国性的舆论"。④ 而当年6月的《北华捷报》引用复旦

---

① 毛泽东：《新民主主义论》，见《毛泽东选集》（一卷本），660、664页，北京，人民出版社，1968。

② 梁漱溟：《蔡先生与新中国》（1940年），见《梁漱溟全集》第6卷，75页，济南，山东人民出版社，1993。

③ "John Dewey from Peking," June 1, 1919, in John Dewey and Alice C. Dewey, *Letters from China and Japan*, ed. Evelyn Dewey, New York, E. P. Dutton & Company, 1920, p. 209.

④ Paul S. Reinsch, *An American Diplomat in China*, Garden City, N. Y., Doubleday, 1922, p. 373. 徐中约显然同意杜威等的看法，他以为五四运动标志着作为一种"新力量"的民族主义在中国的"出现"。Immanuel C. Y. Hsu, *The Rise of Modern China*, 2nd ed., New York, Oxford University Press, 1975, p. 605.

公学校长李登辉的话，以为"五四运动见证了中国'舆论'的诞生"（不过李先生审慎地把范围限定在"上海和许多其他城市的中国人"）。[①] 我们不好说此前中国就没有"舆论"，至少从此时起，所谓舆论代表了更多人，成为一个更有影响的因素。而"诞生"一词的使用，同样表现出划时代的意味。

法国公使所谓"全国性的舆论"，或是基于中外的视角。其实从中国内部看，在新兴的"国家"和"社会"之间，舆论或更偏向于社会一边。这一点时人已有所觉察，1918 年创刊的《学灯》在宣言中明确表示，这副刊"非为本报同人撰论之用，乃为社会学子立说之地"。[②] 而北大学生傅斯年从五四运动所看到的，恰是"从五月四日以后，中国算有了'社会'了"。[③] 傅先生所说的"社会"有其特定的含义[④]，但从此开始的"有"和此前的"无"，当然彰显出一个划时代的界碑。

关于那个时代与此前的差异，其他人还有更细致的观察。张东荪在学生运动前夕就注意到，时人之间充满了相互不信任："青年对于前辈怀疑，社会对于社会中枢怀疑，人民对于政府政客怀疑，政客对于军人怀疑。对于统一，对于护法，固然已怀疑了；就是对于议和，也是怀疑。"小到食粮研究，大到国民制宪，同样是提倡也怀疑，反对也怀疑，故"现在的中国，大可名为

---

① "Public Opinion in China," *The North-China Herald*，June 21, 1919, p. 747. 转引自方德万（Hans van de Ven）：《现实政治中的五四运动》，林立伟译，载《二十一世纪》，总第 173 期，2019 年 6 月。

② 东荪：《〈学灯〉宣言》，载《时事新报》，1918-03-04，3 张 1 版。

③ 傅斯年：《时代与曙光与危机》，台北史语所藏傅斯年档案。

④ 参见王汎森：《傅斯年早期的"造社会"论》，载《中国文化》，第 14 期，1996 年 12 月。

'怀疑时代'"。①

怀疑时代或许意味着怀疑一切，然其一个重要表征，是对旧有的东西都要问为什么。许德珩观察到，与过去因袭、崇拜古人的风气不同，"自从有了这回运动，大家觉得旧有的东西合于现在的人生与否，要发生个重要问题。所以对于社会、家庭和人生的生活，要发生个'为什么'的问题"。② 这大概就是后人所说的反传统，并因质疑传统而延及当下的人生。而他所说的"这回运动"，指的是五四学生运动。

五四的影响不仅在反传统一面，也见证了新偶像的诞生。在何浩若眼中，当时"知识界醉心时尚"的一个表征，就是"年来竟欲以尊崇孔孟之心理，转而崇陈独秀诸人"。他显然对此不满，以为"孔孟之道固未合时，陈氏之言亦何尝尽对"。③ 唯何氏只说"陈氏之言亦何尝尽对"，则他虽对此现象不满，也不得不对陈独秀有所尊崇。这样一种温和的反对，最可表现那时的权势转移。

时人类似的观察还有不少，从各个侧面展现出时代的不同，此不一一引述。但还有一种不同，需要后见之明才能辨识，即历史的节奏好像变快了。德里克即由此而看见一种划时代的转变。他敏锐地观察到，五四不仅塑造了"自我形象"，并产生出一种对历史叙述有影响力的"运动政治"观，使"五四运动成为中国

---

① 东荪：《政治上怀疑论之价值》，载《时事新报》，1919-02-04，1 张 1 版。
② 许德珩：《五四运动与青年的觉悟》，载《国民》，2 卷 1 号，1919 年 11 月，7 页。
③ 何浩若：《中国之歧途与末路》，载《大江（季刊）》，1 卷 1 期，1925 年 7 月，14 页。

近代史上的分水岭"——"在它之前，有起义、改革和革命；从那以后，中国历史似乎由一个接一个的连续运动所组成。"①

与接二连三的运动相比，起义、改革和革命当然是更宏阔的主题，似乎五四后历史的动荡变得更急剧也更显细微了。借用史华慈所谓"一脉连绵丛山"的比喻，历史走向细化意味着一座座山峦的分布比前更加密集。在技术层面，这牵涉到对"运动"指谓的界定。如果思想界一次次的辩论也算运动，就五四后十多年的史事看，运动频仍所展现的历史细化，确是有迹可循的。

当然，一连串的运动链条，似乎与后五四时代的历史不完全吻合。因为五四后不到十年，国民革命就又一次改朝换代。其间长留在历史教科书中的运动，只有五卅一次。而其后的新生活运动，至少也可算是改革。故对一系列运动的强调，可能遮蔽了各种运动之外的其他面相，不一定能成功地叙述那段历史，甚或模糊了整体的历史。但这仍是一个值得反思的睿见，它提醒我们思考，究竟是历史本身细化了，还是五四这"分水岭"的出现使历史叙述细化了？

至少在某一方面，各类运动的模式与此前的历史衔接。五四前更大的"分水岭"是辛亥鼎革，那之前其实中国已经是事件频仍，但从甲午、戊戌到庚子的一连串大事件，以及此后带有"在朝革命"性质的新政，基本是自上而下的行事；而从辛亥革命开

---

① Arif Dirlik, "Ideology and Organization in the May Fourth Movement: Some Problems in the Intellectual Historiography of the May Fourth period," *Republican China*, vol. 12, no. 1 (Nov. 1986), p. 3. 中译见德利克（旧译如此）：《五四运动中的意识与组织：五四思想史新探》，见王跃、高力克编：《五四：文化的阐释与评价——西方学者论五四》，48~68 页，太原，山西人民出版社，1989。

始，此后的运动基本是自下而上的，五四正开其端。这是延续，却也是一种转换了轨道的划时代。

而五四后历史的节奏变快，更是毋庸置疑的。五四后的十余年，是一个激变频仍的时段。那时的世局几乎可以说是年年翻新，一年一个样。[1] 更重要的是，带有"分水岭"意味的事件，也在短期内频繁出现。我们常看到，当事人自己甫感觉到新时代的来临，旋又发现时代已不同了。历史"转辙器"的频繁出现，使连环式的竹节变得更短，仿佛即将进入一个承平时期的动荡尾声。然而不然，这种一个接一个的运动和事变，反使五四更像是从文化迈向武化的前奏。

三、渐入行动时代：五四的延展和终结

如果以五四后第一个显著的运动五卅运动为计算节点，学生运动后似乎还有几年的相对平稳。但也正是在这看似平稳的时间里，发生了一些影响此后中国历史的大事——首先是中国共产党的成立，然后是国共两党的正式合作。两事初起时并不十分引人瞩目，而一些有眼光的人逐渐认识到其间体现的时代转变痕迹。胡适在1933年曾对中国现代思想分期，约以1923年为界：前一段是"维多利亚思想时代，从梁任公到《新青年》，多是侧重个人的解放"；后一段则是"集团主义时代，一九二三年以后，无论为民族主义运动，或共产革命运动，皆属于这个反个人主义的

---

① 关于政治的变化，参见罗志田：《"有道伐无道"的形成：北伐前夕南方的军事整合及南北攻守势易》，载《中国社会科学》，2003（5）。

倾向"。^①

这两个对应的标签有一定的代表性，也不无一厢情愿的一面，因为整个近代中国的大趋势更多是强调所谓"集团主义"的，而清末为"群"大声疾呼且听众最广的，应当就是梁启超。说他一直侧重个人解放，或有些勉强。真正一度强调个人，除了清季影响很小的章太炎、鲁迅师徒的见解外，就是五四时期。而现在一般都承认，从学生运动开始，确实存在个人逐渐淡出以及对群体日益重视的趋势。因此，五四时期个人从兴起到退隐，其实也就那么几年。^②

如果重群体的倾向在学生运动当年已开始兴起，我们或可将1919—1925年看作两种倾向并存而竞争的时期，瞿秋白以为是"新文化思想"与鼓吹社会主义、研究劳动社会问题两造的"混流并进"。^③虽然是并存并进，毕竟"集体"渐占上风，到"五卅"后，"个人"基本丧失竞争力，终不得不让位于"集团主义"。^④更因帝国主义侵略威胁下中外竞争的激烈，此后强调集团主义的趋势长期是主流，故胡适的说法仍有可参考处。

后来梁漱溟论"中国的政治改造运动"，也采用了相似的分期界线。他把几十年的改造分为两期："前期运动盖感受西洋近

----

① 见曹伯言整理：《胡适日记全集》第6册，1933年12月22日，730页，台北，联经出版公司，2004。

② 关于五四时期的个人，尚有不少待发之覆，当另文探讨。

③ 瞿秋白：《国民革命运动中之阶级分化——国民党右派与国家主义派之分析》（1926年1月），见《瞿秋白文集（政治理论编）》第3卷，460页，北京，人民出版社，1989。

④ 参见鲁萍：《"德先生"和"赛先生"之外的关怀——从"穆姑娘"的提出看新文化运动时期道德革命的走向》，载《历史研究》，2006（1）。

代潮流而来，其所响往者为英国式之宪政"；"后期运动，则感受欧战后共产革命潮流而来，其所响往者为苏联式之党治"。前者"起自清季之变法维新"，以 1923 年曹锟宪法之公布为结束；后者起自 1924 年国民党改组容共，讫于抗战前后为止。①

胡、梁二位一说思想一论政治，但分期点如此接近，很能提示那时转折的存在。且两位都特别看重国民党联俄改组的意义，固然都借助了后见之明，很可能也因为他们都是中共诞生的早期知情人。② 中共的诞生和国共合作，恰意味着杜亚泉担忧的"未来之祸"已正式进入中国，并带来新的政治运作和组织动员方式。这的确是个划时代的转变，而且影响深远。

有意思的是，一些读书人已预测到，甚至期盼着进一步的动荡局面。闻一多在 1923 年说："二十世纪是个反抗的世纪。'自由'底伸张给了我们一个对待威权的利器，因此革命流血成了现代文明底一个特色了。"简言之，"二十世纪是个动的世纪"。③ 1923 年恰是胡适和梁漱溟的分期点，若以今日的后见之明看，真正厉害的"革命流血"还没开始，闻一多的表述或更多是"预言"而已。不过，因向往自由而反抗威权是当时读书人的基本心态，尽管他们认知中的"自由"和"威权"都不免带有几分想象的色彩。

新政治运作方式的第一次显著表现，就是五卅运动。敏感的

---

① 梁漱溟：《预告选灾，追论宪政》（1947 年），见《梁漱溟全集》第 6 卷，700～701 页。

② 按：胡适与陈独秀关系很深，而梁漱溟与李大钊关系密切，两人都曾有知悉中共创建的记述。

③ 闻一多：《〈女神〉之时代精神》，见《闻一多全集》第 2 册，110～111 页，武汉，湖北人民出版社，1993。

瞿秋白立即把五卅运动视为五四时代的终结，其最具象征性的变化是："五四时代，大家争着谈社会主义；五卅之后，大家争着辟阶级斗争。"① 五卅运动对时人的冲击是显著的，那时不少人或许都分享着同样的转折感。此前处于竞争中的各倾向基本有了结果：群体压倒了个人，政治压倒了文化，行动压倒了言论，的确可以说开启了一个新的时代。

作为一个新的分水岭，五卅把不久前的分水岭五四推入了历史。"到民间去"的西来口号在五四前后已开始在中国传播，五卅后有了更明确而直接的意蕴：国共两党的工农运动以及"村治"派的出现，都可视为与工农相结合这一大趋势的不同侧面。人们很快见证了更直接也更具根本性的政治变动——中国现代史上又一次以暴易暴的武装革命，即北伐战争。北伐不仅是普通意义的改朝换代，也标志着一种新统治方式的出现，改变了国人对政党政治的认识。作为一个新的分水岭，北伐又把不久前的分水岭五卅推入了历史。

从五四学生运动到北伐，也不过十年而已，在时人心目中却已三历时代的转变。今日学界对（广义）五四运动下限的看法虽各不同，但大体就在从 1923 年到北伐期间。胡适和梁漱溟借助后见之明，看到了转变始于 1923 年，尽管相对潜移默化；瞿秋白把五卅运动视为五四时代的终结，却是因为没有后见之明。到拿枪的北伐这一国民的革命，才真正终结了一个时代。

据朱自清 1928 年的反思，五四后的十年经历了三个阶段：

① 瞿秋白：《国民革命运动中之阶级分化——国民党右派与国家主义派之分析》，载《新青年》，第 3 号，1926 年 3 月，21～25 页（我用的是人民出版社 1954 年影印本）。

"从自我的解放到国家的解放，从国家的解放到 Class Struggle。"
其间可以"看出显然不同的两种精神"：前一段"我们要的是解
放，有的是自由，做的是学理的研究"；后两段"我们要的是革
命，有的是专制的党，做的是军事行动及党纲，主义的宣传"。
而后两者"只包括近一年来的时间"，也可以说"前九年都是酝
酿的时期"。具体言，"新文学的诞生"标志着"新时代的起头"，
那是"文学，哲学全盛的日子"。到五卅前后，"社会革命的火焰
渐渐燃烧起来"，社会科学书籍压倒了文学和哲学。而根本的转
折是国民"革命爆发"。从此进入"革命的时期，一切的价值都
归于实际的行动"，也无需任何书籍了。①

　　这是一个亲身经历者的当下写实，大体涵括了胡适、梁漱溟
和瞿秋白所见的阶段性特征，相对更全面，特别能表明中国已从
坐而言的时代进入了"行动的时代"。② 当一切言说都显得无力，
一切书籍都不需要，也就宣告了一个以文化为表征的时代真正成
为历史。

　　大体上，在第二次直奉战争之前，读书人眼中的"民不聊
生"其实颇具构建的成分。闻一多 1923 年关于"动的世纪"之
感叹，很可能就是基于这样的想象。不幸他的说法变成了准确的
预测，此后的二十多年，连年的征战使动乱深入到了基层百姓的
生活，朱自清后来说"这是一个动乱时代。一切都在摇荡不定之
中，一切都在随时变化之中"③，恰好呼应并诠释了闻一多的预

---

　　① 朱自清：《那里走》（1928 年 2 月），见朱乔森编：《朱自清全集》第 4 卷，
229～231、238 页，南京，江苏教育出版社，1990。
　　② 参见罗志田：《激变时代的文化与政治——从新文化运动到北伐》，135～145
页，北京，北京大学出版社，2006。
　　③ 朱自清：《动乱时代》（1946 年 7 月），见朱乔森编：《朱自清全集》第 3 卷，
115 页，南京，江苏教育出版社，1996。

测。"动乱时代"有一个由虚入实的过程，即从读书人想象中的"动"成为真正影响社会生活的"动"。而五四既是"传动轴"，又是从思想到行动的"转辙器"。

有意思的是，即使在北伐之后，周予同仍以五卅为时代分界点，似乎无视北伐的存在，或以为两者同属一个"时期"。他提出，自"辛亥革命前后以迄现在"，可以"划分为三大时期"，即以"'辛亥'前后为第一时期，'五四'前后为第二时期，'五卅'前后为第三时期"。这三个时期"自有其不同的学术的背景，自有其不同的表现的方式，自有其不同的代表的人物与集团，也自有其不同的反动的现象"。周先生特别强调，第三期的特点在于"世界政治思想之有计划的实际的尝试"和"有组织的集团之力的表现"。①

以这样的特点概括新时代，可知周予同与前引胡适和梁漱溟一样，特别看重新政治方式的引进，不过把中间的分界点移后了两年。也因此，他把从坐而言到起而行的转变视为一种从"力的表现"到"思想的表白"的进步，故对北伐带来的改朝换代视而不见。但周先生和前面几位一样，都把五四看作一个已经过去的时代标识。

上面引述的一些见解并不专门针对五四，却也不妨视为五四时代结束的一种看法。一旦进入历史记忆，作为运动的五四，或者历史中的五四时代，也就结束了。

___

① 天行（周予同）：《第四期之前夜——向青年们公开着的一封信》（1928年10月），载《一般》，6卷1期，1928年9月（实际出版于1929年1月），4~5页。

四、五四认知的形成和发展

一个时代的结束，意味着总结的开始。还在 1922 年，张东荪就从出版物的现状看出文化运动已从全社会"大家的兴会"转为"教育界"少数人的"孜孜不倦"，表现出"落潮的趋势"。不过他对此"不抱悲观而反抱乐观"，因为就像"一个河流渐渐由阔的河面而流入狭的河面中"，河面"阔则浅而弱，狭则厚而强"，反可能"由浮泛而趋于切实，由表面而变为根底"。[1] 他的乐观可能过于理想化，在一个行动的时代，以文化为表征的运动若非偃旗息鼓，也不过苟延残喘。后来的发展似乎看不出多少"由浮泛而趋于切实"的样子，然而张东荪确实敏锐地感觉到了时代的转变。

就在同一年，梁启超已在为"所谓新文化运动"下总结。他看出当时"最流行的莫过于讲政治上、经济上这样主义、那样主义，我替他起个名字叫做西装的治国平天下大经纶；次流行的莫过于讲哲学上、文学上这种精神、那种精神，我也替他起个名字叫做西装的超凡入圣大本领"。与张东荪的乐观态度不同，梁启超对此显然是不满的。在他眼中，整个世风仍是大家不肯脚踏实地，而"最爱说空话的人最受社会欢迎"。[2]

当然，由于梁启超等人自己也在推动他们的"新文化运动"[3]，

---

① 东荪：《文化运动与教育》，载《时事新报》，1922-04-12，1 张 1 版。

② 梁启超：《科学精神与东西文化》（1922 年 8 月），见《饮冰室合集·文集之三十九》，2 页。

③ 参见周月峰：《激进时代的渐进者——新文化运动中的"研究系"》，博士学位论文，北京大学，2013。

他说的新文化运动显然是特指，即我们一般言说中的新文化运动。这个特定的指谓是一个重要的提示，既表明"新文化运动"的丰富和多元，也展现出时人对此已有所认定。尽管梁启超也在无意中倒放了电影——在他所说的那个"新文化运动"中，最先流行的应是文学、哲学，然后才是政治、经济。而他又有着预见的眼光——"主义"在他说话时不过刚刚开始兴起，但确有后来居上的趋势。

即使是尝试性的总结，也表现出某种认知的开始定型。五四时代的结束，象征着一个同质性的"五四运动"认知的大体形成。王造时后来说，"这个时代有两个根本出发点"："一是德谟克拉西（民主），一是赛恩斯（科学）。如果全个新文化运动有内容，这两位德赛先生便是它的内容。"[1] 他所说的"全个"的运动，应即是今人所谓广义的五四运动[2]，而具体的"内容"则代表着时代的精神。

大体上，经过未必有意的"协商"（negotiations），广狭两义的运动产生出一种奇特的妥协——学生运动获得了冠名权，"五四"成为运动的标准称谓；而新文化运动的口号"民主"和"科学"则成为五四的基本标识。[3] 当然，这个定型或许仍是暂定的，一旦说及具体，时人和后人都见仁见智。我们也可以说，历史的协商仍在进行之中。

---

[1] 王造时：《中国问题的分析》（原著于 1935 年），见王造时著，章清编：《中国问题的分析　荒谬集》，126 页，上海，复旦大学出版社，2015。

[2] 王造时自己明确把五四学生运动包括在新文化运动之中。参见王造时：《复兴新文化运动》，载《主张与批评》，第 3 期，1932-12-01，23～24 页。

[3] 说详罗志田：《体相和个性：以五四为标识的新文化运动再认识》，载《近代史研究》，2017（3）。

张灏先生注意到，除民主、科学这两点外，以前中国的史家较多注重五四那反帝、反封建的面相，而海外史家则更强调五四的民族主义和反传统主义。这些观念"似乎代表五四的核心思想"，也"构成了五四的基本形象"。① 随着改革开放的推进，海外学界的一些观念明显影响到国内的研究，如五四反传统的一面就受到广泛关注，成为五四形象的一部分，尽管学界对其激烈的程度和是否"全面"还有争议。

不过，这些基本形象的确立，似也简化了五四本身。实际上，从五四当时开始，对不同的人来说，五四的影响就是颇不相同的。而五四对后来的影响，或也没有我们所想的那样大。忽视五四的倾向很早就开始了，与看重五四的倾向长期并存。在1922年的五四周年时，老师辈的谭熙鸿已感觉"一年一年的纪念，而在实际上并不见得有甚影响，似乎倒反觉得一年不如一年的景象"。② 而学生辈的钱用和则感叹道："冷落呀！这次的'五四纪念'！寂寞呀！这次的'五四纪念'！"③

同年北京大学入学考试的预科国文试卷作文题是"述五四以来青年所得的教训"。有个奉天高师附中的学生问监考的胡适："五四运动是个什么东西，是哪一年的事？"胡适对此感到"大诧异"，初尚"以为这大概是一个特别的例外"。不料他走出试场，

---

① 张灏：《重访五四：论五四思想的两歧性》，见《幽暗意识与民主传统》，200页，北京，新星出版社，2006。
② 谭熙鸿：《纪念"五四"》，载《晨报》，1922-05-04，2版。按：谭熙鸿时任北大生物系教授，校长室秘书。
③ 钱用和：《这次"五四纪念"的社会心理》，载《晨报》，1922-05-04，6版。钱用和时为女高师学生。

其他监考的人告诉他，"竟有十几个人不知道五四运动是什么"。①他们虽然仅占考生的百分之一，但这些人可都是青年学生！另据他人的观察，考试中把五四运动"当作'五月四日开运动会'解释的，听说也很有几位"。②

　　不过三年，五四在历史记忆中已开始变得模糊。到那年晚些时候，北大一些学生发现，"现在社会上都论'五四'为过去历史上的陈迹了"③。尽管每逢五四的周年仍有人纪念，也逐渐显出一些黯然消退的意味。到 1935 年 5 月，胡适已感觉"这年头是'五四运动'最不时髦的年头。前天五四，除了北京大学依惯例还承认这个北大纪念日之外，全国的人都不注意这个日子了"④。胡适可能比别人更珍爱五四，然而这却不是他的偏见。余英时师生于 1930 年，抗战时避居安徽潜山县官庄乡，到抗战结束前，他便"根本不知道有所谓'五四'其事，更不必说什么'五四'的思想影响了"⑤。

　　有些人虽也纪念，却流于空洞的形式。如 1933 年《北平晨报》一篇题名《纪念五四》的文章，仅说"北京学生唤醒了沉迷不醒的中国国民，唤醒了腐败无力的中国民族。五四运动实在是

---

　　① 《北京大学日刊》，1922-08-05，3 版；《胡适日记全集》第 3 册，1922 年 7 月 24 日，682 页。

　　② 嘉谟：《青年生活与常识》，载《学生杂志》，11 卷 9 号，1924 年 9 月，45～46 页。

　　③ 李国瑄等：《北京大学学生会有组织必要的意见书》，载《北京大学日刊》，1922-11-02，3 版。

　　④ 胡适：《个人自由与社会进步——再谈五四运动》，载《独立评论》，第 150 号，1935-05-12，2 页。

　　⑤ 余英时：《我所承受的"五四"遗产》，见《现代危机与思想人物》，71～72 页，北京，生活·读书·新知三联书店，2005。

中国国民的觉醒运动"，然后就是些今不如昔的感叹。[①]

或许那时关于五四已形成一套"政治正确"的话语，似乎必不可少，却也有些心不在焉；纪念者好像知道该说什么，实则不知说什么好。既感觉到纪念的必要，又不过说些口号式的套话，是五四在历史记忆中变得模糊的又一表征。

进而言之，不少人无意中似还愿意接受一个相对含糊的五四。如前所述，在很长的时间里，从研究者到媒体都分享着广狭两个含义各异的五四运动，对其间的冲突可以视而不见，仿佛很多人都自觉地并不追求标准化。这最能表现五四认知"定型"那种约定俗成的发展特色。寻求精确、向往标准划一是现代性的基本要素，在一个曾以现代化为目标的时空中，却隐存着带几分后现代意味的取向，是可以深长思的。从清末开始，多数史家一直在意识层面追寻着史学的"科学"化，却在无心之中得到了史学的多样化。历史逻辑的展现就这样不明不白，又并非无缘无故。

看重和忽视五四的两种倾向长期并存，说明对五四的认知一开始就有"各取所需"的一面（不必是有意的）。时人如此，后人亦然。通常比较看重五四的见解更多被研究者引述，而看轻的则易被忽视。[②] 这样一种五四认知的历程清楚地告诉我们，关于五四形象的历史协商，仍在进行之中。这就使人不能不问，我们

---

① 冰森：《纪念五四》，载《北平晨报》，1933-05-04，12版。
② 我自己也和许多人一样，有意无意间更多使用那些重视五四的史料。且我本倾向于广义的五四观，然在写作中也不时使用"五四后"和"后五四"字样，多数都是指狭义的五四，用以为时间的分界（学生运动对整体五四的"改写"是清晰可见的，运动前和运动后的思想界出现了一些明显的变化，虽不足以改变五四的体相，却也不容忽视）。然若放在广义的范围里，其实也就说不上"后"了。

对五四的了解已足够深入、足够充分了吗？答案恐怕不乐观。[①]认知的多样化，源于史事本身的多姿多彩。那个丰富多元的五四，还需置于历史长河（以及世界格局）中继续体味和理解。而这样的认识，仍基于对史事的进一步探索。

我们不仅需要知晓五四的体相，还要摸清五四的个性。前者论述较多而仍有待发之覆，后者尤缺乏足够的重视。其实五四的个性多彩多姿，最应探讨。这里无意也无法一一论及，仅就其中两点略作申述：一是五四在中国近代史上具有一些明显的特异性，不宜仅以常态视之；二来那是一个激情四射的年代，又特别强调个体人的解放，各种非理性的表现层出不穷。五四个性的这两个方面，都需要进一步认识。

五、五四个性的特异面相

中国的近代确是一个特殊的时代，在此时的中国界域之中，产生了很多此前和此外很少见到的现象。其共性是带有梁启超所说的"革命性"，即史事"最难律以常轨"，而事情的结果往往与预定的计划相反。[②] 那时许多洋溢着激情活力的面相，往往不能以常态视之，也不宜以常理度之。

一个与常理相悖的显例，即"革命"那超乎寻常的特异表

---

① 例如，民初不少人认为近代中国的革命是一个过程较长的广义"大革命"，又秉持一种从文化看革命的思路，参见罗志田：《与改良相通的近代中国"大革命"》，载《社会科学研究》，2013（5）。如果文化是革命的要项，则近代历史中的五四，就需要重新认识。

② 梁启超：《中国历史研究法》，见《饮冰室合集·专集之七十三》，117 页。

现：在精神、物质两层面皆已确立精英地位的既得利益阶层之中，仍有不少人长期向往和憧憬着一个可以带来根本变化的革命，并不断倡导和鼓励着各式各样的革命。① 另一个典型例子，则是"家庭"这一多数人类社会历来最看重的"温暖港湾"，在近代中国却忽然失去了护佑其成员的社会功能，变为一个阻碍国家民族发展的负面象征，成了革命的对象。②

上述两点近代中国与古今中外不同的特异性，在五四时期都表现得很显著。然而五四本身又可以说是近代一个相当特殊的短时段，具有与整个近代中国颇不一样的特异性。张东荪就曾说"五四是冷锅里的一个热泡儿"。③ 这样的双重特异性，当予以足够的重视。

由于中外竞争的激烈，整个近代中国的大趋势更多是强调胡适所谓"集团主义"的。而面对晚清以来重群、重国、重社会的大潮流，新文化运动一度特别强调个人，侧重个人解放，体现出一种"反动"，实在是个"例外"。同样，整个近代的大语境是注重物质和"学要有用"，以图富强；而五四时代的主流学人却特别强调科学的"精神"和"方法"，明显与晚清以来重力轻学的大潮逆流而行，也是一个显著的"异数"。

如果从这视角看新文化运动，清季的鲁迅就是开风气者。章太炎早在 1894 年即写过《明独》一文，提出中国人唯有从亲族

---

① 说详罗志田：《士变——二十世纪上半叶中国读书人的革命情怀》，载《新史学》，18 卷 4 期，2007 年 12 月。

② 关于家庭革命，参见赵妍杰：《重构社会的伦理反思：近代中国的家庭革命，1895—1931》，博士学位论文，北京大学，2013。

③ 东荪：《创造群众》，载《时事新报》，1921-05-29，1 张 1 版。

团体的"小群"中解放出来成为"大独"，才有可能达成全国的"大群"。① 这个见解当时反响似不大，却可能影响了他的弟子鲁迅。鲁迅在 1907 年明确提出了"非物质"和"重个人"的口号，强调要"掊物质而张灵明，任个人而排众数"，以促邦国的兴起。② 这样的救国方案与近代重群、重物质的大趋势相反，却在民初得到发扬。

依照前引杜亚泉的看法，五四这种特异性反与中国传统接近，甚至可以说是中国"旧文明复活"的表征。他并推测欧洲将来的"新文明"会接近于中国旧文明的一些特色。就西方而言，这或者有些一厢情愿。若就中国言，至少鲁迅曾提倡的，倒还可以说是回向传统。五四期间一度彰显的非物质和重个人，的确是中国文化的表征。③ 就此而言，新文化运动还真有点文艺复兴的味道。

"重个人"和"非物质"在五四时期得到不同程度的发扬，但鲁迅那时好像对自己曾经的主张淡然置之，尤其少见他在提倡文质方面有什么大声疾呼。我猜他并非忘了初衷，起初或是不想与人争论，后来则被时代裹胁，说些与同人相协调的话。如胡适

---

① 参见王汎森：《"群"与伦理结构的破坏》，见《章太炎的思想（一八六八——一九一九）及其对儒学传统的冲击》，243～248 页，台北，时报文化出版事业有限公司，1985。

② 鲁迅：《文化偏至论》（1907 年），见《鲁迅全集》第 1 卷，50、46 页，北京，人民出版社，1981。

③ 关于传统中国文化那非物质的一面，参见罗志田：《物质的兴起：20 世纪中国文化的一个倾向》，见《裂变中的传承——20 世纪前期的中国文化与学术》（修订本），328～363 页，北京，中华书局，2019。而传统中国文化对个人的看重，不幸长期被误会，当专文探讨。一些非常简约的初步看法，可参见罗志田：《为己或为人：五四期间关于个人的认知与传统的无意中改写》，载《文史哲》，2019（5）。

所说，一个人若成了所谓"公人"（public man），就不得不说公人应说的话，而不一定能说自己想说的话。①

我们知道鲁迅当年参加文化运动是有些勉强的，他的一度沉默可能有各种原因，但其中之一或与陈寅恪的感触相近，即因自己的一些见解异于时流，只好噤而不发。而鲁迅比陈寅恪更痛苦的是，代表时流的这些人所主张的大方向又接近于他的向往。五四时很多人的共识，是中国这个国家必须改变，需要往一个新的方向走。鲁迅即其中之一。可是不少《新青年》同人提倡的，恰是"重物质"的一面——那时在非物质方面和鲁迅有共性的，是陈独秀攻击的杜亚泉；而在"重物质"方面与新文化人接近的，是于1919年重刊《物质救国论》的康有为。② 这样一种多歧互渗的状态③，或使鲁迅不能不保持沉默。

让事情更复杂的是，《新青年》同人一面表现出"非物质"的特异性，一面又延续着"重物质"的晚清传统，以为国家的富强应先于文化的传承。鲁迅仍是其中之一。他曾把"保存国粹"

---

① 胡适：《致汤尔和》（1936年1月2日），见中国社会科学院近代史研究所中华民国史组编：《胡适来往书信选》中册，294页，北京，中华书局，1979。

② 杜亚泉在1913年连发三篇《精神救国论》，就是与康有为的《物质救国论》对着干。参见杜亚泉：《精神救国论》《精神救国论（续一）》《精神救国论（续二）》（1913年），见《杜亚泉文选》，88~112页。

③ 当时新旧之间的多歧互渗表现在很多方面，如前引梁启超所说中国尝试的"新制度"，在杜亚泉眼中却是世界的"旧制度"，而与杜亚泉辩论的陈独秀，在这方面实与杜的思路暗合。陈独秀那时曾把西方思潮分为"古代思潮""近代思潮"和"最近代思潮"，以为"近代思潮是古代思潮底反动"，而最近代思潮又是"近代思潮底反动"。具体所指虽与杜亚泉不尽同，但都注意到西方出现了比既存之新更新的变化。参见陈独秀：《自杀论——思想变动与青年自杀》（1920年1月），见《陈独秀著作选编》第2卷，154~155页。

和"保存我们"列为对立的选项，强调后者才是"第一义"。①
这里的"我们"，大体指与传统文化对应的实体"中国"。几年后
他进一步指出，"目下的当务之急，是：一要生存，二要温饱，
三要发展"，而无暇"保古"。② 所以他也在逐渐疏离于自己过去
的主张。

　　且鲁迅当时是"食君粟"的政府雇员，按旧理是不应出来说
话的。这些多方面的复杂原因，或使他那时不得不欲语还休。在
五四那种激情洋溢的时代，如果一个人选择不发声，与时流保持
距离，既可能被认为跟不上时代，更可能被视为有损于"集体的
事业"。而参与众所瞩目的话题，立言者有意无意之间可能是被
各种因素"召唤"的——既可以是友朋的直接呼吁，也可能是被
想要澄清天下的责任心驱使，去发出时代需的声音。后来鲁迅
在朋友敦促下站出来说话，很可能就是作为一个社会的公人而代
时代立言，所说的更多是"时流"以为当说的，未必是他自己心
里想说的。

　　鲁迅真正开风气的一面，揭示出五四的整体特异性。而他与
时流若即若离的一面，又展现出当时的趋新群体本各有其个性。
然而，其成员态度不一的《新青年》又多被用以代表五四。这本
应彰显出五四的丰富一面，可惜我们无意中常把《新青年》群体
看成思想一致的整体。一个原本复调的表征被视为单调的，也就
多少遮蔽了五四的多歧个性。

　　五四的趋新群体向为研究者看重，而鲁迅更是研究中着墨较

①　鲁迅：《热风·随感录三十五》（1918 年），见《鲁迅全集》第 1 卷，305～306 页。
②　鲁迅：《忽然想到》（1925 年 4 月），见《鲁迅全集》第 3 卷，45 页。

多的。如果他与五四的关联也还有待发之覆，这就提示我们，不仅五四认知的定型和简约化可能遮蔽了那段历史的特色，而且既存研究在帮助我们理解五四之时，无意中确可能增添了一些"作雾自迷"[1] 的诠释。

如五四常被比附为欧洲的启蒙运动，这对认识五四是有相当推进的。然而启蒙运动背后的一个关键词是理性，五四人却更偏于感性。如果说中国的 20 世纪是个"动的世纪"，那么五四更是一个激情四射的动荡时代。那时的许多言和行，最难以理性来概括。

闻一多在 1923 年曾说出一段很像狄更斯《双城记》里的话："二十世纪是个悲哀与奋兴底世纪。二十世纪是黑暗的世界，但这黑暗是先导黎明的黑暗。二十世纪是死的世界，但这死是预言更生的死。这样便是二十世纪，尤其是二十世纪底中国。"[2] 对身处中国的读书人来说，20 世纪是一个充满矛盾和紧张的时代，许多人正是在各式各样的希望和失望伴随下蹒跚前行，与时俱往。在那"一切都在摇荡不定之中"的时代，一个人要是理性十足，怕比别人更觉难以适应，也未必为他人所认可。

例如，我们都知道《新青年》之前特别有影响也有代表性的刊物是《甲寅》。罗家伦曾说，《甲寅》"可谓集'逻辑文学'的大成"，是民初几年"一种代表时代精神的杂志"[3]。胡适同意这个看法，但也指出，《甲寅》那种引经据典的谨严文字，要十分

---

① 熊十力语，见熊十力：《读经示要》（1944 年），见《熊十力全集》第 3 卷，840、853、874 页，武汉，湖北教育出版社，2001。

② 闻一多：《〈女神〉之时代精神》（1923 年 6 月），见《闻一多全集》第 2 册，114～115 页。

③ 罗家伦：《近代中国文学思想的变迁》，见《新潮》2 卷 5 号（1920 年 9 月），872～873 页，上海，上海书店，1986，影印本。

用气力才读得懂，故读者"只限于极少数的人"，在当日"实在没有多大的效果"。① 这一论断甚可思考。若是由于文章太偏重逻辑而难以吸引读者，就意味着罗家伦所说的"时代精神"正在转变——"逻辑文学"的不受欢迎表明，理性未必能代表变动中的时代精神，一个"激情时代"已经来临。

杜亚泉当时就观察到了这种时代的转变，他曾以"知识"对应"情感"，将五四时人分为四类：一是"知识明敏感情热烈"者，他们"常为革新之魁"；二是"知识蒙昧情感冷淡"者，则"常为守旧之侣"；还有"知识明敏情感冷淡"者，貌似守旧，实则稳健，"为革新之中坚"；而"知识蒙昧感情热烈"者，则属于"所谓暴乱派"。② 杜亚泉的本意是探讨新旧分野——第一类或指新文化人，第三类则近于夫子自道，并暗示两类人其实倾向接近，却点出了"知识"和"情感"这两种相互交织的时代亮色。

很多年后，张灏先生提出，五四有多重两歧性，其中一个两歧性，就是理性主义与浪漫主义的对应：

> 就思想而言，五四实在是一个矛盾的时代：表面上它是一个强调科学，推崇理性的时代，而实际上它却是一个热血沸腾、情绪激荡的时代；表面上五四是以西方启蒙运动重知主义为楷模，而骨子里它却带有强烈的浪漫主义色彩。③

---

①　胡适：《五十年来中国之文学》（1922 年），见《胡适全集》第 2 卷，308 页，合肥，安徽教育出版社，2003。

②　杜亚泉：《再论新旧思想之冲突》（1916 年），见《杜亚泉文选》，211～212 页。

③　本段与下段，参见张灏：《五四运动的批判与肯定》《重访五四：论五四思想的两歧性》，见《幽暗意识与民主传统》，182～183、200～206 页。张先生已说明，关于浪漫一面，他主要受到李欧梵先生著述的影响。

这样的两面大体近于杜亚泉所说的"知识"和"情感"。我们过去的研究，或许更重视张先生所说的"表面"现象，而相对忽视"骨子里"的本色，遂和五四人一样回避了"时代问题的复杂性"。一般情形下，"骨子里"的面相当然胜于"表面上"的，所以五四应是一个"情感"超过"知识"的时代。而"激情时代"的开始，又多是由于人们对现状的不满和不高兴，于是出现了浪漫的一种特殊表现，即一些时人注意到的"漫骂"。

还在学生运动前夕，在美国留学的张奚若就给胡适写信说：《新青年》中人说话"有道理与无道理参半，因他们说话好持一种挑战的态度——漫骂更无论了"。结果是"人家看了只记着无道理的，而忘却有道理的"。① 其实何止《新青年》，那时许多立言者都有出言不逊之风，不过程度不同而已。其中一个显例，就是张东荪和《新潮》的"对骂"。

当年张东荪曾称赞学生辈办的《新潮》超过他们老师办的《新青年》，说《新潮》"的作者个个都有诚实的态度与研究的精神，不像《新青年》一味乱骂"，盖骂人不过表现出一种"浅薄心理"，可以称为"自慢的轻狂"。② 结果自讨没趣，主持《新潮》的傅斯年引了一段张东荪的话，以为"似是而非，不通的很"，并暗示张有些"乡愿态度"。③ 张东荪马上回应说这是和《新青年》一样的"骂人派"，指责他们具有"帝王主义的人性观，也可以名为私塾的人性观"。④ 按：张东荪先前曾说"骂人

---

① 《张奚若致胡适》（1919年3月13日），见《胡适来往书信选》上册，31页。
② 东荪：《〈新潮〉杂评》，载《时事新报》，1919-01-21，1张2版。
③ 孟真：《破坏》，见《新潮》1卷2号（1919年2月），349~350页。
④ 东荪：《破坏与建设是一不是二》，载《时事新报》，1919-02-06，1张1版。

是人人都会的。你骂人，人也会骂你，那骂人的结果不过教人还骂就罢了”，特别指出这很不可取。[①] 结果自己因为被“骂”生气[②]，果然“还骂”[③]，或也未能免除“自慢的轻狂”。

我必须指出，那是一个斯文尚未扫地的时代。与后来特别是今日相比，那时的读书人足以称得上文质彬彬。他们说的“漫骂”，其实不过带有胡适所谓“正义的火气”[④]，态度显得咄咄逼人，在批评对方时出语有些不敬，斥责不加掩饰，时或语含轻蔑，甚或出以“恶声”。以今天的标准看，所谓“不通”和“私塾”一类，几乎算不上“骂”，即使算骂也远不到“漫”的程度。但我们不能以后之标准看待昔人，他们互相都认为“骂”了，就表明彼此都感觉到对方的情绪过激，已经逾越了平常的言说准则。简言之，依照当时的对话标准，言说双方都不那么理性，而更带感性。

不过，也就在十多年前的清末，梁启超恰靠“笔锋常带情感”能动人而众皆欣赏。可知这不纯粹是“情感”的问题，而是因为对现状不满和不爽的人越来越多，时人的情感明显“恶化”。身在国外的张奚若或许还存留着往昔的君子之风，所以看不惯，却也可能是他的观感“落后于时代”了。而他那句“人家看了只

---

① 东荪：《〈新潮〉杂评》，载《时事新报》，1919-01-21，1 张 2 版。

② 张东荪的文章结尾说，“如不我信，记者敢以头颅为保证”，显然是动气了。见东荪：《破坏与建设是一不是二》，载《时事新报》，1919-02-06，1 张 1 版。

③ 傅斯年的再回应，便一再说张东荪骂人，既贬低了报刊身价，也有伤个人身格，并特别声明自己不是“还骂”。见傅斯年：《答〈时事新报〉记者》，见《新潮》1 卷 3 号（1919 年 3 月），523～529 页。

④ 《胡适致苏雪林》（1961 年 10 月 10 日），引自胡颂平编：《胡适之先生年谱长编初稿》第 10 册，3768～3769 页，台北，联经出版公司，1990，校订版。

记着无道理的，而忘却有道理的"很有提示意义，揭示出当日的时代风向：

所谓"人家"，应即是今日所谓受众。他们容易记着的，当然是更觉亲近的。可知广大受众的态度，明显偏向于主动挑战甚或漫骂的"无道理"一边。实际也是这样，在那时杜亚泉与陈独秀的论战中，陈独秀的风格显然更加咄咄逼人，而试图表现"情感冷淡"的杜亚泉却被商务印书馆解除了《东方杂志》主编职务。商务这样做，当然参考了决定其生意的读者态度，故此结局很能表现"谩骂"反易得同情的时风。

上面陈述的仅是小例子，却很能反映那个时代的非理性特色。一方面，五四有着与整个近代大趋势不同的特异性；另一方面，那是一个充满了矛盾、冲突和激情的时代。五四本身，也特别需要作为一个同样感性的丰富历史活动来理解和认识。这样一种双重特性的存在，增加了认识五四的难度，却也指明了努力的方向。

或可以说，五四的整体特异性是全球范围内纲常解纽的一个局部结果。而在一个充满了矛盾、冲突和激情的时代，一旦个体开始思想解放，又使得整体进一步呈现特异性。在这里，宏观和微观是一种互相激发、相互促进的关系。不深入理解中欧古今皆难维持现状的大背景，很难理解五四个体的感性和浪漫；反之，不充分体会当时个人思想解放的程度，也不足以认识整体的特异性。所以对于复调的五四，不妨循"非碎无以立通"的取向，进行复调的研究。①

---

① 此承《近代史研究》的薛刚老师提示，谨致谢忱。"非碎无以立通"是钱穆的话，出自他为《古史辨》第 4 册写的序言，参见罗志田：《非碎无以立通：简论以碎片为基础的史学》，载《近代史研究》，2012 (4)。

六、五四需要复调的研究

针对五四当时的新旧之争，张东荪曾提出："现在流行的新思想是单调的，我们应当将他化为复调的。"① 他对那时新思想的观察或有失片面，但他提出的转换取向，恰是五四研究需要参考的。如方德万（Hans van de Ven）所说，"在五四运动这个时刻，没有人能完全掌控事件。各种力量以不可预测的方式互相影响"，可能让"局势发展为一种无人想见到的结局"。所以他主张最好还是以见之于行事的方式"还原某些行动者和涉及其中的各方势力复杂、暧昧和常常互相矛盾的动机"，以避免五四的"物化（reification）"。②

史学本是一个非常开放的学科，治史取径尤应趋向多元，而不是画地为牢，株守既定的藩篱。《淮南子·氾论训》所说的"东面而望，不见西墙；南面而视，不睹北方；唯无所向者，则无所不通"一段，最足揭示单一思路和视角的弊端，也最能喻解复调的研究可能带来多么丰硕的收获。

我们可以说，过渡时代的中国，就是一个复调的时空。以五四时期那种"古今中外"的氛围，思想不论新旧，都绝不会单调。特定的"主义"或思想倾向，可能影响具体人物的历史选择，却不一定足以解释其言动。凡事有主必有从，有左必有右。不论我们处理的是主是从、是左是右，都不宜望东不见西，视南

---

① 东荪：《我辈对于新思想之态度》，载《时事新报》，1919-04-07，3 张 3 版。
② 方德万：《现实政治中的五四运动》，林立伟译，载《二十一世纪》，总第 173 期，2019 年 6 月。

不睹北，当为对应一方留有余地。特别需要注意那些本来存在而被我们视而不见的面相，勿以不知为不有。

从研究对象的选择到材料的使用都尽量让历史的失语者发声，本是民国新史学一个代表性的取向。林纾在五四时攻击新文化人几乎要让引车卖浆者流进大学教书，虽稍夸张，大体也反映出他们的倾向性。如郑振铎所言，民众"表现着另一个社会，另一种人生，另一方面的中国"。① 当然，新文化人为了拨乱反正，确实带有故意矫枉过正的特点。② 胡适专从文学史上旁行斜出的材料去构建文学正统③，就是一个典型体现。不过，这样的努力仍可说是复调的一个表现，因为他们注重并强调了过去视而不见的一面。

新史学的这个取向，不幸在五四研究中较少得到体现。与一般近代中国研究相比，五四研究更多受政治史和思想史倾向的影响，这样一种未必是有意的人为选择，在确立后影响相当大。尽管史学的社会科学化长期得到提倡，社会史也一向被视为新史学的正确方向，而真正从社会史角度研究五四的，却相当少见。把本来丰富多彩的五四表现得异常简明扼要，的确是我们五四研究的一个特色，颇有些单调的意味。

且不说新文化运动的对立面和协同者，就是《新青年》群体，真正受到关注的人就那么几位，还多偏重特定的方面。而学

---

① 《郑振铎全集》第 7 卷《中国俗文学史》，14 页，石家庄，花山文艺出版社，1998。

② 鲁迅曾说"要上下四方寻求，得到一种最黑，最黑，最黑的咒文，先来诅咒一切反对白话，妨害白话者"。这样一种他所谓"最恶的心"，就是矫枉过正心态的一个显著表现。参见鲁迅：《二十四孝图》，见《鲁迅全集》第 2 卷，251 页。

③ 胡适：《白话文学史》（上卷），见《胡适全集》第 11 卷，216～217 页。

生运动的领导者，不仅他们在运动中的具体作为仍待厘清，甚至其整体形象也尚显模糊。个体的人如此，群体的人则往往以抽象整体的面貌出现，他们当下的喜怒哀乐皆少见具体的描述，遑论其日常生活（运动前、运动中和运动后一日三餐与平日的异同，可以说明很多）。

而个体和群体人的喜怒哀乐，更是一个动荡时代不可或缺的要项。瞿秋白说得好，"欲了解一国的社会生活，决不能单凭几条法律几部法令，而要看得见那一社会的心灵"①。

一方面，言为心声，社会的心灵当然需要从人的具体言行（行为也是言说）去看。心声的表现又是多面的，有时直白，有时婉转。从所欲言到所言，以及隐伏其后的所以言，在在不能忽视。正如当年参与时流的人可能是被各种因素"召唤"，很多人的言行，往往也都有不得不如是的一面，不宜仅据"字面义"去认识，而要挖掘他们所以言所以行的初衷，然后考察其实际的言行。

如鲁迅与文学的关系，就颇具诡论意味。从创作层面看，鲁迅是新文学的杰出代表，当年新小说的成绩远远超过新诗，他有着不可磨灭的贡献。而在整理国故的风潮下，后来他从新文学走向了考证，被一些人视为游离出思想运动的逃遁。鲁迅在心里可能更倾向于非考证的文学，但他又阴差阳错地做起了近于考证的文学史。结果，一位以创作见长的小说家却与文学创作分道扬镳，后来竟写起了杂文，恐怕也有些不得已而为之，不全是言为

---

① 瞿秋白：《赤都心史·引言》（1923 年），见《瞿秋白文集（文学编）》第 1 卷，115 页，北京，人民文学出版社，1985。

心声。我的感觉，鲁迅从创作到文学史再到杂文的历程，是不是有意为之，还大可斟酌。

又如梁启超等人的"新文化运动"，据舒新城的观察，他们"也想把握着一些青年，以期造成一种新的势力"，实际也曾"鼓舞着一般青年"。但"他们对于新文化之努力，不完全是由于内心苦闷所发出的呼号，而有点'因缘时会'，所以在言论上是附和的，在行为上则不大敢为先驱"。①　这个分析似不无所见。梁启超等人当然也有其"内心苦闷"，唯他们的"苦闷"或不与许多青年同调，故其努力很难搔着青年的痒处，不容易得到广大青年的呼应。

换言之，可能就是在喜怒哀乐层面，梁启超等人与年轻人产生了距离。而青年的"烦闷"是五四时的一个重要现象（并延续到五四后很长时期），是否能与青年"同心同德"，或许是对那些想要"把握"青年之人的一个重要考验。也算梁启超群体一员的张东荪曾注意到青年的"烦闷"，并指出"一部分人专为反对之言论，以扫青年之兴趣。此辈之言论虽不见于出版物，而交际场中固屡屡闻之"。②

这是否影响到他们"把握"青年的努力还需探讨，但在研究方法上是一个重要的提醒。所见、所闻和所传闻所反映的精确程度可以不同，却各有其自身的重要性。后之研究者不能不多看立言者的言说及相关出版物，同时也须尽量了解当时当地交际场中传播的言说，尽管这不得不多依靠间接的史料和史料的间接表

---

①　舒新城：《舒新城自述》，文明国编，198 页，合肥，安徽文艺出版社，2013。
②　东荪：《青年之悲观》，载《时事新报》，1921-05-05，1 张 1 版。

述。盖即使道听途说，亦不妨时有所得。如鲁迅在北伐时了解到，傅斯年"近来颇骂适之，不知何故。据流言，则胡于他先有不敬之语云（谓傅所学之名目甚多，而一无所成）"[①]。这一信息便主要靠道听途说，当日不是与胡适和傅斯年亲近的人不能知此，非细心如鲁迅者不易得出这样综合流言的观察。

另一方面，若不教亦教，则不言亦言。仍以鲁迅为例，他并非总是随顺时流，有时是否发声以及如何发声，也是有选择的。例如，很多新文化人预流的科学与人生观论战，他就没参加（此承王德威教授提示）。虽然很难确定这是有意的回避，却也不能排除。为什么鲁迅总是与（有特定走向的）时流保持某种若即若离的关联，似还可以继续探讨。尤其是五四后期（1923 年至北伐）的思想史，如果侧重鲁迅及其活动圈，展现出来的恐怕会是另一种图景。

实际上，就是那时鲁迅眼里和心里的"中国"，也和很多新文化人的认知有所不同。当时多数新文化人（及其追随者）所思考和讨论的"中国"，往往夹杂着以尚未成气候的城市为基础的想象，而鲁迅则是少数关注乡土中国的五四人。他笔下的中国，更多建立在乡村和小城镇的基础之上（也包括城市的中国，相对更少）。如果以鲁迅所见所述来再现当年的"中国"，恐怕也会是很不一样的图景。盖不仅民众表现着"另一方面的中国"，长期受到忽视的乡镇亦然。

既然未庄切葱的方式都和城里不一样，则阿 Q 在多大程度上可以代表"中国人"，恐怕是需要斟酌和界定的。而鲁迅对闰

---

① 鲁迅：《致章廷谦》（1927 年 6 月 23 日），见《鲁迅全集》第 11 卷，550 页。

土的感喟，多少表现出他对"城市化"中国的几分不满。我们时常概括性地引述鲁迅对中国和中国人的见解，却忽略了那个"中国"未必是我们心目中的"中国"。倘若把鲁迅对乡镇中国人的批判（以及不多的赞扬）看作是针对城里人的，而形成郢书燕说式的领会，这误会可不浅鲜。[①]

尽管鲁迅备受关注，他对乡土中国的瞩目并未引起多少注意，也很少影响到我们的研究。包括我自己在内的既存五四研究，有着与整体近代中国研究同样的特色，就是关注和书写的基本都是城里人的经历，而对广大的乡镇视而少见，不管那里是否有类似的活动发生。对乡镇那"另一方面的中国"的长期忽视，是我们史学从业者的责任，必须予以纠正。至少我们当让历史本身的逻辑彰显自己的力量，而不是基于我们的偏向而构建出一个充满选择性的历史。

其实傅斯年很早就注意到，中国当时不仅有严重的城乡疏离，就是"大城市的一般社会"也以"互不接触"为特征：

> 职业一有不同，生活上便生差异，思想上必不齐一。在一个大城里，异样的社会，很少社交的关系。至于联合起来，而营社会的共同生活，造出一个团结的组织，又就着这组织活动去，更是谈不到的。[②]

---

① 我自己少时多受鲁迅文字的影响，也一直准备写一篇五四与鲁迅的文章，却始终难产。因为鲁迅心细如发，为人既敞亮又有些深藏不露。他的所思所行，颇费思量。上面多次提到鲁迅，所述虽不无佐证，也不免带些猜想意味。唯关于鲁迅的既存研究甚多，若我的猜想已被他人述及，请恕我孤陋寡闻，自当以他人更有理据的论述为准。

② 傅斯年：《时代与曙光与危机》（约 1919 年），台北史语所藏傅斯年档案。

　　这一观察写出而没有发表，但认识相当深刻。傅先生之所见，既与认为中国没有"社会"、不善"组织"的众多感叹相应，却也指出了即使在那时的大城市里，各种群体之间仍以相互疏离为表征。很多既存研究都强调当时的社会转变导致不少人，特别是年轻人，开始走出封闭的家门而进入互联互动的社会，与傅斯年的观察显然不一样。

　　毋庸置疑，民初中国人的生活方式出现了带根本性的典范转移。梁漱溟在 1930 年描述说：三十年前的北京"完全是一个极静的社会，大家都静守在家里"，而"今日的人，男男女女整天在街上跑"。以前没有后来那样的学校，也没有公园、公共图书馆，"各人在各人家中求学读书，各人在家中休息玩乐，各人在家中作一切事。一切公共组织，均不发达，大家简直都不上街，妇女更不上街"。① 简言之，普通人的生活中心从家中移到了街上，出现了名副其实的"社会生活"。

　　这样一种生活方式的改变，的确可以用翻天覆地来形容。认识到并表现出这样的转变是非常必要的，但也不能忘记北京是中国的首都。尽管类似转变在少数口岸城市或更早发生，在一般的县城以及广大的乡村，这样的转变可能刚刚开始，甚或尚未开始。同时更要注意傅斯年对大城市生活的反向观察，即那些已经上街的人，可能也还生活在相对固定也狭小的圈子里。联系到当时新村运动和互助团体的一度风行（向往正提示出缺失的存在），我们是不是把人们的憧憬当成了时代的现状？

———————————

　　① 《形成民主势力的基础条件——梁漱溟昨在学术讲演会讲演》，载《新晨报》（北平），1930-08-18，1 张 3 版。

一方面，那时中国的社会已经不是孤立的，与世界各国发生了密切的联系。另一方面，城市中普通人的生活也变得不"孤立"而更社会了，一些人（如前引许德珩）因此提出生活规矩也要改变。然而究竟是生活变了，还是某些人的生活观念变了，仍需探求。能够走出家门的是哪些人？实际走出家门的又是哪些人？想要修改生活规矩的言说是针对他们，还是针对所谓芸芸之氓，更有必要辨析。那些已发生和进行中的变化固然是事实，然一味言变或显单调，若复调则当表述出对变化向往和担忧的双重现状，以及同时存在甚或更普遍的不变一面。

城乡疏离更是非常重要的背景。四民社会的解体导致了生活本身及生活观念的变化，却也有一个不短的过程。走出家庭的喧哗正发生于五四时期，如果广大乡村的芸芸之氓较少被五四触动，则五四的划时代影响就要打个折扣。反过来，我们也不能因为影响没有这么广泛，就小视五四对时代的影响。毕竟中国一向是个"分工"的社会，与朝廷"相忘于江湖"的芸芸之氓，一直尊重和承认读书人的引导作用。而生活观念最先变化的，正是后者。

我们若真以"民史"为目标，就要以"见之于行事"的方式更多展现民众的生活。如顾颉刚所说，"民众的东西，一向为士大夫阶级所压伏，所以不去寻时，是'无踪无影'"；但若有心搜求，所得便可能"无穷无尽"。[1] 民众的生活展现出来了，总欲化民成俗的士大夫与他们的互动，包括当时和后来是否"压伏"

---

[1] 顾颉刚：《孟姜女故事研究集自叙》，载《民俗》，第 1 期，1928-03-21，15～16 页。

他们，怎样"压伏"他们，也就昭然若揭了。

民众如此，乡镇亦然。具体到广狭两义的五四，在某种程度上，县城以下的运动可能更多是我们所说的爱国主义运动，而较大城市里的或更偏于趋新的文化运动。具体是否如此，尚待有心的搜求和表现。我们不必非在小镇乡村中去寻找"运动"的痕迹不可，只要展现他们的日常生活，运动与否、运动多少与怎样运动，自然会浮现出来，不求而自得。

对五四本身及其在历史上的意义，我们的认识和理解可能还要经历一个很长的过程。复调的五四需要复调的研究，以及复调的表述。述史如史，文如其事。应当让读者看到一个复调的五四——史事本身是丰富的，写出的故事就不必太简约；对一个激情四射的年代，研究者自己可以冷静处之，但表述出的五四却不妨显得更感性。我们展现出的五四越有现场感，或许就越接近那个捉摸不定的历史真相。

第三章　文学革命的社会功能与社会反响

如果从广义言五四新文化运动，其开端就是当年影响甚广的文学革命。关于文学革命，学界已有的研究不可谓不多，但以当事人胡适晚年的看法，文学革命"这一运动常时被人误解了"。周作人则更早就指出：对民国初年的文学革命，"世上许多褒贬都不免有点误解"。① 他们所说的误解，到今天仍不同程度地存在。一般对文学革命的成功一面，似乎都有偏高的评估②，却又不怎么言及其真正划时代的长远结果——全民改用白话文。

胡适早年曾说：文学革命"所以当得起'革命'二字，正因为这是一种有意的主张，是一种人力的促进。《新青年》的贡献只在他在那缓步徐行的文学演进的历程上，猛力加上了一鞭。这一鞭就把人们的眼珠子打出火来了。从前他们可以不睬《水浒

---

① ［美］唐德刚译注：《胡适口述自传》，137 页，上海，华东师范大学出版社，1993；周作人：《论八股文》，见《看云集》，82 页，长沙，岳麓书社，1988。

② 参见罗志田：《林纾的认同危机与民初的新旧之争》，载《历史研究》，1995（5）。

传》，可以不睬《红楼梦》；现在他们可不能不睬《新青年》了"①。这更多是从立说者一面看问题。在接收者的一面，立说者的鞭子打得再猛，他们也不见得就要理睬。为什么胡适、陈独秀一提倡，举国就能和之？

据陈独秀当时的解释，这是由于"中国近来产业发达人口集中，白话文完全是应这个需要而发生而存在的。适之等若在三十年前提倡白话文，只需章行严一篇文章便驳得烟消灰灭"②。这一说法是否正确且不论，但至少提示了一个从接收者一面考察以认识文学革命的重要路径。

《新青年》已使人"不能不睬"这个历史事实，提示着世风的明显转移。而世风的转移，又与清季废除科举以后的社会变化，特别是读书人上升性社会变动的大调整有关。这一社会变动与思想发展的互动关系，是理解文学革命和新文化运动的一个重要途径。反之，对文学革命这一层面的了解，也能增进我们对近代中国社会变动与思想发展互动关系的认识。全面考察文学革命的社会功能与社会反响，非一篇短文所能为，本章仅试从思想史的社会视角入手，对当时的立说者和接收者进行简单考察分析，希望能对这一运动有深入一步的理解。

一、引言：《新青年》的沟通作用

文学革命在立说者这一面，正如胡适后来总结的，就是要把

---

① 胡适：《白话文学史》上卷，"引子"，7页，上海，新月书店，1928。
② 陈独秀：《答适之》（1923年12月），见任建树主编：《陈独秀著作选编》第3卷，168～169页，上海，上海人民出版社，2009。

"大众所酷好的小说，升高到它们在中国活文学上应有的地位"①。用余英时师的话说，就是要"把通俗文化提升到和上层文化同等的地位上来"②。而在接收者一面，小说的地位升高，看小说的"大众"（大众中的多数人，那时恐怕不看小说）的地位当然也跟着升高。文学革命无疑给看新小说的边缘读书人提供了方向和出路。当他们从茫然走向自觉时，也必定要想发挥更大更主动的作用。而立说、接受双方的共同点，是表达或适应了近代以来边缘向中心挑战的大趋势。

余英时师已注意到，文学革命以至新文化运动的迅速成功，与胡适和陈独秀这两个安徽老白话作家的配合是分不开的。盖"胡适对中西学术思想的大关键处，所见较陈独秀为亲切"；而陈则"观察力敏锐，很快地便把捉到了中国现代化的重点所在"，故能提出"民主"与"科学"的口号。两人在态度的激进与稳重上，也颇能互补。胡适原本预想白话文运动"总得有二十五至三十年的长期斗争"才能成功，所以出语较为平和，在发表其主张时，不说文学革命而说是什么"文学改良刍议"；而陈独秀则有"必不容反对者有讨论之余地"的气概，明言要进行文学革命。③

胡适自己稍后也说，"当日若没有陈独秀'必不容反对者有讨论之余地'的精神，文学革命的运动决不能引起那样大的注意"④。不过这主要是指立言的态度，真要说到对文学的态度，

---

① ［美］唐德刚译注：《胡适口述自传》，229 页。

② 余英时：《中国近代思想史上的胡适》，见胡颂平编著：《胡适之先生年谱长编初稿》第 1 册，"序"，24 页，台北，联经出版公司，1990，校订版。

③ 余英时：《中国近代思想史上的胡适》，见胡颂平编著：《胡适之先生年谱长编初稿》第 1 册，"序"，13～14 页；［美］唐德刚译注：《胡适口述自传》，149、164 页。

④ 胡适：《五十年来中国之文学》（1922 年），见《胡适全集》第 2 卷，332 页，合肥，安徽教育出版社，2013，重印。

胡适开始远比陈独秀更激烈。我们若回向原典看看原初的具体主张，胡适提出的八条主张几乎全是否定①，而陈提出的"三大主义"②，还一一都有推倒和建设两面。所以陈虽有不允对方反驳的气概，其实际主张仍是破坏与建设并列。胡适自称他回国以后，"在各处演说文学革命，便把这'八不主义'都改作了肯定的口气"，化为四条"一半消极，一半积极"的新主张，而成为"建设的文学革命"。③ 故胡适在口号上和具体主张上，恐怕都受了陈独秀的影响。两人的协作，可以说是文学革命的天作之合。

　　胡陈合作的意义远不限于文学革命的提出，从思想史的社会视角去考察立说者与接收者的关系，两人的合作更意味着留美学生与国内思想言说（discourse）的衔接。民初的中国，不仅存在知识精英与一般平民疏离的现象，还有自晚清以来西洋留学生与国内思想言说的疏离。梁启超在《清代学术概论》中说："晚清西洋思想之运动，最大不幸者一事焉，盖西洋留学生殆全体未尝

----

　　① 这八条是："一曰须言之有物。二曰不摹仿古人。三曰须讲求文法。四曰不作无病之呻吟。五曰务去烂调套语。六曰不用典。七曰不讲对仗。八曰不避俗字俗语。"严格说有两条可以算是正面的建议，而有六条"说不"。但胡适在次年就把第一条改为"不做'言之无物'的文字"，把第三条改为"不做不合文法的文字"（列第六），明言"这是我的'八不主义'，是单从消极的，破坏的一方面着想的"。他后来的记忆也说自己"当时提出了八不主义，就是《文学改良刍议》"。引自胡适：《文学改良刍议》（1917 年），见《胡适全集》第 1 卷，4 页；《建设的文学革命论——国语的文学，文学的国语》（1918 年），见《胡适全集》第 1 卷，52～68 页；《陈独秀与文学革命》（1932 年 10 月），见《胡适全集》第 12 卷，228 页。

　　② 这三大主义是："曰，推倒雕琢的阿谀的贵族文学，建设平易的抒情的国民文学；曰，推倒陈腐的铺张的古典文学，建设新鲜的立诚的写实文学；曰，推倒迂晦的艰涩的山林文学，建设明了的通俗的社会文学。"引自陈独秀：《文学革命论》（1917 年），见《陈独秀著作选编》第 1 卷，289 页。

　　③ 胡适：《建设的文学革命论——国语的文学，文学的国语》（1918 年），见《胡适全集》第 1 卷，53～54 页。

参加于此运动；运动之原动力及其中坚，乃在不通西洋语言文字之人。"由此生出种种弊端，"故运动垂二十年，卒不能得一坚实之基础，旋起旋落，为社会所轻"。从这一点看，过去的西洋留学生，"深有负于国家也"。①

胡适其实早就认识到梁所指出的弊病，也知道要"输入新知识，为祖国造一新文明，非多著书多译书多出报不可"。但留美学生中许多人"国学无根底，不能著译书"。在胡适看来，这就是中国"晚近思想革命、政治革命，其主动力多出于东洋留学生"的根本原因。东洋留学生的学问并不见得高于西洋留学生，就西学言肯定还要差许多，但东洋留学生都能"著书立说"，所以有影响；而不能"著书立说"的西洋留学生，在中国这些思想政治运动中，就只能"寂然无闻"了。②

梁启超所说，当然更多是晚清的现象。入民国后，西洋留学生对推广西学的参与，显然比以前增多。问题在于，像胡适这样有意想要参与的西洋留学生，也常觉参与无由。他曾深有感慨地指出："美留学界之大病在于无有国文杂志，不能出所学以饷国人。"③ 其实杂志不是完全没有，但印数少而流传不广。胡适与朋友们的讨论，即使发表在《留美学生月报》（*Chinese Students' Monthly*）上，也只有留学生自己看。

这样，就算有参与的愿望和行动，也多是自说自话，不仅不

① 梁启超：《清代学术概论》，朱维铮导读，98 页，上海古籍出版社，1998。

② 胡适：《非留学篇》（1914 年），见周质平主编：《胡适早年文存》，356～363 页，台北，远流出版公司，1995。

③ 胡适：《胡适日记全编》第 1 册，曹伯言整理，1914 年 6 月 29 日，307 页，合肥，安徽教育出版社，2001。

能像黄远庸所说的"与一般之人生出交涉"①，就是与国内的知识精英，也没有多少沟通。从这个角度言，陈独秀办的《新青年》，无意中起到了使胡适和其他学生"能出所学以饷国人"的作用，从而改变了留美学生自说自话的状态，从此留美学生就成了中国思想言说中的一支生力军。新文化运动时胡陈合作的一个重要社会意义，正在于此。

胡适的《文学改良刍议》就是在《新青年》上发表后颇得"轰动效应"，于是一举成名。对国内的人来说，文学革命的口号应是陈独秀提出的，但陈既然将胡适许为文学革命"首举义旗之急先锋"，许多人也认同这一观念。在胡适归国前，南社的柳亚子在给杨杏佛的信中，已说胡适"创文学革命"。② 这个认知出自不太喜欢胡适的人，可知他在国内已是声名远播了。但胡适同时一稿两投，也将文章刊登在《留美学生季报》上，却几乎无人理睬。这最能说明接收一面对文学革命兴衰的重要。

当然，西洋留学生与国内思想言说的疏离并未完全弥合。到1926年，留美学者汤茂如仍在说："中国的学者有一种共同的遗憾，就是没有机会发表他们的所有。不识字的人，自然没有资格听他们的言论；即一般所谓智识阶级，亦不能完全明白领会。"其原因，就在"民众的知识程度太低"。结果，"学者自为学者，很难与社会交换意见"。③

这里区别于"一般智识阶级"的"中国学者"，实即留学生，

---

①　黄远庸：《释言（致甲寅杂志记者）》，载《甲寅》，1 卷 10 号，1915 年 10 月，2 页（通讯栏页）。

②　《胡适日记全编》第 2 册，1917 年 6 月所附"归国记"，612 页。

③　汤茂如：《平民教育运动的使命》，载《晨报副刊》，1927-01-25，10～11 页。

那种疏离感仍清晰可见。而更重要的，仍是西化知识精英与"没有资格"做听众的老百姓之间的疏离。这对非常认同"与一般人生出交涉"这一取向，并将其视为"中国文学革命的预言"① 的新文化诸贤来说，不能不说是一个诡论性的结局。其原因，恰蕴含在文学革命自身之中。

二、"我们"与"他们"的困扰

近代士人讲开通民智，以白话文来教育大众，早已不断有人在提倡，陈独秀和胡适都曾身与清末的白话文活动。但是，晚清和民初两次白话文运动，也有很大的区别。胡适说，前者的最大缺点是把社会分作两部分："一边是应该用白话的'他们'，一边是应该做古文古诗的'我们'。我们不妨仍旧吃肉，但他们下等社会不配吃肉，只好抛块骨头给他们吃去罢。"②

以前的人提倡白话，是为引车卖浆者流说法，是要去"启"别人的"蒙"。启蒙者自身，既然不"蒙"，自然可不用白话。所以一般的士大夫，完全可以置之不理。③ 今胡适所倡导的白话，是为士大夫自身说法，是要"启蒙"者先启自己的"蒙"，这就

---

① 胡适：《五十年来之中国文学》（1922 年），见《胡适全集》第 2 卷，309～310 页。

② 胡适：《五十年来之中国文学》（1922 年），见《胡适全集》第 2 卷，329 页。

③ 那被"启"的"蒙者"一边，自己是否承认被"蒙"，或其承认的"蒙"是怎样一种"蒙"（很可能只承认不识字而被"蒙"，却并非缺少新知识那种"蒙"），及其是否想要或愿意其"蒙"被"启"，恐怕都是要打个很大的问号的。但这个问题不是这里所能说清楚的。关于中国读书人在清末"启蒙"方面的努力，可参阅李孝悌：《清末的下层社会启蒙运动（1901—1911）》，台北，"中央研究院"近代史研究所，1992。

与以前有根本的区别了。可以作古文的士大夫自己，包括部分留学生，当然不会赞成，后者尤其反对得非常厉害。正因为如此，胡适的白话文主张在美国留学生圈内才几乎完全得不到支持。后来文学革命以及新文化运动最有力的反对者，即是留学生唱主角的《学衡》派。

余师英时以为，胡适答案中关于"我们"和"他们"的分别，"恐怕也包括了他自己早年的心理经验"。但胡适"在美国受了七年的民主洗礼之后，至少在理智的层面上已改变了'我们'士大夫轻视'他们'老百姓的传统心理"。① 余先生这里强调的"理智的层面"是一个关键。在意识层面，胡适的确想要借"国语的文学"这一建设性的革命达到整合"他们"与"我们"而熔铸中国之"全国人民"的目的；但其潜意识仍不脱"我们"的士大夫意识，他要为"国人导师"的自定位决定了他最多不过做到变轻视"他们"为重视"他们"（没有做到当然不等于不想做到）。

实际上，胡适不过是依其认知中的"一般人"的标准（实即他自定的标准）来做出判断，他那以白话文学为活文学的主张，在相当长的时间里并未得到真正的老百姓的认可。最接近"引车卖浆者流"的读者，反而在相当时期内并不十分欣赏白话文学作品（详后）。

就连新文化人中的周作人，对胡适的"活文学观"也颇有保留，并从影射攻击发展到点名批评。② 胡适的《国语文学史》出

---

① 余英时：《中国近代思想史上的胡适》，见胡颂平编著：《胡适之先生年谱长编初稿》第1册，"序"，26～27页。

② 周作人对胡适白话文学主张的批驳，当然不完全是就文学主张而论，大约与新文化人中"英美派"和"留日派"的内斗，具体说就是周氏兄弟和陈源的争战相关。此事已为多人所讨论，此不赘。

版后，周作人在 1925 年说："近年来国语文学的呼声很是热闹，就是国语文学史也曾见过两册，但国语文学到底是怎么一回事，我终于没有能够明了。"因为"国语普通又多当作白话解"，所以，"凡非白话文即非国语文学。然而一方面界限仍不能划得这样严整，照寻常说法应该算是文言的东西里边也不少好文章，有点舍不得，于是硬把他拉过来，说他本来是白话。这样一来，国语文学的界限实在弄得有点糊涂，令我觉得莫名其妙"。这里语气不像周氏通常文章那么平和，显然是在攻击胡适。周作人自己说他洗手不谈文学已两年，写这篇文章是"不得已攘臂下车"，信非虚言。[①]

周氏更进而论证说："古文作品中之缺少很有价值的东西，已是一件不可动移的事实。其理由可以有种种不同的说法，但我相信这未必是由于古文是死的，是贵族的文学。"实际上，古文"所用的字十之八九是很普通，在白话中也是常用的字面。你说他死，他实在还是活着的。……或者有人说所谓死的就是那形式——文体，但是同一形式的东西也不是没有好的；有些东西很为大家所爱，这样舍不得地爱，至于硬说他是古白话，收入（狭义的）国语文学史里去了。那么这种文体也似乎还有一口气"。这虽未点名，已明确是专门针对胡适而言了。

在文章最后，周作人用一句话"警告做白话文的朋友们"，要大家"紧防模拟"，并进一步点出了攻击胡适的主题。他说："白话文的生命是在独创，并不在他是活的或平民的。一传染上

---

① 本段及下两段，参见周作人：《国语文学谈》，见《艺术与生活》，121～129 页，上海，中华书局，1936。

模拟病，也就没了他的命了。模仿杜子美或胡适之，模仿柳子厚或徐志摩，都是一样的毛病。"① 这的确是"攘臂下车"了。到1932 年，周作人在其系列演讲《中国新文学的源流》中，仍就以上诸点正式提出不同意胡适的看法，语气反较平和，盖那时已事过境迁，与胡适的关系也改善了。②

但是，作为新文化运动主要人物之一，周作人也面临与胡适相同的"我们"与"他们"问题。在有意的层面，他也像胡适一样强调新文化人与清季人的区别，故指出：清季的"白话运动是主张知识阶级仍用古文，专以白话供给不懂古文的民众；现在的国语运动却主张国民全体都用国语"。在下意识中，周作人自己也仍有明显的"我们"与"他们"之分。他说：对于国语，一方面要"尽量的使他化为高深复杂，足以表现一切高上精微的感情与思想，作艺术学问的工具；一方面再依这个标准去教育，使最大多数的国民能够理解及运用这国语"。这意思，也就是先由"我们"来提高，再普及给"他们"。③

普及与提高孰先孰后，是文学革命发展到更具建设性的国语运动后越来越受到注意的问题。主要的趋势显然是先要普及。周作人在 1922 年观察到：那时已有人认为民初的白话文仍"过于高深复杂"。他认为，国语运动中这种专重普及的趋势看上去似乎更大众化，其实正体现了清季白话运动由精英面向大众这一取

---

① 这里说到徐志摩，提示了周作人不满的出处，显然是在继续与所谓"东吉祥胡同"诸人战。不过胡、徐二位恰都是"英美派"中与他关系较佳者，所以也的确是有点"不得已"。

② 周作人：《中国新文学的源流》，18、55～56 页，长沙，岳麓书社，1989。

③ 本段及以下两段，参见周作人：《国语改造的意见》，见《艺术与生活》，107～115 页。

向的遗绪。那种"准了现在大多数的民众智识的程度去定国语的形式的内容"的态度，恰是仍在分"我们"与"他们"的心态，以为国语也不过是"供给民众以浅近的教训与知识"。用一句二三十年前通行的话说，这很有些"形左实右"的味道。

周氏提出，国语更主要是作为"建设文化之用，当然非求完备不可"。而民初白话文的缺点，正"在于还未完善，还欠高深复杂"。要建设，就要改造，而改造的主要方向仍是提高。他说："我们决不看轻民间的言语，以为粗俗，但是言词贫弱，组织单纯，不能叙复杂的事情，抒微妙的情思，这是无可讳言的。"因此，"民间的俗语，正如明清小说的白话一样，是现代国语的资料，是其分子而非全体。现代国语须是合古今中外的分子融和而成的一种中国语"，除民间现代语外，还要"采纳古代的以及外国的分子"。

到1925年，周作人的心态仍徘徊于既想要不分而实则仍在分"我们"与"他们"之间。他说："我相信古文与白话文都是汉文的一种文章语，他们的差异大部分是文体的，文字与文法只是小部分。中国现在还有好些人以为纯用老百姓的白话可以作文，我不敢附和。我想一国里当然只应有一种国语，但可以也是应当有两种语体，一是口语，一是文章语。口语是普通说话用的，为一般人民所共喻。文章语是写文章用的，须得有相当教养的人才能了解；这当然全以口语为基本，但是用字更丰富，组织更精密，使其适于表现复杂的思想感情之用。这在一般的日用口语，是不胜任的。"不过，周氏强调，文章语要"长保其生命与活力"，其"根本的结构是跟着口语的发展而定"的。①

　　观此可知，胡适、周作人那辈新文化人，一方面非常认同于"与一般人生出交涉"的观点（这里仍有"我们"与"他们"的区别），一方面又要保留裁定什么是"活文学"或"国语文学"这个裁判的社会角色。关键是，一旦"与一般人生出交涉"成为宗旨，什么是活文学便不是胡适等所能凭一己之爱好而定，而实应由"一般人"来定。换言之，面向大众成了目标之后，听众而不是知识精英就成了裁判。在胡适等人的内心深处，大约并未将此裁判的社会角色让出。胡适关于历代活文学即新的文学形式总是先由老百姓变，然后由士人来加以改造确认，即是保留裁判角色的典型表述。

　　这就造成了文学革命诸人难以自拔的困境：既要面向大众，又不想追随大众，更要指导大众。梅光迪、任鸿隽、林纾都在不同程度上意识到了这一点。梅氏以为，如用白话，"则村农伧父皆是诗人"。任鸿隽有同感，他在给胡适的信中说，"假定足下之文学革命成功，将令吾国作诗者皆京调高腔"。② 而林纾则对"凡京津之稗贩，均可用为教授"这种潜在可能性深以为戒。③

　　在这一点上，"旧派"比"新派"更具自我完善性。传统的士大夫的社会角色本来就是一身而兼楷模与裁判的，分配给大众的社会角色是追随；追随得是否对，仍由士大夫裁定。两造的区分简明，功能清晰。但对民初的知识人——特别是有意面向大众

---

①　周作人：《国语文学谈》，见《艺术与生活》，123～124 页。

②　《胡适日记全编》第 2 册，1916 年 7 月 22 日、30 日，440、450 页。

③　林纾致蔡元培函，见高平叔编：《蔡元培全集》第 3 卷，274 页，北京，中华书局，1984。

的知识人——来说，事情就不那么简单了。所有这些士大夫的功能，现代知识人似乎都不准备放弃；但他们同时却又以面向大众为宗旨。这里面多少有些矛盾。关键在于大众如果真的"觉醒"，自己要当裁判时，知识人怎样因应。假如稗贩不再是"可用为教授"，而竟然"思出其位"，主动就要做教授，那又怎么办？林纾已虑及此，新文化人却还没来得及思考这一问题。

整个五四新文化运动期间及以后相当长一段时间里，这是努力面向大众的知识精英所面临的一个基本问题，也是新文化人中一个看上去比较统一而实则歧异甚多的问题。鲁迅似比一般新文化人要深刻，他已认识到"民众要看皇帝何在，太妃安否"，向他们讲什么现代常识，"岂非悖谬"？[1] 正如汤茂如在 1926 年所说："梁启超是一个学者，梅兰芳不过是一个戏子。然而梁启超所到的地方，只能受极少数的知识阶级的欢迎；梅兰芳所到的地方，却能受社会上一般人的欢迎。"[2] 所以鲁迅干脆主张"从智识阶级一面先行设法，民众俟将来再说"。

这里还有着更深层的因素——"文学"本是一个近代才引进的新概念，那时正发生着双重的改变。如朱维之所说："从前的小说与戏剧，不过是消闲品或娱乐品；而今却于娱乐中发扬时代的精神；以艺术为发挥思想与感情的工具，且为批评人生，指导人生的工具，其使命之重大，和从前相去更不可以道里计了。"进而言之，"从前的文字是贵族的，是知识阶级的专有物，平民不能顾问"。现在刚好反过来，大家"不重视贵族文学，而重视

---

① 鲁迅致徐炳昶（1925 年 3 月 29 日），见《鲁迅全集》第 3 卷，24～25 页，北京，人民文学出版社，1981。
② 汤茂如：《平民教育运动的使命》，载《晨报副刊》，1927-01-25，10～11 页。

平民文学了"。①

　　中国传统最重读书，对读书识字的推崇，几乎已到半神话的"敬惜字纸"程度：凡有字之纸皆具象征性的神圣地位，不能随便遗弃，须送到专门的容器中焚烧，而不是作为"资源"回收。今日已不多见的"字纸篓"，在民初是个与"故纸堆"相关联的概念，常用来指谓"落伍"②，其实也是"敬惜字纸"传统的延续，即"字纸"必须与其他废弃物有所区分。这样对文字的推崇，透露出对学问（或今人爱说的知识）的特别尊重。高本汉（Bernhard Karlgren）对此深有体会，他说，中国人"对于文字特别的敬爱"，是"西洋人所不能理会的"。这是因为，"西洋文字是由古代远方的异族借得来的"，而"中国文字是真正的一种中国精神创造力的产品"。③

　　在这样的文化传统里，当文学是文字之学甚至"经国之大业、不朽之盛事"（曹丕语）的时候，它既是"载道"的工具，也常常是读书人身心的寄托。到近代成为 literature 意义的"文学"时，其社会地位已大不相同了。以前广义的文学还可能是贵族的，同时也可以具有某种指导性的功能；当文学从广义变为近代西方那种狭义时，排除了贵族性，也扬弃了曾经的指导功能。

　　问题是，在文学从广义变为狭义的同时，它的功能却又在发

---

　　①　朱维之：《最近中国文学之变迁》，载《青年进步》，117 期，1928 年 11 月，36 页。

　　②　如许德珩就曾主张"把旧时读死书的书呆子从字纸篓里拖出来，放到民族自救的熔炉里去"。参见许德珩：《"五四运动"的回忆与感念》，载《世界学生》，1 卷 5 期，1942 年 5 月，9～10 页。

　　③　［瑞典］高本汉：《中国语与中国文》，张世禄译，84 页，上海，商务印书馆，1933。

生根本的质变。小说、戏曲一类狭义的文学，乃是过去上层读书人所不齿，或虽参与（包括创作和欣赏）却不标榜的内容；如今其功能又从消遣上升到指导，转变不可谓不大。而这类"文学"的作者和读者，又都在发生类似的从"贵族"到"平民"的转变。且此转变不仅限于"文学"层面，也表现在思想和社会层面。

胡适曾自称他的新诗像一个缠过脚又放大的妇人①，后来也多次引用这一比喻，则其对自己的文学定位，似乎也有所自觉（虽不一定方位准确）。他在推动文学"革命"的同时，潜意识中确实暗存传统的精英观念。朱维之就注意到，胡适在其《五十年来中国之文学》中，把严复、林纾、谭嗣同、梁启超、章太炎、章士钊等人的文章作为"近二十年来文学史上的中心"。其实"他所说的文学，不过是'文章'而已"，并不是"近十年来一般青年的文学观念"。②

这里"文学观念"的不同，正隐含甚至明示着代际的差别。胡适比喻中的那些"天足"女子，其实已是另一代人。很多白话文的作者，从思想到社会的认同，都更接近"平民"，并有自己的"文学观念"。他们一面追随着"贵族"，一面又对其"指导"心存疑虑。其结果，就像梁启超当年所说的"新民"——"新民云者，非新者一人，而新之者又一人也，则在吾民之各自新而已"③，既不很愿意接受"贵族"的"指导"，便只能自己指导自

---

① 胡适：《尝试集·四版自序》（1922年3月），见《胡适全集》第10卷，43～44页。
② 朱维之：《十年来之中国文学》，载《青年进步》，100期，1927年2月，209页。
③ 梁启超：《新民说》，见《饮冰室合集·专集之四》，3页，北京，中华书局，1989。

己，在游泳中学习游泳。

转变中的文学，又遇到了革命，其多重的尴尬，还不止此。所谓新"文学观念"，正像胡适等提倡"国语"，本受到外在的影响。胡适主张"国语的文学，文学的国语"，其思想资源正是欧洲文艺复兴以国语促民族国家的建立的先例。[①] 但他在具体的论证中，明显是重"白话"而轻"文言"。朱经农看出了其间的紧张，以为"'文学的国语'，对于'文言'、'白话'，应该并采兼收而不偏废"。其重要之点，"并非'白话'，亦非'文言'；须吸收文字之精华，弃却白话的糟粕，另成一种'雅俗共赏'的'活文学'"。[②]

当年意大利的方言，针对着大一统的拉丁文；而中国的"白话"和"文言"，却皆是本土的。朱经农看出胡适因新旧之争而无意中带有些"去国"的意味，故强调应把"国"置于新旧之上。当"过去是外国"时，学文言略近于学外文。这"外文"确有非我（非当下之我）的一面，也承载着某种超越特性。且其"非我"仅体现在时间上，那异己程度远非真正的外文可比。这样，以前中国人的教育，类似于从小学外文，又借助这超越的文字，克服空间和时间之方言的隔阂。如高本汉所说：在中国"这个大国里，各处地方都能彼此结合，是由于中国的文言，一种书写上的世界语，做了维系的工具"。中国历代"能保存政治上的统一，大部分也不得不归功于这种文言的统一势力"。[③]

---

① 胡适：《建设的文学革命论——国语的文学，文学的国语》（1918 年 4 月），见《胡适全集》第 1 卷，52～68 页。

② 朱经农致胡适（1918 年 6 月），附在胡适：《答朱经农》，见《胡适全集》第 1 卷，80 页。

③ ［瑞典］高本汉：《中国语与中国文》，49～50 页。

在士为四民之首时，读书人本是社会的榜样，于是通过能够运用此"超越文字"的群体，形成思想和社会的重心，以凝聚整个的民族。近代民族主义学理传入，基本在读书人中讨论，因早有书面文字的一统，中国不像欧洲那样特别需要一个独立的口语。但当一部分士人想要跨出传统论域而诉诸精英以外的追随者时，白话和国语（统一的口语）的重要性随之而增；而白话和国语的兴起，又进一步使民族主义走向下层。然从更具体的层面细看，更本土的"国语"，功效反而不如带有欧化色彩的"白话"。因前者面向大众，而后者更多针对边缘知识青年。那时颇具理想主义且真想做点什么的，是边缘知青而不是大众。换言之，新文化人想要生出交涉的"一般人"，并非一个整体。

过去研究文学革命，虽然都指出其各种不足，但一般尚承认其在推广白话文即在试图"与一般人生出交涉"方面的努力和成功。其实恰恰在这一点上，文学革命只取得了部分的成功。胡适晚年自称："在短短的数年之内，那些（白话）长、短篇小说已经被〔广大读者群〕正式接受了。"① 实际上，最接近"引车卖浆者流"的读者反而在相当时期内并不十分欣赏白话文学作品，张恨水就同样用"古文"写小说而能在新文化运动之后广泛流行，而且张氏写的恰是面向下层的通俗小说。这很能说明文学革命在白话方面的"成功"其实还应作进一步的分析。

从销售的数量言，二三十年代文言小说恐怕不在白话小说之下。美国学者林培瑞已作了很大努力去证实读文言小说的那些

---

① ［美］唐德刚译注：《胡适口述自传》，164 页。

人，就是以上海为中心的"鸳鸯蝴蝶派"早已生出交涉的"一般人"。[①] 不过，文言小说在相当时期里的风行虽然可用统计数字证明，文学革命许多人自己的确没有认识到，恐怕也不会承认，他们在"与一般人生出交涉"方面竟然成功有限。很简单，他们自己的文学作品也确实很能卖，同样是不断地再版。这就提出一个新的问题，文学革命者们到底与什么样的"一般人"生出了交涉呢？或者说，究竟是谁在读文学革命者的作品呢？

三、新文学作品的实际读者

后来的事实表明，在相当长的一段时间里，接受白话小说者只是特定的一部分人。他们中许多是从林译文言小说的读者群中转过来的，有的更成了后来的作者（如巴金）。另一些大约也基本是向往新潮流或走向"上层社会"的知识青年，如鲁迅所曾见的以带着体温的铜元来买新小说的学生。[②]

新文学作品的实际读者群，就是处于大众与精英之间的边缘读书人，主要是年轻人。前引陈独秀所说"中国近来产业发达，人口集中，白话文完全是应这个需要而发生而存在的"一段话，余师英时已用来对新文化运动的社会基础进行了简明的考察分析。[③] 若仔细观察，陈独秀所说白话文的社会背景，实际上就是

---

① Perry Link, *Mandarin Ducks and Butterflies: Popular Urban Fiction in Early Twentieth-Century China*, Berkeley, Los Angeles and London, University of California Press, 1981.

② 鲁迅：《写在〈坟〉后面》（1926 年），见《鲁迅全集》第 1 卷，285 页。

③ 余英时：《中国近代思想史上的胡适》，见胡颂平编著：《胡适之先生年谱长编初稿》第 1 册，"序"，25 页。

指谓那些向往变成精英的城镇边缘知识青年。① 以白话文运动为核心的文学革命，无疑适应了这些介于上层读书人和不识字者之间，但又想上升到精英层次的边缘读书人的需要。

像孔子一样，胡适希望能够向学的人都有走进上等社会的机会，所以他特别注重教育与社会需求的关联。他刚从美国回来时就注意到："如今中学堂毕业的人才，高又高不得，低又低不得，竟成了一种无能的游民。这都由于学校里所教的功课，和社会上的需要毫无关涉。"② 且不管胡适所说的原因是否对，他的确抓住了城市社会对此类中学生的需要有限这个关键。而高低都不合适，正是边缘知识人两难窘境的鲜明写照。

自己也从基层奋斗到上层的胡适，非常理解那种希望得到社会承认的心态。他后来说："小孩子学一种文字，是为他们长大时用的；他们若知道社会的'上等人'全瞧不起那种文字，全不用那种文字来著书立说，也不用那种文字来求功名富贵，他们决不肯去学，他们学了就永远走不进'上等'社会了！"③

所以他有意识地"告诉青年朋友们，说他们早已掌握了国语。这国语简单到不用教就可学会的程度"。因为"白话文是有文法的，但是这文法却简单、有理智而合乎逻辑；根本不受一般文法转弯抹角的限制"，完全"可以无师自通"。简言之，"学习白话文就根本不需要什么进学校拜老师的"。实际上，"我们只要

---

① 关于边缘读书人社群及其与新文化运动的关系，说详罗志田：《近代中国社会权势的转移：知识分子的边缘化与边缘知识分子的兴起》，见《权势转移：近代中国的思想、社会与学术》，216～230 页，武汉，湖北人民出版社，1999。

② 胡适：《归国杂感》，载《新青年》，4 卷 1 号，1918 年 1 月，26 页。

③ 胡适：《〈中国新文学大系·建设理论集〉导言》（1935 年 9 月），见《胡适全集》第 12 卷，271 页。

有勇气，我们就可以使用它了"。①

　　这等于就是说，一个人只要会写字并且胆子大，就能作文。这些边缘读书人在穷愁潦倒之际，忽闻有人提倡上流人也要做那白话文，恰是他们有能力与新旧上层精英在同一起跑线竞争者，一夜之间，不降丝毫自尊就可跃居"上流"，得来全不费工夫，怎么会不欢欣鼓舞而全力支持拥护！到五四学生运动后，小报小刊陡增，其作者和读者大致都是这一社会阶层的人。从社会层面看，新报刊也是就业机会，他们实际上是自己给自己创造出了"社会的需要"。白话文运动对这些人有多么要紧，而他们的支持拥护会有多么积极，都可以不言而喻了。

　　据邓广铭先生回忆，1923—1927 年他在济南的山东第一师范念书时，参加了"书报介绍社"。该团体"主要是售书，但出售的都是新文化方面的书，如北边的新潮社、北新书局、未名社，南方的创造社、光华书局出的书，我们都卖。我自己每天或隔一天利用业余时间在校门口卖书两点钟"。这就是"新文学"的读者群。邓先生自己因此"对北大特别崇拜，特别向往"，最后终于辗转考入北大念书。② 但这些趋新边缘知识青年中未能考上大学的，当大有人在，他们当然支持白话文运动。

　　胡适曾指出，外界对文学革命的一个误解，是他本人"发明了一种简单化的中国语"（a simplified Chinese language）。不过这误解其实只在"发明"二字。使中国语言"简单化"，正是文学革命的主要力量之所在。如胡适自己所说：文学革命之所以能

---

　　① ［美］唐德刚译注：《胡适口述自传》，166、163 页。
　　② 邓广铭口述，闻黎明记录：《我与胡适》，见耿云志主编：《胡适研究丛刊》第 1 辑，213 页，北京，北京大学出版社，1995。

很容易取得成功，其"最重要的因素"就是"白话文本身的简捷和易于教授"。①

胡适自己写文章，素来"抱定一个宗旨，做文字必须要叫人懂得"②，为此而改了又改，就是"要为读者着想"。胡适关怀的不只是我自己是否懂，而且是"要读者跟我的思虑走"。这样努力使自己的文章"明白清楚"的结果是"浅显"，而浅显又适应了边缘知识青年的需要。同时，与一般作者不同，他作文不是"只管自己的思想去写"，而是"处处为读者着想"。③ 这样一心一意从读者角度出发的苦心，在民初思想接收者渐居主动地位时，也给胡适带来了意想不到的正面回馈。

前已引述，胡适曾明确指出，文学革命就是要提高"大众所酷好的小说"的地位；而看小说者的地位，当然也随之升高。如今不仅读者的地位提高，作者的门槛又大幅降低，能写字者几乎人人都可以成为"作家"。这样的主张既然适应了近代社会变动产生出的这一大批边缘知识人的需要，更因为反对、支持的两边都热烈参与投入，其能够一呼百应（反对也是应）、不胫而走，就不足为奇了。

但边缘知识人虽常常代大众立言，却并不是"大众"本身。从接收者一面整体看，可以说，原有意面向"引车卖浆者流"的白话小说，只在上层精英知识人和追随他们的边缘知识青年中流

---

① ［美］唐德刚译注：《胡适口述自传》，137、154、166 页。注意胡适所说的"最重要"是数个并列，而不是通常的唯一之"最"。

② 胡适：《四十自述》（1931—1932 年），见《胡适全集》第 18 卷，71 页。

③ 胡颂平编：《胡适之先生晚年谈话录》，23、240、66 页，北京，中国友谊出版公司，1993；［美］唐德刚译：《胡适杂忆》，70 页，北京，华文出版社，1990。

传；而原被认为是为上层精英分子说法的"文言"，却在更低层但有阅读能力的大众中风行。

这个极具诡论意味的社会现象说明，胡适提出的"白话是活文学而文言是死文学"的思想观念，其实不十分站得住脚。孔子说，我欲仁而斯仁至。那些关心"皇帝太妃"也欢迎梅兰芳的"一般人"，因其本不向往新潮流，也就不怎么感受到文学革命的"冲击"，自然也就谈不上什么"反应"了。

这就揭示出，关于文学革命"成功"的认知，从新文化运动的当事人开始，就已有些迷思（myth）的成分。胡适等人在意识的一面虽然想的是大众，在无意识的一面却充满精英的关怀。文学革命实际是一场精英气十足的上层革命，故其效应也正在精英分子和想上升到精英的知识青年中间。新文化运动领路人在向着"与一般人生出交涉"这个取向发展的同时，已伏下与许多"一般人"疏离的趋向。这个现象在当时或尚隐伏，然其蛛丝马迹也已开始显露了。

第四章　希望与失望的转折：
　　五四学生运动前一年

　　1918 年 11 月，第一次世界大战以协约国战胜而结束。中国虽号称参战，其实只派出一些劳工，却因此而成了战胜国，国人颇有些喜从天降的感觉。北大文科讲师崔适当月赋诗志庆，其中一首说："重瀛西去有威风，不费餱粮不折弓，战胜居然吾国与，大勋成自段新丰。"①梁启超当时也观察到，自欧战告终"喜报传达以来，官署放假，学校放假，商店工场放假，举国人居然得自附于战胜国之末，随班逐队，欢呼万岁，彩烈兴高，熙如春酿"。②两人不约而同地使用了"居然"一词，特别能表述时人那种不战而胜的意外惊喜。

　　曾因鼓吹参战而被政敌诟骂的梁启超并不特别分享这"熙如春酿"的陶醉状态，他相当精准地指出，这一次"普天同庆的祝贺"，不过是"因为我们的敌国德意志打败仗"。③换言之，敌国

①　崔适：《协约战胜志庆诗四首》之三，载《北京大学日刊》，1918-12-05，4 版。
②　梁启超：《对德宣战回顾谈》（1918 年），见《〈饮冰室合集〉集外文》，夏晓虹辑，730 页，北京，北京大学出版社，2005。
③　梁启超：《欧战结局之教训》（1918 年），见《〈饮冰室合集〉集外文》，756 页。

被他人打败未必即中国真正战胜。但朝野放假欢庆祝贺的场面是实在的，很多人显然是真正地兴奋起来了。当时的北大学生许德珩晚年还记得那时"公理战胜强权"等口号"激动了每一个青年的心弦，以为中国就这样便宜的翻身了"。从 1918 年 11 月到 1919 年 4 月，"这一期间学生们真是兴奋得要疯狂"，而各种"名流们也勤于讲演"。[①]

胡适就是其中一位参加讲演的名流，他有着与许德珩相类的记忆。胡适说，当 1918 年 11 月 11 日"停战的电报传出之夜，全世界都发狂了，中国也传染着了一点狂热"，他自己也是那些狂热者中间的一个。[②] 然而高兴的时间不长，如许德珩所说，"大家眼巴巴地企望着巴黎和会能够给我们一个'公理战胜'，那晓得奢望的结果是失望"；绝望的后果则是众所周知的"五四"运动。[③] 在胡适看来，"正因为有了那六个月的乐观与奢望，所以那四五月间的大失望能引起有热力的反动"；学生的行动固然是因为"大家都深刻的感觉那六个月的乐观的幻灭"，但"若没有那种乐观，青年不会有信心，也决不会有'五四''六三'的壮烈运动起来"。[④]

两位北大师生共同指出了兴奋或乐观的时间大约有六个月，也同样使用了"奢望"一词来指陈那狂热甚至疯狂情绪背后的期

---

① 许德珩：《"五四"运动六十周年》，见《文史资料选辑（合订本）》第 21 册，第 61 辑，19 页，北京，中国文史出版社，1986。

② 胡适：《纪念"五四"》（1935 年 4 月 29 日），见《胡适文集》第 11 册，576 页，北京，北京大学出版社，1998。

③ 许德珩：《"五四"运动六十周年》，见《文史资料选辑（合订本）》第 21 册，第 61 辑，19 页。

④ 胡适：《纪念"五四"》，见《胡适文集》第 11 册，578 页。

盼。尽管那时一般人很少看到青年的"信心"，胡适对那一系列活动的回忆在细节上也稍有小误，但他的事后分析是有所见的：如果没有前一阶段的奢望，后一阶段的绝望和幻灭感不会那样强烈。

对北伐前的民国而言，五四运动像是一个分水岭，大致区隔了时代潮流。过去较多注重"五四"带来的变化，但"五四"前夕中国社会各界从希望到失望的急剧转折，揭示了不少影响深远的面相。当时的政治和思想走向呈现出特别明显的内外缠结、由外及内的倾向，朝野新旧共同感觉到世界新潮流排山倒海般荡激而来，"过激主义"的流行伴随着上层知识精英的激进，以会议方式解决问题的尝试最终失败，学生作为一个社群在政治生活中逐渐兴起，这些因素在不同程度上影响了后来的政治取向和政治行为，还可以进一步探索。①

下面侧重考察当时的读书人群体，拟采"见之于行事"的方式，希望如陈寅恪所云，在研求史料文本时"旁采史实人情，以为参证"②，即不仅写实，亦兼写意，在史事重建的同时，更从

---

① 追溯"五四"渊源的研究其实已经不少，各种五四运动史都涉及之，而最直接的有陈万雄的《五四新文化的源流》（北京，生活·读书·新知三联书店，1997），然对这一"近因"多点到为止，仅彭明的《五四运动史》（北京，人民出版社，1984）所述稍详（244～250页，其中还有两页是讨论威尔逊的"十四条"主张），更具体的论述似尚不多见。徐国琦关于中国与第一次世界大战关系的新著有专章讨论巴黎和会及中国人对新世界秩序的探寻，参见 Xu Guoqi, *China and the Great War: China's Pursuit of a New National Identity and Internationalzation*, Cambridge, Cambridge University Press, 2005, pp. 244-277. 卫金桂的《欧战与中国社会文化思潮变动研究》（香港，香港拓文出版社，2003）专论一战对中国思想界的影响，此书虽是据作者2001年毕业的博士论文改写，然表述风格相当独出心裁，全书与既存研究基本不发生关系，除转引史料外几乎未见引用近二三十年的论著，连列在参考书目中作者导师的相关论文也未见一引。

② 陈寅恪：《蓟丘之植植于汶篁之最简易解释》，见《金明馆丛稿二编》，262页，上海，上海古籍出版社，1980。

情绪和心态视角撷取时人关注的重点，特别是那些带有倾向性而又往往为我们既存史学言说所忽略的面相，试呈现史事神韵之一二①，期对认识后五四时期的政治走向稍作铺垫。

一、公理战胜的乐观

前引梁启超使用的"普天同庆"一语，相当传神地表述出大战结束后北京的欢庆场面。陈独秀眼中"万种欢愉"的场面是"旌旗满街，电彩照耀，鼓乐喧阗，好不热闹；东交民巷以及天安门左近，游人拥挤不堪"。② 北大学生张厚载看到"连日各方面欢呼庆祝，一片歌舞承平之声浪"，他自己"躬逢其盛"，也感到"莫大之光荣"。③ 而且这是一次民间推动、政府主导并与民间热情及时互动的庆贺活动。从 11 月 14 日起，教育部特令京中各校放假庆祝，由半天而延长到数天；中央政府本身也不落人后，在总统府开大会庆祝，并在天安门举行阅兵式。④

先是世界性的欧战协济会发起全球募捐，以解决军人和劳工的善后问题，并请中国参与。中国方面旋即由"有势力之中国士

① 金毓黻曾说，"论学首贵析理"，而论事则"需兼及情与势，情浃而势合，施之于事，无不允当矣"。见金毓黻：《静晤室日记》第 1 册，1920 年 3 月 18 日，11 页，沈阳，辽沈书社，1993。

② 陈独秀：《克林德碑》（1918 年），见任建树等编：《陈独秀著作选》第 1 卷，409 页，上海，上海人民出版社，1993。

③ 飂子：《最近北京剧界之乐观》，载《晨报》，1918-12-01，7 版。

④ 《连日庆祝战捷之盛况》，载《晨报》，1918-12-01，3 版。庆贺当然不止在北京，如"开封举行庆祝世界和平大会，参加的学生兵士有三千多人"，会场上不乏"重见青天，载歌载舞；奠世界和平于万年"一类非常乐观的祝词。参见张朋园等：《郭廷以先生访问纪录》，83 页，台北，"中央研究院"近代史研究所，1987。

夫"组成欧战协济会中国委员会，以协和医学校的顾林（Roger S. Greene，中文名又作顾临）为会长。其《劝捐缘起》说，中国"对于欧战，迄未能大有为力之处"，而此等捐助与派兵派工人等相类，"均足使外邦视中国民族，同起敬爱之心；且于和会时讨论关于中国所有利益问题，亦足以增加其民族代表之尊严"。故不仅乐善好施所当为，"中国为自谋起见，亦应慷慨输将"，对此捐助"倍加尽力"。①

在顾林和基督教青年会步济时（John S. Burgess）的具体推动下，北京学界定于 11 月 14 日（星期四）下午举行游街大会，"以助欧战协济会庆典"。这一本是捐款的行为实际变成中国方面庆祝战胜的一项活动，得到教育部大力支持，教育总长特允各公立学校放假半天以参加游街会，并在天安门附近搭建一高台，供检阅和演讲之用。而北大主动将放假时间延长为一整天，要求学生与会时"一律身著乙种礼服（袍子马褂），以示整齐"。②

由于会议效果出乎意料的好，北大决定延长停课，"要求教育部把此临时讲台，借给北大师生，继续演讲"两天。故 15 和 16 日两天，北大在天安门外单独举行了演讲大会。校长蔡元培两日均有演讲，而文理科学长等教授也都有演讲。据胡适的回忆，"演讲时间，每人限以五分钟；其实，每人亦只能讲五分钟，因为彼时风吹剧烈，不到五分钟，讲员的喉咙，已发哑声，虽欲继续，亦无能为力了"。由于演讲"大受听者欢迎"，北大进而决定利用政府和教育部当月 28—30 日举行庆典的机会，再次停课

---

① 《欧战协济会劝捐缘起》，收入《本校极力赞助之欧战协济会》，载《北京大学日刊》，1918-11-12，2～3 版。

② 参见《顾、步二君致校长函·为欧战协济会事》，载《北京大学日刊》，1918-11-13，4 版；《本校布告》，载《北京大学日刊》，1918-11-13，1 版。

三天，参加中央公园举行第二次演讲大会，各科教职员和学生均可加入演讲。①

中央政府定于 11 月 28 日在总统府举行欧战胜利庆典，并在天安门行阅兵式。教育部大概也感觉前次游街大会效果甚佳，故决定各校派学生 200 人参与 28 日的庆典，而全体学生都参加 30 日的提灯大会。据说参加庆典游行的学校有 60 余所，至少上万人，是历来"得未曾有之盛况"。总统徐世昌马车入天安门时，围观之"商民及各校学生鼓掌欢呼，声如雷动"。28 日晚中央公园所开演讲大会，"环绕会场者何止万人"，由众议院议长王揖唐主持，总统府秘书长吴笈孙代表徐世昌演说，总理钱能训和参战督办段祺瑞等要人也都有演说，尤其后者"引人奋发欢呼"到"其势若狂，此殆从来所仅见之景象"。②

北大对此活动的具体规定颇有意思：凡因参与阅兵式和提灯大会之筹备、演习者，缺课均"不记旷课"；而不参与提灯会演习者，则反"以旷课论"。③ 这类稍显反常的规定，与一再停课

---

　　① 胡适：《五四运动纪念》(1928 年 5 月 4 日)，见《胡适文集》第 12 册，724 ～725 页；《本校将举行第二次演讲大会》，载《北京大学日刊》，1918-11-27，2～3 版；《本校特别启事》，载《北京大学日刊》，1918-11-27，1 版。

　　② 按：参加人数各说不一，《晨报》说约万人，《大公报》说约三万人，还有说达五六万人者。见《北京学界游行会志盛》，载《大公报》，1918-11-15，1 张；《庆贺协约国战胜大会参观记》，载《大公报》，1918-11-30，1 张；《中央公园之国民庆祝大会》，载《大公报》，1918-11-30，1 张；《连日庆祝战捷之盛况》，载《晨报》，1918-12-01，3 版。

　　③ 《未来之庆贺协商国战胜大会》，载《北京大学日刊》，1918-11-22，3～4 版；《本校布告》(数件)，载《北京大学日刊》，1918-11-27，1 版。而且，北大对学生缺席以"连坐"方式惩戒之，即并不点名，"仅记何班是否全到。苟有规避不到者，请本班同学自检举之，然后施以相当之惩戒"。参见蔡元培：《对北大学生全体参与庆祝协商战胜提灯会之说明》(1918 年 11 月)，见高平叔编：《蔡元培全集》第 3 卷，224 页，北京，中华书局，1984。

的举措，既体现出学界对"战胜"的兴奋和热情，也显露出因好消息来得突然而有些不知所措，甚或反映出某种因过去"参战"不力而急于对世界局势做出更多贡献的弥补心态。① 积极参加庆贺的李大钊便在反思"学界举行提灯，政界举行祝典"的活动，多少有些"强颜取媚：拿人家的欢笑当自己的欢笑；把人家的光荣做自己的光荣"。② 而陈独秀则明言不欲参加活动，因为他"觉得此次协约战胜德国，我中国毫未尽力，不便厚着脸来参与这庆祝盛典"。③

但多数人显然是喜出望外的，11 月中下旬的北京已近严冬，在凛冽的寒风中站立高台之上，又没有今日的音响设备，还要让尽量多的听众实有所闻，的确会在短时间内就声嘶力竭。以每人五分钟的时间而能连续两次演讲数天，参与者的踊跃可以想象。如果胡适的回忆不错，当时蔡元培"兴致最高"，他"最热心，也最乐观"，正是他"向教育部借了天安门的露天讲台，约我们一班教授做了一天的对民众的'演说大会'"，体现出这些知识精英"政治兴趣的爆发"。④

蔡氏为演讲定调说："我们为什么开这个演说大会？因为大

① 中国朝野稍早对于是否"参战"曾有较大的争议，那固然受国内政争的影响，但也表现出一种相对隔膜的心态；今日表述为"世界大战"的这一战事，在当年基本是以"欧战"出之，显然更多视为"他人之事"。在这段时间中，一些人已开始用"世界大战"来取代"欧战"。在某种程度上或可以说，这次"战胜居然吾国与"拉近了中国与"世界"事务的距离。

② 李大钊：《Bolshevism 的胜利》(1918 年 12 月)，见中国李大钊研究会编注：《李大钊文集》第 2 卷，241 页，北京，人民出版社，1999。

③ 陈独秀：《克林德碑》(1918 年)，见《陈独秀著作选》第 1 卷，409 页。

④ 本段与下段，参见胡适：《纪念"五四"》，见《胡适文集》第 11 册，576～578 页。

学职员的责任并不是专教几个学生，更要设法给人人都受一点大学的教育，在外国叫作平民大学。这一回的演说会，就是我国平民大学的起点！"① 胡适注意到，"这是他第一次借机会把北京大学的使命扩大到研究学术的范围以外"；从此"北京大学就走上了干涉政治的路子，蔡先生带着我们都不能脱离政治的努力了"。

两周后蔡元培以校长身份解释北大何以用"连坐"方式惩戒缺席提灯会的学生时说：人是群性动物，不能孤立生存。像学校这样的小群，"不能外于较大之群之国家，尤不能外于最大之群之世界。世界之休戚，国家之休戚随之。国家之休戚，学校之休戚随之。学校之休戚，学生之休戚随之"。校外活动"无形之训练"，比三天的校内课程更重要，可使参与者"得以放开世界眼光，促起国家观念"。② 这与那个一再强调大学仅是研究高深学术机关的蔡元培，显然有不小的差异。

北大校长这样公开号召学生走出校园，和国家、世界休戚与共，对后来的事态发展应有不小的推动。当时这些知识精英已相当激进，用北伐后流行的话就是"左倾"。在 11 月 16 日的演讲中，蔡元培提出"劳工神圣"的口号，并宣布："此后的世界，全是劳工的世界呵！"③ 约两周后，李大钊在中央公园的演讲中重申"今后的世界，变成劳工的世界"；他希望顺应世界潮流，

---

① 蔡元培：《黑暗与光明的消长》（1918 年 11 月），见《蔡元培全集》第 3 卷，215 页。

② 蔡元培：《对北大学生全体参与庆祝协商战胜提灯会之说明》，见《蔡元培全集》第 3 卷，223～224 页。

③ 蔡元培：《劳工神圣》（1918 年 11 月），见《蔡元培全集》第 3 卷，219 页。

"使一切人人变成工人"。①

　　当然，在庆祝"战胜"时劳工地位的提升与中国参战者唯劳工这一事实直接相关，连康有为那时也说，"吾国参战之功，惟工人最大；则我国所争议约之事，应以保护华工为最大事"。②但"劳工神圣"出自蔡元培之口，仍有极大的象征意义和影响力。③如胡适所说，"那'普天同庆'的乐观是有感动人的热力与传染性的。这种乐观是民国八年以后中国忽然呈现生气的一个根苗，而蔡先生就是散布那根苗的伟大领袖"。④

　　胡适后来说，"这样热烈的庆祝协约国的胜利"，不一定意味着"我们真相信'公理战胜强权'"。其实"我们大家都不满意于国内的政治和国际的现状，都渴望起一种变化，都渴望有一个推动现状的机会"。大战结局似为"一个世界大变局的起点"，我们"也想抓住它作为推动中国社会政治的起点"。这样的分析或不免稍过理性，而低估了时人那种由衷的欢欣鼓舞；但他反复说出的"渴望"却很能代表时人的感觉，毕竟他们"不免都受了威尔逊

---

　　① 李大钊：《庶民的胜利》（1918 年 11 月），载《北京大学日刊》，1918-12-06，4～5 版。

　　② 康有为致陆徵祥书，见《康南海最近之言论》，载《晨报》，1919-01-09，3 版。按：李永昌已指出"劳工神圣"口号与中国参战之劳工的关联，参见氏著：《觉醒前的狂热——论"公理战胜"和"劳工神圣"两个口号》，载《近代史研究》，1996（4）。

　　③ 许德珩便很记得"蔡元培校长也在天安门前广场搭起台来，讲演'劳工神圣'"。见许德珩：《五四回忆》，中国社会科学院近代史研究所《近代史资料》编译室主编：《五四运动回忆录》，20～21 页，北京，知识产权出版社，2013。不过，许德珩在大体相同的回忆文章中又说是"蔡元培在中央公园搭起台来，讲演'劳工神圣'"。参见许德珩：《"五四"运动六十周年》，见《文史资料选辑（合订本）》第 21 册，第 61 辑，19 页。

　　④ 本段与下段，参见胡适：《纪念"五四"》，见《胡适文集》第 11 册，576～578 页。

大总统的'十四原则'的麻醉，也都期望这个新世界可以使民主政治过平安日子"。

乐观、兴奋甚至反常后面隐伏着对未来的无限希望，对多数人而言，"新世界"不仅指国外，他们也期待着国内局势随之好转。这些愿望表现在当时一系列的"新"名称之上，如新生命、新时代、新纪元等，具体说得最多的可能是新潮流，总起来当然就是"新希望"。

二、新纪元和新潮流

"渴望起一种变化"的心情对近代中国士人来说可能太熟悉了，而世界大战的确提示了这样的可能性。严复早在 1915 年就预言说，"欧战告终之后，不但列国之局，将大变更；乃至哲学、政法、理财、国际、宗教、教育，皆将大受影响"。[①] 到战争真要结束时，类似的见解已相当普遍了。张东荪即说，"欧战将了，世界潮流一新，吾国之地位，亦渐由不确定而入于确定，是世界易一新生命，吾民族亦必易一新生命"。不过他审慎地表明，所谓"新生命"不过进化之一变相，并不"含可喜之意于其中"。[②]

同样持审慎态度的还有《晨报》社，该报以为，1918 年可能是民国"开国以来最不祥之年"，其间"外忧内患，更起迭乘"，几无一事"足以稍慰吾人之希望"，但转折也已出现："世界大战既终，国内争斗亦息，平和之声，弥漫大地。由此而新思

---

① 严复：《与熊纯如书》（1915 年 3 月 4 日），见王栻主编：《严复集》第 3 册，619 页，北京，中华书局，1986。

② 张东荪：《新生命（一）》，载《时事新报》，1918-11-07，1 张 2 版。

想、新潮流、新团体、新事业风起云涌，气象万千；在世界开一新纪元，在吾国辟一新生命。果能顺应时变，力图自新，则起死回生之机，又未必不在今日。"当然，这么多的"新"不能是表面刷新而内容不变，更须防止"以新名目以行旧罪恶，以新手段达旧目的"，故"吾人之新希望"是"一洗从来旧染，实行表里革新"。[1]

"新希望"的基础何在？《晨报》的梁秋水可能代表了很多人的想法，他说，"世界大战告终，和平会议开幕"，从欧洲到远东的"一切国际问题，胥将由此会议而解决之"。美国总统威尔逊提出了国际平等、各民族自主等正大光明之宣言，"际兹千载一时，世界无论何种民族，皆得表示其民族之希望；我中华民族，抑何独不然。故吾人对于此空前绝后之和平会议，自不能不有相当希望"。他期待着"从此将入国际历史之新时代"。[2] 与胡适等人一样，梁氏的希望与威尔逊相关联。

这一"新时代"显然更多是外在的或外来的，至少是时人所谓"世界"的。梁启超提出，"互助之精神，将为世界之新精神，世界文化，将由此辟一新纪元"，且这是一种与前不同的新互助，"非为私利，非为权力，而为自由平等博爱之协约与联合，为爱和平重公理之民族之协约与联合，诚人类互助之一大进化也"。[3] 很多人从德国武力主义的失败看到中国国内和平的可能（详后），

---

[1] 《送岁词》，载《晨报》，1918-12-31，2 版；《祝新》，载《晨报》，1919-01-05，2 版。

[2] 梁秋水：《庚子赔款问题（我国民对于和平会议希望之一）》，载《晨报》，1918-12-01，2 版。

[3] 梁启超：《在协约国民协会之演说词》（1918 年），见《〈饮冰室合集〉集外文》，799 页。

还有不少人从新纪元中看到了世界"大同"的希望。

蔡元培前述演讲中证明黑暗与光明消长的一个例子就是"种族偏见消灭，大同主义发展"。协约国一方为战争尽力的包括各色人种，因"义务平等，所以权利也渐渐平等"，而"美总统所提出的民族自决主义"已占胜利，最体现"大同主义发展的机会"。① 与"大同"最接近的，即是拟议中的"国际大同盟"。梁启超"信其必为二十世纪中最有光荣之产物"②，盖其"足以抑止强大国对于弱小国之政治的野心"，中国"自应表示赞成"并促成之，以"托于大国家团体之下，保其地位，图其发达，以求效用于人类社会也"。③ 他特别指出，国际大同盟既是"目前最有价值之新问题，而亦多年最有兴味之宿题"。④

"宿题"一词带出了与往昔的关联，梁启超说，"我国人向来不认国家为人类最高团体，而谓必须有更高级之团体焉，为一切国家所宗主，是即所谓天下也"。故中国思想中所谓政治，"非以一国之安宁幸福为究竟目的，而实以人类全体之安宁幸福为究竟目的。此种广博的世界主义，实我数千年来政治论之中坚"。他乐观地指出："论文明之极致，必以我国古代所谓大同主义为究竟。一切历史，无非向此极修远崇高之前路，节节进行。"欧战证明，"以武力消灭群小，使成一大"的手段已最后失败；则大同之实现，只能"以民约的精神扩而大之，使各国由联合而渐成

---

① 蔡元培：《黑暗与光明的消长》，见《蔡元培全集》第 3 卷，218 页。
② 梁启超：《为请求列席平和会议敬告我友邦》（1918 年），见《〈饮冰室合集〉集外文》，725 页。
③ 梁启超：《欧战议和之感想》（1918 年），见《〈饮冰室合集〉集外文》，728 页。
④ 梁启超：《国际同盟与中国》（1918 年），见《〈饮冰室合集〉集外文》，742 页。

为化合"。所以，梁氏对"大同"的新解即是"人类全体大结合
共同活动"。①

这样理解"大同"或更多是所谓"现代诠释"，他的老师康
有为未必同意。但康氏那时也从国际大同盟看到了实现"大同"
之可能，他兴奋地说："此次议和，外之为地球大同之渐，内之
为中国自由之机，天下古今大事，未有比于此次和议者也。吾昔
二十七岁著《大同书》，期世界之大同，三十余年矣。不意今美
总统威尔逊倡国际大会，欲令各国平等自由，以致天下太平，竟
见实行之一日，欢喜距跃，不能言状。"②

康有为指出，"孔子立太平大同之义，轻于言治国，而重于
言天下"。他以公羊三世说解释国际关系进程说，"内其国而外诸
夏"的乱世讲究"国家学"，即"以己国为亲而视异国为仇，故
日争夺异国之权利而杀刈异国之人民"。若欧美通过"国际联盟
以求列国之和平"，则是"内诸夏而外夷狄"的升平世，然其对
"教化未立"的野蛮小国，仍"不能一视同仁而欺凌之"。只有
"今美总统威尔逊发国际同盟之议，求世界之和平，令天下各国，
无大无小，平等自由；此真太平之实事，大同之始基"。这才是
没有夷狄、天下内外大小若一的太平世。他乐观地推测此"国际
大会必成，而世界永久和平，可望至矣"。③

但康氏的乐观是有保留的，他区分升平世和太平世的一个重

---

① 梁启超：《国际同盟与中国》，见《〈饮冰室合集〉集外文》，743～744 页。

② 本段与下两段参见康有为致陆徵祥书，见《康南海最近之言论》，载《晨报》，1919-01-09，3 版；《康南海最近之言论（二）》，载《晨报》，1919-01-12，6 版。

③ 按：康氏口中的"国际联盟"当为一般所说的"协约国"，而其所谓"国际同盟"才是另一些人所说的"国际联盟"。

要标准在于是否存在"夷狄"：凡因教化、政制等因素视他人（the other）为"夷狄"者，仍只是升平世而非太平世。故若"一国交涉之中有不能平等自由者，则必含愤蓄谋，以求必至于平等自由；若不得至，则不惮磨刀枕戈，以求其必至。若是，则和平裂矣"。其具体所指，即"欲救天下百国，先宜救吾中国"。原因很简单："中国受列强侵凌，其不平等自由，盖亦甚矣！吾国人之深怒大愤，盖亦久矣！"若"吾国中有一事不平等自由者，则国际永久之和平必不得成"。

在这一点上李大钊和康有为观念接近，他认为，"今日的Democracy，不仅是一个国家的组织，乃是世界的组织。这Democracy不是仅在人类生活史中一个点，乃是一步一步的向世界大同进行的一个全路程"。且"现在全世界的生活关系，已经是脉络相通"：从前是德国的军国主义影响世界民主政治，今后亚洲若有一国行军国主义，"中国的民主政治，总不安宁"；反之，"我们的政局若是长此扰乱，世界各国都受影响"。[①]

因此，拥护民主政治的人，不能只管自己国内的事，"必要把世界作活动的舞台，把自国的Democracy作世界的Democracy一部分去活动，才能有成功的希望"。他相信国际大同盟可以"蜕化而成"将来的世界联邦，具体即各国各洲先逐步改组成联邦，再进一步"合世界人类组织一个人类的联合，把种界国界完全打破。这就是我们人类全体所馨香祷祝的世界大同！"只有"把那受屈枉的个性都解放了，把那逞强的势力都摧除了，把那

---

① 本段与下段，参见李大钊：《〈国体与青年〉跋》（1918 年 12 月）、《联治主义与世界组织》（1919 年 2 月），见《李大钊文集》第 2 卷，248、269 页。

不正当的制度都改正了，一步一步的向前奋斗，直到世界大同，才算贯彻了 Democracy 的真义"。

由小及大逐步形成"世界大同"是李大钊那段时间反复申论的主题，他也曾主张中国各阶层、各社群先组成横的联合，直至"各行各业都有联合，乃至超越国界种界而加入世界的大联合，合全世界而为一大横的联合。在此一大横的联合中，各个性都得自由，都是平等，都相爱助，就是大同的景运"。① 与此相应的新道德也趋向"大同"："这次的世界大战，是从前遗留下的一些不能适应现在新生活、新社会的旧物的总崩颓。由今以后的新生活、新社会，应是一种内容扩大的生活和社会——就是人类一体的生活，世界一家的社会。我们所要求的新道德，就是适应人类一体的生活，世界一家的社会之道德"，亦即"美化的道德、实用的道德、大同的道德、互助的道德、创造的道德"。②

其他一些人也思及"大同"，但没有康、梁、李那样乐观。陈独秀说，"现在纵然不说大同主义，不说弭兵主义，照德国战败的情形看起来，就算将来战争仍不能免，也不是军国主义军阀执政的国家能得最终胜利的了"，盖"用兵力侵略土地镇压人民的时代，已经过去了"。③ 而国民外交协会干事陈介也认为，自欧洲会议提倡国际联盟，"此后虽非世界大同，而于国家与民族

---

① 李大钊：《由纵的组织向横的组织》（1920 年 1 月），见《李大钊文集》第 3 卷，165 页。

② 李大钊：《物质变动与道德变动》（1919 年 12 月），见《李大钊文集》第 3 卷，116 页。

③ 陈独秀：《欧战后东洋民族之觉悟及要求》（1918 年 12 月），见《陈独秀著作选》第 1 卷，431 页。

之区别，已不似前此之严".① 他们的具体关注各异，也不那么乐观，但都把大同视为一个未来的目标。

至少梁启超所说的以"互助"为基础的"新纪元"是那时不少人分享的观念。李大钊就说，1919 年后的时代是"人类生活中的新纪元"，世界大战和俄、德革命的血好比一场大洪水，"洗来洗去，洗出一个新纪元来。这个新纪元带来新生活、新文明、新世界，和一九一四年以前的生活、文明、世界，大不相同，仿佛隔几世纪一样"。从前都说是优胜劣败、弱肉强食，现在"知道生物的进化，不是靠着竞争，乃是靠着互助"；今后更"晓得生产制度如能改良，国家界线如能打破，人类都得一个机会同去作工，那些种种的悲情、穷困、疾疫、争夺，自然都可以消灭".②

李大钊眼中的"人心渐渐觉醒"与"世界革命"相关，取代战争的是"生产制度起一种绝大的变动，劳工阶级要联合他们全世界的同胞，作一个合理的生产者的结合"，以罢工为武器"去打破国界，打倒全世界资本的阶级"。这"新纪元的曙光"表现为"要求人民的平和，不要皇帝，不要常备兵，不要秘密外交，要民族自决，要欧洲联邦做世界联邦的基础"。他断言："这个新纪元是世界革命的新纪元，是人类觉醒的新纪元。"对"黑暗的中国，死寂的北京"而言，这曙光就像"沉沉深夜中得一个小小的明星，照见新人生的道路"。不过李大钊虽注意到革命的流血，

---

① 《国民外交协会讲演会补志》，载《晨报》，1919-03-08，6 版。
② 本段与下段，参见李大钊：《新纪元》（1918 年 12 月），见《李大钊文集》第 2 卷，249～251 页。类似观点他至少坚持了半年，参见李大钊：《阶级竞争与互助》（1919 年 7 月），见《李大钊文集》第 2 卷，335～337 页。

他所说的"革命"基本是非暴力的"无血的社会革命"（详后）。

时人并不讳言革命，蔡元培在天安门首次演说中即提出，百多年前的"法国大革命，把国内政治上一切不平等黑暗主义都消灭了。现在世界大战争的结果，协约国占了胜利，定要把国际间一切不平等的黑暗主义都消灭了，别用光明主义来代他"。[①] 总统徐世昌也有类似的看法，他认为协约国在这次战争中付出巨大代价，"所博得者，实不外一切思想之更新"。就像"法国革命以后，而自由平等之说大兴"一样，他预料"今后欧美学术言论，恐必有振辟突进之观"。中国也要引进西方"高尚优美之言论"，以"思想界之更新"而"为国运兴隆之左券"。[②]

两位晚清的翰林都提到法国革命，而北大学生罗家伦则看到"一股浩浩荡荡的世界新潮"正由西向东，"进太平洋而来黄海、日本海"，其"一定要到远东是确切不移的"。他明言，1917年的"俄国革命就是二十世纪的世界新潮"。在此新潮冲击下，"现在的革命不是以前的革命了！以前的革命是法国式的革命，以后的革命是俄国式的革命"；"以前法国式的革命是政治革命，以后俄国式的革命是社会革命"。凡所谓"潮"都是阻挡不住的，中国迟早会被"世界的新潮卷去"。[③]

罗家伦关于西来潮流不可拒的说法不必是他自己的创造，梁启超在清末论述"中国改革之动力，非发自内而发自外"时，就说"世界之风潮，由西而东，愈接愈厉。十八九世纪所演于欧美

---

① 蔡元培：《黑暗与光明的消长》，见《蔡元培全集》第3卷，216页。
② 《总统对新闻界演说（续昨）》，载《晨报》，1918-12-02，3版。
③ 罗家伦：《今日之世界新潮》（1918年11月），见《新潮》1卷1号（1919年1月），19～23页，上海，上海书店，1986，影印本。

之壮剧，势必趋而集于亚东"。利而导之，则功成名立国家安；逆而拂之，则身败名裂国家危。① 李大钊稍后也说，德国人和日本人已经在讨论那不可阻挡的"社会革命的潮流"。这一潮流"虽然发轫于德、俄，蔓延于中欧，将来必至弥漫于世界"。西方有宪政经验的国家，对此已早作准备。但他们"不是准备逆着这个潮流去抵抗他，乃是准备顺着这个潮流去迎合他"，尝试以"无血的社会革命"来避免"有血的社会革命"。②

罗家伦和李大钊的表述很有影响力，傅斯年就曾特别赞赏朝鲜独立运动那种"非武器的革命"：由于日本不许朝鲜人家藏武器，他们"只能发宣言书，开大会；口咬日本警察"。这精神"看起来好像愚不可及"，然而只要"世界的革命未已，这精神自必续继下去"；且"顺着这世界的潮流，必得最后的胜利"。③ 在湖南的毛泽东稍后一面欢呼"世界的大潮卷得更急了！……浩浩荡荡的新思潮业已奔腾澎湃于湘江两岸了"，一面又"主张群众联合，向强权者为持续的'忠告运动'。实行'呼声革命'"和"无血革命"，以避免"张起大扰乱，行那没效果的'炸弹革命''有血革命'"。④

蔡元培先已说，"世界的大势已到这个程度，我们不能逃在这个世界以外"，只能"随大势而趋"。⑤ 类此关于世界新潮流只

---

① 梁启超：《敬告当道者》（1902年），见《饮冰室合集·文集之十一》，29页。

② 李大钊：《战后之世界潮流——有血的社会革命与无血的社会革命》（1919年2月），见《李大钊文集》第2卷，270～273页。

③ 傅斯年：《朝鲜独立运动中之新教训》（1919年），见《新潮》1卷4号（1919年4月），687～688页。

④ 毛泽东：《〈湘江评论〉创刊宣言》（1919年7月），见中共中央文献研究室、中共湖南省委《毛泽东早期文稿》编辑组编：《毛泽东早期文稿》，292～295页，长沙，湖南出版社，1990。

⑤ 蔡元培：《黑暗与光明的消长》，见《蔡元培全集》第3卷，218页。

能顺而因应、不能逆反的主张也为很多人所分享，《晨报》一位专栏作者说，"大战既终，十九世纪文明告一段落，而二十世纪文明方从兹发展。换言之，即世界由旧时代移入于新时代"。中国"果欲为适应时势之国，我国民果欲为适应时势之国民，第一须求得有方针之教育，第二须其方针无背于世界之新潮，否则惟有自归淘汰而已"。① 陈博生也认为，"自俄德革命以来，社会思潮为之一变"。他借日本人之口说：现代世界日趋民主这一"潮流行将波及东亚，大势所至，无可幸免。吾人不独顺受之，当进而欢迎之"。②

不过也有人试图抵御，陈氏稍后注意到，"近来'危险思想'四个大字，忽然大流行起来。政府天天在那儿办防堵的事情，弄得满城风雨，大有不可终日的样子"。③ 时在成都高师读书的张秀熟后来回忆说，该校保守教员就对新潮流"如临大敌"，他们"天天叫嚷洪水猛兽，教课时间也要来个政治附加，做到他们的'辞而辟之'。我班的主任教师龚煦春，给我们出了一道《新潮流之捍御策》的作文题，要我们捍御"。④ 老先生在上课时不忘"捍御"，提示着其暗中或也阅读新杂志，反从一个侧面提示出新潮流的影响力。

西来的新潮流不仅在思想方面。一方面，黄郛和梁启超等人一直从不同角度提示国人，一旦欧战结束，原来无暇东顾的列强会将注意力东移到中国，在政治、军事、经济等方面形成难以逆

---

① 以芬：《欧战杂感（六）》，载《晨报》，1918-12-23，2版。
② 渊泉（陈博生）：《警告守旧党》，载《晨报》，1919-03-30，3版。
③ 渊泉：《什么叫做危险思想?》，载《晨报》，1919-06-29，3版。
④ 张秀熟：《二声集》，409页，成都，巴蜀书社，1992。

转的实质性影响。另一方面，毕竟新潮流是西来的，一些知识精英试图溯流而上，到欧洲考察新思想；而巴黎和会对中国可说是命运攸关，很多人担忧中国被排斥于正在进行大改造的"世界"之外，欲顺应"国民外交"这一世界新潮而群趋巴黎，外交问题导致政治重心一度外移。故在列强注意力可能东移之时，不少中国人的注意力却在西移（这些内容当另文探讨）。

而新纪元所包含的一个主题，可能是时人最关注也最为后之研究者所忽视的，就是梁启超等大力提倡的弭兵。据那时进入开封二中读书的郭廷以回忆，1918 年"使我们学生很兴奋"并使"全国上下对国家前途都抱着莫大的希望"的事不止欧战告终，还有"徐世昌当了总统"。中学生们虽"不知徐世昌是何许人也，但知道他是翰林，是文人；美国总统大多是文人，现在中国文人居然也可以做总统，当然是可喜的现象"。而"文人总统当然是主张和平的，因此我们对徐世昌印象好极了"。[①] 这又一次"居然"的使用凸显出 1918 年确实有些特别，也很能表现尚武时代"文治"的不易，文治的可能与对和平的企盼是相互关联的，确曾给不少人带来希望。

三、对文治的憧憬

先是 1918 年夏，处于南北战争最前线的吴佩孚主动与对面的湘军联络，确立了局部妥协。不久吴氏更连续通电，反对段祺瑞提倡的武力统一，而赞成南北和议。在南北军事对抗之时，相

---

① 张朋园等：《郭廷以先生访问纪录》，82 页。

对少壮的北洋军人吴佩孚公开反段，其实际意义和象征意义都不小。[1] 其间的背景虽复杂，但一个重要原因是直系冯国璋的代总统任期将满，因皖系反对而继任的可能性不大，而以声望和势力最可能继任的段祺瑞又遭到直系的强力反对，也难上任。两强对峙的局面最终导致双方都可接受的北洋老文人徐世昌出任总统，开启北洋时期一个特殊的阶段。

做文治总统的困难是明显的，徐世昌先是通电推辞，在各方劝进后于 9 月 11 日通电宣布同意就任。梁启超当即上书献策，其基本建议为二：一是旗帜鲜明地宣示裁兵，以因应"今日全国人所痛心疾首者"；二是从政治到借债的外交重心应由日本转向英、美、法。他提出，"古今成大业者，在善察群众心理而利用之"，盖"群众心理，政治家之空气也，可御之而不可婴"。而此时"察国内之空气既甚要，察国外之空气尤要"。[2]

梁氏分析说，当时"南北问题，战不能战，和不能和，形势已洞若观火"。徐之通电"于此不落边际，深为得窍"。但这还不够，必须有自己的主张"以新天下之耳目，系天下之希望"。最好"勿遽谋统一全国，先谋统一北洋"，此其"下手第一要着"；只要"能统一北洋，全国之统一可立而待也"。而统一北洋的方法在"能御之而不为所御"，具体即提出裁兵。"有此倡议，则空气一变；变而后可以有所乘。"若"不设法造成一种可御之空气，

---

① 参见李品仙：《李品仙回忆录》，47～48 页，台北，中外图书出版社，1975。
② 本段与下三段，参见《梁启超致徐世昌信》，1918 年 9 月 15 日，见郭长久主编：《梁启超与饮冰室》，65～67 页，天津，天津古籍出版社，2002。按：该文由林开明点校，汤志钧复校，然仍有误，其 63～64 页有影印原文，唯画面极小而看不甚清，据以改数字，标点也略更易。薛刚的硕士论文《梁启超与五四运动》（清华大学，2005）先引用了此文。

则坐成涸鲋而已"。

在梁启超看来，对拥兵自重的军阀，要像贾谊对付汉之诸侯王的建议，只能以"权势法制"处置，不宜再加以"仁义恩厚"。只有正式提出裁兵，"堂堂旗鼓播之于天下，以慑南北群雄之气而杜其口"，然后才有调和可言。"必义正词严，示以非如此则吾不能为若辈主。阳刚之气一伸，或有所慑而就范"。且公开"宣明主义"，可"博中外之同情"，使"举国舆望增高十倍"；那些"跋扈将军，虽中或不怿，断不敢反唇相稽"。若其公然对抗，徐即不就职，彼亦难有人代。他强调，"此着实国家存亡、我公荣辱成败之绝大关键"。

且"自今夏西战场战胜后，世界形势大变"，今后外交形势，"非博英、美、法之信用，则国决无以自存"。一方面，"裁兵之举，我不倡之，欧战终后，各国必越俎为我行之，此无可逃避者也。不自动而被动，国不国矣"。另一方面，"今后财政仍非借债不办"，借债而"仍欲如一年来以东邻为外府"，也决不可行。曾任段祺瑞派内阁阁员的梁启超常被人视为亲日，但这次他显然看到了"世界形势大变"带来的新选择。

也曾提倡"尚武"的梁启超稍后公开反省说：中国人本以"爱和平，轻武力"著称，但"前清之末，鉴于他国武力之发达，亦思效之，而有练新兵之举。民国以来，益添增军队，以为非此不足以立国也"，后来发现"武力主义，终不适合中国之国情"，故"今日中国人之所渴望者，为恢复其数千年偃武修文之旧主义"。欧战结局提供了契机，"德国之武力主义，完全失败。武力主义，从此不适用，世界人心，皆已悔悟。今后各国，皆将偃武修文。中国毋庸恐惧，可以实行其主义矣"。[①]

他进而明言，过去"眩于德国、日本之骤强，欲效其颦"，致使强国这一"名义为武人所利用"，是"一切侻扰之根原"。故"现在拥兵弄兵之人及将来谋拥兵弄兵之人，实我国民公敌，其运命与国家之运命不能并存"。如今"欧战将终，世界思潮剧变，即彼真正有力之军国主义，亦已为世界所不容"，中国那些"窃取名号以营其私"的"伪军国主义"更不在话下。"武人运命终必随欧战完结而消灭"已无疑问，问题在于"我国人自消灭之耶？抑外人代我消灭之耶？"[②] 也就是他曾对徐世昌所说的"自动"或"被动"的选择。

胡适在天安门演讲的内容也是"弭兵"，他强调，这次协约国的大胜，"不是'武力解决'的功效，乃是'解决武力'的功效"。前者以为"武力强权，可以解决一切争端。德国就是打这个主意的。我们中国也有许多人，是打这个主意的"。后者则认为"武力是极危险的东西，是一切战争兵祸的根苗"。现在各国主张的对付办法是"把各国私有的武力变成世界公有的武力"；具体即各国"组织一个和平大同盟"，公举一个大法庭，"各国有争论的问题，不许用武力解决"，而是送请此大法庭审判。如有不听法庭判决者，"由同盟各国联合武力去惩罚他"。[③] 这类半带想象的表述那时相当流行，且均从德国军国主义的失败看中国军

---

① 梁启超：《在协约国民协会之演说词》，见《〈饮冰室合集〉集外文》，799～802 页。

② 梁启超：《与〈国民公报〉记者问答纪》（1918 年 10 月），见《〈饮冰室合集〉集外文》，722～723 页。

③ 胡适：《武力解决与解决武力》（1918 年 11 月 16 日），见《胡适文集》第 12 册，711～713 页。

阀的末路，颇能反映社会的企盼。

徐世昌于 10 月 10 日就大总统职，前引梁启超的分析和建议既凸显了他将要面对的困难，也揭示了他眼前的机遇。当月 25 日徐就借助美国总统威尔逊的建议发布了和平命令。11 月欧战结束，即将召开的巴黎和会让全世界看到了建立世界新秩序的希望。南北和议在各方推促下迅速进入实际操作阶段，终于次年 2 月 20 日在上海开幕。尽管"跛脚将军"的势力并不那么容易应对，外交重心由日本转向英、美、法更不简单，但中外两个和会的出现还是让很多人充满了希望。

徐世昌在见人谈话时，常不忘表示自己也曾"投身军务，历有年所"，早年就是"军界"之一员。[①] 同时他更尽量建树自身的"文治"认同。徐家的世交子弟张达骧后来回忆说，"徐为了迎合人民的心理，标榜自己是文治派，以区别于北洋军阀"。他定期与名流饮酒赋诗，研究书画[②]，也注意到新闻界这一近代新兴因素的力量。

用徐自己的话说，"戊戌以来，每次政治上变革之功，咸归于报章鼓吹之力"；当时"报纸在社会上之权威，俨有凌驾官吏之趋向"。[③] 这并不全是面对新闻记者所说的客气话，这位文治总统确实希望动员和凝聚各种可能的社会资源来增强自己的力量。报纸当时就注意到，"东海就任以来，对于新闻记者异常注

---

① 《总统对外国记者之谈话》，载《晨报》，1919-03-03，2 版；《补志山东代表见大总统详情》，载《晨报》，1919-06-26，6 版。

② 张达骧：《我所知道的徐世昌》，见《文史资料选辑（合订本）》第 17 册，第 48 辑，232 页。

③ 《昨日怀仁堂盛会》，载《晨报》，1918-12-01，6 版；《总统对新闻界演说（续昨）》，载《晨报》，1918-12-02，3 版。

意"，先邀请京沪报界代表谈话，以示"尊重舆论之诚意"，又在总统府"特设接待新闻记者之机关，订于每星期二五两日派专员接待各报记者"。[1]

新总统也多次利用中外记者招待会发表自己的政见，他提请记者注意战后即将召开的和平会议，因为"历来国际上种种悬案，其解决挽救，胥于此会议是赖"。虽"折冲之责"在政府，但舆论是"外交最大之后援；樽俎应付之所穷，端赖笔舌以为救济"。尤其"战后民族自决主义既已盛行"，他希望各记者能"提撕警觉我国民，劝勉扶持我政府，以贯彻吾国力保权利之主张"。[2]

徐世昌以为，"战后西洋社会之经济，亦必大有变迁"。各国会将原用于战事的资本"移以扩充社会，故战后社会主义之经济，必日见发舒"，这是中国的机会，"以吾国劳动之众多，原料之盈足，农产之丰饶，苟能使教育普及，常识日充，从致富强，宁云难事"。[3] 在次年2月接见外国记者时，他强调，"余之目的乃欲特别注重实业及人民生计之发展；一俟实业振兴，则财政自必大有起色"。借欧洲、国内两个和平会议之东风，"中国国家必能重新改造，求得稳善地位，财政必能恢复原状。此为余之最大希望"。[4]

这样的政见的确表现出文治的特色，而新总统注重新闻界、研究书画的举措也具有正面象征；彼时作为道统代表的北大正有

---

① 《府中设新闻记者处》，载《晨报》，1918-12-11，3版。
② 《昨日怀仁堂盛会》，载《晨报》，1918-12-01，6版。
③ 《总统对新闻界演说（续昨）》，载《晨报》，1918-12-02，3版。
④ 《总统对外国记者之谈话》，载《晨报》，1919-03-03，2版。

着新闻学研究会、画法研究会等组织，都曾得到校长蔡元培的鼓励。① 《晨报》在评论西人对徐世昌的观感时说，"中国文官为总统者，徐氏为第一人。徐氏生平服膺孔训，待人接物，和易近人"。虽其"短处在小心过甚，宽大失度，乏坚决之力"；然"喜纳人言，素不固执"，且"待友忠善，御下宽和，能与新旧两派人融洽，如欧美日留学生皆能与之结交"。②

　　不少人对徐的期许态度也正基于这"文官为总统之第一人"，据沈亦云回忆，当这位"提倡文治"的总统想借重其夫黄郛撰写《欧战后之中国》一书时，黄颇踌躇。严修对他说，徐"东海是民国第一次文人当政，无论如何他不至于主战，宜多输以新知识，促成其文治主张"。黄乃往北京助徐完成该书。③ 陈独秀也曾对"文治主义"有所期望，他说，"现时东洋各国的当局，象中国的徐总统，象日本的原内阁，都从文人出身，总算是东洋和平的一线光明，也就是东洋各国国民的真正亲善种子"。但若有"军阀出头推翻文治主义的当局，那时国民的亲善，东洋的和平，便成画饼了"。④

　　而且，这次文人政治的出现是在帝制尝试和"复辟"失败之后不久，对文治的憧憬可能依稀带回一些"民国"刚取代清廷时的那种积极向上的记忆，也可能唤起一些曾经的期待。彼时上层知内幕者或感觉新总统不过挣扎着尽量不做军人傀儡，不少研究

---

　　①　参见蔡元培：《北大画法研究会旨趣书》（1918 年 4 月）、《北大新闻学研究会成立演说词》（1918 年 10 月），见《蔡元培全集》第 3 卷，156～157、198～199 页。
　　②　《西人之徐东海观》，载《晨报》，1919-03-11，6 版。
　　③　沈亦云：《亦云回忆》，155～156 页，台北，传记文学出版社，1968。
　　④　陈独秀：《欧战后东洋民族之觉悟及要求》（1918 年 12 月），见《陈独秀著作选》第 1 卷，432 页。

者也凭借后见之明做出类似的分析；而下面一般人则对文人当政
这一形式非常看重，也对文人总统可能起到的作用寄予厚望。

前引郭廷以的回忆就很能反映下层读书人的期待，他说，
"我们最不喜欢看到国家分裂，不喜欢内战，而徐世昌是反对南
北战争的"。文人总统的和平命令印证了知识青年的愿望，在开
封庆祝徐任总统的大会上，他们心里"充满了快乐"。随后欧战
告终，"学生们又大为高兴，彼此大谈公理战胜强权，大谈威尔
逊如何如何主张，这一来世界各国可以平等了，至少我国可与日
本平等了，不受日本人的气了，而世界也将保持永久的和平"。
再加上南北即将和谈，"不仅国与国间没有战争，眼看国内也将
和平统一，全国上下对国家前途都抱着莫大的希望"。①

这类"充满了快乐"的心情与北京庆祝"战胜"的愉悦遥相
呼应，一般读书做官者的心态似乎也较宽松。在清代和民国长期
为官的何刚德那时观察到，"近年景德镇瓷器盛行，大花瓶、大
鱼缸尤为人所争购"。他感觉对这些人"无理可喻"，只能警告
说：你们"买许多大瓷器，要想到革命时如何搬运"。② 通常是
乱世蓄黄金，盛世才玩器物。可知何氏虽不那么轻松，当时一般
人感觉尚不错。

当然看到问题的也还有人在，李大钊较早就曾表示对"文
治"的失望，他揶揄说："武人专制的政治——也可以叫作武

---

① 张朋园等：《郭廷以先生访问纪录》，82～83 页。国内和平的希望也体现在 4
月下旬颇多南北军人自身通电提倡军人不干政。参见陈独秀：《干政的军人反对军人
干政》（1919 年 4 月），见《陈独秀著作选》第 1 卷，529 页；《人云亦云之军人不干
政电》，载《晨报》，1919-05-08，6 版。
② 何刚德：《客座偶谈》卷四，11b 页，见《春明梦录　客座偶谈》，上海，上
海古籍书店，1983，影印本。按：此书序署 1922 年，据此则这一条大约作于稍前。

乱——已经把我们害得很苦。好容易有一位文治派的总统出来，挂了文治主义的招牌，吾侪小民以为一定可以有点希望了，一定可以免'武乱'的痛苦，享'文治'的幸福了。但是盼到如今，只看见了两件大事，就是秋丁祭孔，国庆日不阅兵。大概文治主义作到这样，也算是尽其能事了！"① 但这只是小不满，且还是先有希望之后的失望。

真正损毁了"文治"形象的，仍与"新思潮"相关。在以蔡元培和林纾辩论为表征的新旧之争中，因教育总长傅增湘对北大师生鼓吹"离经叛道"过问不力，乃有参议员张元奇以对教育部提起弹劾案相威胁，一时盛传要封闭《新潮》杂志、驱逐北大的趋新教员等。② 陈独秀先是引《中华新报》之语说："大学校非所谓神圣之学府乎？今之当局者非以文治号召中外者乎？其待士也如此。呜呼！我有以知其前途矣。"继而他自己更指责说："在段内阁武治时代，大学到安然无事；现在却因为新旧冲突，居然要驱逐人员了。哈哈！文治主义原来如此！"③

文治主义而待士尚不如武治时代，"文治"的正当性就此大打折扣。章太炎先就对局势表示不乐观，他致某人函说：自己其实也希望"国事清夷，南北衡势"，但当时"论大法则不可言和，论人材则不可言战"。南北双方皆"一之丘貉"，若"中土果有人

---

① 李大钊：《文治国庆》（1919 年 10 月），见《李大钊文集》第 3 卷，64 页。
② 《北京大学谣言之无根》，载《晨报》，1919-03-10，2 版；《异哉弹劾教育总长之传说》，载《晨报》，1919-03-29，2 版；渊泉：《警告守旧党》，载《晨报》，1919-03-30，3 版。参见罗志田：《林纾的认同危机与民初的新旧之争》，载《历史研究》，1995（5）。
③ 陈独秀：《关于北京大学的谣言》（1919 年 3 月）、《文治主义原来如此》（1919 年 4 月），见《陈独秀著作选》第 1 卷，503、519 页。

材能戡除祸乱者，最近当待十年以后，非今日所敢望也"。① 可见太炎已看出徐世昌之才尚不足以"戡除祸乱"。还有更悲观者在，即前清中小京官梁济在大家最快乐的前夕以自杀警示国人。按：梁济在清末曾得到徐世昌的赏识，而他在徐就任一个月后自杀，似表明他对新总统的文治不抱很大希望，至少此事未改变他对世道人心的失望。②

四、对共和体制的失望

梁济自杀一事过去也曾为一些学者所论及，然多据《新青年》上陈独秀节录的梁济遗文抒发议论，林毓生是少数认真研读梁济文字之人，他从中看到了"五四"时期道德保守主义内在的难局。艾恺（Guy Alitto）对梁济的讨论或最详细，然也略有误解。③ 因为梁济明言自己"系殉清朝而死"，当时和多数后来人大都由此认知其行为。不过，梁氏曾用了数年的时间来计划和安排他自己的弃世，他显然希望世人按照他所设计的来认识他的自杀，故应比过去更仔细地考察梁济遗言中想要表达的意思。

---

① 《章太炎之言论》，载《晨报》，1918-12-05，3 版。

② 梁济在清末曾被徐世昌奏调入其主持的巡警部，他的遗言之一即希望时任警察总监的旧同事吴炳湘向徐世昌解释自己为什么始终未到徐私宅干谒，希望徐谅解。他在留给袁珏生等五友人的遗书中，也希望吴炳湘向徐总统举荐天津人林墨青，是知他对徐世昌也还有所希望。参见《贻赵智庵书》附页、《留属袁冯林周彭五兄书》，见梁焕鼐、梁焕鼎编：《桂林梁先生（济）遗书》，159～160、170～171 页，台北，文海出版社，1973，影印本。

③ 林毓生：《论梁巨川先生的自杀——一个道德保守主义含混性的实例》，见《中国传统的创造性转化》，205～226 页，北京，生活·读书·新知三联书店，1988；［美］艾恺（Guy S. Alitto）：《最后的儒家——梁漱溟与中国现代化的两难》，王宗昱、冀建中译，10～47 页，南京，江苏人民出版社，2003。

从他反复的申述看,一个非常明确的主题是他对共和体制的
绝望。

梁济一开始就说明,他"系殉清朝而死",但又并非"以清
朝为本位",而是以其所学之先圣纲常和家传遗教为核心的"义"
为本位。他进而说,"效忠于一家一姓之义狭,效忠于世界之义
广。鄙人虽为清朝而死,而自以为忠于世界"。换言之,他的自
杀既是殉清又不只是殉清。这至少在技术层面是需要说明的,因
为清非此时而亡,梁济自问:"殉节之事,何以迟至数年?"又自
己解释说,当初若死,"纯然为清朝亡国,目的太小";他不能
"糊糊涂涂牺牲此身",要"看明世局弊害",特别是"观察明白
民国是何景象",而后有所行动。①

最后一语才是关键。本来"中华改为民主共和,系由清廷禅
授而来"。清之兵力非不能战,以不忍民生涂炭,乃"以统治权
移转于民国。原谓此为最良政体,俾全国人民共得乂安也"。假
如"因禅让而得民安,则千古美谈,自与前代亡国有异",似乎
也可以不必殉节;倘若"徒禅让而民不安",则"清朝即亡于权
奸乱民之手",就不能不殉了。梁氏七年来观察到的现象是,"南
北因争战而大局分崩,民生因负担而困穷憔悴,民德因倡导而
堕落卑污,全与逊让之本心相反",故其结论是"清朝亡于权奸
卖国"。②

---

① 梁济:《敬告世人书(戊午九月二十一日)》《敬告世人书(甲寅五月稿未完
戊午九月补成)》,见《桂林梁先生(济)遗书》,81~83、85、92~93、105 页。按:
梁氏口中的"世界"多是世道、社会之同义语,未必是地理意义的。

② 梁济:《敬告世人书(戊午九月二十一日)》,见《桂林梁先生(济)遗书》,
86~89 页。

在辛亥革命之前，梁济已看到"近十年来，朝野上下人心风俗败坏流失，至于不可殚述"。当时的问题是"人敝"而非"法敝"，后者可更改制度以救治，前者只能"从品行心术上认真砥砺，使天下回心向善"。故"救亡之策，必以正心为先"。① 正是在此基础上，他一度以为"革命更新，机会难得"，可借机舒缓社会矛盾。② 虽说"国粹莫大于伦常"，不能轻易更改；但若使"全国人民真得出苦阨而就安舒"，则价值相抵，可以"不惜牺牲伦常以行变通之策"。这样，"辛亥革命如果真换得人民安泰，开千古未有之奇，则抛弃固有之纲常，而应世界之潮流，亦可谓变通之举"。③

他强调，共和与专制应该是平等竞争的关系，"因乎时世，各就其宜而用之"；而不必"作仇敌之势，互相嫉忌"。民国代清，"吾国开天辟地之新共和"乃是"数千年一改革之好机会"，若当政者能利用之以"为民造福"，便不"辜负清廷因爱民而牺牲大位之心"；反之，则"此番大举动"实得不偿失。④ 且"以本无共和程度之国，既已改建共和，不能反汗，惟有抱定不忍妨害社会共同生活之心"，视此"数千年改革之大机会"为"可重可珍"，据"以民为主"的"共和之原理"，尽可能"稍分人民之痛苦，减轻人民之愤怒，勿授人民以革命之口实"，或"可以杜

---

① 梁济：《拟呈民政部长官请代递疏稿》，见《桂林梁先生（济）遗书》，290页。

② 梁济：《别竹辞花记》，见《桂林梁先生（济）遗书》，438页。

③ 梁济：《上内务部恳准退职书》书后，见《桂林梁先生（济）遗书》，343～344页。

④ 梁济：《敬告世人书（戊午九月二十一日）》《敬告世人书（甲寅五月稿未完戊午九月补成）》，见《桂林梁先生（济）遗书》，91～92、112～113页。

再来革命流血惨祸"。①

最重要的是，清廷之上还有更为根本的"中国"在；清既禅让，就是民国在代表中国。故"清国者，数百年一改之国也；民国者，我三古遗传万年不改之国也"。此语的确表述得不是特别清晰②，然意思还是很容易理解的。梁济以为，国之长远存在，必赖有立国之道，即"抟搦国民使不离析之一种信条"以维系之。从"中国立国之本根"看，曾经"断送清国"者，也"可以断送民国"。今"清国已亡，无须恋惜；民国未亡，若不重此立国之道，促使其国不国，岂不大可痛乎！"③

这里最后所说可能不国之"国"，就是超越于政治体制和统治实体变更之上的"中国"。或许梁济有着比同时代许多人更清醒的国家意识，下面引其文字中所说的"国"，很多时候是指这"三古遗传万年不改之国"，有时又是指此"中国"在那前后的阶段性表现实体"清朝"或"民国"，解读之时可能需要注意区分，只要不是特别不清晰，一般不再特别说明。

梁济以为，"欲使国成为稳固之国，必先使人成为良好之人"④。正义、真诚、良心、公道等"吾国固有之性，皆立国之

---

① 梁济：《敬告世人书（甲寅五月稿未完戊午九月补成）》1918 年补写部分，见《桂林梁先生（济）遗书》，117～121 页。

② 按：梁济在其遗书中曾数次说自己不长于表述，梁漱溟也说他父亲"天资不高，所见未免着重事物，稍涉虚渺处即不能知之，于是所见者皆甚单简"，或不长于理论思考。参见梁漱溟：《自述》（1934 年），见《梁漱溟全集》第 2 卷，5～6 页，济南，山东人民出版社，1990。但从下文可知，梁济的表述能力虽不能算太高，而其对社会的认识和思考有时则相当深入，超过一般的时人。

③ 梁济：《敬告世人书（甲寅五月稿未完戊午九月补成）》，见《桂林梁先生（济）遗书》，109～112 页。

④ 梁济：《敬告世人书（戊午九月二十一日）》，见《桂林梁先生（济）遗书》，86 页。

根本"。他承认"清季秕政酝酿，风俗日媮"；若民国"有人提倡正义，注重民生，渐渐向好处做去，则世道有人补救维持，不至于黑暗灭绝"，他或可不死。"无奈民国以来，专尚诡谋，不由正义，自上下下，全国风行，将使天理民彝丧失净尽"，至"全国人不知信义为何物"；若"国性不存，国将不国"，只有以身作则，"以诚实之心对已往之国"，望世人亦"以诚实之心对方来之国"。故其死"非仅眷恋旧也，并将唤起新也；唤新国之人尚正义而贱诡谋，然后旧国性保存一二"。此虽"可以谓之殉清，亦可以谓之殉中国"。①

梁济的弃世经过长时间的预备，他也预测了世人可能的各种反应：如"极端立新"的陈独秀等，必然会大骂他"头脑太旧、眼界不高、奴性太深、不知世界大势"等，唯因新旧"各有是非，我自甘心受之"；而他"最感激"的，是"中下级商贾乡农劳动穷苦诸色人等"，大多会"极口夸奖"其忠于清廷，其实"未知我心"；只有那些"注重须先有良好人民而后国可以立，不专靠死板法律以为治者"，才是"真能知我心者"。②

从其预测中"大骂"和"极口夸奖"这最为对立的两群体看，至少在梁济心中，当时趋新知识精英和大众仍疏隔甚远。上引最后一语则反映出梁氏对社会问题的观察相当深入，远过常人。他曾指出："今世风比二十年前相去天渊，人人攘利争名，

---

① 梁济：《敬告世人书（戊午九月二十一日）》《留示儿女书》《敬告世人书（甲寅五月稿未完戊午九月补成）》，见《桂林梁先生（济）遗书》，85~86、96、194~201、112 页。

② 梁济：《敬告世人书（戊午九月二十一日）》，见《桂林梁先生（济）遗书》，95~96 页。

骄诒百出,不知良心为何事,盖由自幼不闻礼义之故。子弟对于父兄,又多有持打破家族主义之说者,家庭不敢以督责施于子女,而云恃社会互相监督,人格自然能好,有是理乎?"①

这是一个相当深刻的观察,"家庭不敢以督责施于子女"的现象说明,清季兴起的"打破家族主义之说"至少在城市趋新社群中已形成某种思想霸权,并衍化为有力的社会约束和自我禁抑,使督责子女成为"政治不正确"的行为②,而拱手将教育的责任委诸社会。在社会责任大增之日,却适逢思想和行为的"解放"大受提倡之时,社会本身或表述出的"社会舆论"似乎也不便太多干预所谓"私人行为",于是约束的职责又让位于法律。如梁济所见,"今高谈法治,先使人放荡不加拘束,专恃法律万能,且曰自入轨道,即成大治",与"先圣治国,必先使人有良心,又敬慎而成事业,所以纳民于轨物"的方式大相径庭。③

这样一种将培养教育"人"的职责一层层向外推移的走向,或始于清季的"毁家"之说,使"家庭"或"家族"成为代表"旧"的主要负面象征之一,形成中国"现代社会"与传统社会的一大差异(这却不必是受西潮影响,盖彼时西方社会中家庭并非负面象征),是人类历史上少见的现象,也产生出一系列的社会问题。而法律即使在最理想的状态,也并无责任和能力来处理

---

① 梁济:《别竹辞花记》,见《桂林梁先生(济)遗书》,442页。
② 梁漱溟似乎不知父亲心中这一层自我约束,在他记忆中,父亲对他"完全是宽放"的,甚至"很少正言厉色地教训过我们"。他"只记得大哥挨过打;这亦是很少的事",他自己则"一次亦没有过"。见梁漱溟:《我的自学小史》(1942年),见《梁漱溟全集》第2卷,664页。
③ 梁济:《敬告世人书(戊午九月二十一日)》,见《桂林梁先生(济)遗书》,93页。

那些不到"作奸犯科"程度的社会问题。在民初"自我"得到大力揄扬的时代，却又实际流行着这样一种外向的逃避责任取向，不识者固安然无忧，看到问题所在的梁济却难得安宁，只好带着"世界会好吗"的疑问告别人世。①

从后见之明看，梁济弃世的时机选择实在不佳，几天后第一次世界大战以协约国战胜而结束。他的弃世并未达到其警世目的，甚至没能影响到多数人的愉快心情。但在多数人普遍乐观之时，也不应忘记还有一些人具有相当不同的心情。

其实从一开始报纸上也曾有一些相当审慎的言论，劝告国人不要抱过高的希望。② 然而有时思想之禁抑不必皆来自高压，一片乐观之声无形中也删略了不那么如意的消息。2月间《晨报》一位署名作者讨论"威尔逊主义之胜利"，该文连载三日，而无一语涉及中国事，已是不妙的兆头。③ 3月中张东荪说他已"好几天不评论时局了，实在是因为'无可说'：说他太高，他不能如我的期望；说他太低，又似乎绝之过甚"，故不如不说。④ 与此同时，报纸也开始追索和声讨"卖国贼"（详另文）。这些都反映出部分人的感觉已逐渐向不妙过渡，但似未曾引起足够的注意，多数人还是充满了希望。

---

① 梁漱溟：《自述》，见《梁漱溟全集》第2卷，18页。
② 参见张东荪：《新生命》，载《时事新报》，1918-11-07、1918-11-08、1918-11-09，1张1版；《发刊词》，载《晨报》，1918-12-01，2版（按：该报曾一度停刊，这是重新出版时的发刊词）；《送岁词》，载《晨报》，1918-12-31，2版；《祝新》，载《晨报》，1919-01-05，2版。
③ 某公法家：《威尔逊主义之胜利》，载《晨报》，1919-02-21、1919-02-22、1919-02-23，均6版。
④ 东荪：《虚伪与冲动》，载《晨报》，1919-03-17，3版。

五、余论：局势和情绪的逆转

可以说，即使在身历者的认知中，"五四"前一年所意味的实有相当大的差异。尽管章太炎早就不乐观，而梁济更看出了社会潜存的大问题，但那一年的"民国"在不少方面看起来仍给人以企盼和憧憬的余地。正因前景似乎不错，更多人还是宁愿看到希望并寄予了希望，于是有次年的大失望。

在当时的中学生郭廷以记忆中，"民国七年年底，思想界仿佛在动了"。在《新青年》发行三年的基础上，"曾琦等筹办《救国日报》，言论激烈，影响青年颇大"；同年稍后《每周评论》出刊，其言论较《新青年》更激烈，"煽动性大极了"。[1] 而当年还有一个正逐渐浮出水面的新动向，即学生辈的兴起。1918年初，傅斯年和罗家伦以北大"文科学生"的身份在《新青年》4卷1号分别发表《文学革新申义》和《青年学生》，显示出学生一辈不论思想和学养或皆不在老师辈之下，而行文之流畅似尚过之。

同年秋，与欢庆"战胜"和憧憬"文治"约略同时，傅斯年等开始筹办学生自己的刊物《新潮》，于1919年出版。[2] 这份刊物再次表明弟子不必不如师，江南一位青年学生施存统便认为，当年风行的文学革命，"《新青年》虽早已在那里鼓吹，注意的人

---

① 张朋园等：《郭廷以先生访问纪录》，81页。按：郭廷以的回忆很能印证萧纯锦稍后所说，言论"愈激烈则愈足以耸观听"。参见萧纯锦：《中国提倡社会主义之商榷》，载《学衡》，1卷1期，1922，1页（文页）。

② 李小峰：《新潮社的始末》，见《文史资料选辑（合订本）》第21册，第61辑，82~85页。

还不多"，这块"招牌也是有了贵志才竖得稳固的"。在他眼里，"民国八年有一件极好的现象，就是出了许多新的东西；这个新的东西，是实行一切革命的基础"。其中当然包括《新潮》，"唤起多少同学的觉悟，这真是你们莫大之功"。他把这一年看作"上学的时代"，各处同学"一天进步一天，这真是中华民国的大希望"。[1]

与青少年的充满希望相比较，成年人的乐观要审慎一些，《晨报》一开始就对"举国上下，方且嬉嬉昏昏于贺战胜、讲和平之空气中，以为从此无事，可以偃然各安其私"的现象提出警告：在外交上，中国此前"借以苟息于国际"的是"门户开放、机会均等"，这个局面"是否可以恢复不变？"在思想方面，欧洲"军国主义覆而社会主义大张"的趋势所向披靡，"吾国民之思想能力，是否能与之因应而受其益？"两者皆无把握。不过，尽管过去常有失望的经历，"希望之心，人情所不能自已"，且1918年末可望者"犹有几希之尚存"，故仍希望中国能从此"一洗从来旧染"。[2]

审慎者的希望已是这样的根本性大转变，很能体现时人那种毕其功于一役的心态。结果，如郭廷以所回忆："巴黎和会有关山东问题的决定对满怀希望的国人不啻泼了一盆冷水。"曾经高兴的"学生们十分愤慨"，大家争看言论最激进的报纸，"每当一

---

① 施存统：《致〈新潮〉杂志》（1919年），见《新潮》2卷2号（1919年12月），368页。

② 《发刊词》，载《晨报》，1918-12-01，2版；《祝新》，载《晨报》，1919-01-05，2版。

件不幸的消息传来后，我们同学就在操场三三五五、议论纷纷，大谈国家大事"，终随北京学潮而"动起来了"。操场既成"交换情报和意见的场所"，聚在那里的学生之心思自渐疏离于课业。信如郭氏所言，"'五四运动'实在不是偶然的"。[1]

以前梁启超曾自感情绪过热而思"饮冰"以降之，这次的"一盆冷水"则是外来的，且因乐观太甚而显得突然。前引许德珩所说"大家眼巴巴地企望着巴黎和会能够给我们一个'公理战胜'"，是非常传神的描述。胡适后来也说，当年陈独秀和蔡元培这些"威尔逊主义麻醉之下的乐观者"带动"一般天真烂漫的青年学生也跟着他们渴望那奇迹的来临"。一旦坏消息传来，"这个大打击是青年人受不住的。他们的热血喷涌了"，结果是"一个壮烈的爱国运动"。[2]

梁启超次年反思道："我们中国人一年以前期望国际联盟未免太奢了，到了如今，对于他的失望又未免太甚了。"当初"威尔逊一班人调子唱得太高，我们听着了，以为理想的正义人道霎时可以涌现，以为国际联盟这个东西就有锄强扶弱的万能力，不独将来的和平靠他保障，便是从前的冤抑也靠他伸理。其实天下那里有恁么速成的事"。[3]

希望霎时解决将来和从前的所有问题，正是那时很多人的共同心态。而"毕其功于一役"还不仅体现在时间的"速成"之上，时人根本是希望借欧洲战胜的东风，由外及内，一举解决中

----

① 张朋园等：《郭廷以先生访问纪录》，83~84 页。
② 胡适：《纪念"五四"》，见《胡适文集》第 11 册，579 页。
③ 梁启超：《欧游心影录节录》，见《饮冰室合集·专集之二十三》，149 页。

国的全部问题，从此进入"大同"境界。① 这揭示出五四前中国政治走向的一个特点，即内外缠结：先是朝野群趋巴黎，思想、政治的重心外倾，旋由外转回内，舆论开始追索"卖国贼"便是一个明显的转折。

由于乐观和兴奋更多是外来的，国内的希望也因外在因素而消逝。4 月下旬南北众多军人通电反对军人干政，本显露出"文治"的一线光明，巴黎传来的消息旋即促起五四学潮，南北和议随后正式破裂。本来"外事"和"南方"两因素都是文人总统应付北洋实力派军人的有利武器，两皆不成功，其政治独立性乃大为缩减。或可以说，巴黎的噩耗连带着打破了对文治的希望，社会或舆论其实没给文治者多少表现的机会。

徐世昌先曾指出，中国不安宁的原因是"道德隳丧"，使"夺权竞利，视为固然；举国皇皇，嗜言政争"。若"乱象蕴酿，积久愈增"而形成大乱，致"民弃其业，乃益疾首于政治之不良，浸假遂有自主自为之念"。② 尽管乱局尚未到严重影响民生的程度，更为敏感的读书人对内外两和议的不如人愿已有强烈的反应：整体上表现为对政府甚至政治的失望，学生运动使前此一度大受关注的"个人"开始淡出，转朝强调群体的方向发展；同时，一些人进而探索"文化"方面的深层变革，一些人则转而面

---

① 陈廷湘曾提出，当时国人对于威尔逊的主张，也是从传统大同理想的意蕴去体味，希望人类一家可自然解除中国过去所受一切不公正对待，这即是当时空前乐观的心理依据。参见氏著：《1920 年前后两次争国权运动的异样形态及形成原因》，载《近代史研究》，2005（2）。

② 《总统对新闻界演说（续昨）》，载《晨报》，1918-12-02，3 版。

向"社会"的改造。① 这些倾向之间不是没有紧张，更多或是在
冲突中互动，开启了后来许多变化。

梁启超稍后总结说，时人因民国以来"所希望的件件都落
空"，渐渐觉得社会文化是整套的，旧心理绝不能适应新制度，
乃"要求全人格的觉悟"。② 徐世昌当时就主张，对不良政治的
"箴救之道，首在转移风气，使国中聪明才智之士，从事于社会
经济实业教育，以挽此政争狂热之潮流"。③ 这一分析与梁济的
思虑相通，即政治的乱源在思想社会，也当从思想社会着手
解决。

傅斯年那时也指出，民国"政治上已成'水穷山尽'的地
步"，正因"思想不变，政体变了，以旧思想运用新政体，自然
弄得不成一件事"。现在应有"根本的觉悟"，即政治"形式的革
新"是不中用的，必须先有"精神上的革新"。他断言，"物质的
革命失败了，政治的革命失败了"，只能让位于思想革命。只有
"以新思想夹在新文学里"，才能刺激、感动民众，故"未来的真
正中华民国，还须借着文学革命的力量造成"。那时他心中的楷
模正是"以文人做肥料去培养的"俄国革命。④

这一反思是在五四前夕，随后的学生运动可能改变一些人的

---

① 注意这里的"社会"有着明显的对应于"国家"的意味；同时，"社会"或
许也是政治和文化两者的调和或综合，它既不那么政治化，但又比文化和思想更具体
实在。时人的相关思考可参见吴康：《从思想改造到社会改造》（1921年1月），见
《新潮》3卷1号（1921年10月），25～52页。

② 梁启超：《五十年中国进化概论》，见《饮冰室合集·文集之三十九》，45页。

③ 《总统对新闻界演说（续昨）》，载《晨报》，1918-12-02，3版。

④ 本段与下段，参见傅斯年：《白话文学与心理的改革》（1919年4月），见
《新潮》1卷5号（1919年5月），917～918页。

思想，而倾向于思想以外的努力。值得注意的是傅斯年把民国"政治昏乱，四方割据"的现象归咎于孙中山、章太炎和梁启超这些过去"革新的主动人物"一直在用历史上的"遗传思想"来造民国。这里的潜台词是明确的：时代变了，那一代人已经落伍。学生辈的兴起伴随着充分的自信，当时相当活跃的王光祈宣布："世界的新潮流已经崩山倒海的来了，要想适应这新潮流，自然是全靠我们青年。"①

从这一视角看，蔡元培在兴奋之余一反常态地公开号召学生走出校园，去和国家、世界休戚与共，对学生的外向性活跃应有不小的推动。欢庆战胜这样一种大型的学生活动，在许多方面为后来的五四运动进行了预备。胡适已指出："数万学生，结队游行，……手执红灯，高呼口号，不可谓非中国教育界第一创举。影响所及，遂为以后的'五四运动'下一种子；故虽谓五四运动，直接发源于此次五六万人的轰轰烈烈的大游行，亦无不可。"② 此言不无所见，至少在组织公众演讲和游行等方式上，此次活动可为后来的学生运动所借鉴。

北大学生对示威游行当然不陌生，1918 年 5 月，北大等学校学生两千多人因抗议中日秘密军事协定而有示威游行，许德珩认为其在组织不同学校学生形成联合阵线方面积累了经验，是"中国学生第一次的游行请愿运动，为'五四'运动的前奏"。③

---

① 若愚：《学生与劳动（四）》，载《晨报》，1919-02-28，7 版。

② 胡适：《五四运动纪念》，见《胡适文集》第 12 册，724 页。白永瑞也曾简略论及两者间的关联，参见氏著：《从庆典到反抗：五四时期天安门集会的由来》，见台北政治大学文学院编印：《五四运动八十周年学术研讨会论文集》，5～7 页，1999。

③ 许德珩：《"五四"运动六十周年》，见《文史资料选辑（合订本）》第 21 册，第 61 辑，12 页。

周策纵在其关于五四运动的书中专列一节来讨论这次两千人的游行，而仅用一段文字简略提及了 11 月那次他说有六万人参加的游行，可见他更赞同许德珩之说。①

　　三次活动互有异同，两次 5 月游行的共性是抗议，然规模则相去较远（五四当天虽也不过数千人，然运动是在持续中扩展的）。1919 年的学生运动与前一年 11 月的学生游行规模和方式相近，且同与世界大战的结束相关，但情绪却截然相反：前次对"公理战胜"充满了希望，后来则出于对巴黎和会的极度失望，反映出时人对"公理战胜"的虚幻意味有了相当深刻的认识。②

　　大失望的一个重要后果是"西方的分裂"，最明显的是以前的尊西先锋梁启超突然质疑西方文明；这虽未立刻引起根本的转变，但此后所有说西方好的人不能不有所界定，有所选择，不能不略示保留。③ 起初中国人对西方的分化不甚了然，但张奚若看

---

　　① Chow Tse-tsung，*The May Fourth Movement*：*Intellectual Revolution in Modern China*，Cambridge，MA.，Harvard University Press，1960，pp. 77-83，85. 这里不能排除胜利者的记忆无形中"改写"了历史，身在美国的周策纵写作时与胡适本人有过从，他对 11 月那次游行的参加人数多半是从胡适而来（前引报纸所说的人数要低不少），则他能有这样的选择性叙述尤其发人深省。

　　② 另外，一些人的希望也还在持续。余家菊回忆说，他 1922 年出国留学时，国人仍"醉心于世界和平"，对威尔逊十四条在凡尔赛和会的失败，"世人终觉其为偶尔小挫，难阻进化潮"。而他自己对"公理战胜"的梦想也至少持续到 1921 年，那年 4 月他女儿出生，取名传弭，其年谱说，"时欧战初息，人怀和平之想，因锡以弭字，寓弭兵之意焉"。待他至欧洲后才观感大变："我到欧洲以后，和平的幻想，大同的迷梦，都粉碎了。我亲眼看见弱小民族的困苦，亲眼看见各国民性的差异，亲眼看见各国国民意识之发扬，亲眼看见各国之剑拔弩张。……我感觉到中国国民必须树立自尊心，中国国家必须强盛才能自保，中国的党派斗争必须无损于国家。我心中的火燃烧起来了！我为我们的国家着急！我为来日的大难紧张。"见余家菊：《余家菊（景陶）先生回忆录》，220、261、136 页，台北，慧炬出版社，1994。

　　③ 参见罗志田：《西方的分裂：国际风云与五四前后中国思想的演变》，载《中国社会科学》，1999（3）。

出了差别，他提醒胡适说，中国"官府人民一齐庆祝联军胜利，令人赧颜"。尤其《新青年》等"谓公理战胜强权，以后世界将永远太平，令人叹其看事太不 critical。德、奥之败，谓败于 Bol-sheviki 之公理或威尔逊之公理则可，谓败于英、法、日、意之公理则不可，以英、法、日、意之公理与德、奥之公理无大别也"。[①]

的确，威尔逊和列宁各自提出了国际秩序新观念，在不同程度上都反对既存的帝国主义国际秩序。威尔逊的"背叛"基本结束了美国在华前所未有的美好时光，时在中国的杜威有深切体味，他在 6 月初说，"余此次来京，适逢学界学潮扩大之际，不能充分讲演，起初不免寂寞，但现在深觉中国学生不特能教训自己，并且能教训他人，实在可以不必我多讲演了"。[②] 这话恐怕语带双关，既表述了对学生的支持，也认识到学生那越来越强的"自主"意识，并预示了他自己和稍后来华的罗素要挽回英美影响的困难。

那些实际形成中国"舆论"的读书人感觉到前所未有的困境：美国的背叛凸显了"公理战胜"的虚幻，对山东的处置则是"实际"而短期内无法挽回的；日本基本已成潜在的敌人，英国在退缩，法国时常独立，有着特别吸引力的"新俄"简直不容你不接近。"新俄"所奉行的"主义"本来自西方，在很大程度上又表现出对西方文明的否定，这样的思想最符合西方分裂后中国

---

① 《张奚若致胡适》（1919 年 3 月 13 日），见中国社会科学院近代史研究所中华民国史组编：《胡适来往书信选》上册，31～32 页，北京，中华书局，1979。

② 《杜威博士之近况》，载《晨报》，1919-06-10，2 版。

思想界的民族主义情绪，遂出现"从威尔逊到列宁"的转变。[①]
这既是一个直接的象征，也有明显的政治后果（如"反帝"越来
越成为中国权势竞争中"政治正当性"的一个必要条件），而其
带来的深层心态变化远更广泛持久。

　　在巴黎和会之前，与法国大革命并论的多是协约国战胜，前
引蔡元培、徐世昌的演说可为例证；"五四"以后，与法国大革
命并论的基本是苏俄的革命，且多认为后者更代表世界新潮。[②]
更重要的是，1919 年初报纸可见两大主题，一欧洲和会，一南
北议和；两皆尝试以会议谈判方式解决困局，最后两皆失败。故
不仅在思想上"公理战胜"已成幻影，在行为方式上"开会讲道
理"一途也证明行不通，终以力量和行动的取向胜出。会谈不能
解决问题的认知在新的层面上强化了坐而言不如起而行的旧
说[③]，对时人的影响相当长远。

　　在"大同"和互助同为时人所憧憬之时，激进与和缓两途本
是个竞争的局面，若和缓一途可以有效，固乐为人所从。《晨报》
一位署名评论人论大战后欧洲复辟、过激与温和三种思想之竞争
说：与新潮对立的复辟派且不论，从效果言，则"推翻旧来之思

---

　　① 　参见罗志田：《再造文明之梦——胡适传》，327～332 页，成都，四川人民
出版社，1995。

　　② 　更激进的青年如罗家伦在"五四"前已如此说，但多数人则是在此后。孙中
山稍后即说，法国革命仅是政治革命，而俄国则是"政治革命与社会革命同时并举"。
参见其《在桂林对滇赣粤军的演说》（1921 年 12 月），见《孙中山全集》第 6 卷，
26～28 页，北京，中华书局，1985。

　　③ 　如瞿秋白就批评中国人往往"坐着说不站起来做"，而提出"打起精神，往
前干去"的主张。引自瞿秋白：《欧洲大战与国民自解》（1919 年 11 月），见《瞿秋
白文集（政治理论编）》第 1 卷，6 页，北京，人民出版社，1987。

想习惯，打破目前之一切现状，使国民共向于觉醒之途，非过激派不为功"；但"其主张过倾于理想，于多数心理、社会习惯、国家利害多不适合"。若温和派，则"其主义必为进步的，其手段又必为秩序的，既非如复辟派之不适于新潮，又非若过激派之过远于事实，为最易于吸取同情以收拾时局"，并"依据新主义以建设完全之新国家"。①

刘勉己也特别推崇德国那种由国家来"奖励劳工，集中资本，以救民生之困穷，而资商战之准备"的"稳健的社会主义"，盖其"与列宁倡道之国际社会主义不同，而与英美式之社会主义亦又有别"：既不致复演"法兰西百年间革命之惨剧"，也可避免因自由竞争而"致资本阶级之跋扈"。② 上海某西报论评说，"以中国今日之现象而论，国人于军阀派外，似有任得一替代之者而不遑分辨之势"。然而，本来苏俄"过激派之鼓吹运动，最易普及于被压迫之人民"，更因"北京军人派之压制"，则苏俄过激思想很可能迅速在中国蔓延。③

陈独秀当时的《两个和会都无用》一文颇具象征意义。他说，国内的南北和会，"两方都重在党派的权利"；而巴黎的和会，"各国都重在本国的权利"。公理、永久和平及威尔逊的宣言"都成了一文不值的空话"。这"两个分赃会议，与世界永久和平人类真正幸福，隔得不止十万八千里"。让几个"政治家外交家在那里关门弄鬼"是靠不住的，"非全世界的人民都站起来直接

---

① 以芬：《欧战杂感（八）》，载《晨报》，1918-12-29，2 版。
② 勉已［己］：《新德意志之将来》，载《晨报》，1919-02-21，2 版。
③ 转引自《过激派与我国》，载《晨报》，1919-03-10，3 版。

解决不可"。①

很明显，对内对外的同时失望是走向"全世界的人民都站起来直接解决"的重要原因。稍后毛泽东也提出：国外"各种'同盟''协约'，为国际强权者的联合"；中国"什么'北洋派''西南派'"等，是"国内强权者的联合"。这类"强权者的联合""贵族的联合""资本家的联合"使"国家也坏到了极点，人类也苦到了极点，会社〈社会〉也黑暗到了极点"，不能不以"〔民〕众的大联合"来改革和反抗。② 两人此时或尚无明确的暴力革命意识，但也为时不远了。

鲁迅曾回忆起民元之时的光明，那时他"觉得中国将来很有希望"，但到民国二年之后事情"即渐渐坏下去"。傅斯年也形象地描述了"民国元二年间像唐花一般的'怒发'，和民国三四年间像冰雹一般的摧残"。③ 可知民国代清不过两三年，就曾引起士人的失望。对于帝制甚或"复辟"的尝试，或许提示出一种向传统寻求思想资源的倾向，而"复辟"的失败恐怕也连带着影响了传统在此后的命运和作用。前面说过，对文治的憧憬可能依稀带回一些"民国"代清时那种积极向上的记忆，唤起一些曾经的期待，而随后的内外大失望很可能意味着对民国整体失望的进一步强化。

恽代英在1919年国庆日承认，人们脑海中对民国"装满了

---

① 陈独秀：《两个和会都无用》（1919年5月），见《陈独秀著作选》第2卷，1～2页。

② 毛泽东：《民众的大联合（一）》（1919年7月），见《毛泽东早期文稿》，338～339页。

③ 鲁迅致许广平（1925年3月31日），见《鲁迅全集》第11卷，31页，北京，人民文学出版社，1981；傅斯年：《白话文学与心理的改革》，见《新潮》1卷5号，918页。

不良的映象"，遂有人以为时局糟糕是革命引起的，其实这是妄想太过后的失望，盖许多人过去"以为只要光复，只要民主，便可以糖馒头从天而降"。[①] 傅斯年在"五四"周年时也说，以前听到威尔逊的十四条里有民族自决一项，"以为真是世界光明的日子到了，谁知后来一大失望"。他撰写该文时"说不出心理有多少头绪，越想越难过"。[②] 他的同学吴康发现，人人都"时时觉得他四围的环境"呈出"一种不满人意的现状，这种不满意的心理就是要求改造的原动力"。[③]

徐志摩稍后慨叹道，"这年头，这世界也够叫人挫气"，好容易从"冷落极了的梦底里捞起了一半轮的希望"，就像从山谷里采得了百合花，周围却"没有安希望的瓶子，也没有养希望的净水，眼看这鲜花在你自己的手上变了颜色，一瓣瓣的往下萎，黄了，焦了，枯了，吊了，结果只是伤惨！"[④] 他所使用的"世界"与梁济相类，基本不是地理意义的，大致或是社会、世间的同义词，但很多中国人在很长的时间里的确是把"世界"理解为"非中国"的，它在很多时候就是"西方"的代名词，至少也是以西方为核心的"非中国"区域。

五四前夕这一期间可能是"海通"以来中国人最把自己和世

① 恽代英：《革命的价值》（1920 年 10 月），见《恽代英文集》上卷，224 页，北京，人民出版社，1984。
② 傅斯年：《青年的两件事业（续）》（1920 年 5 月 5 日），载《晨报》，1920-07-05，5 版。
③ 吴康：《从思想改造到社会改造》（1921 年 1 月 4 日），见《新潮》3 卷 1 号（1921 年 10 月），26 页。
④ 徐志摩：《〈剧刊〉始业》（1926 年 6 月），见赵遐秋、曾庆瑞、潘百生编：《徐志摩全集》第 4 卷，526～527 页，南宁，广西民族出版社，1991。

界联系在一起的时候，而巴黎和会的结果告诉他们，"世界"的确是一个外在的区域：在中国以外的"世界"，特别是与西方关联密切的部分，公理战胜大体还有明显的体现；而中国仍是国际政治中一个特殊的"例外"，亦即入江昭（Akira Iriye）所说的"世界政治中远东的隔绝"。① 如果多少存在着正义和公理的那个"世界"不包括中国，中国就不能不寻求接近甚或建立一个新的共同体，且可能是一个否定当前"世界"的新世界。

对世界的新认识与心绪转变直接相关，从希望中的轻快逆转为失望后的沉重，即属陈寅恪所说可"旁采"以为参证的"人情"。前所未有的意外惊喜使很多人产生了名副其实的奢望，尤其一些知识精英的举措一反常态，推动和促进了他人无根的乐观，于是有接下来的极度失望以及因此而起的激烈行为。后来心绪较平静的胡适说，"今日最悲观的人，实在都是当初太乐观了的人。他们当初就根本没有了解他们所期望的东西的性质"，却"以为可以在短时期中就做到那种梦想的境界"。一旦"奇迹"并不降临，"他们的信心动摇了，他们的极度乐观变成极度悲观了"。②

自清末以来，这样一种从希望到失望的急剧转折持续而重复，曾经考验了许多中国士人的承受力。蒋廷黻在"九一八"之后说："在戊戌、民元、民十六诸年，我们都曾过了短期的改革蜜月，好像新天新地已在目前。现在我们知道这些都是海上蜃

---

① Akira Iriye, *After Imperialism：The Search for a New Order in the Far East，1921-1931*，Cambridge，MA.，Harvard University Press，1965，p. 88.

② 胡适：《悲观声浪里的乐观》，载《独立评论》，第 123 号，1934-10-21，15 页。按：胡适此语非针对此事而言。

楼。……我们革命疲了，战争疲了，失望疲了。"① 连"失望"
都疲了！这是何等沉重而无奈的慨叹。蒋氏那时意在政治，常代
政府立言，故所谈不及五四运动。其实"五四"前一年虽没有类
似戊戌、辛亥和北伐这样的政治变革，士人"奢望"的程度却绝
不弱于那几次，复因历时甚短而失望来得突然，其后的幻灭感或
更强烈。

陈寅恪曾说："世局之转移，往往起于前人一时学术趋向之
细微。迨至后来，遂若惊雷破柱，怒涛振海之不可御遏。"② 其
实不仅学术影响世局转移，人情心态亦然，且其造成的变化未必
出自参与者的主动。杜威在 1928 年游苏时，就特别重视俄国革
命的心灵和道德层面，强调革命所解放出的活力、勇气和自信，
或并非参与者努力所致，也远超出他们起初所能想见和希望
的。③ 他的学生冯友兰后来说："历史上一个大运动之发生，主
持的人，对于他所主持者是怎么一件事，往往有不自觉的"；主
事者或为环境所迫而不得不如此，事后回想，才发现"我们原来
作了这们一件事情"。④

"五四"前一年士人的心态变化及"五四"本身所促动的世
局转移，或当从此观察。不过，特定时空的失望和不满在多大程

---

① 蒋廷黻：《南京的机会》，载《独立评论》，第 31 号，1932-12-18，2 页。
② 陈寅恪：《朱延丰突厥通考序》，见《寒柳堂集》，144 页，上海，上海古籍
出版社，1980。
③ John Dewey, "Leningrad Gives the Clue," in idem, *The Later Works*, *1925-
1953*, vol. 3（1927-1928）, ed. by Jo Ann Boydston, Carbondale & Edwardsville,
Southern Illinois University Press, 1984, p. 204.
④ 芝生：《乡村运动之政治的意义》，载《独立评论》，第 60 号，1933-07-23，
7～8 页。

度上是实际的，在多大程度上是"想象"的，还很值得考究。有时要经过比较才有更真切的认识①；很多读书人可能要到北伐后领略了国民党"党治"下的"训政"，才慢慢知道北洋时期的统治还是相对宽容的。国人此后的希望和失望仍在继续，然似乎少见士人回忆 1918 年那曾经充满希望的年代，不知他们是否意识到后来的局面在很大程度上也是自己推动、支持而造成的，也许这就是致使他们"不想"回忆的下意识？

---

① 《晨报》编者在观察了各地处置学生运动的方式后说，对这次的全国性运动，"我们在北京的人自然觉得北京军警的对付手段不但荒【唐】，实在是笨拙可笑。但是这几天看上海南京汉口武昌的报告，才知道各处的长官军警真是野蛮可恨，比较起来，北京军警要算是顶'文明'的了"。见《陆规亮致江苏省长书》"编者按语"，载《晨报》，1919-06-17，6 版。

第五章　对"问题与主义"之争的再认识[①]

　　1919 年，在新文化运动的一些主要参与者之间曾发生了著名的关于"问题与主义"的论争，这一事件成为学界长期关注的热点。一般情形下，党史、革命史学界和非党史学界各自关注的问题不甚相同，相互的对话也不充分，但这一争论却是同时得到双方关注并时有"对话交流"的少数事件之一。关于这一论争的研究还有一个特别之处，即主要的论述出自通史或类似通史的著作，而多数相关专题论文则倾向于定性的"评价"，其引证的史料反不如上述著作，这在历史研究中是少见的。

　　自 20 世纪 50 年代批判胡适以后的几十年间，学界一以贯之的常见看法，或可称为"传统"观点，是强调这一争论的对抗性，视其为自由主义或别的什么资产阶级的主义与马克思主义的一次重要斗争。彭明的观点可能比较典型，其《五四运动史》有

---

　　① 　本章引用昔年言论，尽可能注明其写作年代，然作者未自注写作时间者，则注出其发表时间。各家文字，凡通行文集所收者，一般使用文集，以利读者核阅，仅对那些不常被引用者兼注明其发表的报刊。

专章讨论"问题和主义之争",其副标题就是"马克思主义和反马克思主义的第一次论战"。[①] 萧超然到 1995 年仍持类似看法,认为:"这场大论战是马克思主义与资产阶级改良主义在中国的最初一次激烈的较量;是以胡适为代表的资产阶级知识分子右翼与以李大钊为代表的共产主义者的一次不可调和的斗争。"[②]

从 80 年代开始,修正上述看法的研究开始出现。李新、陈铁健主编的《伟大的开端》提出:这次论战不是以马克思主义的胜利而告终,"通过论战,双方都进一步阐明了自己的观点,使改造社会中的两种不同主张,旗帜更加鲜明,并都扩大了自己的影响。但从当时的情况来看,实验主义和改良主义的影响,明显地胜过马克思主义的社会革命论"。从该书所引的材料及当时的相关文献看,这一结论基本可立。[③] 进入 90 年代,李林、李良玉、马以鑫等皆进一步论证胡适当年锋芒所指并非马克思主义。[④]

到 2001 年,胡绳关于 1919—1949 年历史的系列谈话及根据

---

① 彭明:《五四运动史》,470~499 页,北京,人民出版社,1984。更早的表述可参见高全朴、张岂之:《"五四"时期李大钊同志反对资产阶级改良主义的斗争》,载《历史研究》,1959 (6)。

② 萧超然:《北京大学与五四运动》,258 页,北京,北京大学出版社,1995。

③ 参见李新、陈铁健主编:《中国新民主革命通史》第 1 卷 (1919—1923)《伟大的开端》,212~223 页,上海,上海人民出版社,2001,引文在 220 页 (原为中国社会科学出版社 1983 年版)。按:在美国的周策纵很早即对这一论争进行了与前述观点不甚同的简略讨论,参见其 *The May Fourth Movement*：*Intellectual Revolution in Modern China*，Cambridge，MA.，Harvard University Press，1960，pp. 218-222。不过他的书直到 90 年代中期才译成中文,此前基本未参与到中国大陆的学术言说之中。

④ 参见李林:《还"问题与主义"之争的本来面目》,载《二十一世纪》,第 8 期,1991;李良玉:《关于五四时期"问题与主义之争"的历史考辨》,载《南京大学学报》,1993 (1);马以鑫:《"问题与主义"之争的再评价》,载《华东师范大学学报》,1995 (4)。

其谈话集体撰写的新现代史的部分章节出版①，几乎从根本上改变了对这一问题的看法。胡绳的谈话从 1995 年就开始了，但公布较晚。他明确指出："胡适与李大钊之间的'问题与主义'之争，过去把它讲成是敌对双方的斗争，事实上还是朋友之间的争论，双方都是反对封建主义旧思想、旧势力的。胡适的意思无非是主张改良，不赞成革命。后来胡适提倡好政府主义，李大钊也参加在宣言上签了名，不能说李大钊签名是犯了错误。……对这种主张可以批评，但说它如何反动显然是不对的。"②

依据胡绳的这一主张，"从五四运动到人民共和国成立"课题组（以下简作"胡绳课题组"）对此次论争的结论是："这场为时短暂的'问题与主义'之争，是民主阵线内部发生的一场争论。争论的方式是商讨式的，直率而温和，并没有剑拔弩张。争论之时，胡适与李大钊之间，友谊依旧。争论过后的相当长的时间里，陈独秀、李大钊与胡适，也并没有因为对马克思主义的态度迥异而反目为仇。"当然，"他们中间存在着许多政见上的分歧"，其要点在于"要不要进行社会革命以求中国社会问题的根本解决"，对此"胡绳课题组"进行了较详的论述。"总的看来，在 20 年代的民主运动中，他们还是相互信任和相互支持的"。③

---

① "从五四运动到人民共和国成立"课题组：《胡绳论"从五四运动到人民共和国成立"》，北京，社会科学文献出版社，2001。

② "从五四运动到人民共和国成立"课题组：《胡绳论"从五四运动到人民共和国成立"》，18 页。

③ 参见"从五四运动到人民共和国成立"课题组：《胡绳论"从五四运动到人民共和国成立"》，62～70 页，引文在 67～68 页。按：课题组成员是丁伟志、徐宗勉、陈文桂、闻杰。

不过，也有相当多的一些人坚持原来的观点，到1999年，仍有学者认为"胡、李的争论是中国思想史上自由主义与马克思主义的第一次争论，也是在半殖民地半封建中国两条社会道路的原则争论"①。再到2003年，还有人坚持：五四运动中，既"有资产阶级与无产阶级共同反对封建主义与帝国主义的斗争，也有资产阶级与无产阶级两种思想的斗争，如问题与主义之争，就属于后者"②。

学术观点本不必非"求同"不可，对具体史事的认识存在歧异不仅正常，有时甚至可说是理想的状态。但关于此事的歧见似与前述研究特点相关：主要的"拨乱反正"论述同样出自通史或类似通史的著作，这些著作本不要求对特定具体问题做深入细致的研究③；而不论支持或反驳"传统"观点的论文，仍多倾向于定性的"评价"，却少见对所涉史料和史事进行相对深入的探索者④。

---

① 陆剑杰：《中国的自由主义和中国的马克思主义之关系的历史、现状与未来》，载《哲学研究》，1999（11）。

② 黄济：《中国近百年教育思想回眸》，载《北京大学教育评论》，2003（2）。不过，作者也指出，在其研究的教育思想领域，实用主义教育思想影响甚大，"当时出版的由中国学者所撰写的教育专著，也多数受到实用主义教育思想的影响。甚至有的以马克思主义观点所写的教育论著，对实用主义教育思想也是肯定的"。

③ 另有不少相关论述出自对胡适和李大钊的研究，基本上所有关于胡适和李大钊的传记性研究都多少涉及这一问题（不具引），但大部分也都有明显的"附带"论及的意味，故多未深入。

④ 少数论文如前引李良玉之文也进行了相对细致的考辨，惜其欲证明胡适所针对的非李大钊《我的马克思主义观》一文，似无必要，盖李大钊文本后出，自不可能成为胡适批评的对象。参见刘维：《一个必要的考据》，载《光明日报》，1960-08-04，3版。

也许这些学者以为这一事件本非"大事"，具体事实也较"清楚"，故没有多少可深入之处。其实"问题与主义"之争时间虽短暂，却触及了所处时代认知的焦点，其反映出的关怀是广泛而持续的。例如，关于中国问题是局部解决还是整体解决，以及外来"主义"与中国国情的关系问题，就长期困扰着中国思想界。前者多为既存研究所注意，后者本是胡适的一个主要出发点，却基本被忽略。重要的是，胡适的两项主张不但当时颇有人赞同，几年后仍得到呼应，其中也包括一些中共党人，这一点似较少有人注意到。

对胡适个人而言，"问题与主义"之争应置于他在新文化运动后期开始"谈政治"的一系列有关政治的言论和行动中考察[①]，并当注意那段时间中国思想界对社会、社会主义和社会改造的普遍关注和思考。[②] 就是当年争论的具体文本，包括最直接的胡适、李大钊和蓝公武三人的论述，以及三人之外的许多相关讨论文字，也都还值得深入解读，不过本章暂不及此，主要就一些相关的问题做些外围的探索。

---

① 相关论述较早有李达嘉的《胡适在"歧路"上》，见《胡适与近代中国》，213～252 页，台北，时报文化出版公司，1991。较近有桑兵：《陈炯明事变前后的胡适与孙中山》，载《近代史研究》，2001（3）。我个人对此也较关注，先后有一些论著讨论及此，参见罗志田：《胡适与社会主义的合离》，见陈平原主编：《学人》第 4 辑，南京，江苏文艺出版社，1993；《再造文明之梦——胡适传》，成都，四川人民出版社，1995；《走向"政治解决"的"中国文艺复兴"：五四前后思想运动与政治运动的关系》，载《近代史研究》，1996（4）。

② 前引《伟大的开端》和《胡绳论"从五四运动到人民共和国成立"》都特别注意这方面，很可参考，但仍有不少可论之处。

一、倒放电影的争论起因

民初的中国，"主义的兴起"是一个显著的现象。平民教育派的周德之曾描述说："自从'主义'二字来到中国以后，中国人无日不在'主义'中颠倒。开口是'主义'，闭口是'主义'，甚至于吃饭睡觉都离不掉'主义'！眼前的中国，是充满'主义'的中国；眼前的中国民，是迷信'主义'的中国民。"马君武则菲薄其为"主义癖"，而陈炯明更斥之为"主义毒"。[①] 这些言论虽出自北伐前后，但也大体适用于新文化运动期间。

如傅斯年在"五四"前就指责国人因"心气薄弱"而缺乏"主义"，往往"随风倒、任水飘"，既"没有独立的心思"，也"没有独立的见解"。故"没主义的人，不能做事"，也"不配发议论"。他甚至把"主义"的有无上升到人禽之别的程度，以为"没主义的不是人"。傅氏问道："（1）中国的政治有主义吗？（2）中国一次一次的革命，是有主义的革命吗？（3）中国的政党是有主义的吗？（4）中国人有主义的有多少？（5）中国人一切的新组织、新结合，有主义的有多少？"答案当然是负面的，所以他干脆说："任凭他是什么主义，只要有主义，就比没主义好。就是他的主义是辜汤生、梁巨川、张勋……都可以，总比见风倒的好。"[②]

---

① 周德之：《为迷信"主义"者进一言》，载《晨报副刊》，1926-11-04，9 页；马君武：《读书与救国》，载《晨报副刊》，1926-11-20，45 页；陈炯明：《中国统一刍议》，1928 年自刊本。又见罗志田《再造文明之梦——胡适传》266 页所引。

② 傅斯年：《心气薄弱之中国人》，见《新潮》1 卷 2 号（1919 年 2 月），343 页，上海，上海书店，1986，影印本。

这样一种对"主义"的普遍推崇，是理解"问题与主义"之争的重要背景，此不赘，下面想要探讨的是这一争论的具体起因。在这方面，最有意思的是胡适自己后来的陈述也带有较强的倒放电影倾向，且表述的时间愈晚，其见解愈类似于马克思主义革命史研究者；虽然双方遣词用字不甚同，但这样惊人的"一致"客观上"配合"了胡适批判者及后来不少革命史研究者的观点。

胡适最早的回忆是在 1922 年，他在解释自己何以要谈政治时说，1919 年陈独秀被捕，他接办《每周评论》，不能不谈政治。"那时正当安福部极盛的时代，上海的分赃和会还不曾散伙。然而国内的'新'分子闭口不谈具体的政治问题，却高谈什么无政府主义与马克思主义。我看不过了，忍不住了，——因为我是一个实验主义的信徒，——于是发愤要想谈政治"，并在《每周评论》上"提出我的政论的导言，叫做'多研究些问题，少谈些主义！'"。该文"引起了无数的抗议：北方的社会主义者驳我，南方的无政府主义者痛骂我"。[①]

到 1930 年 5 月，胡适在为汤尔和的译作《到田间去》作序时写道："我在十多年前，便提出'多研究问题，少谈主义'的竟（意）见，希望引起一班爱谈大道理的人的觉悟。十年以来，谈主义的人更多了，而具体的问题仍旧没有人过问。只看见无数抽象名词在纸上炫人眼睛，迷人心智，而事实上却仍旧是一事无

---

① 胡适：《我的歧路》（1922 年 6 月），见《胡适文集》第 3 册，364 页，北京，北京大学出版社，1998。

成，一事不办。"① 两者大体都是实录性的回忆，后一次的"抽象名词"，多少与那时他和周谷城关于"封建"这一名词的争议有关。②

同年 11 月，胡适开始强调他所主张的实验主义和陈独秀代表的辩证唯物史观不可能如陈氏曾希望的那样"合作一条联合战线"，因为"辩证法出于海格尔的哲学，是生物进化论成立以前的玄学方法。实验主义是生物进化论出世以后的科学方法"。因为中间隔了一层达尔文主义，这两种方法是"根本不相容"的。从达尔文主义出发的实验主义"只能承认一点一滴的不断的改进是真实可靠的进化"，而再造中国文明的途径也"全靠研究一个个的具体问题"。③

也许因为这里牵涉到政治表态，或者因为此文是专写给"少年朋友"看的，胡适的回忆也有些改变，他在谈到自己的主张当初"最不能得各方面的了解"时说，五四运动之后，"国内正倾向于谈主义。我预料到这个趋势的危险，故发表《多研究些问题，少谈些主义》的警告"。时隔十几年，"这些话字字句句都还可以应用到今日思想界的现状。十几年前我所预料的种种危险，——'目的热'而'方法盲'，迷信抽象名词，把主义用作蒙蔽聪明停止思想的绝对真理，————都显现在眼前了"。

---

① 胡适：《汤尔和译〈到田间去〉的序》（1930 年 5 月），见《胡适文集》第 8 册，402 页。

② 胡适在当年 7 月致《教育杂志》的信中说："一班浑人专爱用几个名词来变把戏，来欺骗世人。这不是小事，故我忍不住要指出他们的荒谬。"参见耿云志：《胡适年谱》，182～183 页，成都，四川人民出版社，1989。

③ 本段与下段参见胡适：《介绍我自己的思想》（1930 年 11 月），见《胡适文集》第 5 册，508～510 页。

这里一个明显的转变是从被动的"忍不住"改为主动的"预料"，到 50 年代胡适做口述自传时进而说，他在 1919 年"已经觉察到"，新文化运动中提倡输入学理的一面已出现"走向教条主义的危险"。虽然胡适所说当年与他冲突的包括"相信无政府主义、社会主义或共产主义等教条主义者"，但却强调共产主义者是"我的主要反对派"。① 所谓"已经觉察"正是早年"预料"的翻版，而马克思主义者上升为"我的主要反对派"，却有着新的"今典"。

当时正对胡适进行全面的批判，胡适的情绪显然受到影响，故以为早年的争论导致"重翻旧案，发动了大规模运动来清算我的思想"。这一自述提示出胡适新说的触发点："他们总是征引我在 1919 年所写的那些早年著述，作为他们所谓我一切学术著作背后所隐藏着的阴险动机的铁证！他们说我在 1919 年所作的整个有关〔问题与主义〕的讨论，不只是〔学术性〕的辩难；而是对我的同事李大钊和他的朋友们那时正在发起的马克思主义运动一种〔恶毒的〕攻击。"②

这段话若反过来读，恰意味着当年的讨论不是攻击，而是辩难。但胡适被批判后心绪已不宁静，不免跟着倒放电影，也认为那时的共产主义者是"我的主要反对派"，并对他"难忘旧恨"，

---

① 〔美〕唐德刚译注：《胡适口述自传》，175 页，上海，华东师范大学出版社，1993。
② 〔美〕唐德刚译注：《胡适口述自传》，194～195 页。按：这其中可能有译注者唐德刚先生起的作用，译本这一节的标题便是"'问题'与'主义'之争：我和马克思主义者冲突的第一回合"，但这不排除是唐先生自己"总结"文意后加上的，因为他并未说各章节标题是胡适自定，有的标题如"考试和书院教育"便不像是先有，更像是后加（甚至有的分节恐怕都是后来"编辑"时的处理），待考。

无意中恰 "配合" 了他的批判者。其实在 1919 年时没有任何证据表明胡适有意与马克思主义者冲突①，本来那时的中国实无多少明确的 "马克思主义者"，李大钊对俄国布尔什维克主义的介绍虽稍早，但他对马克思主义的倾向，却是在胡适的文章刊发后才明确表示出来。而稍后出版的《新青年》6 卷 5 号即是 "马克思研究号"②，提示着这一争论似乎还推动了《新青年》对马克思主义的介绍（详后）。

更重要的是，陈独秀、李大钊都是胡适的好友，且胡适是因陈独秀被捕、李大钊走避乡间而不得不接办《每周评论》，本带有义不容辞的 "前赴后继" 意味；当时局面如何发展难以逆料，若在此时发表攻击同人的文章，岂不成了京师警察厅的战友了吗?! 李大钊那篇与胡适讨论的文章（该文本是通信，恐怕连题目都是任编辑的胡适所加），大概同样带有支持其 "前赴后继" 的意思。在刊物本身受到警察厅威胁之时（不久终被查封），同人们却主动互相 "攻击"，实在不合情理。

其实胡适将其撰文的意图表述得非常清楚，似应予以更进一步的重视；而其所述也反映出当时思想界的一些倾向，或可作为探索争论缘起的又一个方向。

---

① 相反，殷海光后来甚至指责胡适只知宣扬民主，却 "很少注意与民主思想敌对的思想"。参见张忠栋：《胡适与殷海光》，载《台大文史哲学报》，37 期，1989 年 12 月，126、163 页。

② 按：《新青年》6 卷 5 号虽标明是 1919 年 5 月出版，实际出版时间则延后，学者已有考辨。如李大钊那篇《我的马克思主义观（上）》中，就请读者参照当年 8 月初出版的《每周评论》第 33 号上的内容。不排除李大钊能先看到《每周评论》稿件，即使如此，他撰文时至少《每周评论》第 33 号的内容已确定，故《新青年》"马克思研究号" 的实际出版时间当更晚。

二、因相近而区分

五四学生运动前后的思想界的确存在各种"主义"间的对立和竞争，但思想界的主要特征毋宁说是各种流派的混杂难分；甚至时人特别看重的新旧之间的对立，也没有既存研究所陈述的那样强烈。[①] 民初中国是一个非常特殊的时代，就世界范围而言则是一个非常特殊的地域。[②] 试举一个体现"特殊"的例子：五四运动几年后，身为内阁总长的章士钊同时自办刊物《甲寅》议政。他在言说中仍以士人自居，把吴承仕担任司法部佥事视为"沉沦下僚"；更在其致吴的公开信中攻击政府学务，说当时"士习日坏，学殖全荒，国家设学，且惟摧毁国学是务"。[③]

那时章士钊自己就担任教育总长，以中央政府负责教育的部长在自办刊物上攻击"国家设学"，这样的行为，在没有杂志的古代中国自不可能，在所谓现代政治中也相当特殊。这类"道统"和"政统"互渗的局面在"五四"当年似较显著，那时朝野间常常分享着共同的思想资源，并具有共同的"问题意识"（即

[①] 更实际的情形是新中有旧，旧中有新，且新派的进攻性要大大强于旧派。说详罗志田：《林纾的认同危机与民国的新旧之争》，载《历史研究》，1995（5）。

[②] 一般而言，已树立地位的社会精英是既得利益者，最不支持任何形式的革命。但民初中国的情形则反是，许多士人因鼓吹、参与或支持各种"革命"而先一举得名，继则获得社会承认，或入名大学获高薪教职，或竟直入政界为高官，成为名实俱获的社会精英。更有意思的是，这些知识分子在树立地位即成为社会学上所谓既得利益者之后，仍不同程度地提倡、支持或参与文化、思想、学术、社会、家庭等各种革命，其中也不乏身与政治革命者。这个问题牵涉甚宽，我会另文讨论。

[③] 章士钊：《孔传考——答吴承仕》（1925年8月1日），见《章士钊全集》第5卷，90页，上海，文汇出版社，2000。

关怀和思考的问题呈现出一致性)。大约在 1919 年 6 月初军警大量抓捕学生后,朝野间的对立趋于明晰,进行"区分"的必要也更加凸显,至少"民间"一面有这样的感觉。

先看双方相近相通的一面。我在十年前曾提出,参与"问题与主义"论战的各方有其共同之处,比较接近的大致有两点:一是中国必须借重西方的主义或学理,但却不能照搬,尤其是资本主义不行;二是中国当下最重要的问题是社会的和经济的,也就是民生问题。观论战各方所提的解决民生问题的方案,虽然出发点和所用的标签不尽同,具体的措施也不一样,但均对资本主义持不同程度的批判态度而倾向于某种社会的解决。[①]

这样的共同之处也体现在当时主导北京政局之安福系的思想上,该系报纸《公言报》曾发表留学日本的白坚撰写的社论,提出以实行"社会主义"来抵御马克斯派"共产主义"的主张。社论说,共产主义"起于马克斯之《资本论》,盖痛愤于〔西方社会〕资产分配之不均",而"思有以革易之"。而中国"自来重农轻工商,工商之业,较之欧美及东邻,无足比数",亦无相应之贫富悬殊的社会问题;故"欧美及日本资本家与劳动者之轧轹不平,无由而生于我国。即偶有之,亦不过少少者耳,无影响于大局也"。[②]

尽管如此,"五四"学生运动"不旬日,而罢市罢工之风几遍全国,则其潜势之不可侮可知"。盖当时中国"频年内乱无已,

---

① 罗志田:《胡适与社会主义的合离》,见陈平原主编:《学人》第 4 辑,28~29 页。

② 本段与下段,参见白坚:《论危险思潮敬告为政者与将帅》,载《公言报》,1919-06-27、1919-06-28,均 2 版。是邓野先生的论文《王揖唐的"社会主义"演说和"问题与主义"论战的缘起》(载《近代史研究》,1985 年第 6 期)提示我查阅这一社论及下面述及的王揖唐演说。

纲纪为摧，四民失业，人无宁处"；"朝野上下，无往非失业失所之民。巨猾神奸，欲有所为，每假欧美学说以为攻夺政权之利器。而此学说足为彼利器者，必有适合于多数失业失所者之心；或且以为足矫方今之失，而开将来之正，务助其澜扬其波"。换言之，中国虽少见欧美日本那样的劳资冲突，民生问题却已相当严重，使"所谓危险思潮者，乘虚而入"，绝非以严刑峻法的条文吓唬可以解决。

不久王揖唐在安福俱乐部全体议员会上演说"本部之政纲"，也认为"所谓过激派，原由大地主及资本家垄断资财、奴隶劳动所激成。其实此种学说吾国数千年前早有倡者，即如许行之学说，自食其力，均田均耕，与近世之共产主义相近。惟在彼时已有认为此种学说与中国不适者，即孟子是也。孟子虽反对许行之学说，然亦主张社会主义者"。如孟子提倡的"民为重，社稷次之，君为轻"，就是"从人民生计上着想"的学说。[1]

陈独秀在稍后《实行民治的基础》一文中，也指出"中国人工商业不进化"，其"好的方面"即"没有造成象欧洲那样的资产阶级和军国主义；而且自古以来，就有许行的'并耕'，孔子的'均无贫'种种高远理想"，这表明"我们的国民性里面，确实含着许多社会经济的民治主义的成分"。[2] 尽管具体的归类或不同，陈独秀和安福系同样注意到中国工商业不发达所造成的与西方社会的差异，也同样从传统中找到许行等的思想。

---

[1] 《昨日安福部之议员会》，载《公言报》，1919-07-09，2 版。

[2] 本段与下段，参见陈独秀：《实行民治的基础》，载《新青年》，7 卷 1 号，1919 年 12 月，见任建树等编：《陈独秀著作选》第 2 卷，29～30 页，上海，上海人民出版社，1993。

　　而且，陈独秀的侧重点也与安福系类似，他说，"最进步的政治，必是把社会问题放在重要地位，别的都是闲文"，盖"社会经济的问题不解决，政治上的大问题没有一件能解决的，社会经济简直是政治的基础"。若比较陈独秀三年前所说的"伦理问题不解决，则政治学术，皆枝叶问题"①，即可见其观念的明显转变。关注社会大致已成当时新文化人的共识，胡适在大约同时也指出："新思潮的将来趋势……应该是注重研究人生社会的切要问题。"②

　　对安福系而言，既然"危险思潮"已风靡中国，又非严刑峻法所能"遏抑防阻"，白坚提出了几条因应措施，第一条便是"为政者与将帅宜究心社会主义"。他说："凡一主义能得多数信从者，必其有可信从之真际。能得其真际所在，则自有因应之方。不然，则暌隔而不通。"若"以其有异吾素所执也，闻其声，徒有畏恶之情。畏之恶之，无当也。畏恶则益疏远，疏远则相背驰"。故"为政者而与多数国民相背驰，则祸之作必矣。谓宜人究其书，乃可言取舍，乃可言因应也"。③

　　这倒像是采纳了李大钊的主张，李在同月稍早的《每周评论》中提出："说某种主义学说是异端邪说的人，第一要知道他自己所排斥的主义学说是什么东西，然后把这种主义学说的真象

――――――――――

　　①　陈独秀：《宪法与孔教》，载《新青年》，2卷3号，1916年11月，又见《陈独秀著作选》第1卷，224页。不过，要注意陈独秀那时所谓"社会经济的民治主义"是偏向自由主义的，他说，"杜威博士关于社会经济（即生计）的民治主义的解释，可算是各派社会主义的公同主张，我想存心公正的人都不会反对"，故中国若实行民治，要"拿英、美作榜样"。参见陈独秀：《实行民治的基础》，见《陈独秀著作选》第2卷，29、32页。

　　②　胡适：《新思潮的意义》，载《新青年》，7卷1号，1919年12月，又见《胡适文集》第2册，558页。

　　③　白坚：《论危险思潮敬告为政者与将帅》，载《公言报》，1919-06-27，2版。

尽量传播，使人人都能认识他是异端学说，大家自然不去信他，不至受他的害。若是自己未曾认清，只是强行禁止，就犯了泯没真实的罪恶。"①《公言报》社论提出的，正是先"认识"再"排斥"的因应方策，即使不是安福系有意采纳李大钊的看法，也说明双方无意中所见颇相接近。

白坚提出的第二条措施是"为政者与将帅宜凛然痛自革易"，以消除财富不均现象。他不讳言"今日之将帅及为政者，坐拥数十万数百万或数千万之金者，指不胜屈也；民生则益困穷，士卒则多冻馁。祸机一发，左右麾下之人，尽勍敌矣"。故既得利益者"痛自改革，即所以撤敌人目标之一道也"。而最后一条措施则是"逐次推行社会政策"，即贯彻他所认知的"社会主义"。在白坚看来，"社会主义之本旨，在哀多益寡，以厚人之生；使天下之人，各尽其能，各取所需。上无侵夺人之事，则下自无侵夺人之心；危险思想，无从而生，此社会主义之成也"。社论最后说，"无政府主义、均产主义与［中国］数千年习惯相异，傥欲急行，或诚危险也哉。惟社会政策，则毫无危险。今为政诸子，诚能自克而行社会政策，则危险思潮及今或犹可矫易。不然，则恐祸至无日矣"。②

----

① 李大钊：《危险思想与言论自由》，载《每周评论》，第 24 号，1919-06-01，又见中国李大钊研究会编注：《李大钊文集》第 2 卷，327 页，北京，人民出版社，1999。

② 白坚：《论危险思潮敬告为政者与将帅（续）》，载《公言报》，1919-06-28，2 版。按："社会政策"在当时或指谓某种带有"均贫富"倾向的系列社会改良措施，毛泽东稍后曾列举五种"世界解决问题的方法"，其第一种就是"社会政策"，而他认为这是"补苴罅漏的政策，不成办法"。参见《新民学会会务报告（第二号）》，见中国革命博物馆、湖南省博物馆编：《新民学会资料》，22～23 页，北京，人民出版社，1980（以下引用省略编者）。

　　王揖唐也提出：中国 "屡经兵燹，人民之痛苦已水深火热，替人民直接谋生存，责任在政府；然间接替人民谋幸福及生存者，责任实在政党。吾党既以保育民生为政纲，且居国会之多数党，责无旁贷，义不容辞，拟在本部特别组织研究会" 以探讨民生主义。安福俱乐部议员对此 "全体均赞成，即嘱干事部着手组织"。《公言报》报道的提要称之为 "社会主义研究之组织"。①

　　那时安福系并不仅仅是在因应国内问题，他们显然感受到了外来思想的冲击。王揖唐即说，"自世界潮流播及后，民生主义为不可再缓之图"②。而白坚更承认，以无政府主义、共产主义为代表的 "俄国过激派所倡导、所实行［的］一切破坏主义" 这类危险思潮，已 "使俄国土崩瓦解；德、墺二邦，亦行见为俄之续；英、法、意、美诸邦，无不见此主义之流行披猖、蕴蓄郁积；而日本及我邦处此，亦莫之能外"。更因中国政教之失已久，故 "其来如疾风，当者为之披靡；其速也如流电，远迩无所不居；浩浩乎，滔滔乎，莫之能御"。简言之，安福系正是因为无政府主义和共产主义这类 "危险思潮" 渐有风行之势，才要研究和实行某种社会主义，希望能收釜底抽薪之功。

　　相当数量的研究者常把安福系视为当时最 "落伍" 者，而其关于 "世界潮流" 的认识，看上去却类似趋新者罗家伦的见解。罗氏稍早曾描述 "一股浩浩荡荡的世界新潮" 正由西向东，经太

---

① 《昨日安福部之议员会》，载《公言报》，1919-07-09，2版。李林认为，安福系研究民生主义也是出于 "政治斗争的需要"，当时南北正议和，安福系谋与孙中山接近，并在国民党的推动下至少表面上赞同 "孙文学说"，可备一说。参见李林：《还"问题与主义"之争的本来面目》，载《二十一世纪》，第8期，1991。

② 《昨日安福部之议员会》，载《公言报》，1919-07-09，2版。

平洋而到远东。这一"二十世纪的世界新潮"就是俄国革命。与以前法国式的政治革命不同，俄国式的革命是社会革命。中国迟早会被阻挡不住的"世界的新潮卷去"，"不能不预先筹备应付这潮流的法子"。[①]

可以看出，安福系和罗家伦对于"世界潮流"的认知和想要预为因应的思考方式都是相当接近的，不过安福系想以实行"社会主义"来抵御马克思派"共产主义"，而罗家伦的因应方策则包括"与其崇拜雷竭奴 Richelieu 的理财，不如崇拜马克斯 Karl Marx 的经济"这类相对激进的主张。但双方确有不少共同或相通之处，大致可见。

罗家伦的《新潮》同人傅斯年也对俄国革命寄予厚望，他在1918 年 6 月就认为，"近世史之精神，全在思想自由"。自欧洲"文艺复兴"和"宗教改革"后，思想自由"再现于政治革命"，即法国革命。此后"更待改革者何事乎？社会而已"；后者即体现在俄国革命之上。几个月后他更看到："中欧各国起了社会革命了！俄国式的革命到了德意志了。从此法国式的革命——政治革命——大半成了过往的事；俄国式的革命——社会革命——要到处散布了。"俄国革命可能失败，但若"经数十年之试验，得一美满结果，人类进化更进一层矣"。俄国的现状虽不如意，但人类"将来无穷的希望，都靠着他做引子"。故"将来俄国于文明史上，非同等闲。德哲人尼采谓俄独有兼并一切之能力，吾则

---

① 本段与下段，参见罗家伦：《今日之世界新潮》（1918 年 11 月），见《新潮》1 卷 1 号（1919 年 1 月），19～23 页。

谓俄之兼并世界，将不在土地国权，而在思想也"。①

　　傅斯年对"革命"的青睐此后仍有表述，而且他比罗家伦更进一步，其眼中的"世界潮流"差不多就是"世界革命"。傅斯年在"五四"前夕评论朝鲜独立运动说，这一运动虽未见成功的可能，"但是就内里的精神看起来，实在可以算得'开革命界之新纪元'"。盖其"对于未来的一切革命运动，有三层重要的教训：第一是非武器的革命。……第二'是知其不可而为之'的革命。……第三是单纯的学生革命"。只要"世界的革命未已，这精神自必续继下去；这精神由现在看起来，好像愚不可及，然而顺着这世界的潮流，必得最后的胜利"。②

　　到五四学生运动后，罗家伦再次表明了对俄国革命的肯定。他对中国的辛亥革命和俄国革命进行了比较，发现两者间"有一个大不同的地方，就是：中国的革命，是以金钱权位运动军队来的，而俄国的革命，是以思想主义征服军队来的——其实不但是征服军队，并且征服一切平民。所以俄国革命愈革愈好，中国革命愈革愈坏"。③ 与傅斯年从俄国革命中看到"思想"的"兼并"能力相类，罗家伦也从中看到"思想主义"的"征服"能力，两人的思路和倾向性非常相近。

　　不少研究"问题与主义"之争者（包括一些试图为胡适"翻案"的作者）都将以傅斯年、罗家伦为代表的《新潮》派归到胡

---

　　① 傅斯年：《社会革命——俄国式的革命》（1918 年 11 月 12 日），见《新潮》1卷 1 号（1919 年 1 月），128～129 页。
　　② 傅斯年：《朝鲜独立运动中之新教训》（1919 年），见《新潮》1 卷 4 号（1919 年 4 月），687～688 页。
　　③ 罗家伦复张继（1919 年 11 月 8 日），见《新潮》2 卷 2 号（1919 年 12 月），366 页。

适一边，往往指出其与马克思主义者或其他激进者的对立和冲突。其实李大钊与新潮社关系同样非常密切①，而此时罗家伦和傅斯年至少远比寄希望于英美式民治的陈独秀更激进，他们放眼未来，看重的是俄国式的社会革命和马克思的经济学说。

然而这也并不意味着他们在实验主义和马克思主义之间选择后者，傅斯年《社会革命——俄国式的革命》一文中便屡次用"试验"来表述法国和俄国革命，而罗家伦那时更常常强调实验主义关注"此时此地"的观念。② 大致可以说，胡适和李大钊的主张都是五四学生一辈人的思想资源，他们并未从中看到太多的冲突和对立，反而更多看到其相通之处。

同时，社会主义和一些与其相关的"主义"也确有令人困惑处，在"民间"一边或"道统"之内稍早已出现"区分"的努力。1919 年 3、4 月间出版的《每周评论》第 15 号和 18 号，即分别摘译刊登了倍倍尔的著作《近代社会主义与乌托邦社会主义的区别》和王光祈的《无政府共产主义与国家社会主义》，两文的共性是要"区别"各类不同的西方"主义"，尤其是与"社会主义"相关者。王光祈在介绍克鲁泡特金的"无政府共产主义"和马克思的"国家社会主义"之异同时，特别更正自己一个月前曾说的俄罗斯的"布尔扎维克曾自标其主义为无政府主义"，"如今细考布尔扎维克的所为，似近于国家社会主义"，而非互助的

---

① 罗家伦后来回忆说，李大钊的图书馆主任室是当时趋新师生两个相互问难辩论的聚会场所之一，而他和傅斯年两人几乎天天都在那里。参见罗家伦（口述）：《蔡元培时代的北京大学与五四运动》，载《传记文学》（台北），54 卷 5 期，1989 年 5 月，15 页。

② 例如，罗家伦：《近代中国文学思想的变迁》，见《新潮》2 卷 5 号（1920 年 9 月），863～888 页。另外，罗家伦在此文中也明确引述了经济决定论的观念。

无政府主义。①

　　前引罗家伦主张"崇拜马克斯 Karl Marx 的经济",也引起无政府主义者的反对。黄凌霜表示他不但不"崇拜"马克思的"玄想的经济学",而且"极端反对马克思的集产社会主义";他提出的理由非常符合时人尊奉的进化观念:在欧洲,"马克思的集产主义现在已不为多数社会党所信仰。近来万国社会党所取决的,实为共产主义"(具体指他们正在提倡的"无政府共产主义")。②

　　马克思主义和无政府主义都是安福系眼中的"危险思潮",在不同程度上也都与俄国相关。值得注意的是,安福系既不赞成以严刑峻法的条文之吓唬来解决"危险思潮",也不主张采取"畏之恶之"而"益疏远"的鸵鸟取向,他们自身要开展对社会主义的"研究",并建议"为政者与将帅宜究心社会主义"。这样一种主动"介入"的愿望,似乎体现出"政统"意欲进入原来更多

---

　　①　若愚(王光祈):《无政府共产主义与国家社会主义》,载《每周评论》,第18 号,1919-04-20,2 版。后来毛泽东曾列举出五种"世界解决社会问题的方法",不仅有"社会政策""社会民主主义"和"无政府主义",也包括"激烈方法的共产主义(列宁的主义)"与"温和方法的共产主义(罗素的主义)"[《新民学会会务报告(第二号)》,见《新民学会资料》,22 页]。甚可见时人认知中这些"主义"间既相互关联又有歧异的复杂性。

　　②　黄凌霜:《评〈新潮〉杂志所谓今日世界之新潮》,载《进化》,1 卷 2 期,1919 年 2 月,收入高军、李慎兆、严怀德等编:《中国现代政治思想史资料选辑》上册,15～16、13 页,成都,四川人民出版社,1983。按:黄凌霜 1922 年到苏俄后有大转变,他对陈独秀说:现"已确信"无产阶级专政"乃今日社会革命唯一之手段,此后惟有随先生之后,为人道尽力"。见凌霜致仲甫,见《新青年》9 卷 6 号(1922年 7 月),90 页。又,在论战中以进化论为思想武器来立论驳论是那时的风气,稍后在"科学与玄学之争"时,张君劢也指胡适等人所信奉的"科学"观念是欧洲 16—19 世纪的主张,已被 20 世纪的欧洲人抛弃。参见罗志田:《从科学与人生观之争看后五四时期对五四基本理念的反思》,载《历史研究》,1999 (3)。

被"民间"占据的言说世界，以相近的议题来争夺对"道统"的掌控。或许就是这一点使"道统"方面警醒，并采取相应的防卫行动。

胡适那句"安福部也来高谈民生主义了"表述出很强的警惕性，在许多人嘲笑这种"假充时髦的行为"时，胡适却感到这是"给我们这班新舆论家一个教训"。他敏锐地觉察到，对于王揖唐主张民生主义的演说和安福部设立"民生主义研究会"的活动，与安福系相关的舆论机构采取了联合行动："北京《公言报》、《新民国报》、《新民报》（皆安福部的报）和日本文的《新支那报》，都极力恭维。"这样一种呈现出"共谋"的举动，使他认为必须有所区分。①

胡适指出："马克思的社会主义，和王揖唐的社会主义不同；你的社会主义，和我的社会主义不同。"大家都谈社会主义，"同用一个名词，中间也许隔开七八个世纪，也许隔开两三万里路，然而你和我和王揖唐都可自称社会主义家"。我们今日当然知道那时各派所说的社会主义有相当大甚至是实质性的区别，但多少也有其共性，如《时事新报》一文所说："今日之言社会革命者夥矣，而各人研究之学理及实行手段的趋向，亦因之而歧：有主张政治革命者，有主张社会集产革命者，又有主张无政府共产革命者。其主义虽互有差异，然所盼望改革社会成一完美之社会的愿望则均同。"②

不过，前引王光祈在一个月的时间里修正自己的看法以及黄

---

① 本段与下段，引自胡适：《多研究些问题，少谈些"主义"》（1919年7月），见《胡适文集》第2册，249～250页。

② 刘华瑞：《社会改革之正趋》，载《时事新报》，1919-09-22，1张1版。

凌霜试图以"万国社会党"采纳的"无政府共产主义"来"反对"苏俄共产党实行的"马克思的集产主义",提示出当时人实在有些分不清这些"主义"的异同。罗家伦曾以不同的历史和社会背景来解释这些同源观念的演变,他说,"同是马克思的学说,为什么得到英国会变成 Guild Socialism,到法国会变成 Syndicalism,到俄国会变成 Bolshivism,到美国会变成 I. W. W. 呢?这都是各有历史和他社会背景的缘故"。[1]

然而罗家伦眼中这些同源的"主义"又各自争斗不休,吴康稍后描述说,那些谈"社会改造"者,"你今日鼓吹一个马克思的主义,他明日主张一个蒲鲁东、克鲁泡特金的学说,后日再出来一些个什么'工团主义'(Syndicalism)、'行社主义'(Guild-ism)";大家"各捧着一个洋偶像","出奴入主,互相搏击,有如泥中斗兽,闹得个不亦乐乎"。[2] 社会主义名词之下这样错综复杂的争斗与联合至少混淆了各自的主义认同,这即是胡适所针对的,故他首先要以一条线将安福系与所有的"新舆论家"划开。

李大钊在"五四"前已注意到:"世间有一种人物、主义、或是货品流行,就有混充他的牌号的纷纷四起。……'社会主义'流行,就有'皇室中心的社会主义'、'基督教的社会主义'出现",其实"都是'混充牌号'。"[3] "五四"后他更观察到,"近来出了许多新鲜名词。例如日本的'帝国社会主义','皇室

---

① 志希:《解放与改造》,见《新潮》2 卷 2 号(1919 年 12 月),361 页。

② 吴康:《从思想改造到社会改造》(1921 年 1 月 4 日),见《新潮》3 卷 1 号(1921 年 10 月),37 页。

③ 李大钊:《混充牌号》(1919 年 4 月 6 日),见《李大钊文集》第 2 卷,311 页。

中心社会主义'，中国某君的'军国民教育社会主义'"等。① 一方面"近来有很多的印刷物，被政府用'鼓吹共产主义'的罪名禁止了。可是政府举行的文官考试，却出了'共产主义'的题目，给考试文官的人以大鼓吹而特鼓吹的权"。他特地指出："有人说那是官家的共产主义、孔子的共产主义，毫不带着危险的性质，与你们小百姓们所研究的不同。我想这话也不错！"②

尽管做出了这样的区分，李大钊仍然对"我们谈主义罢，王揖唐也来谈主义；我们非主义罢，阎锡山又来非主义"这一现象感到无奈，并发出"究竟如何是好呢"这样的感叹。③ 他所描述的现象及其多少有些无奈的感叹既凸显出其希望有所"区分"的明显意图，也体现了朝野的某种"一致"。的确，包括安福系在内的一个时代共同点就是关注"社会"的革命或改良，不论是否发自内心地赞赏，各方都视之为一项不可避免的举措。然而意味深长的是，为什么那时掌权或接近掌权的一方总要仿效民间的言说？④

---

① 李大钊：《新鲜名词》（1919 年 10 月 5 日），见《李大钊文集》第 3 卷，60 页。

② 李大钊：《"鼓吹共产主义"》（1919 年 11 月 16 日），见《李大钊文集》第 3 卷，90 页。

③ 李大钊：《主义》（1919 年 12 月 7 日），见《李大钊文集》第 3 卷，125 页。

④ 在湖南的毛泽东就注意到，在世界新思潮的冲击下，当地一些"官气十足的先生们，忽然屈尊降贵虚心研究起来"。其所"研究"者，当然是与新思潮相关者，故有人说他们的行为"是青叶上青虫的体合作用"。见毛泽东：《健学会之成立及其进行》（1919 年 7 月 21 日），见中共中央文献研究室、中共湖南省委《毛泽东早期文稿》编辑组编：《毛泽东早期文稿》，368～369 页，长沙，湖南出版社，1990。不论是变为与环境相类的体色以自保，还是确有意争夺对"道统"的掌控，"官方"在思想上趋近于"民间"的现象是很明显的。社会主义青年团的机关刊物《先驱》之《发刊词》稍早也指出：辛亥革命以后，虽然专制改成共和，实际却是"反革命的势力冒着民主的招牌，以行他们的抢掠之实"（《先驱发刊词》，见中共中央马恩列斯著作编译局研究室编：《五四时期期刊介绍》第二集下册，528 页，北京，生活·读书·新知三联书店，1979）。

那时发生的一个插曲颇能提示各方关系的复杂：

> 自学生爱国运动发生以来，有人造出一种谣言，说北大的新潮社社员傅斯年、罗家伦被安福俱乐部收买去了。上海有一家大报的驻京访员竟把这种谣言用专电传出去！那些鱼行的通信社自然不消说了。近来有许多朋友写信来问究竟这事是真是假。我们正式回答他们："安福部是个什么东西？他也配收买得动这两个高洁的青年！"①

这里以 "我们" 身份发言的就是胡适，发表的时间是 1919 年 6 月初。但或因发表此言论的刊物《每周评论》读者不够广泛，或由于 "国中缺乏常识的人太多了，居然有人相信这种谣言，居然有许多通信社和报馆极力传播这种谣言"，致使胡适、李大钊等不得不于一个月后又在北京《晨报》上刊登一则《辟谣启事》，重申傅、罗被安福俱乐部收买是 "近来有人散布谣言"，而 "我们心里不平，不能不替他们两位辩个清白"。《启事》再次以 "十字街头" 的口气宣布："安福俱乐部是个什么东西，他也配收买这两位高洁的青年。"②

这样的 "谣言" 竟然可以不胫而走，广泛传播于京沪之间，

---

① 胡适：《他也配》，载《每周评论》，第 28 号，1919-06-29，又见《胡适文集》第 11 册，18 页。

② 胡适等：《为新潮社辟谣启事》，载《晨报》，1919-07-06，1 版，又见《李大钊全集》第 3 卷，293 页，石家庄，河北教育出版社，1999。按当时一般的习惯，共同文字的作者通常署名最后，然从两文相近的表述看，《启事》或亦为胡适所作。

多少可见当日世风之一斑。① 那时的一个重要背景是 6 月初军警大量抓捕学生，使朝野对立趋于明晰。有人"散布谣言"的活动和胡适等想要"辩个清白"的努力，都非常能体现当时思想界阵线不甚清晰的状态，也反映出其间的一些倾向：

如果"散布"者就是安福系，则他们显然认识到北大清流的力量，希望与之有所关联②；或者"谣言"是想表示"学生"已被分化而非整体，也不排除暗示安福系对军警的行为有保留。③不论是哪一种，都别具深意。如果"谣言"的起源是新潮社在民间的竞争对手，则说明当时朝野的对立已非常显著，且民间已经公然不承认当局的统治正当性，故任何与政客官僚的"关联"，包括想象的或实际的，都可能使新潮社显得不够"高洁"和"清白"，从而毁损其言论信誉。④

从"许多通信社和报馆"共同参与"极力传播这种谣言"的活动看，舆论对此是非常关注的。而安福系以"各尽其能，各取

---

① 李大钊稍后观察到，以前相对疏离于政治的北大教授社群已成为一股不可忽视的力量，受到各方面的拉拢。李大钊：《致胡适》（1921 年 1 月 18 日），见《李大钊文集》第 5 卷，299 页。

② 从无风不起浪的角度言，也不排除安福系真有想要"收买"二人的尝试。连胡适等人也是先说安福系不配"收买得动"二人，然后才改说不配"收买"。

③ 当年的民间舆论和多数后来的研究者都将安福系视为那时的当权派，但前引王揖唐的演说，就曾明确区分"政府"和议会"政党"的不同责任，而《公言报》的社论也明言不赞成以严刑峻法遏阻"危险思潮"的做法，提示出安福系确有与执政的政府有所区分的自觉意识。进而言之，民间舆论将议会党团视为当局者的做法提示出，似乎许多受过西方训练的自由主义读书人反而不如安福俱乐部那样注重立法和行政的分别，这是很可思索的现象。

④ 蒋梦麟曾回忆说，因傅斯年是"五四运动领袖之一，当时有人要毁掉他，造了一个谣言，说他受某烟草公司的津贴。某烟草公司，有日本股份，当时全国反日，所以奸人造这个谣言"。语出蒋梦麟：《忆孟真》，转引自傅乐成：《傅孟真先生年谱》，16 页，台北，传记文学出版社，1969。可知当时确实存在类似的做法。

所需"来界定其所提倡的"社会主义",也的确很像后来不少人描绘共产主义的用语。[①] 相差甚远的思想观念和政治派别都聚集在相同的名词之下,很能提示"社会主义"这一标签在那时的吸引力,至少大家关怀和思考的问题是相通的。

　或者正是这样一种有意无意的"混同",使新文化人想要"区分"的努力变得更加明显。[②]"道统"一边对"政统"方面任何试图以其道来"正统"的努力,不论是想象的或实际的,都已相当警惕。胡适和李大钊都表述出类似的意思,其"区分"努力的最初一步就是划清与王揖唐或其他与"政统"相关联者的界限。在胡适看来,既然在"主义"方面已经到大家不太分得出彼此的程度,则回过头来研究具体"问题"或不失为一种选择。[③]

---

　① 实际上,这恐怕也是那时与社会主义相关的各种主义最能相通之处,前面提到的黄凌霜转而接受无产阶级专政后,陈独秀对他说:"'各尽所能,各取所需'这两句格言,不但共产党不反对,我想除了昏狂的人,没有人愿意反对;现在共产党所争持的所努力的乃是怎样使我们由强制而习惯的作工,使人人真能各尽所能;乃是怎样通力合作,怎样使生产事业集中成为社会化,怎样使生产力大增、生产品充裕,使人人真能各取所需。想努力实行这些理想,都非经过无产阶级专政不可。这道理吾兄一定是明白了,尚请向旧日真的安那其诸同志详细解释,以免误会才好。"参见陈独秀答凌霜,载《新青年》,9卷6号,1922年7月,91页。

　② 那时思想界的混同当然不仅在朝野之间,"五四"后罗家伦便看到"我们的文化运动有种危险:就是许多投机的人,也办了些假冒招牌的杂志……夹在里面胡闹,弄得鱼龙混杂,大众受欺,使我们的运动也发生许多障碍"。他也同样具有明确的区分意识,故希望《时事新报》能"辟一栏'蒲鞭',将他们鞭策一回"。参见罗家伦致张东荪(1919年9月30日),载《时事新报》,1919-10-04,3张4版。按:原信未署年月,此日期据报纸时间及信中说"现在大学已开学"推断。

　③ 当然,就像许多研究者已经指出的,胡适自己也在大"谈"杜威的实验主义。而且我们现在知道,他本人不仅不反对,且曾长期向往社会主义。参见罗志田:《胡适与社会主义的合离》,见陈平原主编:《学人》第4辑。

三、胡适的思路及他人最初的因应

1918 年 3 月，胡适把他正在写的《西洋哲学史大纲·导言》的一段提出来"供《新青年》的读者的讨论"，他在文章中指责"如今的人，往往拿西洋的学说，来做自己的议论的护身符"，其实不同时代的西哲"各有他们不同的境遇时代。因为他们所处的时势、境遇、社会各不相同，所以他们怀抱的救世方法便也各不相同"。各人的"学说，都由个人的时势不同，才性不同，所受的教育又不同；所以他们的学说都有个性的区别，都有个性的限制；并不能施诸四海而皆准，也不能推诸万世而不悖，更不能胡乱供给中国今日的政客作言论的根据"。[①]

可知"中国政客"拿西洋的学说来作自己"言论根据"的倾向先已存在，那时已成为胡适的攻击对象，则安福系后来试图"研究"社会主义不过是这种既存趋向的进一步发展。胡适进而批评一些国人"不去研究中国今日的现状应该用什么救济方法，却去引那些西洋学者的陈言来辩护自己的偏见"，这是"大错"；若"不管这些哲人和那些哲人是否可以相提并论，是否于中国今日的问题有可以引证的理由"而盲目引证，便是其所谓"奴性的逻辑"。

但胡适这些话似乎没引起什么注意，倒是李大钊很快有所反应，他在几个月后与高元辩论"强力与自由政治"时，强调其意

---

① 本段与下段，参见胡适：《旅京杂记》，载《新青年》，4 卷 3 号，1918 年 3 月，252～253 页。

在防止政治"枭雄"据"客卿"之西说以"伪造民意"。为支持自己的立论,他差不多把胡适上述说法全文引出,并进而引申说:"彼西洋学者,因其所处之时势、境遇、社会各不相同,则其著书立说,以为救济矫正之者,亦不能不从之而异。吾辈立言,不察中国今日之情形,不审西洋哲人之时境,甲引丙以驳乙,乙又引丁以驳甲,盲人瞎马,梦中说梦,殊虑犯胡适之先生所谓'奴性逻辑'之嫌,此为今日立言之大忌。"①

不久李大钊即指出舆论界有空谈学理而回避中国事实的现象,他描述一些国人对"联治主义"的畏缩态度说,这些人"不是吞吞吐吐的说我是主张自治,避去联邦字样;就是空空洞洞的说我是单谈学理,不涉中国事实"②。稍后他在论及社会上流行"混充牌号"现象时更指出,"社会上有一二清流学者,很得大众的信仰,一班官僚帝孽,就想处处借他的名字作招牌",也跟着谈社会主义。③ 可知那时确有空谈"不涉中国事实"之抽象学理及官僚"攀附"清流谈社会主义的倾向存在,不排除胡适稍后的表述还受到李大钊的影响。

或者因为前文反馈不足,胡适在 1919 年春夏间重申,"前几年有一般学者做文章时,往往引上许多英文德文法文的句子,末

---

① 李大钊:《强力与自由政治——答高元君》(1918 年 7 月 1 日),见《李大钊文集》第 2 卷,198 页。龚书铎、黄兴涛先生已注意及此条材料,参见龚书铎、黄兴涛:《胡适与李大钊关系论》,载《史学月刊》,1996 (1)。

② 李大钊:《联治主义与世界组织》,见《新潮》1 卷 2 号 (1919 年 2 月),151～152 页。

③ 李大钊:《混充牌号》,见《李大钊文集》第 2 卷,311 页。从这一视角看,前引傅斯年、罗家伦被"收买"的谣言还真有可能出自安福系自身。并参见前引李大钊 1921 年致胡适函。

后加上无数的参考书目"。大家都引西洋名哲来驳斥对方，但是"二千三四百年前的柏拉图和阿里士多德，和我们时代不同，事势不同，历史地理不同，他们的话是针对他们的时势说的，未必能应用于我们中国今日的时势"。当时的新人物反传统，"正因为'诗云子曰'是两三千年前的议论，不能用到现在的情形。若是我们现在论中国的现势，却去引柏拉图和伯伦知理的话作根据，这岂不是西洋式的'诗云子曰'吗？"①

胡适强调："现在的舆论界的大危险，就是偏向纸上的学说，不去实地考察中国今日的社会需要究竟是什么东西。"这一倾向是新旧共有的，"那些提倡尊孔祀天的人，固然是不懂现时社会的需要；但是那些迷信军国民主义或无政府主义的人就可算是懂得现时社会的需要吗？"他因而提倡一种"学问上的研究和实地的考察"结合的取向，因为"舆论家的第一天职就是要细心考察社会的实在情形。一切学理，一切 Isms，都只是这种考察的工具。有了学理作参考材料，便可使我们容易懂得所考察的情形，容易明白某种情形有什么意义，应该用什么救济的方法"。

在一般印象中，胡适可以说是当年尊西的象征。他在此时却一再提出引证西洋学说应该考虑适合于"中国今日的问题"；强调任何西哲的言论必须能够"应用于我们中国今日的时势"，否则就是"西洋式的'诗云子曰'"。这是民初"西方分裂"之后出现的新问题：一方面，"你引柏拉图来驳我，我便引阿里士多德来驳你，你又引海智尔来驳我，我再引伯伦知理来驳你"的现象

---

① 本段与下两段参见胡适：《欢迎我们的兄弟〈星期评论〉》（1919 年 6 月），见《胡适文集》第 11 册，14 页。

充分体现了西方理论"以中国为战场"的情形①；同时另一方面，究竟哪些外来学理和主义才适应"中国今日的时势"，逐渐成为一个长期而持续受到关注的问题，稍后的"问题与主义"之争与此是密切相关的。

胡适写《多研究些问题，少谈些"主义"》一文时，一开头就引述了上面的议论，并再次强调："一切主义都是某时某地的有心人，对于那时那地的社会需要的救济方法。"这样具有特定针对性的"具体主张"一旦成为"主义"，便已被简化为涵盖宽广的"抽象名词"，而后者却未必能够囊括这一名词所指谓的各种具体主张，遑论异地不同时的时空差异。因此，若不去"实地研究我们现在的社会需要"，空谈"主义"，特别是空谈"外来进口的"和"偏向纸上的"主义，不仅无济于事，且有弊端。盖纸上的"口头禅很容易被无耻政客利用来做种种害人的事"，这在欧洲已有前科，"现在中国的政客，又要利用某种某种主义来欺人了"。②

虽然知道"这种议论，有许多人一定不愿意听"，胡适还是"奉劝新舆论界的同志"要"多提出一些问题，少谈一些纸上的主义"；更进而"多多研究这个问题如何解决，那个问题如何解决，不要高谈这种主义如何新奇，那种主义如何奥妙"。很明显，从文章开头提出安福部谈民生主义是"给我们这班新舆论家一个

---

① 关于"西方分裂"，参见罗志田：《西方的分裂：国际风云与五四前后中国思想的演变》，载《中国社会科学》，1999（3）。下文还会涉及这一观念，均请参看此文，不再注出。

② 本段与下两段参见胡适：《多研究些问题，少谈些"主义"》，见《胡适文集》第2册，249～252页。

教训"，到后面奉劝"新舆论界的同志"，注重区分的胡适表现出清晰的群体意识——"我们"和"同志"都与"新舆论"这一认同相关。

由于主要是针对"我们"和"同志"立说，胡适所举的反面例证也多出自"新舆论界"；或因其心里想着攻击安福系，仓促中不知不觉地使用了安福系方面的材料。结果，胡适文章中所挖苦抨击的不少"主义"，恰与安福系正在攻击者相近。如果不是他正面进攻安福系"政客"的文字明显，该文甚至可以说配合了安福系的倾向。对此胡适自己似有所觉察，他在文章结束时希望"读者不要误会"其意思，并特别说明，"种种学说和主义，我们都应该研究"，不过应作为观察的"工具"和参考的"材料"，而不是"挂在嘴上做招牌"。

胡适的文章引起迅速反应，蓝公武把胡适的文章转载在《国民公报》上，又在该报发表长篇驳论，分七次连载；李大钊与胡适讨论的文章是私人通信的形式，以当时人的习惯言，也不排除是为发表而撰写。蓝、李二人都不赞同胡适将"问题"和"主义"对立起来的主张。整体上，蓝公武的论述偏于理论，批驳的意味较强，也不无自相矛盾处；而曾经属于章士钊"逻辑文学"政论文派①的李大钊则思路更显清晰，也更能以"诠释"的方式处理他与胡适观念的歧异。

蓝公武认为"问题"和"主义"二者"不能截然区别"，不过是"同一事件"的不同方面，即"问题有一贯的中心，是问题

---

① 关于民初以章士钊为代表的"逻辑文学"政论文派，参见胡适：《五十年来中国之文学》，见《胡适文集》第 3 册，234～237 页。

之中有主义；主义常待研究解决，是主义之中有问题"。但他又说，"主义是一件事，实行的方法，又是一件事，其间虽有联属的关系，却不是必然不可分离的"。简言之，"方法与主义不过是目标与路径的关系"。在向着同一目标走的前提下，受环境和不同实行者利害关系的影响，"一个主义，可以有种种的实行方法，甚至可以互相冲突，绝不相容"。故 "同一主义，在甲地成了某种现象，在乙地又成一种现象。乃至同在一地，信奉同一主义的人，因实行方法的不同，变成种种极不相容的党派"。①

李大钊也觉得"问题"与"主义"之间"有不能十分分离的关系"，他同意任何"主义"都有"理想与实用两面"，把一个主义的理想"适用到实际的政治上去，那就因时、因所、因事的性质情形，有些不同"。当特定主义被"拿来作工具，用以为实际的运动"时，就会"因时、因所、因事的性质情形生一种适用环境的变化"。所以，"一个社会主义者，为使他的主义在世界上发生一些影响，必须要研究怎么可以把他的理想尽量应用于环绕着他的实境"。不过，他在论述中再三强调以主义为"工具"进行"实验"的必要性，显然是在顺应胡适那些年的基本主张。②

实际上，胡适观察到的各种政治倾向很不相同的人却在谈论

---

① 知非（蓝公武）：《问题与主义（五）》载《国民公报》，1919-07-29，5 版；《问题与主义（三）》，载《国民公报》，1919-07-26，5 版。

② 李大钊：《再论问题与主义》（1919 年 8 月 17 日），见《李大钊文集》第 3 卷，1～3 页。对于同一"主义"在各地的实行中可能产生歧异这一点，胡适很难反驳。因为他也记得"前次杜威先生在教育部讲演，也曾说民治主义在法国便偏重平等；在英国便偏重自由，不认平等；在美国并重自由与平等"。因为"英国、法国、美国的先哲，当初都能针对当日本国的时势需要，提出具体的主张，故三国的民治各有特别的性质"。参见胡适：《三论问题与主义》，见《胡适文集》第 2 册，272 页。

同一"主义"的现象，蓝、李二人也都承认存在，不过蓝公武以
为这本是常态，而李大钊则愿意"研究"怎样使理想适用于所在
的实境。对中国思想界这种阵线混淆的现象，蓝、李二人皆有所
认识：蓝氏固说"中国今日的思想界，混沌已极，是个扶得东来
西又倒的东西"；李也指出，"在这种浅薄无知的社会里，发言论
事，简直的是万难，东也不是，西也不是"。[①] 可知三人都想要
在混杂中有所区分，不过胡适倾向于转换阵地，而蓝、李二人则
以为应进一步强化自身的主张。

蓝公武认为，胡适担心"纸上的主义"可能被政客用来害
人，有些过虑。因为"主义"的接受者和信奉者"必定要问这主
义的内容和他的影响结果，无耻政客决不能用来欺人的。……王
揖唐讲社会主义，依然还是一个王揖唐主义，绝没有人去上他当
的"。[②] 李大钊也说，"今日社会主义的名辞，很在社会上流行，
就有安福派的社会主义，跟着发现。这种假冒招牌的现象，讨厌
诚然讨厌，危险诚然危险，淆乱真实也诚然淆乱真实"；可是正
牌不能因为有冒牌就自动歇业，"我们又何能因为安福派也来讲
社会主义，就停止了我们正义的宣传？"正"因为有了假冒牌号
的人，我们愈发应该一面宣传我们的主义，一面就种种问题研究
实用的方法，好去本着主义作实际的运动，免得阿猫、阿狗、鹦
鹉、留声机来混我们，骗大家"。[③]

蓝公武对"无耻政客"的断然蔑视固稍武断，但亦不无所

---

① 知非（蓝公武）：《问题与主义》，载《国民公报》，1919-07-24，5 版；李大
钊：《再论问题与主义》，见《李大钊文集》第 3 册，5 页。
② 知非（蓝公武）：《问题与主义（七）》，载《国民公报》，1919-07-31，5 版。
③ 李大钊：《再论问题与主义》，见《李大钊文集》第 3 卷，4 页。

见——至少在"新舆论界"的范围内，王揖唐恐怕不具多少"欺骗性"。对于更多的人，他则提出，"解决一种问题，全靠与这问题有关系的人，自动的起来解决，方有效果可言。若是有关系的人，毫无丝毫感觉这问题的重要，即便有人起来代劳，其效果不是零便是恶"。故"吾们要提出一种具体的方法来解决问题，必定先要鼓吹这问题的意义以及理论上根据，引起了一般人的反省，使成了问题，才能采纳吾们的方法"。①

李大钊进而说，"一个社会问题的解决，必须靠着社会上多数人共同的运动"。若学者研究的社会问题与"社会上多数人，却一点不生关系，那个社会问题，是仍然永没有解决的希望"。故"宣传理想的主义"，使社会上多数人"先有一个共同趋向的理想、主义，作他们实验自己生活上满意不满意的尺度"，才可能形成"社会上多数人共同的问题"，也就有了"解决的希望"。因此，"我们惟有一面认定我们的主义，用他作材料、作工具，以为实际的运动；一面宣传我们的主义，使社会上多数人都能用他作材料、作工具，以解决具体的社会问题"。②

可以看出，李大钊的不少观念其实与蓝公武相类，但所论多更周全严密，而且他几乎每次表明自己的看法时都不忘以胡适习用的词汇呼应胡适的主张，有意凸显其与胡适属于同一营垒。而正是在胡适注重的群体意识上，蓝公武有着特别的忧虑。他在文章一开始就说，"胡君这篇议论，恐怕会得一个意想外的结果"，到文章结束时更明言：胡适的见解"有为人利用的危险。因为中

① 知非（蓝公武）：《问题与主义》，载《国民公报》，1919-07-24，5 版。
② 李大钊：《再论问题与主义》，见《李大钊文集》第 3 卷，1、5～6 页。

国自来在因袭势力压迫之下，动不动就拿经验二字来压人。近一年来，新机日发，正有一日千里之势，他们那些经验派正在敢怒不敢言的时候，胡君这篇文章，若被他们利用了去，如何能保没反压的危险呢？"①

身为当时趋新一方象征人物的胡适，却似乎在反对"外来进口的"主义，这的确很容易被"因袭势力"利用以阻遏上升中的"新机"。在将蓝公武文章转载于《每周评论》时，胡适以"篇幅有限"的理由删去了一些"不很紧要的"段落，这最后一段话便在删除者之中。到他再次撰文进行讨论时，胡适对自己的主张进行了更清晰的表述，实际有所修正。他把"多研究些问题，少谈些主义"修改为"多研究些具体的问题，少谈些抽象的主义"，并明言"一切主义，一切学理，都该研究"。②

当然，胡适还有进一步的界定，即主义和学理"只可认作一些假设的见解，不可认作天经地义的信条；只可用作参考印证的材料，不可奉为金科玉律的宗教"。但他到底说出，"主义本来都是具体问题的具体解决法。但是一种问题的解决法，在大同小异的别国别时代，往往可以借来作参考材料"，并进而提出："我们应该先从研究中国社会上政治上种种具体问题下手；有什么病，下什么药；诊察的时候，可以参用西洋先进国的历史和学说，用作一种'临症须知'；开药方的时候，可以参考西洋先进国的历史和学说，用作一种'验方新编'。"

---

① 知非（蓝公武）：《问题与主义》，载《国民公报》，1919-07-24，5 版；《问题与主义（七）》，载《国民公报》，1919-07-31，5 版。

② 本段与下段参见胡适：《三论问题与主义》，见《胡适文集》第 2 册，270～274 页，关于删节的说明在 253 页。

由于李大钊那篇文章措辞相当客气，而胡适在《三论问题与主义》中写到李的部分有时不那么委婉，且偶有曲解[1]，也许略有后悔，特意补写《四论问题与主义》，专门谈李大钊所侧重的"输入学理"问题，实是正面呼应李的主张。且胡适具体讨论的，主要就是怎样认识和输入马克思主义。这与稍后《新青年》6卷5号成为"马克思研究号"，恐怕有些内在的关联。《四论》未及刊出而《每周评论》已被查封，胡适又将其送到上海的《太平洋》杂志发表，并收入次年出版的《胡适文存》，仍要让大家知道他还有这方面的见解。

在《四论问题与主义》中，胡适首先申明"我虽不赞成现在的人空谈抽象的主义，但是我对于输入学说和思潮的事业，是极赞成的"。接下来他开始完善贯通自己前后的主张，提出"输入学说时应该注意那发生这种学说的时势情形。凡是有生命的学说，都是时代的产儿，都是当时的某种不满意的情形所发生的"。以治病为例，"当时不满意的时势情形便是病症，当时发生的各种学说便是各位医生拟的脉案和药方。……这些药方，有些是后来试验过的，有些是从来不曾试验过的。那些试验过的（或是大试，或是小试）药方，遇着别时别国大同小异的症状，也许可以适用，至少可以供一种参考。那些没有试验过的药方，功用还不能决定，至多只可以在大同小异的地方与时代，做一种参考的材料"。[2]

---

[1]　如胡适说李大钊关于主义的运用会因时、因地、因事而"生一种适应环境的变化"是"一种不负责任的主义论"，便未曾注意李氏在文章稍后也说到提倡"主义"者"必须要研究怎么可以把他的理想尽量应用于环绕着他的实境"。

[2]　本段与下段参见胡适：《四论问题与主义》，见《胡适文集》第2册，274～278页。

与他在《三论问题与主义》所说的"先从研究中国社会上、政治上种种具体问题下手"相配合，这次胡适主要强调要先认识某种主义"发生的时势情形和社会政治的状态是个什么样子"，通过比较，然后可以判断那种主义"在何国何时是适用的，在何国何时是不适用的"。这样输入的主义，"都是活人对于活问题的解释与解决，一个个都有来历可考，都有效果可寻……也许可以免去现在许多一知半解，半生不熟，生吞活剥的主义的弊害"。

胡适在论述"应该注意'论主'的生平事实和他所受的学术影响"和"应该注意每种学说已经发生的效果"两点时，所举的例证基本是马克思主义。两三个月后，胡适又发表《新思潮的意义》，把"研究问题"和"输入学理"并列为"新思潮的手段"，该文第二节专门讨论这两方面，完全可以视为"五论问题与主义"。他特别把《新青年》的"易卜生号"和"马克思号"皆作为输入学理方面的代表，并指出："研究问题的人，势不能专就问题本身讨论，不能不从那问题的意义上着想；但是问题引申到意义上去，便不能不靠许多学理做参考比较的材料，故学理的输入往往可以帮助问题的研究。"①

尽管胡适仍然更强调"研究问题"，反对"悬空介绍"专家学说（并以马克思的"赢余价值论"为例），他仍表示"可以在研究问题里面做点输入学理的事业，或用学理来解释问题的意义，或从学理上寻求解决问题的方法。用这种方法来输入学理，能使人于不知不觉之中感受学理的影响"，也"最容易消除平常

---

① 本段与下段参见胡适：《新思潮的意义》，见《胡适文集》第 2 册，553～556 页。

人对于学理的抗拒力"。将此表述与整个讨论进程结合考察，可以说胡适在坚持自己看法时，也试图尽量容纳"主义"一边的主张，有着继续向其示好的善意。①

罗家伦在当年稍后对胡适的观念有所申论，他主张在讨论和介绍外来学说时，要"注重他历史社会的背景"，只有"知道他未发生的情形是怎样，已发生后的效果是怎样；才可以知道何所选择，何所适应"。他并说，"谈主义而不能应用他到社会问题上去，则这种主义终归于贩卖的、舶来的、定〔空〕浮而无所依附的"，对于社会没有什么益处。但罗家伦也明言，"我主张主义当与问题并重"，因为若"没有主义，对于问题"便"没有基本的主见"。② 可知他并不赞成把"主义"和"问题"对立起来，相对更接近李大钊的看法。

在几年后发布关于"好政府主义"的宣言时，胡适和李大钊都积极参与了那一活动。胡适在起草《我们的政治主张》时，决定以南北和会为下手的第一步，"自信这是最切实的主张"。这一选择颇体现出其思路的连续性，盖其在第一篇讨论"问题与主义"的文章中就提到应研究"南北议和"问题，而蓝公武在反驳文章中还指责他未曾说到要害。胡适自称该文做得很费力，半夜才完稿，当时忽然想到"此文颇可用为一个公开的宣言"，即"打电话与守常商议，定明日在蔡先生家会议，邀几个'好人'加入"。③

---

① 当然，胡适对待蓝公武和对待李大钊的态度仍有明显的不同，毕竟李是《新青年》同人，而蓝则属于正与胡适等竞争的梁启超派。关于这方面的讨论，可参见罗志田：《再造文明之梦——胡适传》，262、281～285 页。

② 志希：《解放与改造》，见《新潮》2 卷 2 号（1919 年 12 月），361 页。

③ 见胡适：《胡适日记全编》第 3 册，曹伯言整理，1922 年 5 月 11 日、12 日，664～665 页，合肥，安徽教育出版社，2001。

胡适是学了很多西洋规矩的人，又最客气，他能半夜给李大钊打电话，可见两人的交情及李大钊在胡适心目中的地位，也意味着此前的"问题与主义"的争论在双方之间不是什么了不得的事。[①] 更可注意的是前引李大钊在他与胡适争论之后所说的"我们谈主义"和"我们非主义"的提法[②]，这里"谈主义"和"非主义"的都是"我们"（以区别于仿效跟进的安福系等"他们"），且显然有着某种时间的先后次序。不论这是否可以理解为李大钊大体也赞同"非主义"的主张，他至少肯定"谈主义"和"非主义"的都在同一阵营之中，大致应即是胡适所说的"我们这班新舆论家"。

有意思的是，胡适在1922年为证明他没有"变节"，曾公开辩称："我现在的谈政治，只是实行我那'多研究问题，少谈主义'的主张。"[③] 其实他那次"谈政治"和"谈主义"有着直接的关联：他在1921年夏天为纠正"现在的少年人把无政府主义看作一种时髦东西"这一"大错"，拟向年轻人呼吁："我们现在决不可乱谈无政府；应谈有政府主义，应谈好政府主义！"[④] 这一私下的表述揭示出胡适思想的一大变化，即他发现"谈主义"的趋势已难遏止，不得不采取"预流"的方式加入进去，以改变大家的"乱谈"及其所谈的具体"主义"。

不过，胡适这一行为的"变节"未必意味着他改变了自己的

---

① 关于胡适和中共那段时间的关系，参见罗志田：《"五四"到北伐期间胡适与中共的关系》，见《激变时代的文化与政治——从新文化运动到北伐》，北京，北京大学出版社，2006。

② 李大钊：《主义》（1919年12月7日），见《李大钊文集》第3卷，125页。

③ 胡适：《我的歧路》，见《胡适文集》第3册，365～366页。

④ 《胡适日记全编》第3册，1921年6月18日，325页。

主张，反提示出当时中国思想界确有些向着胡适忧虑的方向在发展。而胡适提出的两个重要议题，即中国的问题究竟需要整体改造还是一步步的具体改造，以及外来 "主义" 与中国国情的关系，仍在困扰着许多中国读书人。在他们的持续思考和辩论中，渐已明确其身份认同的中国马克思主义者中的不少人，却多少分享着胡适的观念。这一事实与既存认知有些距离，故有必要简略考察一下五四学生运动后几年时人对这两个问题的思辨进程。针对过去的研究，我会稍多考察后来成为马克思主义者的读书人所表述的看法。

四、整体改造和点滴改革

关于中国问题是局部解决还是整体解决的问题，既存研究皆已较关注，但其实际涉及的面向更为宽广，支持者和反对者的社会构成和具体思路都相当复杂，难以简单的二分法涵盖之。当时中国的 "马克思主义者" 和 "自由主义者" 群体尚在形成之中，各自皆难看出系统一致的看法。前面说过，五四前后思想界的主要特征是各种流派的混杂难分。当时倾向于整体或根本解决中国问题的人相当普遍，其中不少人甚至不那么激进；而主张根本解决的人中间，也有反马克思主义者。

（一）整体改造的普遍倾向

从清季开始就出现一种 "中国传统负面整体化" 的倾向①，

---

① 关于当时中国传统的负面整体化，参见罗志田：《裂变中的传承：20世纪前期的中国文化与学术》，14～24页，北京，中华书局，2003。下文提到这一观念时也请参看此书，不再注出。

到五四前后正广泛流传：蔡元培在日俄战争时便提出"要把老法子统统去掉"①，陈独秀 1918 年关于"旧文学、旧政治、旧伦理本是一家眷属，固不得去此而取彼"一说更为明显。那时陈还不是马克思主义者，且这一言论发表时是他与胡适共同署名，说明胡适本人也曾接受这一见解。② 到下一年，鲁迅以易卜生所说的"All or nothing"（他自己的翻译是"全部，或全无"）一语，相当形象地表述了时人认知中现代与传统、世界与中国的整体性对立。③

另外，在官方眼里"危险思潮"的范围之中，一些无政府主义者便既主张根本解决却又明确反对马克思主义。前引罗家伦关于"今日世界之新潮"的见解已相当激进，并预言"以后的革命是俄国式的革命"，"以后俄国式的革命是社会革命"；但无政府主义者仍觉其不够彻底，自称"极端反对马克思"的黄凌霜在批评罗家伦时特别强调："我们要晓得社会革命和科学革命不同，社会革命是将全社会的恶制度从根本上推翻，拿新的来替代了他；若是畏首畏尾，这简直是基督教的改良主义，还能算做社会革命么？"④

王光祈在 1919 年 9 月观察到，当时出现"两种相反的言

---

① 蔡元培：《新年梦》（1904 年 2 月），见高平叔编：《蔡元培全集》第 1 卷，233 页，北京，中华书局，1984。按："老法子"后来成为传统的负面代名词，鲁迅就曾说整理国故是"新思想而仍中了'老法子'的计"。如 1925 年 3 月 29 日鲁迅致徐炳昶，见《鲁迅全集》第 3 卷，25 页，北京，人民文学出版社，1981。

② 陈独秀、胡适复易宗夔，载《新青年》，5 卷 4 号，1918 年 10 月，433 页。按：此文后来收入《独秀文存》，应为陈氏作品。

③ 鲁迅：《热风·随感录四十八》（1919 年），见《鲁迅全集》第 1 卷，336～337 页。他自己的译文见《在现代中国的孔夫子》，见《鲁迅全集》第 6 卷，313 页。

④ 黄凌霜：《评〈新潮〉杂志所谓今日世界之新潮》，见高军等编：《中国现代政治思想史资料选辑》上册，15 页。

论",即主张 "零碎解决"——"因时因地因事解决具体的问题"
和主张 "总解决"——"根本改造"。前者的代表是杜威和胡适,
这是多数既存研究都看到的。但后者的代表却并非什么马克思主
义者,甚至也不是无政府主义者,而是 "《时事新报》记者"张
东荪。① 这一点是过去论及此问题的研究者很少注意的。

张东荪那时奉劝其 "最敬爱的青年"说,"我们今天应该少
管小事,留着精神去专管大事";亦即 "不要做零碎的牺牲,预
备将来做个极大的牺牲"。因为救国就要牺牲,"但是小牺牲还不
够用,非得大牺牲不可。好几次的小牺牲累积起来,也抵不过一
个大牺牲。所以我们今天宜养精蓄锐,以备他日求一个总解决"。
他强调,"没有总解决便等于不解决,那零碎解决是绝对不中用
的"。张氏虽声明 "不是主张绝对的不管小事",然而 "小事容易
消磨大志",故不可不有 "总解决与大牺牲的预备与志愿"。②

当时南北间正推动和议,有一个 "各界联合会"提出了五项
和议前提,包括取消 "二十一条",取消新国会,罢免段祺瑞,
惩办曹、陆、章和徐树铮,恢复 "约法"上的各种自由权等。以
今日的眼光看,这些条款已相当严厉,恐怕很难为当局所接受,
但张东荪认为 "这五项不能做为和议的前提,因为这还不是根本
的解决。根本的解决只有二条:(一)所有军队全解散;(二)所
有军官(督军在内)皆裁废"。在他看来,"国内一切的乱源都是
军人,去了军人必定有办法"。③ 且不论张氏主张的空想意味,

---

① 若愚(王光祈):《总解决与零碎解决》,载《晨报》,1919-09-30,7 版。
② (张)东荪:《零碎解决与总解决》,载《时事新报》,1919-09-22,1 张 1 版。
③ (张)东荪:《民意与南方》,载《时事新报》,1919-09-21,2 张 1 版。

他想要获得某种"根本的解决"的心态是非常明确的。[①]

在"问题与主义"争论几年后，梁启超总结民初十年的演变说，辛亥鼎革后，国人"所希望的件件都落空"，于是"废然思返，觉得社会文化是整套的"，不可能"拿旧心理运用新制度"，逐渐"要求全人格的觉悟"。[②] 这一概括大体适合于那一时段，可以说，"五四"前后几年间希望整体改变的倾向是普遍存在的，而较多的人的确更关注思想、文化方面的努力。也希望"根本改革"的傅斯年说："二十年里的各种改革，弄到结果，总是'葫芦题'，这都原于不是根本改革。放开思想去改革政治，自然是以暴易暴，没有丝毫长进。若是以思想的力量改造社会，再以社会的力量改造政治，便好得多了——这是根本改革。"[③]

而李大钊的特别之处在于能用"马克思的唯物史观"来论证"根本解决"的必要性，指出："社会上法律、政治、伦理等精神的构造，都是表面的构造"；下面"有经济的构造作他们一切的基础。经济组织一有变动，他们都跟着变动"。故"经济问题的解决，是根本解决。经济问题一旦解决，什么政治问题、法律问题、家庭制度问题、女子解放问题、工人解放问题，都可以解

---

① 那时张东荪写了一系列文章来论证他所提倡的"总解决"，参见氏著：《人与我》，载《时事新报》，1919-09-23，1张1版；《势力与决心》，载《时事新报》，1919-09-24，1张1版；《能动的精神与平时的群众力》，载《时事新报》，1919-09-25，1张1版。

② 梁启超：《五十年中国进化概论》，见《饮冰室合集·文集之三十九》，45页。

③ 傅斯年：《白话文学与心理的改革》，见《新潮》1卷5号（1919年5月），918～919页。这大致成为"新潮派"的共识，罗家伦在"五四"后也说，那时各方面的情形"使我们觉悟到以政治的势力改革政治是没有用的，必须从改革社会着手；改革社会必须从改革思想着手"。罗家伦：《近代中国文学思想的变迁》，见《新潮》2卷5号（1920年9月），878页。

决"。① 其关于 "根本解决" 的思路，与当时思想界的普遍倾向是相通的。

也许正是当时 "根本解决" 的风气太盛，出现流于空谈的倾向，掩盖了对许多具体问题的关注，所以胡适才觉得有必要站出来 "反戈一击"，提倡从 "抽象的名词" 转向具体的 "问题"。李大钊也 "承认我们最近发表的言论，偏于纸上空谈的多，涉及实际问题的少，以后誓向实际的方面去作。这是读先生那篇论文后发生的觉悟"。② 他说话算话，不久便在《新生活》杂志上发表《北京市民应该要求的新生活》一文，提出 20 项需要研究和改良的社会 "问题"，涉及税收监督、公共教育、贫民救助、妓女改造、道路交通、公共卫生等几个方面。文章最后说，"此外应加改良的事，必然还有很多，今天我只想起这些，其余的还要我们大家去想"。③

接着李大钊连续写出《被裁的兵士》《归国的工人》和《青年厌世自杀问题》等文，指明这些需要关注的社群所面临的具体社会问题，如应该想到 "裁兵后兵士的生活问题"，再加上欧战后被送回来的海外华工，"人数很是不少。这一大批失业的人，骤然散布在社会里，发生甚么影响？应该怎样安插？很是一个大问题。我很盼望官僚式的政客、新闻记者先生们，破一点工夫来研究研究，不要单是摆着架子说什么 '隐忧'、'隐患'、'大乱之

---

① 李大钊：《再论问题与主义》，见《李大钊文集》第 3 卷，6 页。
② 李大钊：《再论问题与主义》，见《李大钊文集》第 3 卷，2～3 页。
③ 李大钊：《北京市民应该要求的新生活》（1919 年 9 月 21 日），见《李大钊文集》第 3 卷，52～54 页，引文在 54 页。

道'"。① 他并说："什么爱国咧，什么共和咧，什么政治改良咧，什么社会改造咧，口头上的话你们只管去说，吾侪小民，只是吃饭要紧。"②

可知他仍在实行其致胡适信中"誓向实际方面去作"的主张，且行文的口气也与胡适的相类。但李大钊也坚持了自己的基本主张，他分析青年自杀"问题"说：一方面，"自杀的情形因各个事件而有不同，我们不能够泛就自杀而下笼统的判断。我们应该分别自杀的种类，个别的论断他的是非"。另一方面，"自杀流行的社会，一定是一种苦恼烦闷的社会。自杀现象背后藏着的背景，一定有社会的缺陷存在"。故各种自杀"个别的原因虽然不同，而时代文明与社会制度的缺陷，实在是他们的根本原因，共同原因"。因此，"与其说自杀的行为是罪恶的行为，不如说自杀流行的社会，是罪恶的社会；与其责难自杀的人，不如补救促起自杀流行的社会缺陷"。③

同时，持类似看法者尚有人在。罗家伦先就指出：北大学生林德扬的自杀，"原来不是自己杀自己，乃是社会杀了他"，是"处于这个国家，这个社会，使优秀的青年，迫而自杀"。他说，"五四"以后，"我们青年的人生观上发生一种大大的觉悟，就是把以前的偶像，一律打破，事事发生一种怀疑的心理。在中国这样的社会里，自然东望也不是，西望也不是。旧的人生观既然打

---

① 李大钊：《被裁的兵士》（1919 年 11 月 23 日）、《归国的工人》（1919 年 11 月 23 日），见《李大钊文集》第 3 卷，95、96 页。

② 李大钊：《面包运动》（1919 年 10 月 12 日），见《李大钊文集》第 3 卷，66 页。

③ 李大钊：《青年厌世自杀问题》（1919 年 12 月 1 日），见《李大钊文集》第 3 卷，117～123 页，引文在 117、120～121 页。

破了，新的人生观这［还］没有确立，学问又可没有适当的人来作指导，于是消极的就流于自杀"。①

尽管罗家伦通常被列入偏向胡适的实验主义派，他在此文开头时也说林君的自杀"是社会上极重要的现象，我们那能不研究呢"，颇体现出"研究问题"的意味；但如前文所述，罗氏此时多少也倾向于马克思主义，他认为：若"社会一时不能澈底的改革，恐怕热心的青年，将要一个一个的自杀干净"。这样一种"社会杀青年"的结论和想要"彻底改革"社会的意愿出自所谓"实验主义派"，而李大钊此时又表现出特别关注各类实际社会"问题"的倾向，或提示着"问题与主义"之争未必像许多人后来认知的那样意味着新文化人的"分裂"。

前引"胡绳课题组"的研究，已较多注意到李大钊和不久即成为马克思主义者的陈独秀等与胡适观念接近的一面。② 在陈、李之间，至少就本章所讨论的范围言，那段时间李大钊的观念与胡适似更接近，二人的思想互动也较多。而陈独秀大致是在争论之后才对相关问题较多关注，他在 1920 年初呼应胡适说，"我们中国人不注重实质上实际的运动，专喜欢在名词上打笔墨官司"。在他看来，"道理真实的名词，固然可以做群众运动底公同指针；但若是离开实际运动，口头上的名词无论说得如何好听，如何彻底，试问有什么用处？"他号召大家"努力在实际的解放运动上做工夫，不要多在名词上说空话"。因为"若要得到理想底实质，

---

① 本段与下段，参见志希（罗家伦）：《是青年自杀还是社会杀青年？》（1919年11月），见《新潮》2卷2号（1919年12月），346～348页。

② "从五四运动到人民共和国成立"课题组：《胡绳论"从五四运动到人民共和国成立"》，69～71页。

必须从实际的事业上一步一步的开步走，一件一件的创造出来"。①

但陈独秀并不完全赞同胡适的主张，他在大约同时也说："胡适之先生不主张离开问题空谈学理，我以为拿学理来讨论问题固然极好，就是空谈学理，也比二十年前的申报和现在新出的民心报上毫无学理八股式的空论总好得多。"陈氏以为，马克思的《资本论》和克鲁泡特金的《互助论》两书，都是"我们持论底榜样"。② 几个月后他的见解有所改变，尽管他不欣赏"妄人的胡思乱想"，却觉得这样的"空空洞洞为害还小，只怕是东扯西拉弄得材料很丰富，一动笔便诸子百家、三教九流，倍根、狄卡儿、马格斯、苦鲁巴特金等，牛头不对马嘴的横拉一阵，哪怕著书等身，终久是个没条贯的糊涂虫"。③

在整个 1920 年秋天，陈独秀连续发挥胡适的主张，先说："与其高谈无政府主义、社会主义，不如去做劳动者教育和解放底实际运动；与其空谈女子解放，不如切切实实谋女子底教育和职业。"④ 继而又对广州青年说："我希望诸君切切实实研究社会实际问题底解决方法，勿藏在空空的什么主义什么理想里面当

① 陈独秀：《随感录·解放》，载《新青年》，7 卷 2 号，1920 年 1 月，160～161 页。

② 陈独秀：《告新文化运动的诸同志》（1920 年 1 月），见《陈独秀著作选》第 2 卷，83 页。可比较胡适一年后对北大学生的新闻同志会演讲时所"希望他们对于真的问题活的问题有点贡献，不要拿马克斯、克洛泡特金来替人家充篇幅"。《胡适日记》第 3 册，1922 年 2 月 12 日，555 页。

③ 陈独秀：《答高铦：哲学思想与化学工业》，载《新青年》，8 卷 1 号，1920 年 9 月，11 页（通信栏页）。

④ 陈独秀：《随感录·比较上更实际的效果》，载《新青年》，8 卷 1 号，1920 年 9 月，又见《陈独秀著作选》第 2 卷，169 页。

［营］造遁逃薮安乐窝。"① 当然，"改造社会"应该从大处着想，"应该在改革制度上努力"；但也要知道，"无论在何种制度之下，人类底幸福，社会底文明，都是一点一滴地努力创造出来的"。他明确指出：那些"彻底""完全""根本改造"等想法，都是"懒惰的心理底表现"。② 而"我们改造社会是要在实际上把他的弊病一点一滴、一桩一件、一层一层渐渐的消灭去，不是用一个根本改造底方法，能够叫他立时消灭的"。③

　　有一点应注意，上述言论的发表已在陈独秀到上海参与创建中国共产党之后，那时他是否可说是"马克思主义者"或未必然，但至少已开始接受马克思主义。故陈氏这些言论以及前述李大钊"誓向实际的方面去作"的行动，再次表明当时争论双方的"对立"远不到一些既存研究所强调的程度。与陈独秀说"根本改造"的想法是"懒惰的心理底表现"相类，另一个早期马克思主义者张申府也把"只道听涂说的瞎谈主义，绝不把实际的问题一加研究"的现象视为衰老民族惰性的体现。不过他仍指出：虽然"现成主义也可以为解决问题之妨碍"，但若"没有现成主义作指导，解决问题必至事倍而功半"。④

　　也许陈独秀自己也感觉他那样连续反对"根本改造"有些稍

---

　　① 陈独秀：《敬告广州青年》，载《广东群报》创刊号，1920-10-20，又见《陈独秀著作选》第 2 卷，187 页。

　　② 陈独秀：《随感录·懒惰的心理》，载《新青年》，8 卷 2 号，1920 年 10 月，2～3 页（栏页）。

　　③ 陈独秀：《答郑贤宗》，载《新青年》，8 卷 3 号，1920 年 11 月，又见《陈独秀著作选》第 2 卷，194 页。

　　④ 赤（张申府）：《随感录·研究问题》，载《新青年》，9 卷 6 号，1922 年 7 月，84 页。

过，到 1920 年底，他又发表《主义与努力》一文，强调上面那些话是"专为空谈主义不去努力实行的人"说法，希望大家不要把他的意思"误会"为仅"主张办实事，不要谈什么主义什么制度"。其实，"主义制度好比行船底方向，行船不定方向，若一味盲目的努力，向前碰在礁石上，向后退回原路去"，都有可能。故"改造社会和行船一样，定方向与努力二者缺一不可"。但他这么说只是想避免产生"扶得东来西又倒"的效果，却并不否认自己确实"看见有许多青年只是把主义挂在口上不去做实际的努力"。①

（二）毛泽东和新民学会的思考

既然陈独秀也观察到"许多青年"都在空谈主义，胡适的主张得到不少人赞同就不足为奇。不久即成为马克思主义者的毛泽东，起初也是基本站在主张研究"问题"这一边的。他曾在湖南计划筹组一个"问题研究会"，并起草了章程，由邓中夏把它发表在《北京大学日刊》上。《章程》提出了需要研究的问题 71 项、140 余个。目前尚未见湖南"问题研究会"的实际活动，但像那样重视"研究问题"并立刻开始筹备进行的，在当时仍不多见。②

当然，毛泽东也提出，"问题之研究，须以学理为根据。因此在各种问题研究之先，须为各种主义之研究"，并具体列举了

① 陈独秀：《随感录·主义与努力》，载《新青年》，8 卷 4 号，1920 年 12 月，又见《陈独秀著作选》第 2 卷，218 页。
② 本段与下段，参见毛泽东：《问题研究会章程》，见《毛泽东早期文稿》，396～403 页。并参见汪澍白、张慎恒：《青年毛泽东世界观的转变》，载《历史研究》，1980（5）。

十种 "特须注重研究之主义"。以今日的后见之明看,这一态度或体现出在 "问题" 和 "主义" 之间的某种 "调和";不过,也很可能毛泽东那时并未看到或看重这两种取向间的对立。毛本人素有求实取向,早在 1913 年,他的《讲堂录》中就特别摘录了曾国藩日记中 "不行架空之事" "不谈过高之理" 的话。① 但他也早有兼顾 "大本大源" 和 "枝节" 的想法,且更重前者,主张通过探讨本源以获 "一干竖立、枝叶扶疏" 的效果。②

毛泽东在 1920 年 2 月感觉到 "好多人讲改造,却只是空泛的一个目标",尤其 "究竟要改造到那一步田地(即终极目的)?用什么方法达到?自己或同志从那一个地方下手?" 这些问题本来 "狠有研究的价值",然而 "有详细研究的却很少"。③ 可以看出,这时他仍非常关注 "问题研究"。但到同年 3 月中旬,他发现连黎锦熙这样的人也认为 "中国现下全般局势" 应该从 "根本解决" 下手,故觉得自己参与的 "湖南建设问题" 所提的改革主张,像 "支支节节的向老虎口里讨碎肉",颇有些不得已而为之的感觉。④

在 1920 年夏秋间,毛泽东数次强调中国的历史和现实都有 "空架子" 的特征,"太没有下层的组织",缺乏 "真实的基础"。他说,"中国四千年来之政治,皆空架子,大规模,大办法",就像 "建层楼于沙渚,不待建成而楼已倒",又说:"四千年的中国

---

① 毛泽东:《讲堂录》(1913 年),见《毛泽东早期文稿》,581 页。

② 毛泽东:《致黎锦熙信》(1917 年 8 月 23 日),见《毛泽东早期文稿》,85～87 页。

③ 毛泽东:《致陶毅信》(1920 年 2 月),见《毛泽东早期文稿》,464～466 页。

④ 毛泽东:《致黎锦熙信》(1920 年 3 月 12 日),见《毛泽东早期文稿》,470 页。

只是一个空架子，多少政治家的经营，多少学者的论究，都只在一个空架子上面描写。"①

毛泽东认为，"有小的细胞，才有大的有机体；有分子的各个，才有团体"，故"中国的事，不能由总处下手，只能由分处下手"。他说，"中国如有彻底的总革命，我也赞成"，但现在尚不行。与"有些人所谓零碎解决实则是不痛不痒的解决"不同，实行"湖南完全自治"甚至"自立为国"，也是"进于总解决的一个紧要手段"。盖"大国家是以小地方做基础，不先建设小地方，决不能建设大国家"；若"各省小组织好了，全国总组织不怕他不好"。②

那时毛泽东注意到列宁在俄国"建平民革命的空前大业"这一榜样，但显然认为中俄国情不同，故俄国能够"以国家促进地方"，中国却需要从"小地方"入手来解决"大国家"的问题。尽管如此，他仍从"俄国革命的成功"中特别注意到"有主义（布尔失委克斯姆）"的重要："主义譬如一面旗子，旗子立起了，大家才有所指望，才知所趋赴。"若要在中国"造成一种有势力的新空气"，不仅"要有一班刻苦励志的'人'，尤其要有一种为大家共同信守的'主义'，没有主义，是造不成空气的"。湖南的新民学会也要从"人的聚集，感情的结合"上升为"主义的结合"才好。

---

① 毛泽东：《湖南改造促成会复曾毅书》（1920年6月）、《反对统一》（1920年10月），见《毛泽东早期文稿》，488、530～531页。

② 本段与下两段，参见毛泽东：《打破没有基础的大中国建设许多的中国从湖南做起》（1920年9月）、《致罗璈阶（章龙）信》（1920年11月25日），见《毛泽东早期文稿》，507～508、553～554页。

　　有了对"主义"的重视，毛泽东明确"不赞成没有主义头痛医头脚痛医脚的解决"，但他仍然"不反对零碎解决"。可是，不过几天，在获悉了蔡和森等在法国的新民学会会友辩论的内容后，部分也因为对其在湖南从事改革运动的失望①，毛泽东大幅度改变了自己的看法，最后确立了解决中国问题当采用俄式激烈方法的主张。

　　新民学会在法国的会友曾于 1920 年 6 月讨论到底是一举根本解决还是逐步渐进解决中国问题，参与讨论的李维汉回忆说：那次讨论"最主要的成绩是确定了新民学会的方针为'改造中国与世界'。但会上对于改造中国与世界的方法的看法出现了分歧：一种意见是蔡和森提出的，主张激烈的革命，组织共产党，实行无产阶级专政，即仿效俄国十月革命的方法；另一种意见是肖（萧）子升提出的，主张温和的革命，即无政府主义的蒲鲁东的方法，实质上是资产阶级改良主义"。②

　　李维汉明言，对于"社会改造，我不敢赞成拢［笼］统的改造"；他主张"用分工协助的方法，从社会内面改造出来"。因为"一个社会的病，自有他的特别的背景，一剂单方可医天下人的病，我很怀疑"。故对于"俄国式的革命，我根本上有未敢赞同之处，但也不反对人家赞成他，或竟取法他"。③ 而蔡和森则认为，"凡社会上发生了种种问题，而现社会现制度不能解决他，

　　① 参见中共中央文献研究室编，金冲及主编：《毛泽东传（1893—1949）》，62～66 页，北京，中央文献出版社，1996。

　　② 李维汉：《回忆新民学会》，见中国社科院近代史研究所编：《五四运动回忆录》上册，111 页，北京，中国社会科学出版社，1979。

　　③ 李维汉致毛泽东，1920 年 8 月 28 日，见《新民学会资料》，143 页。

那末革命是一定不能免的"。中国今日就是这样的状况，"所以中国的社会革命，一定不能免"。①

毛泽东表示：他对李维汉的渐进主张，"在真理上是赞成的，但在事实上认为做不到"，故明确表态不同意；"而于和森的主张，表示深切的赞同"。② 到1921年初湖南新民学会讨论怎样解决中国社会问题时，毛泽东倾向于陈独秀等主张的"改造"，而不支持梁启超等主张的"改良"。他以为，"改良是补缀办法"，而"补苴罅漏的政策，不成办法"，故"应主张大规模改造"。至于具体方法，他则极赞成采用俄式激烈方法的共产主义，"因俄式系诸路皆走不通了新发明的一条路，只此方法较之别的改造方法所含可能的性质为多"，且"用阶级专政方法，是可以预计效果的。故最宜采用"。③

法国会友的两种意见在湖南会友中也存在，但双方比例已较悬殊，最后进行的投票中，"赞成波尔失委克主义者十二人"，赞成"点滴改革"式的德谟克拉西者二人，赞成罗素式"温和方法的共产主义者"一人，未决定者三人。④ 这样，"根本解决"中国问题的取向在新民学会里压倒了"零碎解决"取向，而且恰落实到俄国式道路这"一剂单方"之上，这与"五四"后中国思想界"从威尔逊到列宁"的转向大体吻合。⑤

① 蔡和森致毛泽东，1920年9月16日，见《新民学会资料》，161页。
② 毛泽东致萧子升、蔡和森等，1920年12月1日，见《新民学会资料》，147、150页。
③ 《新民学会会务报告（第二号）》，见《新民学会资料》，18、23页。
④ 《新民学会会务报告（第二号）》，见《新民学会资料》，26页。
⑤ 说详罗志田：《西方的分裂：国际风云与五四前后中国思想的演变》，载《中国社会科学》，1999（3）。

那次新民学会的讨论可见"问题与主义"之争的明显影响，如主张"采革命的手段"的彭荫柏特别强调："吾人有讲主义之必要。讲主义不是说空话。"主张学俄国的陈启民也指出："言教育，言实业，须有主义，须用劳农主义。诊病须从根本入手，一点一滴，功迟而小。"而周惇元虽同意"中国目下情形非破坏不行。惟于过激主义不无怀疑，束缚自由，非人所堪。宜从教育入手，逐渐进步，步步革新。吾人宜先事破坏。破坏后建设事业宜从下级及根本上着手"。这样既主张破坏，又希望步步革新，也要从根本着手的态度，看似犹疑，在那时却有一定的代表性（详后）。①

在讨论到会友怎样"研究学术"的问题时，毛泽东提出，"各种普通或专门学术，当让会友去自由研究。现会中所特要研究者，必为会友所共同注意且觉为现在急须的。主张单研究主义，如社会主义、实验主义等"。② 实验主义虽然仍在"现在急须研究"的范围之中，却是作为讨论"研究学术"的一部分，与其论及"现在国中对于社会问题的解决"的两派主张（即陈独秀等的改造和梁启超等的改良）相比，似乎已相对虚悬化。

略具诡论意味的是，对一些人而言，俄国式道路的可行性竟然还得到实验主义之助。陈启民在论证他何以"赞成俄国办法"时就说，这是因为现在"世界上有许多人提出改造方法，只有俄国所采的办法可受试验的原故。其余如无政府主义，工团主义，行会主义等，均不能普遍的见诸施行"。③ 把俄国的新型政治看作一种"试验"，是五四运动后一段时间里许多读书人的习用语，

---

① 《新民学会会务报告（第二号）》，见《新民学会资料》，24～25 页。
② 《新民学会会务报告（第二号）》，见《新民学会资料》，19 页。
③ 《新民学会会务报告（第二号）》，见《新民学会资料》，23 页。

到北伐前后相当流行[①]，尤可见实验主义无形中对"新俄"象征的支援。

当不少关心国是的知识青年由"坐而言"转向"起而行"之时，社会"问题"与实验"主义"之间却产生了疏离，或许是后者的影响日益限于学界的一个重要因素。施存统的看法或能印证这一尚属潜在的转移，他从北京工读互助团的失败觉悟到，"要想在社会未改造以前试验新生活，是不可能的；要想用和平的渐进的方法来改造社会底一部分，也是一样地不可能的"。其结论是："改造社会，要用急进的激烈的方法，钻进社会里去，从根本上谋全体的改造。"[②] "改造社会底一部分"和"试验新生活"都隐约可见实验主义的影响，但都已被认为"不可能"，后者尤其被置于"社会改造"之后，显然有着缓不济急的意思。

大约同时，更具全国性的少年中国学会内也发生了与新民学会相类的关于"主义和学理"的争论。"胡绳课题组"已注意到少年中国学会的讨论与"问题与主义"之争的关联，并认为王光祈的观点与胡适"颇有异曲同工味道"。[③] "异曲同工"是一个有分寸的断语，该学会中固有直接呼应胡适主张者[④]，但多数会员

---

① 参见罗志田：《乱世潜流：民族主义与民国政治》，228～238 页，上海，上海古籍出版社，2001。

② 《存统复哲民》，载上海《民国日报·觉悟副刊》，1920-04-11，14 版。

③ "从五四运动到人民共和国成立"课题组：《胡绳论"从五四运动到人民共和国成立"》，75～76 页。

④ 如曾琦在胡适关于"多研究问题"的文章发表后，即致函胡适说，大作"对于现在空发议论而不切实的言论家，痛下砭鞭，我是万分佩服。我常说：'提倡社会主义，不如研究社会问题，较为有益'，也和先生的意思差不多"。参见《曾琦致胡适》（1919 年 7 月 26 日），见中国社会科学院近代史研究所中华民国史组编：《胡适来往书信选》上册，66 页，北京，中华书局，1979。

的讨论与胡适等人的侧重点还是有若即若离之感。

（三）少年中国学会的讨论

先是该会的上海同人正式致函北京同人，主张以后月刊中发表文字，"宜取绝端慎重态度"。盖"现政界及社会普通人物，学识甚浅，不知审别，往往误认研究学术之叙述文字，以为会中之主张文字；又复不顾言论自由，竭其力之所至，横加摧残，甚或危及生命"。本来学会"对于政治及社会，纯取学术研究，尚未有主张"；即使以后确立"一定主义，亦在积极进行，无取张明旗帜，以召横祸"。何况"为叙述他人之主义而见残，殊不值也"，不如"暂时停止与学会存亡有关之言论，专从事于科学、哲学、人生观、群学等，以发阐之；则政治社会诸问题，不解自解，且较有根据矣"。简言之，即"多研究'学理'，少叙述'主义'，以求维持学会之巩固；即发阐主义，总注意毋危及学会存亡"。①

这样一种"不得不暂时忍辱"及先侧重学术的观念那时并不少见，毛泽东在新民学会中就曾一再主张"取潜在进行态度"。②倒是蓝公武认为，以少谈主义来避祸也未必做得到："在没有这些主义的时候，他们何尝少害了人呢。横竖吾们是他们眼中钉，有主义也罢，无主义也罢，总有一天拔去了，他们才痛快。"他希望趋新一边能"确立一种最信奉的主义，标明旗帜，和他们短兵相接"。③蓝氏的愿望正是少年中国学会此后数年间所致力者，

---

① 上海同人致北京同人，载《少年中国》，1卷1期，1919年7月，37～38页。

② 参见《新民学会会务报告（第一号）》《新民学会会务报告（第二号）》，见《新民学会资料》，3、8、18页。

③ 知非（蓝公武）：《问题与主义（七）》，载《国民公报》，1919-07-31，5版。

学会最后也因此而消解，此不赘。但少年中国学会上海同人指出了当时一个较普遍的现象，即那些"研究学术之叙述文字"，其实也多不过是"叙述他人之主义"而已。

学会的北京同人复函表示"对于上海同志之建议，极表同情"，生活在"黑暗时代，发表言论，尤应慎重"，故主张"本会同人严守研究真实学术、发展社会事业之态度"。对于这一本会宗旨范围之内的活动，"同人自当互相与以积极之援助"。若有会员"对于政治兴味极浓，急欲登台一试；或对于社会组织有所不满，急欲从事社会革命"，本会"无论其成功失败，均不过问，听其自然"，只希望"个人在本会宗旨以外之活动，必不使其影响于团体"。①

但学会巴黎同人则认为，"学理主义，并非截然两事。所谓主义，实即学理之结论，学理即主义之原则。若主义而无学理的根据，不但宜少说，并宜摈除；若主义而根据学理，则吾人决不可因恐人误会及社会黑暗，遂隐忍不言"。他们所说的主义，是指"有学理上相当的根据，有将来具体的计划；并非求合于社会，实欲社会与之相合"。故"主义但当问其是不是，不当限制其多少。学理之研究，亦当切实有用于人生，不当与主义悬绝，徒尚空论"。实际上，社会的误会和黑暗，很可能即少数读书人

_____

① 北京同人复上海同人，载《少年中国》，1卷1期，1919年7月，38页。此函似为当时少年中国学会主要负责人王光祈所作，未经北京同人讨论，康白情等后来指出："当时王君总揽北京会务，函为王君手笔，固未尝经会议定其内容，而后着笔者也。"参见《一九二二年杭州大会纪略·康白情孟寿椿等的提案》，载《少年中国》，3卷11期，1922年6月，75页。此点承北京大学历史系的王波同学提示，谨此致谢！

"但研究学理不谈主义所致",因其研究的结果与多数人无干,"使社会易于误会之习惯不能除,而社会之黑暗"也未见改善。为祛除误会、扫去黑暗,就要"多传述根据学理之主义,多研究有益实际之学术"。①

巴黎同人说,中国处此"近代空气之中,实有万不能不改善之势。而邦人积重难反",故非"为根本的改造不可"。对这样的大事业,个人能力是有限的,只有"集成团体,内而互助,外而协力,庶几改造之业,能底于成"。在他们看来,"中国此时,处处皆是问题,方方皆宜着手。若从事于其间者,无一定之宗旨,自难收联贯主从之功,而有东扶西倒之病。故严格论之,即无主义不能作事"。必须有特定的"根本观念"来"指挥人生一切行为,若根本观念不改良,无论在何种空气之下,何种团体之中,皆无益处。故吾辈今后宜步步反省,步步改革,步步创造"。这里大体还可见胡适的影响,但巴黎会员也提出:"属于主义以下之分子,主义即其共同点,即系集合团结的唯一原因。分子应为主义而牺牲,主义不应为分子而动摇。"

这个在一定宗旨下步步行动的观念大致得到当时少年中国学会主要负责人王光祈的赞同,王氏注意到那时社会上正流传着"总解决——根本改造"和"零碎解决"——"因时因地因事解决具体的问题"两种相反的主张。他认为两种主张各有流弊,故"都不敢附和"。在他看来,"人都应该有一个理想目的,都应该

---

① 本段与下段参见巴黎同人致京沪同志(1919 年 9 月 27 日),载《少年中国》,1 卷 7 期,1920 年 1 月,57~62 页。

有一个下手地方"；也就是"都应该有一个总解决的理想目的，都应该寻着一个下手地方——即对于与总解决有关之问题逐件解决"，以实现"总解决中的零碎解决"。①

若将此主张运用于"问题与主义"之上，即"主义便是我们的理想目的——总解决；关于这个主义的问题，我们应该逐件解决——零碎解决"。当时主张零碎解决的人，往往"见着小的，忘去大的"，虽"美其名曰研究问题"，实不啻"头痛医头、足痛医足"。而主张总解决的人，一方面对当时社会面临的各种具体问题"仍是不能忘情"，实"不能自圆其说"；另一方面又"只有理想目的，而无下手方法"。故王氏"对于现在一般'纸上的社会主义家'，狠抱有一种不安的态度"。既然"举世无一人可靠"，只有青年自己"拿出纯洁的思想、真确的智识，建立一个根本计划；然后再以热烈的情感、坚强的意志，一步一步的做去"。

《时事新报》的一篇文章也申论了类似的思路，该文认为："改造的一种意义，是替换，不是修饰。千穿万洞的衣服，是补不好的，须得重做一件；东扶西倒的房屋，是糊不好的，须得重盖一所。"但文章又说，"改造的又一种意义，是建设，不是破坏。虽则改造行程中也不免有一段破坏工夫，但是他终极目的，仍在建设"。这样集整体"替换"和"建设"为一体的"改造"其实就是一种根本解决，但却落实在局部改造之上："凡是根基不好，根基上面的什么东西都不会好；局部不好，局部构成的全体也决不会好。所以不去各自改造各界各地方的人，决不是个根

---

① 本段与下段参见若愚（王光祈）：《总解决与零碎解决》，载《晨报》，1919-09-30，7版。

本解决。"① 这一取向与前引毛泽东"由分处下手"而"进于总解决"的主张颇为相近。

王光祈承认学会内"会员对于各种主义的态度，极不一致"，但大家还是"有一个共同的趋向，就是承认现在中国人的思想行为，无论在什么主义之下，都是不成功的。若要现在的中国人能有应用各种主义的能力，必先使中国人的思想习惯非澈底的改革一番不可，非经过一番预备工夫不可。少年中国学会的目的，就是努力从事这种预备工夫"，使将来的中国人"对于各种主义皆能运用自如"。其实各种主义"皆是一种人类的组织，而现在的中国人连作'人'应该具备的性格和习惯都没有"，遑论去"从事'人类'的组织"。少年中国学会"便是要想先将中国人个个都造成一个完全的'人'，然后再讲什么主义"。②

以王氏当年好代人立言的风格，这未必真是大家"共同的趋向"。他自己就注意到，"大家心中，都有一个疑问：我们还是从政治下手吗？还是从社会下手？"强调先改造一个个的中国人这一主张，正体现出王光祈和巴黎会员之间的一个基本分歧，如郑

---

① 虞（郭虞裳）：《改造的要件》，载《时事新报》，1919-09-27，1 版。我以前曾疑《改造的要件》的作者就是王光祈（字若愚），因作者曾引用"我的朋友曾慕韩说，'三十岁以上的人，多半是靠不住的'"一语，说明作者与曾琦关系很深。且文章也说，"改造的第一要件，是实质上换一班人，不是表面上换一种方法；第二要件，是不许一班坏人加入改造运动"。这与王氏当时主张首先改造"人"的观念是相通的（详下段）。文章最后更同样提出"这副改造运动的重担，只好搁在我可爱的新青年的肩上"。不过从那段时间《时事新报》的常规看，署名"虞"的更可能是该报的郭虞裳。

② 王光祈：《少年中国学会之精神及其进行计划》，载《少年中国》，1 卷 6 期，1919 年 12 月，1～3 页。

伯奇稍后总结的，会员中对于"我们应该如何去实行我们所奉的主义"存在"两种趋向"：一种是"直接从事于社会改造事业的，想急进或缓进用革命来创造少年中国"；一种"可以说是用间接手段的，想由教育学术方面寻创造少年中国的路径"。前者"想先造少年中国的组织和国家"，后者则"想先造少年中国的人民和社会"。郑氏自己主张"要讲主义应从社会主义起码"，而"要研究主义，可以国民为对象而取一种实验的态度"，似乎偏于第二种。①

即使"以国民为对象"，也还有整体和个体之分，倾慕"新村精神"的周作人主张"改造社会，还要从改造个人做起"。②而胡适则明言"对于这个观念，根本上不能承认"。他说："个人"并非"一个可以提到社会外去改造的东西"，而是"社会上种种势力的结果"，即每一个体的"我"都是"社会上无数势力所造成的"。因此，"改造社会的下手方法在于改良那些造成社会的种种势力，——制度，习惯，思想，教育，等等。那些势力改良了，人也改良了"。他虽然强调"这种改造一定是零碎的改造，——一点一滴的改造"，而非"拢统的改造"，但这类"改造社会即是改造个人"的取向，多少也接近某种根本的解决。③

（四）渐进的"根本解决"

在郑伯奇看来，主张根本解决和零碎解决者都有想要"改

① 《少年中国学会问题》郑伯奇意见，载《少年中国》，3卷2期，1921年9月，39页。

② 周作人：《新村的精神》（1919年11月8日），载《新青年》，7卷2号，1920年1月，131页。

③ 胡适：《非个人主义的新生活》（1920年9月），见《胡适文集》第2册，569～570页。

造"中国社会的共性。但不少时人也确实看到两者间的对立，胡适自己即是其中之一，他就认为"实验主义注重在具体的事实与问题，故不承认根本的解决。他只承认那一点一滴做到的进步"。① 丁守和、殷叙彝也注意到，和"问题与主义"之争相类的争论在其他许多社团和刊物中都发生过，在江西的改造社及其《新江西》月刊争论这一问题时，就有痛恨"空谈主义"并提倡多研究具体问题的表述。②

而郑伯奇观察到的"两种趋向"与前引毛泽东所见似不同，毛氏眼中较对立的"改造"和"改良"两派在郑氏看来皆属于"直接从事于社会改造事业"的一类。其实毛本人也曾倾向于先从一个个的国民下手，他在1920年曾说，"国民全体是以国民个人做基础，国民个人不健全，国民全体当然无健全之望"，故应通过改造个人来增进团体力量。不过他后来在新民学会巴黎会员的影响下转变了观念，渐倾向于其原本不认同的"以政治组织改良社会组织，以国家促进地方，以团体力量改造个人"的苏俄方式。③

---

① 胡适：《我的歧路》，见《胡适文集》第3册，364～366页。

② 不过，江西改造社的发展有些类似湖南新民学会，持根本改造主张的成员似较占上风。参见丁守和、殷叙彝：《从五四启蒙运动到马克思主义的传播》，294～295页，北京，生活·读书·新知三联书店，1979。并参见《五四时期期刊介绍》关于《新江西》的介绍，见该书第三集上册，27～38页。

③ 毛泽东：《打破没有基础的大中国建设许多的中国从湖南做起》（1920年9月），见《毛泽东早期文稿》，507页。按：新民学会成员赴法国多在上述与少年中国学会巴黎同人通信之后，特别是直接影响毛泽东的蔡和森赴法更晚，则他们关于注重组织、以政权改造社会等"根本改造"的主张应与此前巴黎留学生群体的见解相关。参见蔡林彬（和森）致毛泽东（1920年9月16日），见《新民学会资料》，153～162页。

有一点应注意，当年的立说者对于他们正在使用的"新名词"并未认真界定。一方面，不同名词可能指谓着同样的事物；另一方面，有时语汇的不同也未必意味着其主张有多大歧异。譬如毛泽东及许多新民学会会友所说的"改造"取向（以陈独秀为代表），今日恐怕更多会说成"革命"。而张东荪当时就指出两者的共性，他以一篇名为《各自改造》的文章来提倡"各自革命"，并解释说，"我说的各自革命便是各自改造。因为革命是改造的第一步，所以我先提起革命。现在我因为'革命'两个字人家容易误会，乃改用'改造'两个字；其实革命是'更新'的意思"，正与改造相通。①

那时不少人的确主张以点滴渐进方式"改造"中国社会，至少在词语上印证了郑伯奇的观察。如《新群》上的一篇文章就认为："社会改造的事，是慢慢的做到的，不是一下子做到的；是零碎做到的，不是一举成功的。"故最好的办法是"按着一件一件的制度，去慢慢的求改革，才能达到改造社会之目的"。② 在安徽办《微光》的韦丛芜等则表示：我们"不侈谈主义，只注重以浅显明了的理论，实地去宣传"；希望以"旧瓶装新酒"的方式和平民接洽，"使他们的思想渐渐转变，不知不觉渐入正轨，起社会思想之大革命"。③

张东荪也说，"从来政治上的改革家只主张大革命，所以革

---

① （张）东荪：《各自改造》，载《时事新报》，1919-09-26，1张1版。
② K. S.：《怎样去研究社会改造问题》，载《新群》，第1期，1919年11月，转引自《五四时期期刊介绍》第三集上册，371～372页。
③ 韦丛芜、李寄野致胡适（1922年），见耿云志主编：《胡适遗稿及秘藏书信》第30册，649～650页，合肥，黄山书社，1994。

来革去，丝毫没有进步。因为他是改造屋顶，是不中用的。必定也把屋基拆了，重新改造一回方好"。而他所谓拆屋基，则是"各地方自己革自己的命；在一地方内，各部分革各部分的命"。积"无数的小革命"以成"一个真正的大革命"。[①] 这样的"各自革命"，与毛泽东"由分处下手"而"进于总解决"和王光祈从改造局部走向"根本解决"的主张相当接近，应能反映相当一部分人的思想。

李大钊在 1920 年一次关于社会主义的演说中指出，社会主义"须将现今制度，完全改革"，并在生产和分配方面"寻出一种新方法，代替旧式之私竞的经济秩序及组织"。这当然是一种"根本的解决"，但他也说，社会主义实行的手段"各不相同"，包括"革命"的手段及用平和手段"渐渐进行改革达到目的"者。[②] 可知他此时至少承认有以平和手段"渐渐进行改革"来实现根本解决的取向，且并未将其排斥在各种实行社会主义的"手段"之外。

另一位承认"劳动与阶级社会之大革命"必发生于将来社会的作者，也想要预"筹社会革命之正趋的方法，以弭猛潮，实行根本的解决，求相当之代替"。他提出了普及教育、团结劳动界和实行自治三项方法，欲以此"为社会根本改革，代替社会革命"。[③] 此人虽明言希望以"改革"代替"革命"，但也自认为其主张是一种"根本的解决"。

---

① （张）东荪：《各自改造》，载《时事新报》，1919-09-26，1 张 1 版。
② 李大钊：《社会主义与社会运动》（1920 年），见《李大钊文集》第 4 卷，5 页。
③ 刘华瑞：《社会改革之正趋》，载《时事新报》，1919-09-22，1 张 1 版。

正如李新、陈铁健等指出的："当时有些人虽然主张'根本解决'，但也只是一个笼统的大目标，其方法还是比较倾向于和平的或零碎的解决。"[①] 另有一些人则既看到根本解决和零碎解决之间的对立，又以为应循由小及大、由近及远的途径，从"部分"入手改良"全体"。如北京的《光明》杂志就明言"我们并不空谈什么主义"，我们"要研究的并不是什么'主义'和什么'学说'，乃是几个简单生活的问题、习惯改良的问题"。但其之所以这样的理由却是："改良'部分'就是改良'全体'，要改良大的远的，必先要改良小的近的。"[②]

在五四学生运动前后政治态度还颇温和的恽代英[③]也有类似毛泽东的转变，他在 1920 年秋撰文论证"革命的价值"时，自称是一个"痛恶政党"和"完全不信政治运动值得我们努力的人"，但"相信这几年中，究竟逃不了有一次革命"。他虽然"十分不愿意看见流血的事"，但若革命确实"不可避免"，则"我们应该怎样利用他，利用他到怎样的田地，这值得我们事前研究预备"。恽代英希望热心革命者"须知革命不是治疗百病的神方，便在破坏一方面，亦非能具备几个条件不能生一点效验"；同时"盼望更勇敢更切实的人，还须注意社会的根本解决，不在轰轰烈烈的破坏，还在善战无名的建设事业中间"。[④]

---

① 李新、陈铁健主编：《中国新民主革命通史》第 1 卷（1919—1923）《伟大的开端》，221 页。

② 参见《五四时期期刊介绍》关于《光明》的介绍，见该书第二集上册，317～319 页。

③ 参见罗志田：《再造文明之梦——胡适传》，279～280 页。

④ 恽代英：《革命的价值》（1920 年 10 月 10 日），见《恽代英文集》上卷，224～226 页，北京，人民出版社，1984。

那时的恽代英已确信 "个人主义的新村是错了的,个人主义的工会罢工,亦非根本良法";若 "用一手一足之劳,想逆经济潮流与资本家争胜" 也是行不通的。"要改造这个世界,一须做一个共同生活的模型,使世人知道合理有幸福的生活是可能的事。一须我们大家协力,不但解决自己及家庭生活问题,而且要有力量与资本家决斗。" 至于决斗的方式,固然 "可以组织工会,鼓吹罢工,用阶级战争为推倒资本家的方法。但我想要为世界求一个最后的解决,仅仅靠鼓动争存的单纯天性,总还不够。最好莫如利用经济学的原理,建设个为社会服务的大资本,一方用实力压服资本家,一方用互助共存的道理,启示一般阶级。而且靠这种共同生活的扩张,把全世界变为社会主义的天国"。①

恽代英的《未来之梦》一文发表在《时事新报》之上,颇得张东荪赞赏,以为是 "采资本主义之方法以贯澈社会主义之精神,可谓独具只眼"。他希望多有些持这样观念者,"各分头进行,既不问中央政治,复不问地方政治,亦不谈何种主义,行之数年以后,再谋大同盟,以商定一种具体之主义,不为迟也"。张东荪自己就改变了过去 "常觉有制定一种吾辈所托命之主义之必要" 的想法,以为 "必择一种主义而信为灵药" 不过是万分无赖时 "精神上之安慰",其实是 "环境太坏之一种反动。此太坏之环境实为问题之根,吾辈当硬着心肠以向此问题之根而求逐渐改造也"。②

舒新城当时曾对张东荪说:"中国现在没有谭论甚么主义的

---

① 恽代英:《未来之梦》(1920 年 10 月),见《恽代英文集》上卷,244 页。

② 张东荪:《再答颂华兄》,收入《关于社会主义的讨论》,载《新青年》,8 卷 4 号,1920 年 12 月,13~14 页(文页)。

资格，没有采取甚么主义的余地，因为中国处处都不够。"张氏认为这句话"非常中肯又非常沈痛"。因为"现在中国人除了在通商口岸与都会的少数外，大概都未曾得着'人的生活'"。他说，"我们苟不把大多数人使他得着人的生活，而空谭主义，必定是无结果"。如果要有一个主义，"就是使中国人从来未过过人的生活的都得着人的生活，而不是欧美现成的甚么社会主义、甚么国家主义、甚么无政府主义、甚么多数派主义等等"。这些意思看来很像前引王光祈的主张，不过王氏拟在"思想行为"上着力，以使"中国人能有应用各种主义的能力"，而张东荪则明言"我们的努力当在另一个地方"，那就是发展实业。①

其他时人也有相类的见解，如新民学会的周惇元就认为"吾人宜先事破坏。破坏后建设事业宜从下级及根本上着手"；同会的张泉山也曾主张"第一步采过激主义"，第二步"采用罗素、基尔特社会主义"来纠正俄国人牺牲自由的弊端。② 而张申府提出的"中国改造的程叙"依次是："革命、开明专制、实行极端的强迫教育"，然后改良农业，整理森林河渠，兴发工业交通等。他所说的开明专制就是苏俄的"劳农专政"，而张氏之所以设计出这一程序，是因为"以今日中国之一般知识阶级而言代议政治，讲选举，纯粹是欺人之谈"。③ 其言外之意即采用开明专制是因为中国人还不到实行代议政治的程度。

这样一种先激进后缓和或先革命后改良的"阶段革命"论，

---

① 张东荪：《由内地旅行而得之又一教训》，收入《关于社会主义的讨论》，载《新青年》，8 卷 4 号，1920 年 12 月，1 页（文页）。

② 参见《新民学会会务报告（第二号）》，见《新民学会资料》，24～25 页。

③ 张崧年致陈独秀，载《新青年》，9 卷 3 号，1921 年 7 月，2～3 页（栏页）。

在相当一段时间里都有人主张。傅斯年大约撰写在 1919 年的一篇未刊稿就认为，世界"近世史是要求平等的历史"，是一个"有始有终的政治社会改造运动"。其中前面的"政治革命"仅仅是同"一种运动"的"一小点，以后放着一大部的社会改造运动，不过是以往政治革命的补充，其意味没有两样"。①

陈炯明在 1924 年曾制订一种阶段性规划："第一期则为'武装革命'，以毒攻毒，期以一二年而成功。第二期则为'文装革命'，放下屠刀，从事宣传。"盖"老百姓不出，如民治何？"故需要分两个时期，"一为戡乱，一为制治"。② 到北伐时，太虚法师也提出类似的阶段革命论，即国家统治者的改变只是"命令之革命"，但还有"继续生存之势力习惯"，所谓"国之势力所形成者为政制，国之习惯所形成者为礼教"。要使一国之政制、礼教皆随政治权势的转移而革故鼎新，方为"生命之革命"，必"生命之革命成功，命令之革命乃为有效"，后者成功才算完成"革命之功"。③

这些看法当然互有歧异，比较起来，恽代英的表述显得较系统也更具体。那时他还认为革命只能破坏，且其破坏力可能是有限的；而"用阶级战争来推倒资本家"也不过是依靠鼓动人类"争存的单纯天性"，要"建设事业"才是"社会的根本解决"。通过利用"经济学的原理"以资本压服资本家，再用"互助共存

---

① 傅斯年：《时代与曙光与危机》（约 1919 年），载《中国文化》，第 14 辑，1996 年 12 月，196 页。

② 陈炯明答吴敬恒书，1924 年 5 月 13 日，见陈定炎：《陈竞存（炯明）先生年谱》，1157 页，台北，李敖出版社，1995。

③ 太虚：《说革命》（1926 年 6 月 5 日），见《海潮音文库·第一编·佛学通论·政治》，17～22 页，台北，新文丰出版公司，1985。

的道理，启示一般阶级"，构建一个"共同生活"来实现社会主义，"为世界求一个最后的解决"。这些人的见解值得反思，其一个共性即"根本解决"对不少时人而言未必意味着革命，或革命不过是走向根本改造的第一步，且不排除通过"逐渐改造"实现根本解决。

（五）中共党人的主张

陈独秀不同意上述取向，他认为新村运动、北京工读互助团以及恽代英的想法皆类"痴人说梦"，根本是"在全社会底一种经济组织生产制度未推翻以前，一个人或一团体决没有单独改造底余地"。[①] 恽代英自己不久也成为中共党员并改变了主张，他在讨论"民治运动"时强调要把"每个为自己谋利益而作战的联合"逐渐"引他注目政治，引他求政治上的总解决"。改变观念后的恽代英转认为"各方面零碎的解决，固然可以作练习作战的目标；但我们不可忘记，只有向政治上战斗，以求人民获得政权，用人民的力量建设，拥护而监督一种为人民谋利益的政府，才真能有一种成功"。[②] 全文未提经济，建设也仅模糊提到，而特别强调"向政治上战斗"以寻求"政治上的总解决"。

但即使中共的观念那时也是灵活而具有包容性的，如 1922 年初社会主义青年团机关刊物《先驱》的《发刊词》在论及新文化运动的结果时就说："近一二年来的言论界，大非'五四'前后的言论界了。大家都在纸上空谈不着边际的主义，并毫无研究

---

① 陈独秀：《独秀复东荪先生底信》，收入《关于社会主义的讨论》，载《新青年》，8 卷 4 号，1920 年 12 月，23 页（文页）。

② 恽代英：《民治运动》（1922 年 9 月），见《恽代英文集》上卷，342 页。

问题解决问题的决心。"①《先驱》的前三期由社会主义青年团的北京组织所办，李大钊、邓中夏、刘仁静等人当时都领导并积极参与北京青年团组织的活动。② 同年稍后，这些著名的中共党人更联名在少年中国学会中提出一份推动"革命的德谟克拉西"的提案，明言不谈任何主义，只研究目前的事实问题。

提案一开始就说，"我们现在不谈任何主义，我们只研究中国目前的事实问题"。当时的中国是"内政腐败"，外国资本"挟政治势力以俱来"，致使"经济日渐枯竭"、人民的生活状况沦落，而"物质的束缚影响及于精神"，不仅一般民众"同情心消失，合群性沦亡"，就是知识界也显得"知识贫窭，缺乏活气"，大多数人为衣食奔走，难有余力研究学问。简言之，"道德知识两俱缺乏，这便是今日惰性的中国，也就是今日麻木不仁死气沉沉的社会"。他们认为，"这种社会，不是以空泛的道德目标和不实用的科学常识所能征服的。而且除非物质生活的改善，永远不能将他完全征服。改良物质生活的唯一方法，是只有铲除国内的督军制和国外资本主义的这二重的障碍，由中国人开发本国的实业"。③

这大致确认了恽代英一年多以前的主张，但有一个重要的改

---

① 《先驱发刊词》（1922 年 1 月 15 日），见《五四时期期刊介绍》第二集下册，528 页。

② "《先驱》"条目，见《五四时期期刊介绍》第二集上册，12～13 页。关于社会主义青年团的成立及北京组织的活动，参见萧超然：《北京大学与五四运动》，373～381 页。

③ 本段与下段，参见黄日葵、陈仲瑜、邓仲解、刘仁静、李大钊、沈昌：《北京同人提案——为革命的德莫克拉西（民主主义）For Revolutionary Democracy》，载《少年中国》，3 卷 11 期，1922 年 6 月，收入《李大钊文集》第 5 卷，357～361 页。

动，即发展实业的前提是铲除内外障碍。提案进而指出，"唯一解除苦厄实行的方法是只有引导被压民众为有目的的政治斗争。政治斗争是改造社会，挽救颓风的最好工具"，这基本与恽代英后来的主张相同。由于"国内军阀政治的横暴，国外资本帝国主义的压迫，将中国改良的各种希望都澌灭殆尽"，提案号召"任何主义者"在这时"抛弃一切武断的成见，客观的考查中国的实际情形"，以"共同认定一联合的战线，用革命的手段，以实现民主主义"。提案最后重申："我们不要躲在战线后，空谈高深的主义与学理，我们要加入前线，与军阀及军阀所代表的黑暗势力搏战。"

李大钊等以"不谈主义只研究问题"为开场白，结尾再重复不要"空谈高深的主义与学理"，部分可能是因为中共那时正在提倡"联合战线"，有意向主张"研究问题"的一方示好[1]；也可能因为提案特别针对着少年中国学会当时正就是否需要统一"主义"而争论。但《先驱发刊词》和提案的观念一致说明这样的表述或并非偶然随意为之，而是代表了相当一部分共产党人那时的观念。

直到 1924 年 6 月，主持《中国青年》编务的李求实在论证青年学生怎样发动民众参加革命时，仍主张我们应"少发些抽象的哲理高论，多注重于具体的实际问题"。他进而表态说："'多研究问题，少谈些主义'，这句话虽未免有些人觉得不满；然而

---

[1] 罗志田：《"五四"到北伐期间胡适与中共的关系》，见《激变时代的文化与政治——从新文化运动到北伐》。

我们从一种的主义上去切实的研究民众——研究现实，总是应该的。"[1]

这样看来，"问题与主义"之争反映出的时代关怀是广泛而持续的，在一般认知的争论"结束"以后，包括一些中共党人仍在思考和呼应胡适的主张。同时，对少年中国学会的一些成员而言，主义和学理是对立的；但对很多他人来说，当年的主义和学理其实意味着那需要输入或正在输入的外来思想资源。如前引少年中国学会上海同人所指出的，当时许多"研究学术之叙述文字"，其实不过是"叙述他人之主义"而已。既如此，外来"主义"与中国国情的关系就成为一个必须处理的问题。

五、外来主义与中国国情的关系

民初趋新中国人的口头禅之一即"世界眼光"，在一些人的思考中，中国的改造或革命也是"世界改造"或"世界革命"的一个组成部分，这就使外来主义和中国国情的关系与前面所论述的整体改造/革命和局部改造/革命的关系产生了某种关联呼应，并相应产生出两种思考：一种倾向于世界的整体性，中国的改造或革命将在世界改造或革命的成功中一起成功；另一种则注意到中国自身的特殊性，即世界之一部分的改造或革命与整体的世界

---

[1] 匪石（李求实）：《革命中学生应持的态度》，载《中国青年》，第 35 期，1924-06-14，又见中共中央书记处编：《六大以前——党的历史材料》，142~143 页，北京，人民出版社，1980。

改造或革命虽有关联，但也有其独特之处。①

　　此时恰逢"西方"在中国"分裂"，即作为榜样的西方是可分且应该有所选择的；而由于主义和学理基本是外来的，它们又像已经被"负面整体化"的中国"传统"那样带有"一家眷属"的不可分意味。这一内在的紧张给许多趋新人物带来困惑，通常是愈了解西方者愈感到有澄清的必要。一般被视为尊西象征的胡适在五四运动前后一再提出，引证西洋学理应该考虑适合于"中国今日的问题"、必须能够"应用于我们中国今日的时势"，要在"实地考察中国今日的社会需要究竟是什么东西"的基础上输入外来的学理和主义，想必具有非常不得已的紧迫感觉。民初思想界的错综复杂和诡论意味由此凸显，特别值得进一步分析探讨。

（一）中西社会的歧异

　　这与"西方"分裂之后各种外来"主义"以中国为战场的现象相关，或许胡适已隐约意识到这一点，盖"主义"都来自西方，它们之间的竞争实不啻西与西斗；不仅中国沦为他人之战场，西方学理的自我争斗也未必有利于"输入学理"；若多研究问题，则具体问题都是中国的，仍可用西法解决之。所以他承认"主义的应用，有时带着几分普遍性"，因为一个问题的解决法在不同的时空也有借鉴作用；他只是反对"因为这或有或无的几分普遍性，就说主义本来只是一种抽象的理想"。在研究了"中国

――――――――

① 这样，"世界"既是"我们"，也是"他人"。既然中国是世界的一部分，"世界"当然是"我们"；然而，时人也隐约意识到，"世界"实质上不过是"西方"体系的另一种表现，所以许多中国人一直有着"进入"世界的持续愿望和努力。这个在一定程度上集"我们"与"他人"为一体的"世界"正是不少民初人以及此后的中国人困惑之所在。

社会上政治上种种具体问题"之后，诊断中国所患之病及下什么药都可以"参考西洋先进国的历史和学说"。①

胡适最初的反对者却更多看到他意思中的另一面，蓝公武就说，"胡君的意思，以为一切主义，都不过是某时某地一种具体的方法转变来的，和吾们实际的需要未必能符；各有各的需要，各有各的方法，故说外来的主义是无用的"。② 最后半句当然非胡适原意，而是蓝氏自己"提升"出来的。但他和李大钊二人在反驳胡适主张时却都指出了中国与西方社会的不同，只是西方社会要更"正确"些。

蓝公武自己就说："社会的环境不同，主义和问题的关系也就不能一样。在文化运动进步不息的社会，主义常由问题而产生。……若是在那文化不进步的社会，一切事物都成了固定性的习惯，则新问题的发生，须待主义的鼓吹成功，才能引人注意。"前者当然是指西方，那里"一切事物都属能动性，常跟着时代前进，偶有那不进的事物，立刻便引起一般人的注意，成为问题，有问题便发生各种运动。从这运动中，便产生了若干主义，拿来做解决方法的实行标准"。后者则是中国，这里"无论何种事物，都有一个天经地义的因袭势力支配在那里，有敢挟丝毫疑义的人，便是大逆不道；如何能拿来当作问题，去讲求解决方法呢?"必须要"有一种强有力的主义，鼓吹成熟，征服了旧习惯"，才可能"制造成"问题。③

他举例说："譬如专制君主的害毒，在中国行了几千年，并

---

① 胡适：《三论问题与主义》，见《胡适文集》第 2 册，270～273 页。
② 知非（蓝公武）：《问题与主义（七）》，载《国民公报》，1919-07-31，5 版。
③ 知非（蓝公武）：《问题与主义（五）》，载《国民公报》，1919-07-29，5 版。

没有人觉他不合理，拿来成一问题；及至最近数十年，西方的思想输入，人民有了比较，起了反省，即便成了极大的问题，产生出这辛亥革命的大事件。又如东方的家族制度、奴隶劳动，在今日思想已经进步的时候，尚不能成为问题；若移到西方去，立刻便成了一种不可终日的问题了。"在蓝氏看来，这证明"构成问题的要素，全在这主观的反省"①，但他无形中实帮助胡适说明了中西社会确不一样。

蓝公武进而承认，"在因袭势力支配的旧社会，他的需要，和那文化进步的社会，都是大不相同的"。不过对他而言，这反表明中国非常需要外来的主义以"制造"问题：既然"旧习所支配的社会自身不能发生新理想，则往往由他国输入富于新理想的主义，开拓出一个改革的基础来"。其实，"中国今日所有的新需要新问题，那一件不是外来的思想主义所产出来的么？"只要中国"打开大门与世界文化接近，这个时候，吾们的需要，和欧美人的需要，也就相差不远"，外来主义的用处也就呈现出来了。②

应该说，蓝氏关于中国当时不少新需要、新问题是外来的思想主义所"产出"的观察不无所见，他很可能担心胡适的主张会妨碍当时向西方开放的趋势，故感觉不能不站出来说话。他在试图与胡适比谁更开放和趋新的言论中揭示了自己的顾虑，即胡适的主张可能导致"关上大门，排斥一切外来的思想"，则"尧舜禹汤文武周孔之道自能满足吾们的需要"。然而蓝公武忽视了关键的一点，即中国需要"打开大门与世界文化接近"，恰因中国

---

① 知非（蓝公武）：《问题与主义》，载《国民公报》，1919-07-24，5 版。

② 本段与下段，参见知非（蓝公武）：《问题与主义（五）》《问题与主义（七）》，载《国民公报》，1919-07-29、1919-07-31，均 5 版。

社会与承载着 "世界文化" 的西方社会不同。

　　李大钊在讨论对根本解决 "不可一概而论" 时也说: "若在有组织有生机的社会, 一切机能都很敏活, 只要你有一个工具, 就有你使用他的机会, 马上就可以用这工具作起工来。若在没有组织没有生机的社会, 一切机能, 都已闭止, 任你有什么工具, 都没有你使用他作工的机会。这个时候, 恐怕必须有一个根本解决, 才有把一个一个的具体问题都解决了的希望。"他举例说, 俄国就是在推翻罗曼诺夫王朝和进行经济组织的改造之后, 才把一切问题 "全都解决了"。[①]

　　可知李大钊也清楚地看到中西社会的歧异, 且他也像蓝公武一样认为西方社会更高明。不过他认为两者的差别可以通过对主义的不同 "运用" 来解决, 即 "在别的资本主义盛行的国家, 他们可以用社会主义作工具去打倒资本阶级。在我们这不事生产的官僚强盗横行的国家, 我们也可以用他作工具去驱除这一班不劳而生的官僚强盗"。社会主义者为使其主义在世界上产生影响, 就必须研究怎样把他的理想 "应用于环绕着他的实境"。

　　陈独秀正是从中西社会的不同看到革命的紧迫性, 他认为, "由资本主义渐渐发展国民的经济及改良劳动者的境遇以达到社会主义, 这种方法, 在英法德美文化已经开发政治经济独立的国家, 或者可以这样办, 像中国这样知识幼稚没有组织的民族, 外面政治的及经济的侵略又一天紧迫似一天", 时间上不容中国人

---

　　① 本段与下段, 参见李大钊:《再论问题与主义》, 见《李大钊文集》第 3 卷, 6、3 页。

采取"渐进的 Evolution"，故只能"取急进的 Revolution"。①

胡适自己有时也分享着类似的中西歧异观，他后来在讨论"革命的根本方法在于用人功促进一种变化，而所谓'人功'有和平与暴力的不同"时指出，"在未上政治轨道的国家，旧的势力滥用压力摧残新的势力，反对的意见没有法律的保障，故革新运动往往不能用和平的方法公开活动，往往不能不走上武力解决的路上去"，当时的中国就是这样的国家。尽管他非常清楚"武力斗争的风气既开，而人民的能力不够收拾已纷乱的局势，于是一乱再乱，能发而不能收，能破坏而不能建设，能扰乱而不能安宁"，但中国也确实缺乏通过宣传鼓吹、组织运动，以及立法或选举竞争等方式改变旧制度的条件。②

这一看法充分暴露了中国自由主义者的困境：他们既承认中国的国情基本不允许实行渐进的政治改良，又因暴力革命可能造成的破坏而主张仍实施和平的改良，但一般"起而行"的热血青年恐怕很难接受这样看似矛盾的取向。如果说初期的争论基本是学理上的，到中共成立之后，实际而具体的"革命"活动就迫使中共党人进一步思考输入的主义或学理怎样与中国革命实践相结合的问题，其间还隐伏着一个与后来中共党内持续关注的"教条主义"相关的问题。下面主要探讨一些早期中共党人的观念。

（二）中国问题的世界解决

陈独秀认为，输入学说应该"以需要为标准"。"学说之所以可贵，不过为他能够救济一社会一时代弊害昭著的思想或制度"；

---

① 陈独秀：《独秀复东荪先生底信》，收入《关于社会主义的讨论》，载《新青年》8卷4号，1920年12月，20页（文页）。

② 胡适：《我们走那条路》（1930年），见《胡适文集》第5册，358页。

故"一种学说有没有输入我们社会底价值，应该看我们的社会有没有用他来救济弊害的需要"。他举例说，中国输入达尔文进化论，是因为"我们不懂适者生存底道理，社会向着退化的路上走"。如今"我们士大夫阶级断然是没有革新希望的，生产劳动者又受了世界上无比的压迫，所以有输入马格斯社会主义底需要"。①

毛泽东在 1920 年 3 月论及出国留学时说，"吾人如果要在现今的世界稍为尽一点力，当然脱不开'中国'这个地盘。关于这地盘内的情形，似不可不加以实地的调查，及研究"。故"似应先研究过吾国古今学说制度的大要，再到西洋留学，才有可资比较的东西"。② 在次年 1 月新民学会的讨论中，他解释何以赞成"改造中国与世界"的提法说："提出'世界'，所以明吾侪的主张是国际的；提出'中国'，所以明吾侪的下手处。"其实"中国问题本来是世界的问题，然从事中国改造不着眼及于世界改造，则所改造必为狭义，必妨碍世界"。③

张申府与毛泽东的想法颇接近，他在留学法国后，"感着欧洲一时是无望的。生于东方的人，不能不仍希望东方。最好的希望是中俄之联合"。张氏也提出，应该"本世界见地改造各个地方：不要为一地方好而改造那个地方，要为世界好而改造各个地方。就令一切地方各单独像是好了，世界全个仍可以不好；世界

---

①　陈独秀《随感录·学说与装饰品》，载《新青年》，8 卷 2 号，1920 年 10 月，又见《陈独秀著作选》第 2 卷，177 页。

②　毛泽东：《致周世钊信》（1920 年 3 月 14 日），见《毛泽东早期文稿》，474 页。

③　《新民学会会务报告（第一号）》，见《新民学会资料》，18 页。

全个不好，各个地方其实不能好"。他认为，"世界趋势固要晓得，但勉随趋势而忘了自己实况，必无好结果"。盖"政治尤不可专模仿人"，列宁的"一大长处"就在能认清自身的事实。①

张氏提到列宁的"长处"其实有较深的含义，因为在涉及中外社会对比时，苏俄不仅是革命成功的榜样，且横亘于中国和西方的参照关系之间：俄国社会在许多方面不同于西欧是许多时人都看到的，但对中共党人而言可能还有一个更具体的理论问题，俄国的"资本主义"发达程度不及西欧却又超过中国，马克思、恩格斯的理论主要涉及的是资本主义发达的西欧，而列宁则更多论及俄国的具体革命实践。这样，中国情形与"世界"局势的异同问题给中共党人带来较他人更深一层的理论困扰。

一些早期中共成员始终在尝试梳理这些复杂的关系，比较明确论及这一问题的是前引《先驱》的《发刊词》。文章指出：辛亥革命以后，虽然专制改成共和，实际却是"反革命的势力冒着民主的招牌，以行他们的抢掠之实"。新文化运动的结果也不使人乐观，"大家都在纸上空谈不着边际的主义，并毫无研究问题解决问题的决心"，致使"反动的势力"也"乘着这人家不注意他的机会大施其活动"。故"本刊的任务是努力唤醒国民的自觉，打破因袭、奴性、偷惰和倚赖的习惯而代以反抗的创造的精神"，

---

① 张崧年致陈独秀，载《新青年》，9卷3号，1921年7月，2～3页（栏页）。按：希望中俄联合似乎是那时不少人的想法，张东荪在1920年也说他曾希望"中国与俄联盟，建立劳农国家，以两民族之力以推翻世界之资本主义"。张东荪：《再答颂华兄》，收入《关于社会主义的讨论》，载《新青年》，8卷4号，1920年12月，14页（文页）。

并在 "这种精神的支配" 下走向共产主义的社会。①

但 "有了这种精神,我们若不知道中国客观的实际情形;还是无用的"。那些 "不就客观的实际情形研究,而徒凭个人主观的思想,想改造社会的人",动机虽不错,然其 "罪恶在实际上与反动派保守派没有什么分别"。该刊表示要参考 "各国社会主义运动的成绩和失败之点",并特别提请关注 "俄国革命的状况和革命以后的建设",因为 "许多人都只知咒骂俄国和赞美他",却未曾注意研究 "他的施设和他运动的方法"。文章反对 "不谙实际的传播一种高调的主张",而强调要 "努力研究中国的客观的实际情形,而求得一最合宜的实际的解决中国问题的方案"。

后面这句话很多中共党史的论著都曾经引用,但前面那句反对在纸上空谈主义而提倡研究问题的话则很少被引。其实这一《发刊词》的结构有些类似前引李大钊等在少年中国学会的提案,即开始提到应研究问题不空谈主义,后面以反对高调主张提倡研究中国的实际情形照应之,并婉转说明输入学理和研究问题的关系,大体可见那时中共党人注重 "实际" 的态度,与胡适此前的主张也比较接近。

"中国的客观的实际情形" 究竟如何?以及什么是 "最合宜的实际的解决中国问题的方案"?中共党人还有进一步的探索和讨论。基本上,多数中共党人都像毛泽东和张申府一样强调中国革命与世界革命的关联,不过更多依据马列主义的理论来立说;他们也都注意到中国社会与欧美资本主义国家的差异,蓝公武和

---

① 本段与下段参见《先驱发刊词》,见《五四时期期刊介绍》第二集下册,528~529 页。需要说明的是,中共党人在此文中所说的 "主义" 可能较多针对无政府主义。

李大钊那种"在欧洲本可如何，但社会不同的中国则不同"的表述形式也常出现在后来的中共党人的言说中，只是西方在蓝、李眼中是"文化运动进步不息的社会"或"有组织、有生机的社会"，后来的中共党人则多以资本、资本主义和阶级等概念来界定西方的社会。

与毛泽东和张申府那种相对直观的表述不同，不少早期中共党人是从资本主义的全球性来认识中国革命的世界性。蔡和森在1921年2月说："因为交通发达的结果，资本主义如水银泼地，无孔不入，故东方久已隶属于西方，农业国久已隶属于工业国，野蛮国久已隶属于文明国，而为其经济的或政治的殖民地。"世界既然一体化，"劳动解放绝不是一个地方、一个国家、一个民族的问题，乃是一个世界的社会问题"。故"中国的阶级战争，就是国际的阶级战争"。[1]

施存统在同年5月也说："资本主义，是带国际性质的，彼是要征服全世界的；共产主义也同彼一样，也是带国际性质的，也是要征服全世界的。"中国是世界的一部分，"住在这块地方的无产阶级，也当然要起来与全世界无产阶级同心协力干这个全世界的社会革命"。[2]

蔡和森因而提出，"现今全世界只有两个敌对的阶级存在，就是中产阶级与无产阶级"。由于资本帝国主义常常通过掠夺殖

---

① 蔡和森：《马克思学说与中国无产阶级》（1921年2月），见《蔡和森文集》，75、78页，北京，人民出版社，1980。

② CT（施存统）：《我们要怎么样干社会革命？》，原载《共产党》，见中国社会科学院现代史研究室、中国革命博物馆党史研究室选编：《"一大"前后：中国共产党第一次代表大会前后资料选编》（一），265页，北京，人民出版社，1980。

民地以缓和本国的经济剥削,甚至 "分余润于其无产阶级",使其 "常常受其资本家的贿买笼络而不自觉"。故 "东方农业国野蛮国的无产阶级" 所受的经济压迫,"较西方工业国文明国无产阶级之所受为尤重"。①

这类见解或者在留法学生中较流行,稍后周恩来也说:"全世界凡经资本主义铁蹄所践踏的地方,概都形成了同样的两大阶级:一是压迫阶级,一便是被压迫阶级。" 前者 "是以各强国的资产阶级为中心,各产业落后国的封建军阀只不过是他们的爪牙";后者则是 "工业先进国中的无产阶级和各殖民地半殖民地的弱小民族",他们都 "站在同一被剥夺被欺凌境地"。② 可以看出,周恩来关于 "被压迫阶级" 的分析与蔡和森略有不同。

陈独秀后来解释中国民族革命 "是整个的世界革命之一部分" 说,"这两个革命的对象只是一个:统治全世界的国际帝国主义",故 "尽力世界革命即是尽力中国民族革命"。由于 "全世界的经济成了整个的,全世界政治也直接间接在这整个的经济影响支配之下成了整个的",故世界各部分的革命运动 "相互影响之关系日渐密切",也已 "汇合起来成了整个的世界革命" 而 "不能分开"。中国在政治上为国际帝国主义所共同征服,在经济上是国际帝国主义共同掠夺的市场,若 "不根本推翻统治全世界的国际帝国主义,中国民族不会有完全解放之可能"。③

---

① 蔡和森:《马克思学说与中国无产阶级》(1921年2月),见《蔡和森文集》,74~78页。

② 周恩来:《革命救国论》(1924年2月),见刘焱编:《周恩来早期文集》下卷,443页,天津,南开大学出版社,1993。

③ 陈独秀:《世界革命与中国民族解放运动》(1926年5月),见《陈独秀著作选》第2卷,1055~1061页。

　　稍后《中国青年》的一篇文章说，"在帝国主义统治的世界里，任何国家、任何民族的政治经济，都具有他的国际性"，绝不可能闭关孤立，"脱离国际的压迫阶级与被压迫阶级相互间之公友公敌的关系而单独发展"。故中国国民革命的国际意义即在于它是"世界革命的局部工作"。[①] 但是，世界革命的整体性以及世界性地划分"阶级"这类"公友公敌的关系"隐伏着一种可能性，即为了"整体"的利益而牺牲"局部"的具体一国的利益。

　　凯末尔领导的土耳其的民族革命曾得到苏俄援助，当凯末尔转而枪杀共产党人时，苏俄从"世界革命"的角度考虑，仍对其提供物质援助，理由是凯末尔正在反帝。后来苏联驻华大使加拉罕即以此为例，主张以同一思路来处理中国革命中的国共关系。这是后来莫斯科一再反对广东北伐的重要出发点，因为北伐非常可能导致国民革命军和冯玉祥国民军的军事冲突，而国民军被打败则可能妨碍苏联正与张作霖进行的谈判。[②] 这样，对中共党人来说，作为世界革命"局部"之一的中国革命也需要明确其独特性，这一点只能落实在清楚地认识中国的客观实际情形之上。

---

　　① 昌群：《破产的国家主义》，见《中国青年》第 6 集，6 卷 20、21 号合刊（1926 年 12 月 20 日），524 页，北京，人民出版社，1956，影印汇刊本。关于中国问题是世界问题之一部，故不能不通过"世界革命"来解决的观念此后仍相当流行，梁漱溟到 1930 年还说：事实表明，"中国问题已不是中国人自己的问题，而是世界问题之一部；中国问题必在反抗资本帝国主义运动下始能解决"。这就是国民党要"联俄，要加入第三国际，要谈世界革命"的原因。见梁漱溟：《敬以请教胡适之先生》（1930年），见《梁漱溟全集》第 5 卷，40 页，济南，山东人民出版社，1992。

　　② 加拉罕的表述出自其 1926 年 2 月《在联共（布）中央政治局使团会议上的报告》，引文及进一步的讨论参见罗志田：《国际竞争与地方意识：中山舰事件前后广东政局的新陈代谢》，见《激变时代的文化与政治——从新文化运动到北伐》。

（三）探索中国革命的客观实际

中国社会情形不同于西方产业社会是早期中共党人的共识，这在理论上也为中国革命的特殊性提供了依据。前引李大钊1920 年关于社会主义的演讲便体现出他自身观念转移的轨迹，他指出："社会主义的理想。因各地、各时之情形不同，务求其适合者行之，遂发生共性与特性结合的一种新制度（共性是普遍者，特性是随时随地不同者），故中国将来发生之时，必与英、德、俄……有异。"这看上去与此前那种包容胡适观念的表述仍接近，但这次中国的 "特性" 却发生了变化，是 "因中国受国际压迫（帝国主义与资本主义），各阶级是相同的，所以实行时应当与资本中等……阶级联成一气，使中国成一独立者，不受国际压迫者之国家"。另外，由于 "经济情形是国际关系之故"，为打破国际 "资本阶级"，"社会主义的运动，当然以国际为范围"。[①]

陈独秀稍后提出，像中国这样的半殖民地国民革命是 "一种特殊形式的革命"，同时 "含有对内的民主革命和对外的民族革命两个意义"；有别于 "宗法封建社会崩坏时，资产阶级的民主革命" 和 "资产阶级崩坏时，无产阶级的社会革命" 这两种 "人类经济政治大改造的革命"。[②] 后来邓中夏更明言："中国革命的政权问题，并不是土耳其的资产阶级政权，也不是俄罗斯的无产阶级政权，而有中国的第三种形式"，即工人、农民、小资产阶

---

① 李大钊：《社会主义与社会运动》（1920 年），见《李大钊文集》第 4 卷，5～6 页。

② 陈独秀：《中国国民革命与社会各阶级》（1923 年 12 月），见《陈独秀著作选》第 2 卷，557 页。

级联合起来，"一方面要消灭一切封建残余，另一方面继续反帝国主义的奋斗，成一个革命的反帝国主义联合战线的政权"。[①]

不仅中国革命是特殊的，中西国情的不同也成为中共党人分析中国阶级和社群的一个重要切入点，陈独秀在论证中国青年学生的革命责任时即说，"产业幼稚文化落后"的中国社会有其"特殊状况"，即"幼稚的各社会阶级，都还在睡眠中，只有学生们奔走呼号，成了社会改造的惟一动力"。这样，他们"责任的轻重，与欧、美、日本的学生迥然不同"。中国学生的"特别职任"在于："第一努力唤醒有战斗力的各阶级；第二努力做有力的各阶级间之连锁，以结成国民的联合战线"。[②]

青年团中央书记刘仁静也说："资本主义的列强的学生，多半是中产阶级社会的子弟，列强的工业发达，中产阶级在他们的国家握有政治与经济的权力，所以他们能安心求学与学有所用；他们在社会上不成为一种特殊势力，他们无改造社会的志愿。中国的情形适得其反，学生与他们的家庭与他们所代表的阶级同为被压迫者，所以他们必然的倾向于改造社会，从军阀与帝国主义的压迫之下解放出来。此是中国特有学生运动西方所无的根本原因。"[③]

彭述之稍后更说：在欧美资本社会里，知识阶级"十分之八九是附属于资产阶级，充当资产阶级的走狗，因此它常是反革命

---

① 邓中夏：《一九二六年之广州工潮》（1927 年），见《邓中夏文集》，372～373 页，北京，人民出版社，1983。
② 陈独秀：《青年们应该怎样做！》（1923 年 10 月），见《陈独秀著作选》第 2 卷，541～542 页。
③ 敬云（刘仁静）：《学生会的任务及其组织》（1923 年 10 月），见中共中央书记处编：《六大以前——党的历史材料》，75 页。

的，如现时西欧各资本国里之智识阶级十分之八九是属反动派。可是在中国却不然"，中国知识阶级 "除一部分为帝国主义所收买，军阀所雇佣，资产阶级所役使以外，差不多都有几分浪漫的革命性"。他们受帝国主义的侮辱，受军阀的冷视和摧残，故也 "很反对帝国主义与军阀，很赞成国民革命，并且有时还很激烈地参加革命"。[①]

而邓中夏则从中西社会差别中看到中国无产阶级的特殊力量，他反驳当时中共党内关于中国 "无产阶级在数量上很幼稚"的看法说，殖民地半殖民地与 "产业先进国"不同，那里的资产阶级有本国和外国之分。如在中国，中、外资产阶级二者至少处于均势；由于 "中国的无产阶级是在本国的和外国的两个资产阶级之下发育孳长的"，故在中国资产阶级尚幼稚而力量不强时，无产阶级却能 "长成壮大"。[②]

瞿秋白也认为："中国无产阶级处于世界革命的时代及国民革命的中国，他一开始自己的运动，便不得不直接参加政治斗争，决不能限于改善自己生活的经济斗争。'一切阶级斗争都是政治的'。这句话在西欧和俄国仿佛有一时期还是比较抽象的说明，在中国却是异常明显而具体的真理。"[③] 这里的言外之意，正因中西社会的不同，中国无产阶级在革命性上是超过其欧洲同类的。

---

① 彭述之：《谁是中国国民革命之领导者?》，载《新青年（季刊）》，第 4 期，1924 年 12 月，12～13 页。

② 邓中夏：《我们的力量》（1924 年 11 月），见《邓中夏文集》，98～99 页。

③ 瞿秋白：《〈瞿秋白论文集〉自序》（1927 年 2 月），见《瞿秋白文集（政治理论编）》第 4 卷，北京，人民出版社，1993 年，415 页。

上述言论大体出现在中共基本意识形态的形成期，其中许多具体表述在中共后来确立的理论解释中得到不同程度的改写，固不一定"代表"中共的正式看法；但这恰好体现出早期中共成员对世界环境和中国革命的认识并未形成一个抽象、清晰而固定的概念，而更多是一个不时出现意见分歧和观念竞争的持续辩论进程，一个随中国外在环境和内部社会条件的改变而不断重新认识和不断修订观念的进程。

在这样的进程中，一方面，中共党人"努力研究中国的客观的实际情形，而求得一最合宜的实际的解决中国问题的方案"，同时也在中西社会和国情不同的认知基础上，曾长期致力于建立某种"联合战线"（视具体时段而不甚相同），因而对一些后来定义为"非马克思主义"的思想和观念采取了更灵活也更包容的态度。不少中共党人认识到特定的西方理论可能因中西社会的差异而具有不同的作用，李大钊在论证其通过对主义的不同"运用"来解决中西社会的歧异时所举的例证是社会主义，而瞿秋白则以为实验主义在中国的作用虽有两面性，仍比在欧美具有更正面的价值。

瞿秋白在 1924 年提出，实验主义"教中国人自问'为着什么而生活？怎么样生活？'在中国是旧制度崩坏，新阶级兴起时的革命标语；在欧美却是旧阶级衰落时，自求慰藉的呓语"。而其"且解决目前问题，不必问最后目的"这一原则，在欧美"纯粹是维持现状的市侩哲学"，若"应用于中国"，更有两重性：对于资产阶级，它意味着"不要管什么礼教罢，怎样能发展你自己便怎样做"，故"是很好的一种革命手段"；但"他对于劳动阶级的意义，却是：不用管什么社会主义了，怎样能解决你们目前的难题，便怎样做去算了"。故其"一方面是革命的，一方面就是反动的"。①

另一方面，中共党人在强调获取当时当地的知识方面，有时还真与胡适的主张有"异曲同工"之处。张国焘在 1922 年特别针对那些到研究室去研究学问的五四"爱国学生"问道："你们现在研究三年工夫了，现在你们得着什么了？"他说，"我们很知道'知识便是权力'，我们并不看轻知识（马克思派还特别看重知识）"；不过，若"要得到知识，便要是得到一种与民众有利的知识。要得到与民众有利的知识，只有在民众中间去活动才能得到这部分最重要的知识，在书本子上是得不到什么的"。他承认这些人也"知道民众的觉醒是重要"且"也以改造中国为己任"，但其只"在研究室里研究一些空的理论，用'预备改造中国的工具'的语调欺瞒自己，完全把现实政治和中国问题置之不问"，实际起不到唤醒民众改造中国的作用。②

张国焘的观察当然不是无的放矢，周策纵后来就指出：自由主义者虽然提出"多研究些问题"，他们自己实际"很少参加这种社会调查和劳工运动"；倒是"很多社会主义者及其合作者却开始走到工人和农民中去研究他们的生活状况"。这不能不说是"具有讽刺意味的"。③ 故李维汉曾指责"中国所谓时贤，连分析批判过去的、死的历史的能力还没有"，更不了解中国的

① 瞿秋白：《实验主义与革命哲学》（1924 年 8 月），见《瞿秋白文集（政治理论编）》第 2 卷，619~620 页，北京，人民出版社，1988。
② 国焘：《知识阶级在政治上的地位及其责任》，见《向导》12 期（1922 年 12 月 6 日），99 页，北京，人民出版社，1954，影印向导周报社汇刊本。
③ 周策纵：《五四运动：现代中国的思想革命》，周子平等译，311 页，南京，江苏人民出版社，1996。

现实。他像张申府一样注意到，"列宁一生之长处即在于"其不仅能"整理过去历史找出其中原因规律"，尤善于"综合考察批判眼前之事实以求得新的进展的工具"，故能领导俄国革命取得成功。[①]

然而胡适自认比中国的知识青年更了解中国的实际状况，他在 1930 年说："谈主义的书报真不在少数了！结果呢，还只是和（汤）尔和先生说的，'不过纸张倒霉，书坊店走运'！于老百姓的实际苦痛有什么救济？于老百姓的实际问题有什么裨补？"有些"我们国内的少年，见了麦子说是韭菜，却要高谈'改良农村'，'提高农民生活'，真是痴人说梦！"胡适再次建议："少谈主义，多研究一点有用的科学。带了科学知识作工具，然后回到田间去，睁开眼睛看看民众的真痛苦，真问题。然后放出你的本事来，帮他们减除痛苦，解决问题。"[②]

尽管胡适和张国焘所说的"中国实际"可能不太一样，他们提出的建议更大相径庭，但对中国知识青年的观察则颇相近，而其强调应该研究本国实际问题的倾向更是相通的。的确，像胡适和李大钊这样来自乡村的人，对于乡村还多少有些直观的认识。对那些基本生长在城市的边缘知识青年，乡村的情形来自二手资源，民众的"痛苦和问题"可能真是构建出来的，不无虚悬想象成分；其相应的解决方法，很可能也带有纸上谈兵的意味。

对李维汉这样的革命者来说，胡适恐怕多少也属于既不知古

---

① 李维汉：《列宁与中国》（1924 年 3 月 9 日），见《李维汉选集》，13～14 页，北京，人民出版社，1987。

② 胡适：《汤尔和译〈到田间去〉的序》，见《胡适文集》第 8 册，400～402 页。

也不知今的中国 "时贤" 之列。其实，知识分子不论年少年长，其 "脱离实际" 是中国革命运动中长期得到重复的表述；而中共在成立初期的几年中偏偏又是以知识分子为主要成分的①，故拉狄克在 1922 年对陈独秀说："我们许多同志把自己关在书斋里研究马克思和列宁，就象从前他们研究孔夫子一样……而我们对你们讲的第一句话是，走出孔夫子式的共产主义学者书斋，到群众中去！"②

拉狄克可能不过是做出随意的比较，但中共党内确实有一部分 "关在书斋里研究马克思和列宁" 的理论家，代表着中共内部不时被批判的 "教条主义" 倾向。至少在中共党内，"脱离实际" 可以有两个含义，一是普通意义的 "不深入群众"，一是陷入纸上的外来的理论框架之中。毛泽东后来写出著名的《反对本本主义》，特别批评中共党内讨论问题时有人 "开口闭口 '拿本本来'" 的现象，并明确提出 "中国革命斗争的胜利要靠中国同志了解中国情况"。文章强调："马克思主义的 '本本' 是要学习的，但是必须同我国的实际情况相结合。"③

从这一角度再来看《先驱发刊词》，特别是其把 "研究问题

①　北伐前夕中共曾主张退出国民党，所持的一个理由即是 "中国共产党人不是工人阶级的代表，实质上是知识分子反对派"。参见《古比雪夫（引者：季山嘉）和拉兹贡给中共中央执行委员会的信》（1926 年 1 月），见中共中央党史研究室第一研究部译：《联共（布）、共产国际与中国国民革命运动（1926—1927）》上册，18 页，北京，北京图书馆出版社，1998。
②　转引自［联邦德国］郭恒钰：《共产国际与中国革命》，李逵六译，47 页，北京，生活·读书·新知三联书店，1985。如果再追溯远些，则外国传教士很早就指责中国读书人动口不动手，类似的观念在后来曾为许多外国人所重复，此不赘。
③　毛泽东：《反对本本主义》，见《毛泽东农村调查文集》，1～11 页，北京，人民出版社，1982。

不空谈主义"和"反对高调主张提倡研究中国实际情形"结合起来讨论，就更能看出中共主张与胡适观念的直接关联。前引李求实在 1924 年的文章，也注意到两者的延续性。他形象地指出，不能像以前一样徒据"社会改革之学理"而"只唱自己的二簧"，却不顾人民的实际需要和实际思想状况；"应该去顺着民众唱那为他们所能领会的小调"，亦即少发抽象的哲理高论，多注重具体的实际问题。正是循着这一思路，他想起"多研究问题，少谈些主义"这句"有些人觉得不满"的话，并看到其与"切实的研究民众——研究现实"这一取向的相通，只是应加上"从一种的主义"出发这一补充而已。①

六、余论：走向"行动的时代"

从"问题与主义"之争几年后的反应看，在最初的争论后，双方都曾向对方表示善意，而马克思主义者一方似更明显；胡适的主张不但当时颇有人赞同，后仍得到呼应，其中也包括一些共产党人。如果过分强调 1919 年那次"问题与主义"之争是两种意识形态的正面交锋，则李大钊等人岂非向"资产阶级自由主义"一方的胡适"认输"了吗？"胡绳课题组"认为双方"在 20年代的民主运动中还是相互信任和相互支持的"，是比较持平的看法。唯这次争论虽为时短暂，却触及了一些时代关注的焦点，反映出"五四"前后中国思想界异常丰富而活跃的动态，也提示

---

① 匪石（李求实）：《革命中学生应持的态度》，见中共中央书记处编：《六大以前——党的历史材料》，142~143 页。

出不少可以反思的问题。

对当年中国思想界那种阵线混淆的现象,特别是李大钊等人再三致意的 "东也不是,西也不是" 的苦衷,应予充分的注意;反过来,正因有各种流派混杂难分这一重要特征在,不少立说者不能不试图扶了东又想要再扶西,结果不免在短时期内出现看似自相矛盾的言论。对这样纷乱的现象,既要努力厘清各自思想的内在理路,也要试图梳理同一立言者那些表面冲突的言论所针对的具体的 "东" 和 "西",以及某些看似一致的言说中隐伏的歧异甚至可能对立的立说意图。

更重要的是,有些我们后来以为对立和冲突的观念,对当时当地的当事人而言,未必就那样对立,他们有时反而更多看到其相通之处。试图创办 "问题研究会" 的毛泽东主张 "在各种问题研究之先,须为各种主义之研究",这究竟体现出他在 "问题" 和 "主义" 之间的某种 "调和",还是像他这样的读者那时并未看重两种取向间的对立?这就需要尽量去除我们的后见之明,以回归时人当下的认知。恐怕对不少时人而言,"问题" 与 "主义" 两者是可以兼顾和共存的。如果他们本不甚感觉其对立,自无所谓 "调和"。

毛泽东关于 "由分处下手" 而 "进于总解决" 的看法,张东荪那积 "无数的小革命" 以成 "一个真正的大革命" 的主张,以及王光祈从改造局部走向整体 "根本解决" 的见解,都表明当时不少人至少一度认为中国问题的局部解决和整体解决并非那么势不两立,反可能是一种互补的关系;且 "根本解决" 不一定意味着革命,而革命反倒可能是走向根本改造的第一步。我无意否认确实也有许多人看到两者间的对立,但相当一部分时人思想观念中那兼容的一面也不应忽视。而且，通过中国革命/改造与世界革命/改造的关联，类似的思路也被一些人运用于思考和处理外来"主义"与中国国情的关系问题。

胡适和李大钊关于"问题和主义"的言论在一段时间里共同成为年轻一辈的《新潮》派和毛泽东等人的思想资源，更提示着这一争论未必像许多人后来认知的那样意味着新文化人的"分裂"，或即使"分裂"也不到既存研究所论述的程度。胡适口中的"我们这班新舆论家"和"新舆论界的同志"表现出清晰的群体认同意识，郑伯奇也看到"急进或缓进"两种取向同属于"直接从事于社会改造事业"者，而李大钊所说的"我们谈主义"和"我们非主义"一语更能印证双方意见虽有不同却并未"分裂"。实际的情形是，在争论之后《新青年》同人间有相互示好的持续努力①，后来也时断时续地表现出对另一方观点的共鸣。

不仅争论的双方，那时朝野间也体现出某些"一致"。关注"社会"的革命或改良可以说是一个时代的共同点，包括安福系在内的各方都视之为一项不可避免的举措。正是这样的朝野相似性使包括争论双方的"新舆论界"一边希望有所"区分"，以确立自身的独特性。今日研究者可以思考的或者是：为什么那时掌

---

① 许多人都已注意到胡适在《四论问题与主义》中将马克思主义区分为唯物史观和阶级战争两大要素，基本肯定前者而否定后者。过去批判胡适者多就其对后者的态度立论，而后来试图给胡适"翻案"者又往往强调其对前者的态度，其实都失之于偏。一方面，对胡适这样的自由主义或实验主义者而言，能高度赞赏唯物史观，不能不说是一种善意的体现。另一方面，当年赞同阶级斗争的也未必皆是真正的马克思主义者，如周作人在 1926 年就曾说"阶级争斗已是千真万确的事实，并不是马克思捏造出来的"。参见周作人：《谈虎集》上卷《外行的按语》，261～266 页，台北，里仁书局，1982，影印本。

权或接近掌权的一方总要仿效民间的言说以"攀附"清流？

那么，何以"新舆论界"试图区分于当权者的努力却致使多数后来的研究者得出新文化人自身"分裂"的认识？中共的成立（尽管稍后才逐渐为人所知）及其表述出的对中国历史和现状明显不同的认识，可能是一个重要原因。则进一步的问题是，为什么陈独秀、毛泽东以及新民学会和少年中国学会中那样多原本态度偏向温和的读书人在 1920 年后期及其随后的一两年间突然转向激进？[①]"五四"后几年或是 20 世纪中国历史的一个重要转折，非常值得进一步认真考察研讨。

那时中国出现了什么样的变化？特别是哪些因素导致数量不少的读书人如此失望？这些问题已经大大逾越出本章的范围，只能简单涉及几个未必具有决定性影响的因素。其中一个可能的因素是"互助"尝试（包括工读互助团、新村和菜园一类自食其力的举措）的失败，这些偏于理想的做法（有些不过是想法）的"行不通"似乎导致读书人对"中国社会"的重新认识。虽然也有从"互助"尝试的失败中进一步倾向于点滴改革者[②]，但愈来愈多的人日益感到需要根本性的变革。张东荪等以渐进达根本改造的愿望，以及新民学会的周惇元那样试图兼顾根本改造和渐进

---

　　① 金观涛先生关于《新青年》杂志对"革命"一词的使用频度进行的统计表明，自 1920 年后期起的几年间可见"革命"一词使用频度的急剧攀升，可从一个侧面了解这一时期读书人突然转向激进的趋势。参见金观涛：《观念起源的猜想与证明——兼评〈"革命"的现代性——中国革命话语考论〉》，载《"中央研究院"近代史研究所集刊》，第 42 期，2003 年 12 月，125～140 页，特别是 136 页的图表。

　　② 李新、陈铁健主编：《中国新民主革命通史》第 1 卷（1919—1923）《伟大的开端》，240～241 页。

改良者，开始显得较难自圆其说①，反倒是两者间的对立日渐明朗。

　　另一个因素或许是"空谈"成风导致注重"实行"的凸显②，郑伯奇在讨论少年中国学会的分歧时，就指出关键"不在主义而在实现主义之手段"③。安徽青年韦丛芜等人的感觉或更有代表性，他们发现，全国普遍的现象是"高谈阔论现在大有人在，实地做事却未必有人"。然而，"智识阶级唱得再热闹，不把这种少数人的信念，脚踏实地去宣传到普通一般人的心里，使他变成一般人的普通信念，于社会改造上没有多大效力"。所以他要"像教徒们的传教一样"去实地宣传，以促成平民思想的转变，实现全社会"真正的革新"。④

　　这其间还有一个"汉宋之争"的传统延续，即学问是否当有益于世，读书人是否该出而"澄清天下"。胡适在 1923 年曾打算以整理国故为"他一身的大业"，张彭春就感觉当时"中国有才的人在社会上没有一个作'活事'的机会，所以要他们才力放在

----

　　① 按：周氏的两可态度明显，他在 1921 年初学会投票中对"促使社会进化"取向投了赞成票，然后又声明对于"改造中国与世界"与"促社会进化"两都赞成。后一举动尤其体现出他自己对渐进取向的缺乏自信。参见《新民学会会务报告（第二号）》，见《新民学会资料》，22 页。

　　② 侧重"行动"当然是五四学生运动后中国社会一个相对普遍的倾向，罗家伦当时就反复说，"这次'五四''六三'的结果，只是把全国的人弄'动'了"（1919年 9 月 30 日罗家伦致张东荪，载《时事新报》，1919-10-04，3 张 4 版）；"'五四运动'的功劳就在使中国'动'"（罗家伦：《一年来我们学生运动底成功失败和将来应取的方针》，见《新潮》2 卷 4 号，1920 年 5 月，850 页）。但与"空谈"对应的"实行"得到凸显，却与"问题与主义"之争有更多的关联。

　　③ 《少年中国学会问题》郑伯奇意见，载《少年中国》3 卷 2 期，1921 年 9 月，39 页。

　　④ 韦丛芜、李寄野致胡适（1922 年），见耿云志主编：《胡适遗稿及秘藏书信》第 30 册，649～650 页。

不被现时人生能迁移的古学古理上"。所谓"活事",是指"经营现时人与人发生关系的事业,如政治、学校事业、民族生活等"。① 张是一个倾向文言而不喜白话的留学生,他也把整理国故视为疏离于时代需要的"死事",可知当年不少新型读书人还是继承了传统士人那种对天下的关怀。

其实胡适此前也很强调面向社会的实行,他在 1919 年为《孙文学说》写的书评中说,"大多数的政客都是胡混的,一听见十年二十年的计划,就蒙着耳朵逃走,说'我们是不尚空谈的'"。其实,那些"嘴里说'专尚实际,不务空谈'"的政客,自己没有计划,混一天算一天,"算不得实行家,只可说是胡混"。真正的实行家"都有远见的计划,分开进行的程序,然后一步一步地做去"。孙中山就是一个实行家,其"一生所受的最大冤枉,就是人都说他是'理想家',不是实行家";正因"大家把他的理想认作空谈",所以其"《革命方略》大半不曾实行"。胡适强调,"现在的大危险,在于有理想的实行家太少了;现在的更大危险,在于认胡混为实行,认计划为无用"。②

王光祈也注意到"现在一切富于惰性的政客,终日奔忙"于"解决零碎的问题"。这样一种"头痛医头、足痛医足的办法",虽"美其名曰研究问题",然其流弊正在于"终日埋头在局部具体的事实里头,而不能高瞻远瞩为根本的计画";甚至使人类"没有一个共同最高的理想,限于一种极狭隘极无味的事实上

① 张彭春:《日程草案》(即日记),1923 年 2 月 20 日。原件藏美国哈佛燕京图书馆,我所用的是台北近代史所的微缩胶卷。
② 胡适:《孙文学说》,载《每周评论》,第 31 号,1919-07-20,3 版,又见《胡适文集》第 11 册《〈孙文学说〉之内容及评论》,28~30 页。

面"。故他也主张"建立一个根本计画"，然后"一步一步的做去"。①

罗家伦则针对学生自身指出，如果没有"一定的目标，头痛医头，脚痛医脚，东摸一下，西碰一下，没有计画，只谋应付，仿佛一个船在大海失了指南针一样，其结果必致全舟尽覆、根本破产而后已！"故今后"不能不有一个具体的大计画"，就像造大房子一样，"必须由工程师先把全体的图样打好，然后一步一步的造去，才能成一个预定的房子"；若"东拼一块，西凑一块，和斗'七巧板'一样"，则房子很难造成功。②

若对比一下三人的看法，他们皆倾向于有"理想"或目标明确的"计划"，胡适和王光祈都看到当时政客之所为正与之相反，而王光祈和罗家伦则同样试图区分"头痛医头，脚痛医脚"和有计划的"一步一步的"行动。但在王光祈眼里，政客之忙于"解决零碎的问题"恰与胡适提倡的"研究问题"有些关联。这样，由胡适来辨析有理想有计划的"实行"并非"空谈"（时孙中山以空谈著称，有"孙大炮"之名），多少也体现出他自身倾向的某种调适。

以胡适当年的影响，他所提倡的多研究问题、少谈主义很快风靡，但社会风尚的无形力量却使其实际的走向有所转移。张闻天观察到，当时"青年普遍的心理"是"自己没有对于各种学问做根本的研究，人家要研究问题，他也加入研究"，但实际并未研究什么问题，不过"拿他的直觉写出来"。而青年之所以有点

① 若愚（王光祈）：《总解决与零碎解决》，载《晨报》，1919-09-30，7 版。
② 罗家伦：《一年来我们学生运动底成功失败和将来应取的方针》，见《新潮》2 卷 4 号（1920 年 5 月），855～856 页。

直觉就要写，是因为"心目中另抱出风头的目的"。① 换言之，那时就"研究问题"发表言论已经可以"出风头"，故不少青年愿意追随。

在这样的世风下，张申府发现，随着"问题"本身的流行，主张研究问题一方自身也渐出现"空谈"的风气。"一个人出来说"不能瞎谈主义不研究问题，"于是许多人也渐渐的口说问题，笔写问题。可是问题从何而来？问题发生于事实。有了事实的不相容，有了事实的搁浅，于是成立问题。解决问题只是求去掉事实的不相容，使其归于和谐，进行遂顺。所以解决问题必须明白事实，必须按切事实"。然而那时"讨论问题"者却"不察事实，不管事实之有无，捕风捉影，设立问题"。这样设立出的问题，其解决自不能"与事实有涉"。且如此"清谈问题"，与空谈主义也是一丘之貉。②

张氏因而从哲学角度提出，"把杜威、罗素、柏格森三家之说合在一炉"，其实也就是"切实试行"这四个字。故"吾们不论主张什么东西，都要实地试试看"。做"一件事，不能总说要豫备。豫备与实行不能划为截然的两件事"。他认为："不论甚么好思想，都是生活迫出来的。不与实际接近，如何能说实话？不与社会奋斗，能把社会怎着？"且"一个主张，一个方法，不行，怎能知其可行不可行？"只有"越切实的试行，才越觉着有活趣"。故"不知则已，知则必行！不思则已，思则必行！不主张

---

① 张闻天：《致张东荪》，原载《时事新报》，1919-12-12，见《张闻天早期文集》，31～32 页，北京，中共党史出版社，1999。

② 赤（张申府）：《随感录·研究问题》，载《新青年》，9 卷 6 号，1922 年 7 月，84～85 页。

则已，主张则必行！"①

胡适重实行的观念也引起张申府的注意，他曾问陈独秀："适之现在上海么？'干！干！干！'现在怎么干法？"② 这里说的是胡适在 1921 年 5 月的一首诗，其中反复说："他们的武器：炸弹！炸弹！他们的精神：干！干！干！"到那年 10 月，胡适在另一首题为《双十节的鬼歌》的诗中，更提出纪念双十节的一种方法即"大家合起来，赶掉这群狼，推翻这鸟政府；起一个新革命，造一个好政府"。这些诗在朋友中反应不一，老辈的范静生认为其方法太简单，而曾怂恿胡适革命的朱谦之见了则大喜。③一向被视为温和的胡适也曾表现出这样激进的一面，当年世风的走向可见一斑。

问题在于，一旦"干！干！干！"成为主导的倾向，思想和知识都可能退居二线，甚至连"知识"本身的含义都可能转变。这样一种双重的转变可能意味着读书人在整个社会中地位的下降，而那些欲追赶时代的读书人或许不得不进行某种程度的自我约束，甚至自我否定。

章太炎在清末提出"目下言论渐已成熟，以后是实行的时代"④ 之后不久，便自然产生了"革命军起，革命党消"的口号。近二十年后，旅欧中共机关刊物在 1924 年初由《少年》更名为《赤光》，该刊宣布，其"所认定的唯一目标"是"反军阀

---

① 赤（张申府）：《随感录·切实试行！！！》，载《新青年》，9 卷 6 号，1922 年 7 月，79～81 页。

② 张崧年致陈独秀，载《新青年》，9 卷 6 号，1922 年 7 月，89 页。

③ 参见罗志田：《再造文明之梦——胡适传》，253～254 页。

④ 章炳麟：《民报一周年纪念会演说辞》（1906 年 12 月），见汤志钧编：《章太炎政论选集》上册，328 页，北京，中华书局，1977。

政府的国民联合""反帝国主义的国际联合";为实现这一目标,特"改理论的《少年》为实际的《赤光》"。[①] 伴随刊物更名的是从"理论"到"实际"的取向转变,多少可以视作时代的风向标。

在稍后的北伐之时,太炎的弟子鲁迅更观察到"知识阶级不可免避的运命",即"革命时代是注重实行的,动的;思想还在其次,直白地说:或者倒有害"。[②] 若读书人不能自觉意识到自己处于思想让位于实行的时代,其他阶层可能会起而提醒,沈雁冰又在十多年后说,当小市民中的知识分子不断述说着各种"理论"之时,"旁观者却先不耐烦起来,会大声喝道:'这是行动的时代,不是空论的时代!'"[③]

"行动的时代"的确是一句有力的棒喝,而"行动"与"空论"的疏离甚至对立则可能使一些读书人在"行动"中发现自己原有的知识"不合用、不够用"。《学生杂志》的一篇文章说,"五四运动以前的学生,以为'知是现在的事,行是将来的事',只知而不行。因为不行,所以他们的知,合不合用,够不够用,他们自己绝对没有觉得"。到五四运动学生出来参与种种事业,"一实行,可不对了。因为自己的知识不合用、不够用而发生的种种困难,他们都觉到了。于是,学生界的知识饥荒起来了,求

---

①　周恩来:《赤光的宣言》(1924年),见《周恩来早期文集》下卷,436页。

②　鲁迅:《关于知识阶级》(1927年10月25日),收入《集外集拾遗补编》,见《鲁迅全集》第8卷,188页。

③　茅盾:《又一种看法》(1938年7月),见《茅盾全集》第16卷,166页,北京,人民文学出版社,1988。

知心非常急切了"。①

实际上，这一新感知的"知识饥荒"更多可能是因为"知识"本身的内容改变了。张国焘在强调知识"只有在民众中间去活动才能得到"时，更指出教育也"不能专讲学校教育；组织群众，率领群众运动，向群众宣传，便是一种最重要的群众教育"。② 既然知识和教育都在民众那里，学校正在传播的"知识"便显得"无用"，至少"不够用"，导致杨荫杭所说的"教育破产"，即"学生自视极尊，谓可以不必学；且谓处此时世，亦无暇言学。于是教育与政治并为一谈，而学生流为政客"，学校也"改为政社"。③ 在"读书不忘救国"的年代，这一现象或不少见。沈昌在"五四"几年后回忆说："我自参预'五四运动'，一天一天的浮嚣起来，昧然以天下国家为己任，而把自己的切实基本学识弃去了。"④

也并非青年学生如此，在当年那种日益激进的语境中，如果"知识"的含义真像张国焘所界定的那样产生于"在民众中间去活动"，而不是"在书本子上"或"在研究室里"，投身于整理国故的胡适不啻选择了一条违背世风甚至疏离于"知识"的路径。他自己后来也不得不承认"几部古书的整理，于人生有何益处？

---

① 文叔：《五四运动史》，载《学生杂志》，10 卷 5 号，1923 年 5 月，13 页（文页）。

② 国焘：《知识阶级在政治上的地位及其责任》，见《向导》12 期（1922 年 12 月 6 日），99 页。

③ 老圃（杨荫杭）：《教育破产（一）》，载《申报》，1923-02-03，收入杨荫杭：《老圃遗文辑》，杨绛整理，711 页，武汉，长江文艺出版社，1993。

④ 沈昌：《我十年来的学生生活》，载《学生杂志》，10 卷 1 号，1923 年 1 月，5 页（文页）。

于国家的治乱安危有何裨补?"更不能不转而提倡青年学生先在
实验室里做出成绩,再来"一拳打倒顾亭林"。① 这样悔悟式的
"与昨日之我战",有意无意之间恐怕也源于对"知识"含义转变
这一重要思想语境的反思和因应。前引胡适主张青年先研究一点
有用的科学,再带着科学知识"回到田间去",大致也是这一思
路的延续。

当然,重实行的风气兴起之时,也有一些人转向学理方面的
努力。罗家伦在"五四"之后几个月即发现"现在全国青年——
也有壮年在内——都觉得起了知识的饥荒";他也感觉到自身的
责任,即"我们要赶快接济他们知识的粮草(intellectual food)
才是"。这一"知识饥荒"的产生仍与群众运动相关,但罗家伦
并不以为当往群众那里去补充知识。相反,他注意到全国各地提
供知识粮草的"我们"同样"感受知识的空虚,不够应用",故
提出"现在是大家分工的时候"了,即一部分人去从事社会工
作,而另一部分人则在学术方面努力:"要知道现在中国没有一
样学问,可以在世界上站得住位置的;无基本文化的民族,在将
来的世界上不能存在的!"因此,"专门学者的培养,实当今刻不
容缓之图"。眼下"最要紧的,就是要找一班能够造诣的人,抛
弃一切事都不要问,专门去研究基本的文学哲学科学。世局愈
乱,愈要求学问"!②

罗家伦给他自己的"分工"便是从事落实在学术之上的"文

① 参见罗志田:《国家与学术:清季民初关于"国学"的思想论争》,342~
349页,北京,生活·读书·新知三联书店,2003。
② 罗家伦致张东荪,1919年9月30日,载《时事新报》,1919-10-04,3张4
版;罗家伦:《一年来我们学生运动底成功失败和将来应取的方针》(1920年5月1
日),见《新潮》2卷4号(1920年5月),852、860~861页。

化运动"。他的北大同学傅斯年亦然，傅氏在 1920 年春颇感近来"考虑的心思周密，施行的强度减少"，这使他"心志上觉得很懒怠"，想要"寻个救济的法子"；但经过反思，对自己求学的经历有一个"恍然大悟"：他在北大预科时处于所谓"'国故时代'，念书只为爱他"。后来"旧信仰心根本坠落"，所学开始注意切合今世；"因为切今世，于是渐在用上着想"。最近他则顿悟"这个求合实际、求有成功的心思"使他"很难和学问生深切的交情；不能'神游'。所以读书总觉不透澈"。于是傅氏"下决心"不考虑学问的"收获"，准备"至少以三年的工夫去研究"作为"心理的、社会的科学之根源"的"心理学"。[①]

这样一种有意识的"分工"恐怕比"问题与主义"争论时不同的观点立场更反映出新文化人的"分化"，即相当一部分读书人，尤其是北大"新潮社"中人，认识到应致力于从学问上提高个人以及整个中国人的层次，外可以"在世界上站得住位置"，内则能够给全国青年和部分壮年提供"知识的粮草"。但这更多是一种主动的"分工"，而不是过去许多人认知的那样一种被动的"分裂"。也就是说，"五四"后一两年间，在一些态度温和的读书人突然转向激进并更加注重"实行"的同时，也有一部分人选择了更偏于学理也更加"迂远"的路径，即出国留学。[②] 但

---

① 傅斯年：《留英纪行》（1920 年 5 月），载《晨报》，1920-08-06、1920-08-07，均 7 版。并参见 Wang Fan-shen, *Fu Ssu-nien: History and Politics in Modern China*, Cambridge, Cambridge University Press, 2000, pp. 53-54.

② 关于"新潮社"诸人的出国深造，参见 Vera Schwarcz, *The Chinese Enlightment: Intellectuals and the Legacy of the May Fourth Movement of 1919*, Berkeley, University of California Press, 1986, pp. 133-143. 还有一些人因其他原因走到更偏学理的取向，如张东荪就在北伐时感到报纸不能自由说话而退出报界转入学界，参见张东荪：《思想与社会》，3～4 页，沈阳，辽宁教育出版社，1998。

是，中国社会当时的变动是那样急剧，以致许多人在外国游学数年之后，会看到一个已经相当不同的祖国。①

傅斯年在"五四"当年曾说："现在的时代，恰和光绪末年的时代有几分近似；彼时是政治革命的萌芽期，现在是思想革命的萌芽期。"② 在一定程度上，20 世纪 20 年代的"整体与局部"之争也是清末最后十余年关于"立宪或革命"争论③的再现，两次都出现了从学理到实行的转折，两次都以"实行"方面的结果实际否定了学理方面的努力，或为此争论下了"结论"。所谓争论，本意味着思想的探索。既然已有"结论"，则一些人的探索或许仍在继续，相互的辩论却实际终止了。④

① 实际上，留学返国后的"新潮社"中人也未必都始终留在学术研究的领域，罗家伦自己就不时参与"干政治"的活动。而其老师辈的胡适也长期徘徊在"思想"和"行动"之间，胡适一生有好几次"干政治"的冲动，与"问题与主义"之争最近的一次是在 1926 年访问苏联之时（参见罗志田：《从五四到北伐期间胡适与中共的关系》，见《激变时代的文化与政治——从新文化运动到北伐》）。

② 傅斯年：《白话文学与心理的改革》，见《新潮》1 卷 5 号（1919 年 5 月），918 页。

③ 参见亓冰峯：《清末革命与君宪的论争》，台北，"中央研究院"近代史研究所，1966。按：将清季之争以"立宪或革命"来概括可能较多反映了后之研究者的认识，至少在争议的早期，也曾有人用"革政"或"革命"来界定类似的取向。参见桑兵：《庚子勤王与晚清政局》，北京，北京大学出版社，2004；汤志钧：《近代经学与政治》，北京，中华书局，1989（该书第六章即名以《"革政"和革命》，然似未多申论）。

④ 这只是就大的趋势而言，实际的争论当然是持续的，且不少参与争论者自身的心态也是曲折而充满紧张的。如后来在学术上强调"提高"远胜于"普及"的傅斯年，其内心中就维持着对"干"的欣赏。他在北伐后对胡适说到孙中山在安身立命处"完全是一个新人物"时，特别指出"中山肯'干'，而我们都只会批评人'干'，此中山之不可及处"。胡适颇有同感，以为"孟真此论甚中肯"（《胡适日记全编》第 5 册，1929 年 4 月 27 日，404 页）。从其对傅斯年语的赞同看，曾几乎就要"干政治"的胡适对自己逡巡于言和行之间，大概也是别有一番滋味在心头吧。并参见胡适：《知难，行亦不易》，见《胡适文集》第 5 册，589～600 页；《〈孙文学说〉之内容及评论》，见《胡适文集》第 11 册，28～30 页。

　　唯相关的思考和努力的确是持续的，一般不视为"激进"的
梁漱溟直到 1930 年就仍在反复陈述中国经济问题的"总解决"。
他在论及乡村中洋货充斥时说，"经济问题恐须总解决，一乡一
邑无甚好办法"，盖"经济问题是牵全中国社会为一身的问题，
非求总解决不可，不能自辟一世外桃源"。① 再参考他大约同时
所说的"谁对于中国经济问题拿不出办法来，谁不必谈中国政治
问题"，及其将他正推动的"村治"界定为"从旧秩序——君主
专制政治，个人本位的经济，根本改造成一全新秩序——民主政
治，社会本位的经济"这样一种"革命"的主张②，可知他那时
仍在思考一种中国问题的根本或整体的解决，尽管是与中共和国
民党的思路相当不同的解决。③

　　其实正如少年中国学会巴黎同人所说，当时的中国"处处皆
是问题，方方皆宜着手"。针对那样的现状，既有主张围绕具体
问题步步着手者，也有试图以一种主义为宗旨以避免东扶西倒之
病者。后者那种无形中想要"定于一尊"的主张实有悖于新文化
运动时的基本精神，却因有利于"实行"的需要而为越来越多的
人接受；当时较受欢迎的西方"主义"似乎都带有明显的排他
性，而试图定于一尊的主观努力更强化了各类"主义"的排他

---

　　① 梁漱溟：《答马儒行君来书》（1930 年 7 月 19 日），见《梁漱溟全集》第 5
卷，177 页。

　　② 梁漱溟：《冯著〈从合作主义以创造中国新经济制度〉题序》（1930 年 6 月
24 日）、《中国问题之解决》（1930 年 10 月发表），见《梁漱溟全集》第 5 卷，122、
220 页。

　　③ 按：梁漱溟当时非常强调其"村治"的革命性，明确其并非"改良"，这是
他与胡适等人颇不相同之处；而其提倡和实践的"革命"又与中共和国民党正在实践
的"革命"从思路到方式都大相径庭，所以他那时等于在和几方面同时作战。对于当
年各思想政治力量在解决中国问题上进行的包括思想和实践的"路线之争"，还大有
探索分析的余地。

性，使得少年中国学会、新民学会等原具包容性的团体纷纷解体，逐渐走向尊奉单一"主义"的组织。

胡适当时曾有所警觉，他认为"单有一致的团体主张，未必就是好的。安福俱乐部何尝没有一贯的团体主张呢？所以我们所希望的团体主张必须是仔细研究的结果"。[①] 但这基本是以派别划分（即安福系先已"政治不正确"），并未排除在"仔细研究"基础上的单一团体主张；且胡适对"有计划的政治"始终青睐，这恐怕是后来他对国民党的新型组织形式大唱赞歌的"内在思想理路"。[②]

或可以说，尊奉单一"主义"的中共之成立和国民党的改组恰顺应了许多知识青年的突然走向激进，而苏俄此时介入中国政治，提供了新型动员整合的组织模式和行动模式，无疑起了相当大的助推作用。但包括思想资源在内的外力介入既可能凸显某些既存的问题，也可能导致新问题的产生——中共党人后来长期应对的"教条主义"就是这些新问题中的一个。

可知"问题与主义"之争确实触及和揭示了不少后来得到持续关注的问题。开头说过，本章对这一争论事件的讨论并不求全，如当年争论的具体文本，就还可以进行更深入细致的解读（胡适、李大钊和蓝公武三人对争论中一些关键概念的认知是有歧异的，若仔细解读就需要先厘清概念）。又如胡适曾说到的"南方的无政府主义者痛骂我"这一部分，本章也完全不曾涉及。其余还需要进行后续探究的内容尚不少，只能俟诸他文了。

---

① 胡适：《欢迎我们的兄弟（〈星期评论〉）》，见《胡适文集》第 11 册，12～13 页。

② 说详罗志田：《前恭后倨：胡适与北伐期间国民党的"党化政治"》，载《近代史研究》，1997（4）。

第六章　陈独秀与《新青年》的转向

　　"五四"时最重要的一份刊物《新青年》，在后期出现了明显的转向。这一转向与其创始人陈独秀关联密切，然而过去史料不足征，使之成为一个长期争论的问题。最近相关的一些书信终于出现（特别重要的是当时陈独秀给胡适的几封信）。这些关键性的史料，对了解那一事件有直接的帮助。谨结合当时史事，钩稽相关史料，重新探讨陈独秀与《新青年》转向的因缘脉络。①

一、"五四"前后的《新青年》

　　今天我们都知道《新青年》在"五四"时的主流地位，但其

---

　　①　这些书信由嘉德拍卖会拍卖，并先在北大展览。我曾得朋友帮助，从拍卖会关于古籍善本的介绍中阅读了这些书信中的大部分，于是写出了本章初稿（刊发于2009年7月12日的《南方都市报》上）。现在这些书信已入藏中国人民大学博物馆，并由黄兴涛、张丁整理，以《中国人民大学博物馆藏"陈独秀等致胡适信札"原文整理注释》刊发于《中国人民大学学报》2012年1期。另有同时期李大钊致胡适一信，周作人致李大钊两信，由欧阳哲生整理，披露在《北京大学学报》2009年4期的《新发现的一组关于〈新青年〉的同人来往书信》一文中。以下引这批信件，均注明是新出书信；凡在文中言明者，则不再一一出注。个别文字，已据原信照片更易。

重要性的凸显，还直接得益于 1919 年的学生运动。鲁迅在 1918
年曾两次致函许寿裳：一则说"《新青年》以不能广行，书肆拟
中止"；再则说《新青年》"销路闻大不佳"，颇叹"今之青年皆
比我辈更为顽固"。① 陈独秀自己在 1919 年初也承认，《新青年》
发行已三年，尚不十分得意。他说：本刊三年来"所说的都是极
平常的话，社会上却大惊小怪，八面非难，那旧人物是不用说
了，就是咭咭叫的青年学生，也把《新青年》看作一种邪说，怪
物，离经叛道的异端，非圣无法的叛逆"。他因此"对于吾国革
新的希望，不禁抱了无限悲观"。②

可知学生运动之前，《新青年》虽已较有影响，但刊物的发
行并不很理想，社会对其负面观感仍较强。即使在青年学生之
中，影响也不如我们后来认知的那样正面，很多人不赞同该刊的
言论，甚至参与到"八面非难"之中。且陈独秀所说的"八面非
难"，或并非泛指，而是随后就闹得沸沸扬扬的一场"新旧之
争"。③ 紧接着就是"五四"学生运动，一切随之大变。《新青
年》借此两次东风（后者尤其强劲），大受欢迎。不过，"五四"
后不久，陈独秀即因发传单而被捕，后来更南下上海避难，参与
组织中国共产党。《新青年》的风格和内容，在此期间发生了相
当大的转变，最后正式成为中共的刊物，却又未能办多久。

学界对于《新青年》后期的转向，一直有些争议。除一些人

---

① 鲁迅：《致许寿裳》（1918 年 1 月 4 日、5 月 29 日），见《鲁迅全集》第 11
卷，345、350 页，北京，人民文学出版社，1981。

② 陈独秀：《〈新青年〉罪案之答辩书》（1919 年 1 月），见任建树主编：《陈独
秀著作选编》第 2 卷，10 页，上海，上海人民出版社，2009。

③ 参见罗志田：《林纾的认同危机与民初的新旧之争》，载《历史研究》，1995
(5)；王枫：《五四前后的林纾》，载《中国现代文学研究丛刊》，2000 (1)。

事因素外，主要是《新青年》何时正式成为中共的刊物。在相当长的一段时间里，不少人认为 1920 年 9 月出版的《新青年》8 卷 1 号已是中共的宣传刊物，其理由除内容多介绍苏俄外，还因刊物的封面也有改变：正中为一个地球，从东西两半球分别伸出两手相握，暗示中国与十月革命后苏俄的接近。① 想象力更丰富的，甚至认为是暗示了全球无产阶级的团结。前些年有人曾写了很有力的反驳文章，举出很多事例，表明 8 卷 1 号并非中共刊物。文章的论证大体可立，所说基本正确。②

其实我们本可不必进行这么多的"科学"论证，后期参与过《新青年》编务的当事人沈雁冰早在 20 世纪 40 年代初就有这方面的回忆，他的言论后来也收入《茅盾全集》，并不是什么稀见材料。但不论是主张 8 卷 1 号已是中共刊物的还是反对者，似乎都很少"借鉴"这一说法（不排除是我孤陋寡闻，有人借鉴而我未见）。以前偏向"科学"治史的人大多不很信任回忆录，尤其沈雁冰将其公开发表，减少了一般治史者眼中的可信度。如果他把此事写成秘密报告放进档案，隔了多少年后再由后来的研究者"发现"，恐怕命运就大不同，或许早已成为论证此事最重要的史料了。

沈雁冰本人是早期中共成员，又直接参与编务，其回忆是在其他当事人大多在世时公开发表，虽可能不那么精准，但相去不

---

① 虽然这图案似乎来自美国社会党（参见石川祯浩：《中国共产党成立史》，袁广泉译，42～44 页，北京，中国社会科学出版社，2006），但不排除办刊者自己确实理解为中苏握手。参见茅盾：《我走过的道路》，191 页，北京，人民文学出版社，1997。

② 参见庄森：《〈新青年〉第八卷还是社团"公同"刊物——中国现代新闻传播史重要史实辨正》，载《社会科学战线》，2008（6）。

至于太远。他是这么说的（下面三段基本是引用沈氏原文，但颇有剪裁而略做更易，使之接近今日阅读习惯）：

　　"五四"前后，《新青年》原在北平编辑，并由数人轮流。陈独秀由北平移居上海，编辑事务亦由陈一人主持。后杂志与亚东图书馆（按应为群益书社）脱离承印与代理发行关系，在上海自立门户。同时"新青年社"内部亦有变动，"元老"之中，有几位已经貌合神离。

　　移沪后之第一册《新青年》，即载有陈独秀《谈政治》一文，封面上有一小图案，为一地球而上东西两手相握。内容多一专栏，似名为"苏俄研究"。可以说是结束了过去的以"文学革命"为中心任务的《新青年》，而开始了以"政治革命"为中心任务的《新青年》。据说"新青年社"若干老干部不同意《谈政治》一文之立场，争持久之，终使陈独秀挟《新青年》在沪立门户，以为政治斗争的武器。但此时中国共产党尚未成立，《新青年》及陈独秀虽已被目为赤化，与第三国际亦未有正式关系。

　　且《新青年》虽开始"谈政治"，在"理论"方面实甚驳杂。译登罗素之著作，而对其思想体系并无批判；"苏俄介绍"栏杂登当时苏联国内各消息，殊嫌零碎，缺乏有系统之研究分析文章。若以《新青年》为"理论指导"刊物，能执笔写理论文字者不多。对唯物辩证法有研究者，其时仅一李大钊。若作为批评现实政治问题的刊物，则综合性的月刊便难以活泼而顾及时效。不久，陈独秀赴粤主持广东省教育委员会，《新青年》编务委托李汉俊，常告稿荒，出版亦不准期，又受外界压迫，终于停顿了。①

以上回忆，在年代上略有不准确之处，但大致符合史实，表述也很有分寸。正如沈氏所说，8 卷 1 号的《新青年》和陈独秀虽已被外界目为"赤化"，然并未与第三国际建立正式关系，而中共也尚在筹组之中。《新青年》成为中共的宣传刊物，自然是后来的事了；但当时已被目为"赤化"，却也是不可忽略的事实。沈氏反复提到的"新青年社"，也是一个重要内容。其实这个"社"究竟是否正式"成立"，还有些疑问。但该社的名义已被使用，且时人一般也都承认这一"社"的存在。

先是《新青年》在出版一段时间后，就成为轮流编辑的同人刊物。在编辑方针上，"五四"前就有些内部争议，但不很严重。②"五四"后的第 7 卷，议决由陈独秀一人编辑。③ 在 7 卷 1 号上，陈独秀发表了号称代表"全体社员公同意见"的《本志宣言》，胡适在同一期也发表《新思潮的意义》一文。两者既有共通之处，也有些"一个主旨，各自表述"的意味。到陈独秀南下后，编辑同人因办刊的方针等大起争议，终至破裂。

过去对此的研究，主要依靠的是胡适收藏的相关来往信件，早年曾被张静庐收入其《中国现代出版史料甲编》；后来耿云志

---

① 沈雁冰：《客座杂忆——〈新青年〉谈政治之前后》（1941 年），见《茅盾全集》第 12 卷，95～97 页，北京，人民文学出版社，1986。

② 1919 年 1 月，钱玄同就注意到，"《新青年》为社会主义的问题，已经内部有了赞成和反对两派的意见。现在《每周评论》上也发生了这个争端了"。见北京鲁迅博物馆编：《钱玄同日记》第 4 册，1919 年 1 月 27 日，1745 页，福州，福建教育出版社，2002。

③ 《钱玄同日记》第 4 册，1919 年 10 月 5 日，1815 页；《周作人日记》中册，1919 年 10 月 5 日，52～53 页，郑州，大象出版社，1996。

先生主编的几种胡适资料集，进一步披露了一些相关信函。但中间有些关键的信件却未见，以致一些言论的往还无法连接，有些表述难以理解。最近出现的这些信件也出自胡家（大约当初放在不同地方，没有与胡适的主要信件一起保存），恰好能与已知各信连接起来，使整件事的脉络清楚了许多。

一般都承认，陈独秀的离京南下，与《新青年》的转向有直接关联。陈南下的直接原因，当然是因为"五四"后的被捕，保释后在北京不能自由活动，故避难上海。但按照胡适的看法，导致后来陈独秀思想转变的，主要还不是"五四"后的被捕，而是"五四"前北大的内部斗争。这方面的叙述已不少①，唯多非专述，各有侧重，仍有整合叙述的必要。

二、北大的学科调整与京城的新旧之争

"五四"前北京的新旧之争相当激烈，旧的一方曾以陈独秀私德不检为攻击目标。北大校长蔡元培本在北京组织进德会，对此相当难堪，也甚感难以处理，结果，经与同为浙江籍的汤尔和、沈尹默、马叙伦等在 1919 年 3 月 26 日晚合议，决定不让陈独秀继续担任北大文科学长。② 而汤尔和、沈尹默等当年恰是促

---

　　①　其中材料最丰富的是胡少诚：《早期北大的治理模式与实践（1898—1937）——以大学权力演化为视角的考察》，博士学位论文，北京大学，2009。以下关于北大学科调整方面的论述，颇多参考此文。另外，前引王枫文也钩稽了相当一些较少为人所注意的报刊材料。

　　②　按：汤尔和时任北京医专校长，沈、马则皆北大教授。胡适后来说，"尔和先生是当日操纵北京学潮的主要人物，他自命能运筹帷幄，故处处作策士，而自以为乐事"。胡适抄汤尔和日记跋语，见中国社会科学院近代史研究所中华民国史组编：《胡适来往书信选》中册，283 页，北京，中华书局，1979。

成蔡元培任用陈独秀为北大文科学长之人，始倡终弃，同出斯人，当然不仅是偶然巧合。何以出现这样的变化，牵涉甚宽，既与校外的新旧之争相关联，也涉及校内的大学体制构建，自然也免不了无处不在、永不歇息的人事之争，但又不仅是一般人心目中的权势竞争，而与办学取向的异同相关。

有一点可以明确，废除文理科学长的动议，早在 1918 年秋天已提出，并形成了大致的意见。但这似乎只是一个意向性的决议，具体怎样贯彻执行，尚未确定，也可以修改。后来校外的新旧之争，与这一决议的实行与否有直接的关联。但在不谙内情的外人认知中，陈独秀的去职，基本是为新旧之争的大环境所决定。

北大原有文、理、法、工四科，皆既是学科也是机构（稍类今日的学院），加上非学科而为机构的预科，共有五科。蔡元培 1917 年接受北大校长职务后，就决定实行改革。他要让师生了解，"大学乃研究学术之机关。进大学者，乃为终其身于讲学事业"，以改变视"大学为科举进阶"的习惯认识。其方法即"竭力办理文理两科"，使之完善。因为这两科"乃法、工、农、医诸科原理原则所由出"，而入此两科者，"又大抵为纯粹讲学而来，既不想做官，亦不想办大实业"。① 最后一点反映出蔡元培观念的时代性，不可忽视——"读书做官"或可说是长期的传统，"读书发财"则是近代兴起的新倾向。

由于"吾国人科举之毒太深，升官发财之兴味本易传染"，

---

① 《北京大学校长蔡孑民先生与本报记者之谈话》，载《大公报》，1917-02-05，1 张 2 版。

故必须纠正学界的另一弊病，即"重术而轻学"。蔡元培认为，"学与术虽关系至为密切，而习之者旨趣不同"。文、理是"学"，而法、商、医、工为"术"；"治学者可谓之'大学'，治术者可谓之'高等专门学校'"。前者以研究真理为目的，"必择其以终身研究学问者为之师"；后者以应用为目的，即使"延现任之法吏、技师以教之，亦无不可"。① 这里隐含着些许"儒法之争"的余绪，盖"以吏为师"虽是先秦古风，后来却是法家在提倡，而"以法为教"更是法家所独宗。用今日的话说，做官和办大实业者，可以在高等专门学校任兼职教授，却不得入大学任教。

蔡元培试图以学科调整的方式来落实对"重术轻学"的纠正。他在 1917 年 1 月的国立高等学校校务讨论会上，已正式提出以"学、术分校"的主张：由于"文、理二科，专属学理；其他各科，偏重致用"，故当分立；即"大学专设文、理二科，其法、医、农、工、商五科，别为独立之大学"，或与既存专科大学合并。实际则先去工科，并入北洋大学；改革预科，分拆入各相关学科，不再为独立机构；改商科为商业学门，隶属法科。北大法科原有政治、经济、法律三学门，本较完备，"学生人数亦最多"（法科由清季显学"法政"演化而来，在全国恐怕都人数最多）。但因相关经费预算案尚未提出，"故暂从缓议，惟于暑假后先移设于预科校舍，以为独立之试验"。②

---

① 蔡元培：《读周春岳君〈大学改制之商榷〉》（1918 年 4 月），见高平叔编：《蔡元培全集》第 3 卷，149～150 页，北京，中华书局，1984。

② 蔡元培：《大学改制之事实及理由》（1917 年 8 月），见《蔡元培全集》第 3 卷，130～133 页。

而北大改革的主要工作，则是从 1918 年下半年起推动文理科合并为"本科"，这也直接关系到陈独秀在学校的地位。在 1918 年 9 月的开学式上，蔡元培即提出，"鉴于文科学生轻忽自然科学、理科学生轻忽文学、哲学之弊"，正拟定"沟通文、理两科之计画"。[①] 其追随者顾孟余也在《北京大学日刊》撰文，从学理上论证"文理两科合并之理由"。[②] 稍后北大创办《月刊》，蔡元培更明言办刊的目的之一就是要"破学生专己守残之陋见"。他强调了文学、科学和哲学之间密不可分的相互关联，主张求学者必"于专精之余，旁涉种种有关系之学理，庶有以祛其褊狭之意见"。[③]

同时，北大在全国"专门以上各学校校长会议提出讨论之问题"中，也主张"融通文、理两科之界限：习文科各门者，不可不兼习理科中之某种；习理科者，不可不兼习文科之某种"。北大并明确提出，"变通现有文、理两科各设学长之制，大学本科只设学长一人，由大学教授会开全体大会选举三人，由校长择一人任之"。[④] 这样，一旦文理实现合科，必然导致学长制度的变更。

以北大师生当时在思想界所起的引领作用，校内的学科整理

①　蔡元培：《北大一九一八年开学式演说词》（1918 年 9 月 20 日），见《蔡元培全集》第 3 卷，192 页。

②　顾兆熊（孟余）：《文理两科合并之理由》，载《北京大学日刊》，1918-10-09，2～3 版。按：蔡元培在北大的主要支持者有两个群体，一是一批浙江籍教员（中文系居多，即后来所谓"某籍某系"），二是一批有同盟会国民党背景者，顾孟余就是后者。

③　蔡元培：《〈北京大学月刊〉发刊词》（1918 年 11 月），见《蔡元培全集》第 3 卷，211 页。

④　《本校拟在专门以上各学校校长会议提出讨论之问题》，载《北京大学日刊》，1918-10-30，3 版。

与校外的新旧之争有着千丝万缕的关联。① 报刊上大约到 1919 年
2 月才开始言及政界对北大新派作为的不满，到 3、4 月间，与
新旧之争相关的报道渐达高峰。实则从年初起，北大就已受到政
府很大的压力。钱玄同 1919 年 1 月 7 日的日记说：

> 午后到大学，半农、尹默都在那里，听说蔡先生已经回
> 来了。关于所谓"整顿文科"的事，蔡君之意，以为他们如
> 其好好的来说，自然有个商量，或者竟实行去冬新定的大学
> 改革计画，废除学长，请独秀做教授。如其他们竟以无道行
> 之，则等他下上谕革职。到那时候，当将两年来办学之情形
> 和革职的理由，撰成英法德文，通告世界各文明国。②

从其言辞看，压力应直接来自总统徐世昌，而陈独秀首当其
冲。彼时北大已考虑将去年的学科调整作为应对压力而废除学长
的方策，但外界尚不知道。1919 年 2 月 22 日，蔡元培召集各学
长、教授会主任及研究所主任会议，拟讨论"本校扩张计画及其
他各种重要问题"。③ 这次会上可能议及了陈独秀的问题，2 月 26
日，北大学生张厚载在上海《神州日报》上说：

> 近来北京学界忽盛传一种风说，谓北京大学文科学长陈
> 独秀即将卸职，因有人在东海面前报告：文科学长、教员等

---

① 新旧之争在校内似也存在，但并不明显。被视为守旧一方大本营的《国故》
月刊社 1919 年 1 月下旬才成立，且要到那年较晚才开始回应《新潮》一方的"进攻"
（参见罗志田：《古今与中外的时空互动：新文化运动时期关于整理国故的思想论争》，
载《近代史研究》，2000 年第 6 期）。故早期的新旧之争，基本表现在校外。

② 《钱玄同日记》第 4 册，1919 年 1 月 7 日，1716～1717 页。

③ 《校长启事》，载《北京大学日刊》，1919-02-21，2 版。

言论思想多有过于激烈浮躁者，于学界前途大有影响。东海即面谕教育总长傅沅叔，令其核办。傅氏遂讽令陈学长辞职，陈亦不安于位，故即将引退。……日昨大学校曾开一极重大讨论会，讨论大学改组问题，欲将某科某门改为某系，如是则可以不用学长。此种讨论，亦必与陈学长辞职之说大有关系，可断言也。①

文中并云，陶履恭、胡适之、刘半农也有去职之忧。从今日后见之明看，张的叙述虽不无夸大，但其消息来源则大致可靠。不久《申报》也说，"日前喧传教育部有训令达大学，令其将陈、钱、胡三氏辞退，并谓此议发自元首"。但"经记者之详细调查，则知确无此事"。② 可知类似消息已不胫而走，广为流传。虽教育部并无"训令"，但"此议发自元首"却并非捕风捉影。《申报》记者的"调查"，显然不够深入。几天后，张厚载又在《神州日报》上说：

前次通信报告北京大学文科学长、教授将有更动消息。兹闻文科学长陈独秀已决计自行辞职，并闻已往天津，态度亦颇消极。大约文科学长一席，在势必将易人。而陈独秀之即将卸职，已无疑义，不过时间迟早之问题。且并闻蔡校长之意，拟暑假后将文理两科合并，而法科则仍旧独立。彼时各科学长，自必有一番更动也。至胡适、陶履恭、刘半农三

① 《学海要闻》（半谷通信），载《神州日报》，1919-02-26，2版。
② 静观：《北京大学新旧之暗潮》，载《申报》，1919-03-06，6版。

教授，则蔡校长以去就力争，教育部已均准其留任矣。①

　　或许为了强调其信而有征，再几天后，他竟然自称日前往访北大校长蔡孑民，"询以此事。蔡校长对于陈学长辞职一说，并无否认之表示。且谓该校评议会议决文科自下学期或暑假后与理科合并，设一教授会主任，统辖文理两科教务，学长一席，即当裁去云云"②。除采访蔡元培应属杜撰外，张厚载所说越来越靠谱。3月4日的《北京大学日刊》上，已正式披露3月1日"评议会议决《文理科教务处组织法》"，并明言"于暑假后实行"。③以张氏的"调查"能力，似不应视而不见。唯他虽已有恃无恐，却又故意闪烁其词，好像消息真是探测得来。

　　实际上，教务处的组织拟"于暑假后实行"是一个关键，表明事情尚无定论，各方都还在努力，略近于今日坊间爱说的"博弈"。

　　先是胡适出面致函张厚载，询问"不知这种消息你从何处得来？我们竟不知有这一回事"，并云："此种全无根据的谣言，在外人或尚可说，你是大学的学生，何以竟不仔细调查一番？"张虽法科学生，却性好戏曲，迹近文人，或以为"君子可以欺其方"，遂信口说"是同学方面一般的传言。同班的陈达才君，他也告诉我这话"。不料胡适将此往来函件公布在《北京大学日刊》上，陈达才随即表示"并无此事"，并让张厚载出具声明书确认，

---

①　《学海要闻》（半谷通信），载《神州日报》，1919-03-03，2版。

②　《学海要闻》（半谷通信），载《神州日报》，1919-03-09，2版。

③　《文理科教务处组织法》，载《北京大学日刊》，1919-03-04，3版。

又被胡适公布在《北京大学日刊》上。①

随后蔡元培本人也正式致函《神州日报》，指出"陈学长并无辞职之事，如有以此事见询者，鄙人必绝对否认之"。该报两次"半谷通信"中说："陈学长及胡适、陶履恭、刘复等四人，以思想激烈，受政府干涉。"陈独秀以外之三人，"由校长以去就力争，始得不去职"云云，"全是谣言"。但蔡元培也确认，"文理合并，不设学长，而设一教务长以统辖教务。曾由学长及教授会主任会议定（陈学长亦在座），经评议会通过，定于暑假后实行"。而"陈学长赞成不设学长之议，纯粹为校务进行起见，于其个人之辞职与否无关系"。②

在这些"辟谣"的努力的同时，相关"谣言"的传播却越来越广，各处皆盛传陈独秀等四人已被逐出北京大学、将封闭趋新杂志等，引发一片抗议之声。上海《中华新报》指出，其消息来源是章士钊，提示出某些行动或曾在筹划之中。③ 不论传说中的动议是否属实，压力是明显的，且确实来自总统府。当时《中华新报》就说，大学乃神圣之学府，而当局者也以文治号召中外，岂能如此待士！陈独秀引用此语后指出，大学在段内阁"武治时代"倒安然无事，现在却因新旧冲突要驱逐大学人员，"文治主义原来如此！"④ "文治"乃是徐世昌区别于前后任总统的主要特

---

① 《胡适教授致本日刊函》及附件，载《北京大学日刊》，1919-03-10，4 版；1919-03-11，3 版。

② 蔡元培：《致〈神州日报〉记者函》，载《北京大学日刊》，1919-03-19，4～5 版。

③ "前晚本社张季鸾先生即为记者言之，谓章行严先生处得到此项消息云。"见世杰：《谁的耻辱？》，载《中华新报》（上海），1919-03-06，1 张 2 版。

④ 陈独秀：《关于北京大学的谣言》（1919 年 3 月）、《文治主义原来如此》（1919 年 4 月），见《陈独秀著作选编》第 2 卷，59、74 页。

色，文章的指向甚明。

　　傅斯年稍后更公开说，是有人把《新潮》和《新青年》送给"地位最高的一个人看"，并"怂恿这位地位最高的来处治北大和我们。这位地位最高的交给教育总长傅沅叔斟酌办理"。① 到 3 月 26 日，久处压力之下的教育总长傅增湘正式致函蔡元培，明言"自《新潮》出版，辇下耆宿，对于在事员生，不无微词"。双方因批评而涉意气，实已"稍逾学术范围之外，将益启党派新旧之争"。②

　　至此，蔡元培似不得不有所行动了。当晚，即有本节开始提到的会议（不过汤尔和日记说是在 27 日），决定陈独秀不能继续担任北大文科学长。参与会议的胡适后来认为，这是一个划时代的会议，因此夜之会，陈独秀离开北大，"以后中国共产党的创立，及后来国中思想的左倾，《新青年》的分化，北大自由主义者的变弱，皆起于此夜之会"。③

　　在傅斯年所听到的故事版本中，蔡元培当夜作此决定是非常勉强的，曾表示不怕外来的压力，并云"北京大学一切的事，都在我蔡元培一人身上"，与陈独秀、胡适等人"毫不相干"。这故事不排除是蔡元培自己讲的（那段时间傅斯年也参与到应对外界压力的活动中，蔡元培给傅增湘的回信，因涉及《新潮》，即是

---

　　① 傅斯年：《〈新潮〉之回顾与前瞻》（1919 年 9 月 5 日），见《新潮》2 卷 1 号（1919 年 10 月），201 页，上海，上海书店，1986，影印本。

　　② 傅增湘致蔡元培函（1919 年 3 月 26 日），见《蔡元培全集》第 3 卷，285～286 页。

　　③ 《胡适致汤尔和（稿）》（1935 年 12 月 23 日），见《胡适来往书信选》中册，281～282 页。

傅斯年草拟的①），至少不是来自胡适，因为里面也说到其中的老谋客（即汤尔和）要蔡先生也"约制胡适之先生一下"（胡适在场，不会说出这样的情节来）。②

胡适对此事耿耿于怀，先后数次调查，以弄清幕后真相。1922 年 7 月，在出席中华教育改进社年会期间，他与丁文江、秦汾（秦于 1918 年末代理理科学长，熟悉那段历史）等彻夜长谈，了解到北大很多内幕都与蔡元培的谋士沈尹默相关。据说沈初与夏元瑮联合废工科，又"借文理合并的计划以去夏"。夏被迫自请出国考察，由秦汾代理。秦"不愿'本科'学长归仲甫"，故"首倡废学长之议而代以教务长。但此议后来久不提起，直到后来蔡先生欲辞去仲甫而不欲仲甫居辞去之名"，恰好秦汾调任教育部专门司司长，蔡先生"遂以废学长之名义去仲甫，教务长之议遂实行"。原议教务长只限于文理二科合成的本科，没有法科。"尹默又怕我当选，故又用诡计，使蔡先生于选举之日打电话把政治、经济两系的主任加入"，同时面见胡适，说陈大齐等不希望胡适当选为教务长，拟举经济系主任马寅初。最后在蔡元培支持下，马寅初当选。③

这段内幕印证了前引蔡元培说"陈学长赞成不设学长之议，纯粹为校务进行起见"，应非虚言。盖不论是最初议及的本科学长，还是后来确定的教务长，陈独秀都曾是首屈一指的候选人

---

① 蔡元培：《复傅增湘函》（1919 年 4 月 2 日），见《蔡元培全集》第 3 卷，284～285 页。

② 傅斯年：《我所景仰的蔡先生之风格》（1940 年），见《傅斯年全集》第 7 册，33～34 页，台北，联经出版公司，1980。

③ 胡适：《胡适日记全编》第 3 册，曹伯言整理，1922 年 7 月 3 日，714～716 页，合肥，安徽教育出版社，2001。

（秦汾只是代理理科学长，资历尚有欠缺）。所以他赞成改制，或并无让贤的想法。在新的形势下，这一原本纯粹的管理体制调整，倒真成了逼陈退位的手段。

实际的教授会主任会于 4 月 8 日举行，北大《日刊》给出的表面理由，除理科学长秦汾因任职教育部司长而辞职外，"适文科学长陈独秀君亦因事请假南归"，所以校长召集这次会议，"议决将三月四日所发表之《文理科教务处组织法》提前实行"，并选出马寅初为教务长。[①] 法科的临时加入，显然不符合蔡元培的初衷，盖法科也是"术"而非"学"，本在去除之列，不过尚未提上议事日程而已。[②] 但沈尹默的提议，或也不全是"阴谋"——在当日报刊言论中，胡适本是仅次于陈独秀的新人物，若由他接任教务长，政府方面恐怕不乐闻。

或许为使教务长选举的正当性更充分，北大评议会 4 月 22 日议决："法科之政治、经济两门，已编入文理科第五组。法律一门，无独立之必要，宜以法律门加入第五组，以法律门教授会主任加入教务处。法科之名，与文理科同时消灭。"[③] 还在 1918 年秋，北大就在专门以上学校校长会议上提出"法科大学可专授法律，其政治学及经济学各门，可并入大学本科"的议案。[④]

---

　① 《大学本科教务处成立纪事》，载《北京大学日刊》，1919-04-10，3～4 版；《本校布告》，载《北京大学日刊》，1919-04-15，2 版。

　② 按原来的计划发展，若一切顺利，在文理二科合为"本科"后，法科只能独立出去。否则，以一不受校长看重的法科，要与二科合并的"本科"对应相处，地位将非常尴尬，甚难安身。

　③ 《评议会开会纪事》，载《北京大学日刊》，1919-04-23，3 版。

　④ 《本校拟在专门以上各学校校长会议提出讨论之问题》，载《北京大学日刊》，1918-10-30，3 版。

1919 年 4 月，教育部又向教育调查会交议了"法科大学专设法律门，其政治、经济各门并入文理科"一案，但会议议决"部令从缓修正，先由北京大学试办，再行调查"。①

评议会使用的"编入"一词耐人寻味，或意味着包含政治、经济两门的第五组不过是在拟议的编制中而已，法科也并未"与文理科同时消灭"。② 因法科方面的问题，马寅初不安于教务长职位，曾提出辞职（理由是法律学门教授会主任未曾享受选举与被选举权）。到 5 月底，评议会和教授会主任联席会数日内连续开会数次，几乎一次一变：先是法科补投一票，选举马寅初为教务长；随即又恢复法科教务处（等于否定了法科参与"本科"的投票）；旋又决议不用教务处之名，免生"误会"，实则"法科教务可由法律、政治、经济三门主任认真担任"。③ 这些反复的举动，已在五四学生运动发生而蔡元培离校出走之后，大致都可视为前此教务长选举的余波，表明胡适关于政治、经济两系主任当日是谋略性的临时加入之说，大体可靠。

---

① 《全国教育调查会·教育调查会第一次开会议决各案报告表》，载《新教育》，1 卷 3 期，1919 年 4 月，344 页（卷页）。

② 北大拟在专门以上学校校长会议提出讨论之问题里附有《大学本科学科课程编制法草案》，说到本科一年级分选修科为五组，史学、政治、经济为第五组，参见《本校拟在专门以上各学校校长会议提出讨论之问题（续）》，载《北京大学日刊》，1918-11-01，5 版。然那只是拟议的提案，到 1919 年秋季的《国立北京大学学科课程一览（八年度至九年度）》中，上述提案才作为"新制"开始实施，其中第五组改为"史学（政治、经济、法律）等"。不过后面又有附注说："此项新制，本拟全体实行。今年八月中经评议会及教授主任会决议，法科之政治、经济、法律三系，本年暂时仍用现行之单位制。"（王学珍、郭建荣主编：《北京大学史料》第 2 卷，1078～1080 页，北京，北京大学出版社，2000。）可知至此法科问题仍处于悬而未决的状态。

③ 评议会议事录第一册，北京大学档案馆，档号 BD1919002，转引自胡少诚：《早期北大的治理模式与实践（1898—1937）——以大学权力演化为视角的考察》。

张厚载先已于 3 月 31 日因"屡次通信于京沪各报,传播无根据之谣言,损坏本校名誉",被"令其退学"。[①] 然而事态的发展表明,此前流行的"谣言",凡涉及其他人的,大都近于"事出有因,查无实据";只有关于陈独秀的,则基本落实。对《新青年》而言,这次广泛传播的新旧之争,产生了一个积极的附带因素,即引起了外界对杂志的关注和同情。上海的《中华新报》刊文说,教育部所代表的政府压力,实赋予了《新青年》以正当性,"从此以后之《新青年》杂志发行额,必加起几倍或几十倍"。成都的《川报》也有文章预测,既有"政府干涉思想学说的事"发生,"从此《新青年》的价值,愈增高了"。[②]

这些预测很快被证明是不错的,参与《新青年》发行的亚东图书馆主汪孟邹,亲见这一转变的发生。本来由于《新青年》实行版式革新、使用新式标点等因素,上海印业都"不愿代印"。[③] 故自六卷"四号起,决就北京印行"。[④] 这一决定固因南方的印制出了问题,也表明对杂志在北京的发行有信心。到 4 月下旬,汪孟邹更观察到:"近来《新潮》、《新青年》、《新教育》、《每周评论》销路均渐兴旺,可见社会心理已转移向上。"[⑤] 可知其在南方的销路也不错,尤其近来"渐兴旺"的说法,表明这是新现

---

① 《本校布告》,载《北京大学日刊》,1919-03-31,1 版。

② 世杰:《谁的耻辱?》,载《中华新报》,1919-03-06,1 张 2 版;因明:《对北京大学的愤言》,载《川报》(成都),录在《每周评论》第 19 号,1919-04-27,4 版。

③ 汪孟邹致胡适(1918 年 10 月 5 日),见耿云志主编:《胡适遗稿及秘藏书信》第 27 册,278~280 页,合肥,黄山书社,1994。

④ 汪孟邹致胡适(1919 年 4 月),见耿云志主编:《胡适遗稿及秘藏书信》第 27 册,285 页。

⑤ 汪孟邹致胡适(1919 年 4 月 23 日),见耿云志主编:《胡适遗稿及秘藏书信》第 27 册,289~290 页。

象。在 6 卷 5 号上，即有群益书社关于前五卷将再版，先印前三卷的预约广告。[①] 到 7 卷 1、2 号，再次发布全五册再版的广告。[②] 这些都表明，该刊的销售确实已经大有改观。

不过，很多人愿意引用汪原放所说的《新青年》"最多一个月可以印一万五六千本"的说法[③]，虽不排除某一次真达到这样的"最多"，但应非常态。实际上，撰于 1919 年底前的《〈新青年〉编辑部与上海发行部重订条件》的合同文本明言："中国北部约每期可销一千五百份，由发行部尽先寄与编辑部分派。以后如销数增加，发行部应随时供给。"[④] 则直到"五四"后，北方的销路不过如此。后来陈独秀在 1920 年 5 月拟自办《新青年》印制发行等，曾说"此时打算少印一点（若印五千，只需四百余元）"。[⑤] 则"常印"或"多印"的数目，应不会高太多。

由于不久即有大规模的五四学生运动发生，那次"新旧之争"对杂志销路的积极影响或被掩盖。而那一事件对杂志办刊倾向更重要的影响，则是陈独秀因大学改制而"自然"成为普通教授。如此"提前实行"学长改教务长的仓促决定显然出乎陈独秀的预料，心有不甘的他最终南下上海。

---

① 群益书社：《〈新青年〉自一卷至五卷再版预约》，载《新青年》6 卷 5 号，1919 年 5 月，扉页。

② 《〈新青年〉第一、二、三、四、五卷合装本全五册再版》，载《新青年》7 卷 1 号，1919 年 12 月，扉页。

③ 汪原放：《回忆亚东图书馆》，32 页，上海，学林出版社，1983。

④ 此合同书手迹见北京历史博物馆编：《中国近代史参考图片集》下册，161 页，上海，上海教育出版社，1958。原注为"北京历史博物馆藏片"，并说明是"鲁迅的手笔之一"。然究为何人所撰写，现有争议，参见周楠本：《一篇新发现的鲁迅手稿》，载《鲁迅研究月刊》，2011（12）；叶淑穗：《对〈一篇新发现的鲁迅手稿〉一文的质疑》，载《鲁迅研究月刊》，2012（4）。

⑤ 陈独秀致胡适，1920 年 5 月 25 日，新出书信。

三、徘徊于自由主义和马克思主义之间的陈独秀

胡适 1935 年对汤尔和说，由于文科学长的解职，"独秀因此离去北大"，引起一系列严重的后果。因为：

> 独秀在北大，颇受我与孟和（英美派）的影响，故不致十分左倾。独秀离开北大之后，渐渐脱离自由主义者的立场，就更左倾了。此夜【3 月 26 日】之会，虽然有尹默、夷初在后面捣鬼，然子民先生最敬重先生【指汤】，是夜先生之议论风生，不但决定了北大的命运，实开后来十余年的政治与思想的分野。此会之重要，也许不是这十六年的短历史所能论定。①

对此汤尔和当然不能同意，他反驳说，陈独秀本为"不羁之才，岂能安于教授生活"？即使没有这次的改聘，最后还是会脱离北大。1935 年时的陈独秀当然已脱离教育界，但这说法恐怕有些后见之明的意味。陈本是从实际政治中回归文化、教育事业的，在他 1920 年春的言行里，还真看不出多少又要走向实际政治的意向。然而汤尔和挖苦胡适的话却不无道理，他说：会议不久即有五四学生运动，此后"接二连三之极大刺激，兄等自由主义之立场能否不生动摇，亦属疑问"。②

------

① 《胡适致汤尔和（稿）》（1935 年 12 月 23 日），见《胡适来往书信选》中册，281～282 页。

② 《汤尔和致胡适》（1935 年 12 月 29 日），见《胡适来往书信选》中册，291～292 页。

　　这话实有所指。北伐前胡适曾提倡"好人政府"，那时就几乎投入实际政治，这是汤尔和亲眼所见；后胡适也曾参加北洋的善后会议，北伐后又站出来公开批评新当权的国民党，几乎被国民党"法办"。那时汤尔和即曾说，他原以为胡适已经"沦入老朽，非复当年"，现在才知道其实锋芒未减。[①] 汤氏言外之意，胡适自己也常常"忍不住"要参政议政，遑论陈独秀这样的"不羁之才"。其实"自由主义"从未标榜不涉实际政治，只是对政治有一些特定的看法。汤尔和或不过是沿用胡适的表述而照本宣科，但至少可知当年对自由主义的认知是相当宽泛的。

　　胡适晚年在《口述自传》里说：1919 年时李大钊已写过文章称颂俄国革命，而陈独秀还没有相信马克思主义，甚至并不了解马克思主义。他是到上海"交上了那批有志于搞政治而倾向于马、列主义的新朋友"后，才逐渐"和我们北大里的老伙伴愈离愈远"。[②] 揆诸陈独秀在 1920 年南下前后的言论，胡适的看法绝非无的放矢，甚至可以说基本不差。

　　傅斯年也认为，陈独秀在《青年》发刊词中所说的六点[③]，是他后来众多言论的"立点"。发轫于这一立点，"后来之伦理革命论、文学革命论、民治论以及社会主义，都是自然的趋势，必然的产物。而陈氏之发挥这个立点，尤有一个基本精神，即是他

①　说详罗志田：《再造文明的尝试：胡适传》，207～212、235 页，北京，中华书局，2006。

②　［美］唐德刚译注：《胡适口述自传》，195 页，上海，华东师范大学出版社，1993。

③　即 1915 年的《敬告青年》中所说的：一、自主的而非奴隶的；二、进步的而非保守的；三、进取的而非退隐的；四、世界的而非锁国的；五、实利的而非虚文的；六、科学的而非想象的。见《陈独秀著作选编》第 1 卷，158～163 页。

的猛烈的透辟的自由主义"。总体看,"他的精神到底是法兰西革命的产品,并不是一个'普罗'的产品"。①

一些共产党当事人的言论,也能印证胡适的说法。前引沈雁冰的回忆说:即使在陈独秀南下以后,《新青年》虽然多谈政治,但在理论方面,却不纯粹。不仅真"对唯物辩证法有研究者,其时仅一李大钊";同时还刊登罗素的文章而不批评,提示出其与自由主义的关联。

那时还有一位西方哲学家身在中国,其影响比罗素有过之无不及,就是杜威。陈独秀当时对民主(民治)和科学的理解,显然受到胡适和杜威的影响。他在1919年底《新青年》7卷1号的《本志宣言》中明确表示:"我们相信尊重自然科学实验哲学,破除迷信妄想,是我们现在社会进化的必要条件。"② 在同一期上所发表的《实行民治的基础》一文中,陈氏更喊出了他常为人引用的口号:中国要实行民治主义,应当"拿英美做榜样"。在这篇文章中,陈独秀明言:"杜威博士关于社会经济(即生计)的民治主义的解释,可算是各派社会主义的公同主张,我想存心公正的人都不会反对。"③

蔡和森也说:《新青年》以前"是美国思想宣传机关,但是到了仲甫同志倾向社会主义以后,就由美国思想变为俄国思想了,宣传社会主义了。不过在过渡期间的文章,社会革命的思想

---

① 傅斯年:《陈独秀案》(1932年),载《独立评论》,第24号,1932-10-30,4页。
② 陈独秀:《本志宣言》,载《新青年》,7卷1号,1919年12月,4页。
③ 陈独秀:《实行民治的基础》,载《新青年》,7卷1号,1919年12月,16、14页。

是有了，杜威派的实验主义也是有的"。要到 1920 年的《新青年》"五一"劳动节特刊（7 卷 6 号），"才完全把美国思想派赶跑了"。① 蔡和森的记忆有些误差，《新青年》8 卷 1 号都还在刊登杜威的演讲；但他记忆中的感觉，与其他人是类似的。

中共创立时也在上海的李达更曾回忆说，就是在担任中共领导之后，陈独秀也"并不阅读马列主义著作"。他"不懂，也不研究"那些关于中国革命的马克思主义理论，甚至"《响导》上署他的名字的文章，大都是同志们代写的"。② 这样看来，陈独秀在该刊上的言论，还须小心辨析。马列主义本非一两天可以速成，陈独秀在创建并领导中共之后这方面理论水准不高，应该也是顺理成章的。若陈独秀在创建并领导中共之后马克思主义理论的水准尚不过如此，则他在此前更接近自由主义，就是非常可能的。上述几位中共人士的记忆，也都能印证这一点。

胡适向来提倡"拿证据来"，他在《口述自传》里的表述，也是有所本的。胡适引以为据的，就是陈独秀"写给《新青年》杂志的编者的几封信"。③ 我们知道胡适是在美国口述其自传的，他保存的大部分来往信件并未带走，但他当时这么说，应能看到一些陈独秀写给《新青年》编者的信（这些信件已由胡家后人拿出拍卖，此前并在北大展出）。

在 1920 年底陈独秀到广州后，那时他已和第三国际的人有了

---

① 蔡和森：《中国共产党史的发展（提纲）》（1926 年），见中央档案馆编：《中共党史报告选编》，8 页，北京，中共中央党校出版社，1982。
② 李达：《中国共产党的发起和第一次、第二次代表大会经过的回忆》，见中国社会科学院现代史研究室、中国革命博物馆党史研究室选编：《"一大"前后：中国共产党第一次代表大会前后资料选编》（二），16 页，北京，人民出版社，1980。
③ ［美］唐德刚译注：《胡适口述自传》，195 页。

正式的联系，恐怕中共也已算成立（虽然还没开第一次党代会），他仍希望胡适所说的"英美派"陶履恭（孟和）能到广州去办高等师范学校。他在给高一涵和胡适的信中说："师范必附属小学及幼稚园，我十分盼望杜威先生能派一人来实验他的新教育法，此事也请适之兄商之杜威先生。"此时他刚到广州，尚未与当地人联系，但已在考虑"此间倘能办事，须人才极多，请二兄早为留意"。[①] 可知陈独秀的心目中，基本还维持着革新与守旧的区分，他并不像后之研究者那样了解和重视马克思主义与自由主义的差异，却敏锐地感觉到了杜威等人的自由主义与社会主义的亲近。

从这些公开和私下的言论看，并参照早期中共要员沈雁冰和李达的上述看法，陈独秀确实未必懂多少马克思主义，他可能也不那么懂得自由主义，但对两者的一些基本准则都有所把握。不论他对两种主义各自认识到何种程度，陈独秀那时并不看重两者的对立，毋宁说他还更注重两者互补的一面。[②] 胡适把南下前的陈独秀列入"北大自由主义者"，当然是在一种较宽泛的意义上说的，但彼此皆视为同道，仍在互相援引，则绝无疑义。

而且，其他不少被我们视为自由主义者的人，恐怕也未必就更"懂"自由主义。在这批新"出现"的信中，有陈独秀 1920 年 5 月 11 日致胡适的信。他明确表示不赞成当时学生继续罢课，认为"牺牲了数百万学生宝贵的时间，实在可惜之至"。陈氏建

---

① 　陈独秀致高一涵、胡适，1920 年 12 月 21 日，新出书信。

② 　直到 1923 年 7 月，作为中共领导的陈独秀还以为，"适之所信的实验主义和我们所信的唯物史观，自然大有不同之点，而在扫荡封建宗法思想的革命战线上，实有联合之必要"。陈独秀：《思想革命上的联合战线》（1923 年 7 月 1 日），见《陈独秀著作选编》第 3 卷，102 页。

议胡适"邀同教职员请蔡【元培】先生主持北大单独开课，不上课的学生大可请他走路"。在他看来，这样的学生留在学校"也没有好结果"。更重要的是，陈独秀强调："政府的强权我们固然应当反抗，社会群众的无意识举动我们也应当反抗。"

这是典型的自由主义表达。在那个听众决定立说者命运、老师常常跟着学生跑的年代，即使是一些被我们视为自由主义者的读书人，也未必能认识到这一点，更不用说如此简明扼要地将其表出。而在陈独秀，这却并非一时脱口而出的妙语。到次年6月，他进而在《新青年》9卷2号上公开说：

> 舆论就是群众心理底表现，群众心理是盲目的，所以舆论也是盲目的。古今来这种盲目的舆论，合理的固然成就过事功，不合理的也造过许多罪恶。反抗舆论比造成舆论更重要而却更难。投合群众心理或激起群众恐慌的几句话，往往可以造成力量强大的舆论；至于公然反抗舆论，便不是一件容易的事了。然而社会底进步或救出社会底危险，都需要有大胆反抗舆论的人，因为盲目的舆论大半是不合理的。此时中国底社会里，正缺乏有公然大胆反抗舆论的勇气之人！①

大约同时，他又给胡适写信，指责北大的老师们不仅纵容学生运动，自己也闹索薪风潮。胡适1921年7月7日的日记说："仲甫来一长信，大骂我们——三孟【蒋梦麟、顾孟余、陶孟和】、抚五【王星拱】、我——为饭碗问题闹了一年的风潮，如何

---

① 陈独秀：《随感录·反抗舆论的勇气》（1921年6月），载《新青年》，9卷2号，1921年6月，3页（文页），又见《陈独秀著作选编》第2卷，381页。

对得起我们自己的良心。我觉得他骂的句句都对。这一年半，北京学界闹的确是饭碗风潮。"隔天胡适又邀正在调停学潮的蒋梦麟来谈，"我把仲甫的信给他看，他也觉得仲甫的话不错"。[①] 这已是中共一大召开之后了，陈独秀仍坚持学者在学潮方面不应"投合群众心理"，而应具有"公然大胆反抗舆论的勇气"。

任何"主义"，不仅需要学理的系统表述，也体现在日常的言动之中。[②] 据前引胡适的想法，陈独秀在北大不致十分左倾，是因为颇受他和陶孟和等"英美派"的影响，尚能维持自由主义的立场。但至少在学潮方面，陈独秀似乎比这些"英美派"学人更坚定地站在自由主义的立场之上。所以，"主义"的问题，未必可以简明扼要地"说清楚"。若说陈独秀对马克思主义和自由主义的一些基本准则都有所把握，却也不至于离谱。

另外，陈独秀本性情中人，也就在这段时间里，他曾因《新青年》事而大怒，写出了几乎跟胡适、陶孟和绝交的信。过去探索《新青年》同人分裂的研究者，未曾看见这些非常重要的信函。下面就通过这些新出信件，来看看那时到底发生了什么事。我会尽量多使用这些新出信件的内容，对于他人据既存材料已说过的，仅简短述及。

四、《新青年》的转向

陈独秀南下上海后所发生的一件事，是《新青年》与其长期

---

① 《胡适日记全编》第 3 册，1921 年 7 月 7 日、7 月 8 日，362、364～365 页。
② 参见王汎森：《"烦闷"的本质是什么——"主义"与中国近代私人领域的政治化》，载《思想史》（台北），第 1 期，2013 年 10 月。

合作伙伴群益书社决裂，改由"新青年社"独立发行。事情的起因是 7 卷 6 号的刊物页数增加很多，书社要提高定价，而陈独秀不同意，终至决裂。此事汪原放在其《回忆亚东图书馆》中曾说到，大体不差。他的叔叔汪孟邹（亚东图书馆老板）当时试图为两边说和，而陈独秀大发脾气，无论怎么说都不能成功。平心而论，大量增加页数而以原价出售，就要亏本，从商人立场确实很难接受。但陈独秀的动怒，也有他的考虑。①

陈独秀在 1920 年 5 月的三封信里都说及此事，他在 7 日致胡适、李大钊的信中说，"因为《新青年》六号定价及登告白的事，一日之间我和群益两次冲突。这种商人，既想发横财，又怕风波，实在难与共事"。此后 5 月 11 日和 19 日，他又两次致函胡适，表示"我对于群益不满意不是一天了，最近是因为六号报定价，他主张至少非六角不可。经我争持，才定了五角。同时因为怕风潮，又要撤销广告。我自然大发穷气。冲突后他便表示不能接办的态度。我如何能去将就他，那是万万做不到。群益欺负我们的事，十张纸也写不尽"。总之，"群益对于《新青年》的态度，我们自己不能办，他便冷淡倨傲，令人难堪；我们认真自己要办，他又不肯放手"。

从这几封信可知，确如汪原放所说，冲突的起因是加价问题。价格最后虽以妥协了结，但显然已伤了感情。群益书社恐怕还是想要继续合作，不过总以商人的方式讨价还价，难为心直口快的陈独秀所接受。由于早有不满，陈氏也先有考虑。他在 4 月 26 日就发出一封给 12 位《新青年》同人的"公信"，提出第 7

---

① 汪原放：《回忆亚东图书馆》，54 页。

卷结束后"拟如何办法"，要他们"公同讨论赐复"。陈独秀提出的问题有：一、是否接续出版？二、原定发行合同已满期，"有无应与交涉的事？"可知那时他已启不续约之心。而群益书社要求提价，更助长了陈的不合作情绪。

陈独秀在 5 月 7 日给胡适的信中说，只有自己发起一个书局，才可避免"我们读书人日后受资本家的压制"。这恐怕是他怒不可遏的思想根源。中国读书人对商人既打击又依赖的历史已延续了至少两千年，何况又有舶来的"资本家"新概念为之助，更强化了彼此的不信任。而群益书社以不续办相威胁，既说明他们对合作者的个性不够了解，更证明了自身的商人气味，此后又表示不肯放手，恐怕也表述得不够谦恭，不足以为"读书人"陈独秀所接受，事遂不能挽回。这件事与当时的"主义"和新旧思想倾向无关，却也反映出思想上的历史积淀。

陈独秀在 4 月 26 日的"公信"中，还提出了关于刊物编辑人的三种选项：一是由在京诸人轮流担任；二是由在京一人担任；三是由他在沪担任。这封信似乎没引起北京同人的即刻重视，陈氏又在 5 月 7 日致胡适、李大钊的信中再提出：

> 前因《新青年》事，有一公信寄京，现在还没有接到回信，不知大家意见如何？……《新青年》或停刊，或独立改归京办，或在沪由我设法接办（我打算招股自办一书局），兄等意见如何，请速速赐知。

为了日后不受资本家压制，陈独秀自己显然倾向后者，而招股自办书局就是他落实第三项建议的具体规划。他告诉两人："章程我已拟好付印，印好即寄上，请兄等切力助其成。"这一次陈独秀的要求得到了贯彻，从胡适和周作人的日记可知，有 12 位北京同人应胡适之邀于 5 月 11 日在公园讨论了《新青年》办刊事宜，但似乎并未涉及根本。周作人日记中明言那次聚会是讨论第 8 卷的事，而陈独秀自己问的也是第 7 卷结束后"拟如何办法"。[①]

就在北京同人聚会的同一天，着急的陈独秀再函胡适："究竟应如何处置，请速速告我以方针。"胡适随即有两信回复陈独秀，大概除赞成自办发行和建议用"新青年社"的名称外，并未明确答复陈独秀提出的三项建议，甚或表示了对发行兴趣不大。陈对这种只讨论近期事项的处理显然不满意，他在 5 月 19 日致函胡适说：

（1）"新青年社"简直是一个报社的名子，不便招股。

（2）《新青年》越短期，越没有办法。单是八卷一号，也非有发行不可。垫付印刷纸张费，也非有八百元不可。试问此数从哪里来？

（3）著作者只能出稿子，不招股集资本，印刷费从何处来？著作者协济办法，只好将稿费并入股本。此事我誓必一意孤行，成败听之。

（4）若招不着股本，最大的失败，不过我花费了印章程的九角小洋。其初若不招点股本开创起来，全靠我们穷书生协力，恐怕是望梅止渴。

---

① 《周作人日记》中册，1920 年 5 月 11 日，123 页；《胡适日记全编》第 3 册，1920 年 5 月 11 日，170 页。

此后陈独秀或也略有妥协，他接受了"新青年社"的存在，同时决定招股自办一个"兴文社"。陈氏在 5 月 25 日致函胡适，说明"群益不许我们将《新青年》给别人出版，势非独立不可"。他打算让兴文社和新青年社分立，为节省经费，可合租一发行所。"如此，八卷一号的稿子，请吾兄通知同人从速寄下，以便付印。此时打算少印一点（若印五千，只需四百余元，不知北京方面能筹得否？倘不足此数，能有一半，我在此再设法），好在有纸板随时可以重印。"陈独秀强调，独立自办之初，内容应当更好，"吾兄及孟和兄虽都有一篇文章在此，但都是演说稿，能再专做一篇否？"同时请胡适将几位同人进行中的稿件"分别催来"。

5 月 30 日，北京同人再次就《新青年》事聚谈，结果不详。但大体的态度相对消极，似乎看陈独秀意志坚决，遂由他随意进行，却也并不积极支持。陈独秀 7 月 2 日写信给高一涵说：

> 《新青年》八卷一号，到下月一号非出版不可。请告适之、洛声二兄，速将存款及文稿寄来。兴文社已收到的股款只有一千元，招股的事，请你特别出点力才好。适之兄曾极力反对招外股，至【如?】今《新青年》同人无一文【此"文"指钱，系"一文钱"之省】寄来，可见我招股的办法未曾想错。文稿除孟和夫人【沈性仁】一篇外，都不曾寄来，长久如此，《新青年》便要无形取消了。奈何！

陈独秀在 1916 年曾参与群益书社与亚东图书馆合组新公司的招股活动，到北京募集股本。他当年曾致函胡适，自称北上月余，便募集十万元。① 那时十万元可不是小数目，即便有些夸大，实际数额也当不小。适逢蔡元培请他作北大文科学长，遂未再参与此事。但或许就是那时的成绩，给了陈独秀招股办书局的自信。如今陈独秀的名声应较前些年更有号召力，而兴文社不过收到股款一千元，实在有些今非昔比。究竟是整体的世风变了，还是上海人不如北京人爱好"文化"，都还是可考的问题。

从陈独秀稍后给程演生的几封信看，他似已放弃另立"兴文社"的计划，仍采用"新青年社"的名目募款，但效果也不佳。② 而既与群益书社脱钩，又没有固定的经费来源，恐怕也是导致《新青年》后来成为中共刊物的一个原因。原本与思想倾向无关的技术性环节，也可能发酵成为一个起作用的因素。

比经费更严重的问题，是北京同人几乎都不曾以文稿表示支持，显然对刊物偏向政治而疏离于学术思想不满。过去在《新青年》同人间划分派别的研究者，似未充分注意这一耐人寻味的现象。当时胡适在南京高师的暑期学校作系列演讲，陈独秀在 8 月 2 日特别致信胡适说，8 卷 1 号不作文章就算了，但 2 号就要"强迫你做一篇有精采的文章"。他甚至给出了文章的主题，即中国人的思想是万国虚无主义的总汇，包括老子学说、印度空观、欧洲形而上学及无政府主义，可以说"世界无比"。故"《新青年》以后应该对此病根下总攻击。这攻击老子学说及形而上学的

---

① 《陈独秀致胡适》（约 1917 年 1 月），见《胡适来往书信选》上册，6 页。
② 陈独秀致程演生（1920 年 6 月 15 日、6 月 17 日），见沈寂辑注：《陈独秀遗简（二）》，载《安徽史学》，1985（3）；陈独秀致程演生（1920 年 8 月 2 日），致王星拱、程演生（1920 年 8 月 9 日），见沈寂辑注：《陈独秀遗简（三）》，载《安徽史学》，1985（6）。

司令，非请吾兄担任不可"。①

先是胡适等北大人在 1920 年 8 月 1 日的《晨报》刊出一篇《争自由的宣言》，提出"我们本不愿意谈实际的政治，但是实际的政治却没有一时一刻不来妨害我们"。在"政治逼迫我们到这样无路可走的时候，我们不得不起一种觉悟：认定政治如果不由人民发动，断不会有真共和的实现"。不过，《宣言》明确了实现之法，就是先"养成国人自由思想、自由评判的真精神"。②

陈独秀随后在《新青年》8 卷 1 号头版的《谈政治》一文中说，中国主张不谈政治的约有三派，即学界、商界和无政府党人，胡适就是前者的代表之一。他引用《争自由的宣言》中"实际的政治却没有一时一刻不来妨害我们"一语，说胡适等"要除去这妨害，自然免不了要谈政治"。③ 这已有些占便宜的意思，若由胡适来攻击无政府主义，等于是让主张不谈政治的第一派来攻击第三派，就更意味深长了。胡适看了《谈政治》，自不会接受这一命题作文。

过去很多人都把陈独秀《谈政治》一文视为《新青年》转向的重要标志，然而从此前一信看，陈独秀仍表达出了应针对中国人思想病根下总攻击的立意，至少无意将刊物改变成一个政论性的刊物。尽管他稍后仍说，"因为我们不是无政府党人，便没有

---

① 《陈独秀致胡适（残）》（1920 年 8 月 2 日），见《胡适来往书信选》上册，107 页。

② 宣言全文录在中国李大钊研究会编注：《李大钊文集》第 5 卷，337~339 页，北京，人民出版社，1999。

③ 陈独秀：《谈政治》，载《新青年》，8 卷 1 号，1920 年 9 月，1~2 页，又见《陈独秀著作选编》第 2 卷，249~250 页。

理由可以宣言不谈政治"①，但在其开始转变之时，仍试图顺应北京同人侧重思想的倾向。

后来陈独秀自己写出了他对无政府主义的想法，以为"近来青年中颇流行的无政府主义，并不完全是西洋的安那其"，而是"固有的老、庄主义复活，是中国式的无政府主义。所以他们还不满于无政府主义，更进而虚无主义，而出家，而发狂，而自杀"。这"是青年底大毒"。他主张，只有"从政治上、教育上施行严格的干涉主义"，"早日造成一个名称其实的'开明专制'之局面"，中华民族的腐败堕落方可救治。而要这样做的"最大障碍，就是我们国民性中所含的懒惰放纵不法的自由思想。铸成这腐败堕落的国民性之最大原因，就是老、庄以来之虚无思想及放任主义"。② 其言外之意，思想和政治不能两分，当以政治上的干涉主义来对抗虚无思想、放任主义。

胡适此前虽未接受陈独秀的命题作文，但显然受到其影响，且不排除后来直接受到此短文的影响。他在 1921 年 6 月 18 日的日记中说，"现在的少年人把无政府主义看作一种时髦东西，这是大错的"，颇像是在引述陈独秀的文字。胡适强调："我们现在决不可乱谈无政府；我们应谈有政府主义，应谈好政府主义！"同年八月初在安庆，他"第一次公开的谈政治"，讲的就是"好政府主义"，明言他所说的好政府主义是有政府主义，是反对无政府主义的。③ 可知陈独秀对胡适的影响，在逐步发酵。

---

① 陈独秀致胡适等，1921 年 1 月 9 日，新出书信。
② 陈独秀：《随感录·中国式的无政府主义》，载《新青年》，9 卷 1 号，1921 年 5 月，又见《陈独秀著作选编》第 2 卷，376 页。
③ 《胡适日记全编》第 3 册，1921 年 6 月 18 日、8 月 5 日，325、414～417 页。

　　也是在《新青年》8卷1号之上，刊出了《本志特别启事》，宣称"本志自八卷一号起，由编辑部同人自行组织新青年社，直接办理编辑印刷发行一切事务"。这大概是针对此前关于第七卷的合同，搂诸此前往还信件和别的文献，似未见"新青年社"相应的实际行动，可知该社不过是对外宣布"自行组织"，基本仍是陈一人在操办，仅维持着团体的外表而已。

　　傅斯年后来说，《新青年》可以分作三个时期：一是1917年夏以前，是陈独秀独力编著的；二是1917年夏至1920年初，是陈"与当时主张改革中国一切的几个同志，特别是在北京大学的几个同志共办的，不过他在这个刊物中的贡献比其他人都多"；三是自1921年初算起，"这个刊物变成了共产主义的正式宣传刊物，北大的若干人如胡适之先生等便和这个刊物脱离了关系"。而《新青年》的转向，也有个过程，"自第六卷起渐注重社会问题，到第七卷的下半便显然看出马克斯主义的倾向"，八卷以后，对社会主义的倾向才"具体化"。[①]

　　当年傅先生虽是学生，却参与北大诸多事务，与胡适、李大钊、周作人等往还甚多，是深知内情的人。他这一分期显然经过仔细斟酌，特别是把1920年初到1921年初这一年的时间划为二、三期之间的过渡期，尤显分寸。实际上，1921年1月出版的8卷5号上，仍有胡适的文字。所谓"脱离关系"，只能在此之后。[②] 换言之，即使在8卷1号的新倾向已经很明显后，《新青

───────────────

　　① 傅斯年：《陈独秀案》，载《独立评论》，第24号，1932，3、5页。
　　② 8卷5号是在上海的陈望道开始负责《新青年》的编辑工作，他在1921年1月15日致信（明信片）胡适说："来函敬悉。大作已载在《新青年》八卷五号了。《新青年》内容问题，我不愿意多说话，因为八卷四号以前，我纯粹是一个读者；五卷［号］以后，我也只依照多数意思进行。"引自陈望道致胡适（1921年1月15日），见耿云志主编：《胡适遗稿及秘藏书信》第35册，419页。

年》的北京同人还在试图寻求妥协，直到陈独秀在上海引进新人参与编辑，才导致最后的分裂。

五、《新青年》编辑部改组风波

1920 年 12 月，陈炯明请陈独秀到粤主持广东全省教育。陈独秀在月初致函李大钊、胡适等九人，说自己将赴广州，"此间编辑事务已请陈望道先生办理，另外新加入编辑部者，为沈雁冰、李达、李汉俊三人"。该信仍是胡适在处理，他在信上批注："请阅后在自己名字上打一个圈子，并请转寄给没有圈子的人。"① 由于这是"公信"，说得较为"客观"，没什么解释。

陈独秀于 12 月 16 日动身前夕，又致信胡适、高一涵，进一步申说其意。他表示，近来"《新青年》色彩过于鲜明，弟近亦不以为然。陈望道君亦主张稍改内容，以后仍以趋重哲学文学为是；但如此办法，非北京同人多做文章不可。近几册内容稍稍与前不同，京中同人来文太少，也是一个重大的原因"。② 显然，陈独秀当时并不觉得他对编辑部的处置有什么不妥，对北京同人的感觉也不错。所以他在 12 月 20 日到广州的次日，再写信给二人，述说了前引希望杜威能派一人来实验其新教育等事。

但北京同人显然对陈独秀把《新青年》编辑事务交与他人，

---

① 《陈独秀致李大钊、胡适等》（1920 年 12 月初），见《胡适来往书信选》上册，116 页。
② 《陈独秀致胡适高一涵》（1920 年 12 月 16 日），见水如编：《陈独秀书信集》，292～293 页，北京，新华出版社，1987。

并让编辑部新增数人的做法非常不满。① 这在很大程度上或许即归因于所谓"新青年社"并未正式"由编辑部同人自行组织",则每个人都可认为自己是"社员",同时也觉得对"编辑部"的扩充有发言权。最先表态的是陶履恭,由于当时官方已"不准邮寄"《新青年》,陶氏主张不妨"就此停版",并建议"日内开会讨论一番,再定如何进行"。② 这与大家此前对陈独秀办刊的放任态度,已经很不相同了。

　　北京同人的不快,系统表述在稍后胡适给陈独秀的信中。对陈独秀所说《新青年》"色彩过于鲜明",胡适表示已经难以抹淡,盖"北京同人抹淡的工夫决赶不上上海同人染浓的手段之神速"。他提出三个解决办法:一是"听《新青年》流为一种有特别色彩之杂志,而另创一个哲学文学的杂志";二是恢复"不谈政治"的戒约,从 9 卷 1 号起把《新青年》编辑事务移归北京同人处理,并发表一个新宣言,"注重学术思想艺文的改造,声明不谈政治";三即陶履恭所建议的"暂时停办……但此法与【于?】'新青年社'的营业似有妨碍,故不如前两法"。胡适表示,他以外至少有六人赞同第一、二两法。不过,胡适在信中使用了"上海同人"的说法,信末并云"此信我另抄一分,寄给上

---

　　① 如钱玄同于 12 月 16 日致信周作人:"我现在对于陈望道编辑《新青年》,要看他编辑的出了一期,再定撰文与否。如他不将他人底稿改用彼等——'哪''佢'……——字样,那就不说什么;否则简直非提出抗议不可了。"见《钱玄同文集》第 6 卷,41 页,北京,中国人民大学出版社,2000。
　　② 《陶孟和致胡适》（1920 年 12 月 14 日）,见《胡适来往书信选》上册,116 页。

海编辑部"，似已实际接受陈独秀的扩军。①

这一次，脾气不好的陈独秀又大怒了。他在 1921 年 1 月 9 日给胡适等九人发出一封公信。此信重要，兹录如次：

> 适之先生来信所说关于《新青年》办法，兹答复如左：
>
> 第三条办法，孟和先生言之甚易。此次《新青年》续出，弟为之甚难。且官厅禁寄，吾辈仍有他法寄出，与之奋斗（销数并不减少）。自己停刊，不知孟和先生主张如此办法的理由何在？阅适之先生的信，北京同人主张停刊的并没有多少人，此层可不成问题。
>
> 第二条办法，弟虽离沪，却不是死了。弟在世一日，绝对不赞成第二条办法。因为我们不是无政府党人，便没有理由可以宣言不谈政治。
>
> 第一条办法，诸君尽可为之，此事于《新青年》无关，更不必商之于弟。若以为别办一杂志，便无力再为《新青年》做文章，此层亦请诸君自决。弟甚希望诸君中仍有几位能继续为《新青年》做点文章。因为反对弟个人，便牵连到《新青年》杂志，似乎不大好。
>
> 再启者：前拟用同人名义发起新青年社，此时官厅对新青年社颇忌恶，诸君都在北京，似不便出名，此层如何办

---

① 《胡适答陈独秀》（约 1920 年底），见水如编：《陈独秀书信集》，293～294 页。按：胡适复信时尚未收到周树人、周作人的回应，随后鲁迅代表二人说，周作人以为"照第二个办法最好"。他自己则以为三个都可以。但如北京同人一定要办，仍以"第二个办法更为顺当"，却不必"发表新宣言说明不谈政治"。引自鲁迅：《致胡适》（1921 年 1 月 3 日），见《鲁迅全集》第 11 卷，371 页。则所有人都不同程度地表示了赞同胡适的提议。

法，乞示知。又白。

从前几封信看，陈独秀本带着较好的心情离沪赴粤，且对自己的主张并无多少不好的感觉。他自有其理由：北京同人既不怎么出款，又不寄稿，上海不另找人，稿件从何而来？且此信明确了"新青年社"实际并未组成，所以对他也没有什么太明确的约束。最主要的当然是他正在广州满腔热情地张罗，忽然被泼冷水，心情难以扭转，说话也就情绪十足了。其实陈氏自己在四五月间曾两次提出三项建议，都包括不继续出版的选项，故陶履恭的建议并不太出格。但因陈独秀心绪已不佳，再加上他注意到北京同人多不赞成停刊，故怀疑陶履恭已被梁启超等"研究系"收买，单独给陶写了一封几乎绝交的信（原信未见，从胡适回信中得知）。

胡适随即回信陈独秀，说他"真是一个卤莽的人"。他特别强调，梁启超等人与《新青年》同人，是"我们"与"他们"的关系，长期处于竞争之中，最近还有日趋激烈的趋势。换言之，陈独秀对陶履恭的怀疑，几乎等于认友为敌。但胡适表示，"我究竟不深怪你，因为你是一个心直口快的好朋友"。他提醒陈独秀，现在谣言甚多，"北京也有'徐树铮陆军总长，陈独秀教育总长'的话"。若这也相信，岂不也可以像陈独秀警告陶履恭一样说出什么"一失足成千古恨"的话？胡适并说，"这事，我以后不再辨了"，颇有些"言尽于此"的味道，显然他也"往心里去"了。①

---

① 《胡适致陈独秀（稿）》（1921 年初），见《胡适来往书信选》上册，119～120 页。

胡适关于"我们"与"他们"的描述，是比较贴切的。按照沈雁冰的回忆，梁启超等人想要独立从事文化事业的"群体自觉"，恰在这段时间才明朗化。张东荪本也是谈唯物史观的，并曾参与在上海筹组共产党的活动，后得"随梁任公游欧之某某函告，彼等一系之政治立场及文化工作方策，经已决定"，乃"不能不改变论调"，使人感觉其言论"判若两人"。① 而张东荪"议论大变"后，陈独秀本人就和他辩论过，这对他应该是记忆犹新的事。②

这是当时的敏感话题，一时"北京同人"纷纷就"研究系"问题表态。钱玄同劝解说，"仲甫本是一个卤莽的人，他所说那什么研究系底话，我以为可以不必介意。我很希望你们两人别为了这误会而伤了几年来朋友底感情"。盖陈独秀"本是老同盟会出身，自然容易和国民党人接近，一和他们接近，则冤枉别人为研究系的论调，就不知不觉地出口了"。其实，"广东、上海，本来是一班浮浪浅薄的滑头底世界。国民党和研究系，都是'一丘之貉'"。③ 在给周氏兄弟的信中，钱氏明言："所谓长江流域及珠江流域的议论，大概就是邵力子、叶楚伧、陈望道等人的议论。"陈独秀"疑心适之受了贤人系的运动，甚至谓北大已入贤

---

① 沈雁冰：《客座杂忆——〈新青年〉谈政治之前后》，见《茅盾全集》第 12 卷，96 页。

② 张东荪：《由内地旅行而得之又一教训》，载《时事新报》，1920-11-06，2 张 1 版；陈独秀：《关于社会主义的讨论》，载《新青年》，8 卷 4 号，1920 年 12 月；陈独秀：《社会主义批评》，载《新青年》，9 卷 3 号，1921 年 7 月。陈独秀文又见《陈独秀著作选编》第 2 卷，303～310、338～350 页。

③ 钱玄同致胡适，1920 年底至 1921 年初，新出书信。

掌之中"，就是受了这些人的影响而"神经过敏"。①

李大钊也对胡适说，"关于研究系谣言问题，我们要共同给仲甫写一信，去辨明此事"。则在《新青年》"北京同人"眼中，"我们"与"他们"或许有各种不同的区分，但"研究系"的异己性，似乎超过苏俄、劳农等标签。李大钊进而说，"现在我们大学一班人，好像一个处女的地位，交通、研究、政学各系都想勾引我们，勾引不动就给我们造谣"。而"国民系看见我们为这些系所垂涎，便不免引起点醋意，真正讨嫌！"② 这是一个萌芽中的重要现象——或因"五四"的推动，北大的新派诸人已成各方面接近的对象。在大家都感觉北大诸多不顺之时，李大钊能看到这一发展中的权势转移，眼光甚敏锐。

同时，李大钊另给胡适一信，表示"对于《新青年》事，总不赞成分裂。商议好了，出两种亦可，同出一种亦可"。若是《新青年》"演起南北对峙的剧来，岂不是要惹起旁人的笑死！"尽管他也说知道胡适和陈独秀"都不是一定要抢《新青年》这个名称，还是主义及主张有点不同的缘故"，同时承认自己的主张"与仲甫的主张相近"，但仍强调："不拘《新青年》在哪里办，或是停办，总该和和气气商量才是。"陈、胡二人的"朋友交情"，不能"因此而大伤"！若《新青年》"是你的或是他的，我们都可以不管；如果大家都与他有点关系，我们也不应该坐视你

---

① 钱玄同：《致鲁迅（致鲁迅、周作人）·九》（1921年1月11日），见《钱玄同文集》第6卷，14～16页。实际上，胡适不久即卷入"好人政府"的活动，尽管仍与研究系竞争（参见罗志田：《再造文明的尝试：胡适传》，206～214页）。钱玄同的政治眼光，显然不如陈独秀。

② 李大钊：《致胡适》（1921年1月18日），见《李大钊文集》第5册，299页。

们伤了感情"。他并表示，仍将尝试进行调停。①

那时李大钊调停的对象，似乎首先针对钱玄同和周氏兄弟。他给钱玄同的信说："仲甫由粤寄来信三件，送上看过即转交豫才启明两先生。他们看过，仍还我，以便再交别人。"钱玄同自己的感觉，是"陈、胡二公已到短兵相接的"程度②，大概陈独秀那几封信的口气已甚尖锐。钱的日记说，"接守常信，知仲、适两人意见冲突，盖一则主张介绍劳农，又主张谈政；一则反对劳农，又主张不谈政治"。他自己两皆不以为然，视之为"猪头问题"，但他第二天仍为此事"往与守常商量"。③

随着事态的发展，胡适很快发现，北京同人因陈独秀的动怒似乎对他有些"误会"，于是在 1 月 22 日给北京同人写了一封详细的信，特别附上他给陈独秀的原信和陈独秀给陶履恭的信，以说明情况。胡适在信中不得不两次说"我并不反对独秀"和"我也不反对《新青年》"，他不过盼望《新青年》像陈独秀说的那样"稍改变内容，以后仍以趋重哲学文学为是"。这里的《新青年》，当然是特指，即那个已经转向，而北京同人此前并未特别支持的《新青年》。胡适表示，他现在"很愿意取消'宣言不谈政治'之说，单提出'移回北京编辑'一法"；盖正因刊物"此时在素不相识的人的手里"，故北京同人未曾多作文章。他要求各位同人对他的建议"下一个表决"。④

---

① 李大钊致胡适，1920 年底至 1921 年初，新出书信。

② 《李大钊致钱玄同》（1921 年 1 月上旬），钱玄同：《致鲁迅（致鲁迅、周作人）·九》（1921 年 1 月 11 日），均见《钱玄同文集》第 6 卷，14～16 页。

③ 《钱玄同日记》第 4 册，1921 年 1 月 18 日、1 月 19 日，1930、1931 页。

④ 胡适：《致李大钊等》（1921 年 1 月 22 日），见《胡适全集》第 23 卷，290～292 页，合肥，安徽教育出版社，2013，重印本。

这一次，各人意见很不一致。此前的研究者未能看到上面那封陈独秀"误解"的原信，所以影响了对胡适建议和其他同人反应的理解。现在此信"出现"，很多事情都更清楚了。基本上，虽然多数人不无保留地赞同了胡适移京编辑的意见，但都强调了任何处置都应坚持陶履恭所说的不能"破坏《新青年》精神之团结"的原则。团结体现在"精神"上，这一用语相当有分寸，尤其周作人和鲁迅都指出了"现在《新青年》的趋势是倾于分裂的，不容易勉强调和统一"的现实。[1] 胡适此信及北京同人的各种反应，过去都能看到，也早有人使用，就不在这里详细引述了。

随后胡适在 2 月 6 日致函陈独秀说明情况，陈独秀在 2 月 15 日复信，说"现在《新青年》已被封禁，非移粤不能出版，移京已不成问题"，算是为此事画上句号。[2] 或许是胡适的解释澄清了误解，或许是分裂已成事实，陈独秀此函虽仍有一些不和谐的意思，口气却相当温和，大概也是在试图维持彼此间"精神之团结"。他当然知道"分裂"的实际后果，在同一天写给鲁迅、周作人的信中说，"北京同人料无人肯做文章了，唯有求助于你两位"了。[3]

六、余论："五四"比我们认知的更丰富

《新青年》的分裂和停办，也代表着一个时代的结束。鲁迅

---

① 各收信人对胡适原信的"表决"意见，1921 年 1 月 22—26 日，见《胡适全集》第 23 卷，292～293 页。

② 《陈独秀致胡适》（1921 年 2 月 15 日），见水如编：《陈独秀书信集》，309 页。

③ 《陈独秀致鲁迅、周作人》（1921 年 2 月 15 日），见水如编：《陈独秀书信集》，309 页。

后来说，"自从支持着《新青年》和《新潮》的人们，风流云散以来"，1920—1922 年的北京，"显着寂寞荒凉的古战场的情景"。随后崭露头角的是《晨报副刊》和《京报副刊》，但"都不是怎么注重文艺创作的刊物"。[①] 新文化运动本发源于文学革命，使"学术思想艺文的气息浓厚起来"[②]，曾是《新青年》多数同人的愿望。"文艺创作"的淡出，与《新青年》的分裂有着直接的关联。

不过，《新青年》的当事人虽然实际分裂，其"精神团结"确实仍在维持，即使在已经成为中共刊物之后亦然。老朋友间的感情也并未改变，这次新出的信中还有好几封此后陈独秀给胡适的信，充分体现了两人思想虽渐不一致，友情仍继续维持。同时，这些信件表明，胡适、沈雁冰和汪原放等人的回忆文字，已大致梳理出事情的脉络，却未被看重，研究者也不怎么引以为据，很可以引起我们的反思。

胡适曾强调，影响历史的因素是多元的，如民初的文学革命思想，就是"许多个别的，个人传记所独有的原因合拢来烘逼出来的"。历史事实的形成，"各有多元的，个别的，个人传记的原因"，其解释自不能太单一。"治历史的人，应该向这种传记材料里去寻求那多元的，个别的因素"，不必总想"用一个'最后之因'来解释一切历史事实"。[③] 同理，《新青年》的转向和同人的分裂，也是"许多个别的、个人传记所独有的原因合拢来烘逼出

---

① 鲁迅：《〈中国新文学大系〉小说二集序》，见《鲁迅全集》第 6 卷，245 页。

② 鲁迅：《致胡适》（1921 年 1 月 3 日），见《鲁迅全集》第 11 卷，371 页。

③ 胡适：《〈中国新文学大系·建设理论集〉导言》（1935 年 9 月），见《胡适全集》第 12 卷，274～276 页。

来的"。

我们久已习惯于把一种有代表性的倾向视为"整体",其实不然。尤其很多时候并存着不止一个代表性倾向,各倾向间可能还存在着紧张和冲突。这些倾向彼此相互关联,都是整体的组成部分,却不必就是整体本身。任何代表性倾向自然与当时当地的人心所向密切关联,体现出当事人关怀的重心和变化,必须予以足够的关注;但在充分关注代表性倾向的同时,读史者也不能让倾向之外的各种内容溜过去。

在这次新出的信件中,还有一封钱玄同 1921 年 2 月 1 日致胡适的信,是在胡适要求同人"表决"关于《新青年》是否移京编辑之后所写,他在表态之余特别声明:

> 我对于《新青年》,两年以来,未撰一文。我去年对罗志希说:"假如我这个人还有一线之希望,亦非在五年之后不发言。"这就是我对于《新青年》不做文章的意见。所以此次之事,无论别组或移京,总而言之,我总不做文章的。(无论陈独秀、陈望道、胡适之……办,我是一概不做文章的。绝非反对谁某,实在是自己觉得浅陋。)

这是钱玄同的老实话,类似的意思他在别处也曾表述过。陈独秀此前给周作人的信就说:"玄同兄总是无信来,他何以如此无兴致?无兴致是我们不应该取的态度,我无论如何挫折,总觉得很有兴致。"① 这倒很能体现两人性格的差异,陈独秀不仅以

---

① 陈独秀致周作人(1920 年 8 月 13 日),引自周作人:《实庵的尺牍》,见钟叔河编订:《周作人散文全集》第 9 卷,611 页,桂林,广西师范大学出版社,2009。

"终身的反对派"著称，他之所以能屡折屡起，恐怕正依靠这"总觉得很有兴致"的精神。

　　钱玄同这段话可以提醒我们的是，当《新青年》面临转向和分裂之时，对个人而言，不写文章并不一定意味着就站在某一边（若是群体的不写，自然代表着某种倾向性）。过去的研究常喜欢划分派别，实际上，李大钊在这一事件的多数时候并未偏向陈独秀一边，颇能说明意识形态未必是一个选择的关键。而鲁迅虽然更喜欢陈独秀的为人，也反对"发表新宣言说明不谈政治"，却支持胡适让"学术思想艺文的气息浓厚起来"的主张，还说他所知道的几个读者也"极希望《新青年》如此"。[①] 另外，与思想倾向关系不大的经费问题，反倒可能是使刊物与中共联系起来的一个实际考量因素，尽管目前尚未见到明显的依据。

　　不论对当事人还是对后之研究者而言，"五四"恐怕都是一个涵盖极为复杂的符号和象征，很难一言以蔽之。正因个人传记材料是认识历史和解释历史的一个要项，这次新出现的相关信件，不仅让我们更进一步地知道了《新青年》究竟是怎样转向的，也对我们理解和认识"五四"的丰富性，有着特殊的意义。

---

　　① 鲁迅：《致胡适》（1921 年 1 月 3 日），见《鲁迅全集》第 11 卷，371 页。

第七章　课业与救国：从老师辈的即时观察认识"五四"的丰富性①

　　恽代英在 1924 年注意到，那时青年人作文章很喜欢说"自从五四运动以来"，这八个字"久已成了青年人作文章时滥俗的格调"。他特别指出，这表明了一般青年崇拜五四的心理。② 几年后，高一涵在论及"越是老年人，越是乐观；越是青年人，越是悲观"这一当时的反常现象时，提醒年轻人说，"只受得住恭维，不能算是好青年；要受得住磨折，才能算是好青年"。历来的"伟大"多是"咒骂起来的"，而非"崇拜起来的"。③

　　两人都共同使用了"崇拜"一词，很能代表当时青年的心态。但青年为什么会崇拜五四以及他们何以成了崇拜的对象，与五四给他们带来了什么直接相关。从这个方面，也可看到当时人

　　①　本章使用的许多材料，承北京大学历史系王波、周月峰、薛刚、高波等同学提示或协助复制，特此致谢！
　　②　参见恽代英：《"自从五四运动以来"》，载《中国青年》，第 26 期，1924-04-12，又见《恽代英文集》上卷，493～496 页，北京，人民出版社，1984。
　　③　涵庐：《闲话》，载《现代评论》，7 卷 181 期，1928-05-26，9～10 页。

承继了什么样的五四遗产。又几年后的一篇文章说，不少"学生从内地一到上海，第一件事就是缝西装。以后就是体育、恋爱和文学。换言之，就是享受'五四'时代争斗得来的赐予"。[①] 这里所说的"学生"，当然只能是相对富裕者。而且这也只是五四遗产的一个面相，与高一涵所说的青年之"悲观"，恐怕是一个钱币的两面。

无论如何，那是一个与今天大不一样的时代，旧的权威和信仰都受到强烈冲击，正濒临瓦解；年轻人的地位和机会，是今日难以想象的。这也不完全归因于五四，从晚清以来，尊西、趋新、重少已成为流行的社会和政治风气。当时很年轻就能成名，北大教授之中，二三十岁者并非少数。那真是一个对年轻人太好的年代。但推崇往往与责任并存，彼时青年的烦恼，似又远过于其他年龄层次的人（详另文）。我想，要真正认识五四，理解五四，一定要先回到那个太不一样的年代之中。

本章无意于系统的论述，仅从"五四"时当事人中老师一辈的一些即时观察和事后反思，试探索"五四"本身及后人认知中"五四"那丰富多歧的面相（本章会频繁使用"五四"一词来指称狭义和广义的五四运动，下文除引文外，将不再使用引号）。

一、蒋梦麟对五四的即时观察

在五四的同时代人眼中，五四究竟改变了什么？敏锐的观察者，在五四运动之后不久就感觉到那是一个历史性的转变。一般

---

① 仲璋：《上海底文化》，载《二十世纪》，2卷6期，1933年，175页。

人说到五四的老师辈，通常都联想到陈独秀、胡适、鲁迅等，其
实蒋梦麟也是那一辈的当事人之一。由于因缘际会，他半偶然地
在五四后代理了一段时间的北大校长。蒋氏敏锐地意识到时代的
变化，从当年 9 月底到 11 月初，有意进行了相对广泛的即时
"调研"。①

　　蒋梦麟自述道："我于近五十天中，在北京、天津、南京、
上海、杭州五个大城市中各住了几天，所以黄河流域和长江流域
的重要文化中心，都亲身吸了几口新鲜空气。其余太原、长沙、
成都、广州等地方虽没有到，也曾读过他们的新出版物——现在
这种新出版物，全国约有二百五十余种，我看过的约有五十余
种。"② 在对其与五城市朋友的谈论和各地出版物的言论进行归
纳之后，蒋梦麟很快写出了两篇文章，一篇是"对办学的人发
言"，一篇是"对青年说的话"。③

　　蒋梦麟认识到，"这回五四运动，如狂风怒潮的扫荡了全国，
我们大家觉得几年里边，终有一个大事业生出来"。④ 他以为，
"大凡惊天动地的事业，都是如潮的滚来"，当"这种潮澎湃起
来"，就会"使一般社会觉悟"。他把五四看作欧洲的文艺复兴，
因为中国近二十年中，环境的变迁速度极大，却"没有新学术去

---

　　①　蒋梦麟离校和返校的时间据《教务处布告》，载《北京大学日刊》，1919-09-
30，1 版；《蒋梦麟启事》，载《北京大学日刊》，1919-11-11，1 版。

　　②　蒋梦麟：《这是菌的生长呢还是笋的生长呢》，载《晨报·周年纪念增刊》，
1919-12-01，1 版。

　　③　上引《晨报》之文即是针对青年学生的，而针对教育者的，则是《学潮后青
年心理的态度及利导方法》，发表在《新教育》2 卷 2 期（1919 年 10 月）之上。两文
发表时间虽有先后，写作应大致同时。

　　④　蒋梦麟：《学潮后青年心理的态度及利导方法》，载《新教育》，2 卷 2 期，
1919 年 10 月，114 页（卷页）。

供给他的要求"，致使社会的病一天天加重。故"这回五四学潮以后的中心问题"，也"就是新文化运动的问题。预备酿成将来新文化的大潮，扫荡全国，做出惊天动地的事业"。他把希望寄托在青年身上，要"集合千百万青年的能力，一致作文化的运动；就是汇百川之水到一条江里，一泻千里"，形成"新文化的怒潮，就能把中国腐败社会洗得干干净净，成一个光明的世界！"①

就在五四前夕，蒋氏还认为"吾国青年最大之恶德有二：一委靡不振，一依赖成性"，故强调青年必须"养成独立不移之精神"。② 此时他则明显感到，"五四以后青年的态度，和从前大变了。这个态度的变迁，和中国将来的事业很有关系"。他特别提到清末青年学生的心理从尊师尊君变到"反对学校主持人和反对清朝"，终酿成了辛亥革命。近来青年心理的态度，可以叫作"心的革命"。与外在的政治革命不同，"心的革命是到了人自己的身上来了。人到了革自己的心的命，你看这关系何等重大"，由此也"可以预测将来发生的事业"。③

当时青年的一个主要变化，就是有个疑问符"飞扬于全国青年脑中，好像柳树的花絮，春风一动，满天皆是"。东望西瞧，"事事要问为什么？做什么？这个是什么？竟究是什么一回事？"在一个老国度里，无论思想或行为，"必有许多遗传下来的习

---

① 蒋梦麟：《新文化的怒潮》，载《新教育》，2 卷 1 期，1919 年 9 月，19～22 页（卷页）。

② 蒋梦麟：《和平与教育》，载《教育杂志》，11 卷 1 期，1919 年 1 月，5 页（栏页）。

③ 蒋梦麟：《学潮后青年心理的态度及利导方法》，载《新教育》，2 卷 2 期，1919 年 10 月，113～114 页（卷页）。

惯"。在没有产生疑问的时候，"不知不觉的大家都会照样做过去"。若像这样问下去，"就会闹出许多'乱子'来"。因此，这疑问符"就是思想革命的旗帜，到一个地方就招到许多的革命军。如非将个个人的脑袋打破，是没有法来'平乱'的"。①

蒋氏以为，"这回思想革命和辛亥政治改革一个不同的要点，就是这个'疑'字"。它"不但把我国固有的思想信仰摇动了，而且把'舶来品'的思想信仰也摇动起来。若非真金，无论中国铜、外国铜，都被这个'疑火'烧镕"。这些思想革命的人当然要输入西洋的思想，但他们知道，"盲从'物竞天择'和盲从'三纲五常'的，是犯同一个毛病"。不仅如此，他们"对于自己的思想行动"，同样抱怀疑的态度，想要知道这回思想革命"究竟是什么一回事"，因而产生出"觉悟""彻底觉悟"等名词。从前的人"是人家——古人或外国人——替他们想"和替他们说，而"现在的趋势，望那'自己想、自己说'一方面走"。

我们都知道胡适曾给"新思潮"下了一个定义，即"新思潮的根本意义只是一种新态度。这种新态度可叫做'评判的态度'"。他也曾明确表示，那需要"重新估定"的"一切价值"，基本是源自中国文化的。② 很多人即因这一反传统色彩而把"五四"视为西方意义的"启蒙"；可是我们不要忘了，胡适这一表述的思想资源是尼采那句"重新估定一切价值"的话，而尼采恰以"反启蒙"著称，这似乎是众皆认可的。

我无意据此支持或否定"五四"是否类同西方意义的"启

---

① 本段与下段，参见蒋梦麟：《这是菌的生长呢还是笋的生长呢》，载《晨报·周年纪念增刊》，1919-12-01，1版。

② 参见罗志田：《再造文明的尝试：胡适传》，150页，北京，中华书局，2006。

蒙"，因为"五四"本不宜一言以蔽之。如果新思潮的意义确如胡适所说"只是一种新态度"，而学生辈的"态度"真如蒋梦麟所观察是对古今中外都置疑，则与老师辈主要"重新估定"中国传统价值的态度，是有相当差别的（这个问题牵涉太宽，当另文探讨）。但蒋氏也可能把自己之所欲见投射到学生的身上，他在学生游行前几个月先已提倡"以教育方法解决中国之问题，当养成精确明晰之思考力"，即"事事当以'何以如此'为前提"。①则其眼中青年学生这样的广泛怀疑态度，多少也有些"我欲仁而斯仁至"的意味。

在蒋梦麟看来，学生那种逢事便问为什么的怀疑态度，必然导致一种"新人生观"。因为"问来问去，问到自己的身上"，就会归到一个问题："人生究竟做什么？我们向来的生活，是什么的生活？我们现在的生活，是什么的生活？我们要求的是什么生活？我们理想中应该有什么生活？我们对于向来的生活知足么？我们对于现在的生活知足么？"结论当然是反面的："我们向来的生活，是中古的生活，不知不觉的生活；我们现在的生活，是干涸的生活、麻木的生活。"简言之，"他们看了现在个人的生活都不满足，社会的习惯都可怀疑"。实际上，"现在流行的种种问题，如妇女问题、劳工问题、丧礼问题、婚姻问题，都从这里生出来的。将来问题愈弄愈多，范围愈推愈广，旧社会必如破屋遇狂风，纷纷倒塌。新生活必如春园遇时雨，到处萌芽"。这大致

---

① 蒋梦麟：《和平与教育》，载《教育杂志》，11卷1期，1919年1月，6～7页（栏页）。

就是他所说的几年里边终会 "生出来的大事"。①

　　而蒋氏所见五四运动与辛亥革命最大的不同，在于辛亥革命后当事人都非常乐观地向前看，以为一切都会好起来；而许多五四青年在经历运动之后，却 "觉得自己脑里空虚，此后他们要静养静养，从那学术方面走"。不少以前很肯干事的青年，"现在都愿回到图书馆、试验室里去了"。因为 "他们都知道'无源之水，移时而涸'，所以都要求水的源"。这个观察基本不差②，只是有此感觉的学生或并未到 "许多" 的程度。值得注意的是，蒋氏此时还特别提醒学生："这文化运动，不要渐渐儿变成纸上的文章运动；在图书馆试验室里边，不要忘却活泼泼的社会问题，不要忘却社会服务，不要忘却救这班苦百姓。"③

　　这最后的观察和提醒，非常有象征意义。作为 "我们讲教育的" 老师之一，蒋梦麟对学生能感觉到自身学养的不足并意识到需要继续向学术方面发展，显然是非常欣慰的。但是，如果确如他所说，五四学潮的中心问题是向社会提供 "新学术"，以酿成将来新文化的大潮，"把中国腐败社会洗得干干净净，成一个光明的世界"，而这一将要发生的 "大事业" 正肩负在这些学生身上，又怎么能让他们完全回归图书馆和试验室呢！蒋氏或许希望

　　① 蒋梦麟：《学潮后青年心理的态度及利导方法》，载《新教育》，2 卷 2 期，1919 年 10 月，115～116 页（卷页）。

　　② 在次年《新教育》"学潮回顾" 专辑里唯一出自学生的文章中，罗家伦就提出学生应据性之所近有所 "分工"，一些人不妨继续街头行动，另一些人则可转而侧重于 "文化运动"。罗家伦：《一年来我们学生运动底成功失败和将来应取的方针》，载《新教育》，2 卷 5 期，1920 年 1 月，600～614 页（卷页）。按：这期《新教育》显然不是 1 月出版，罗氏明言其文撰写于当年 5 月 1 日。

　　③ 蒋梦麟：《这是菌的生长呢还是笋的生长呢》，载《晨报·周年纪念增刊》，1919-12-01，1～2 版。

能两皆兼顾，后来的事态发展表明，青年学生的地位被高看之后，责任便随之而至。就个体的精力而言，服务社会和拯救穷苦百姓，可能是个无底洞。要想学习服务两不误，是一个基本无法实现的幻想。

学生辈的黄日葵当时即对"指导者、运动者，一起要我们青年包办"的现象深感担忧。那时"稍为有点才干的学生，他的书室，便成公事房；他的生涯，便是书记。久而久之，成为习惯，竟以此种生活为'正'、读书为'副'"。他们"一边要上六七小时的功课，一边要替几个杂志报馆写些东西，一边要当义务学校的教员，一边要出发去讲演"，已经"差不多吃饭洗澡也分不出时间来"，哪里还有"潜心学问、切实研究的余地"？与其说是"修学"，不如说是"猎学"。① 这是当年学生实际状况的形象写照，而且是一种相对"日常"的状态，游行罢课等活动还不在其中。北大的五四青年中，《新潮》社的一批学生后来多出国留学，或继续向学术方面走；其余很多学生，大约即在这样的困惑中继续为国家民族而挣扎着努力。②

维持这样一种社会服务为主而"读书为副"的状态，也还需要相对平安的环境。一旦国家有事，被寄予厚望的学生更不能不站出来表态。他们可选择的"运动"方式并不多，结果只能一次

---

① 黄日葵：《中国危机与青年之责任》，载《救国日报》，1920-01-19，2 版；致黄仲苏，载《少年中国》，1 卷 12 期，1920-06-15，60 页。

② 《国民》杂志社的许德珩也在"个人的学识不足，修养不到，以后当拼命从此处下手"的心态下赴法国勤工俭学。在许氏所在的少年中国学会中，那时怀抱着"知识不足"的感觉而出国留学的年轻人也不少。后来究竟是向学术发展还是走政治救国之路，终成为少年中国学会分裂的主要原因。参见王波：《少年中国学会的成立及前期活动》，硕士学位论文，北京大学，2008。许德珩语也转引自该文。

次地罢课，那也是他们相对熟悉的。如朱希祖所说："我们中国的学生，现在为了一个校长要罢课，为了一个省长或督军要罢课，为了外交的不利要罢课；不问轻重，总以罢课为利器。"然而这样多次重复的结果，罢课的武器也不那么利了。[①] 这是朱氏在五四周年时所说的话，当时的一些学生，就正处于罢课之中。

二、老师辈一年后的反思

《新教育》在五四一周年时推出了"一年来学潮之回顾和希望"的专辑，第一篇文章是蔡元培所写，大概有些定调的意思在。他在文章中先充分肯定了学生运动的各种成绩，接着笔锋一转，说：

> 学生界的运动虽然得了这样的效果，他们的损失却也不小。人人都知道罢工、罢市损失很大，但是罢课的损失还要大。全国五十万中学以上的学生，罢了一日课，减少了将来学术上的效能，当有几何？要是从一日到十日、到一月，他的损失，还好计算么？况且有了罢课的话柄，就有懒得用工的学生，常常把这句话作为运动的目的；就是不罢课的时候，除了若干真好学的学生以外，普通的就都不能安心用工。所以从罢课的问题提出以后，学术上的损失，实已不可限量。[②]

---

① 朱希祖：《五四运动周年纪念感言》，载《新教育》，2卷5期，1920年1月，616页。

② 本段与下段，参见蔡元培：《去年五月四日以来的回顾与今后的希望》，载《新教育》，2卷5期，1920年1月，589~590页（卷页）。

不仅如此，蔡元培进而指出，"因群众运动的缘故，引起虚荣心、倚赖心，精神上的损失，也著实不小"。他的结论是：用上述"功效和损失比较起来，实在是损失的分量突过功效"。因为"学生对于政治的运动，只是唤醒国民注意。他们运动所能收的效果，不过如此，不能再有所增加了"。现在"他们的责任，已经尽了"。而"一般社会也都知道政治问题的重要"，必要时自会因应，"不必要学生独担其任"。故学生当时"最要紧的是专心研究学问。试问现在一切政治社会的大问题，没有学问，怎样解决？"他希望学生以五四周年纪念日为契机，把以前的成效和损失视为过去，现在则"打定主义，无论何等问题，决不再用自杀的罢课政策；专心增进学识，修养道德，锻炼身体；如有余暇，可以服务社会，担负指导平民的责任；预备将来解决中国的——现在不能解决的——大问题"。

蔡元培在五四当年结束辞职回校以前，曾先发表告北大学生及全国学生文，指出学生"唤醒国民之任务，至矣尽矣，无以复加矣"；他虽赞同学生继续从事平民讲演和夜班教授等指导平民的社会服务工作，但也只能到此为止。学生首当"注意自己之知识，若志趣，若品性，使有左右逢源之学力，而养成模范人物之资格，则推寻本始，仍不能不以研究学问为第一责任"。蔡元培并温婉表示，既然学生在给他的电报中表示要"力学报国"，他与学生可以说已就此达成共识。① 这个认知显然有些过于乐观。此后近一年的事实表明，至少相当一部分学生并未接受这样的共

① 蔡元培：《告北大学生暨全国学生书》（1919 年 7 月 23 日），见高平叔编：《蔡元培全集》第 3 卷，312～313 页，北京，中华书局，1984。

识。故蔡元培在五四周年的文章中，口气已比此前直白和严厉得多。

与此相类，朱希祖在这一专辑的文章中，同样先对五四运动予以肯定，他给学生的定位，也不仅是求学，故其对全国学生的"劝告"是："运动是仍旧要继续的，一致牺牲的精神是仍旧要坚持到底的。"不过，"运动的方法要复杂，要经济，要多方面"。后者才是他真正想要表述的，即"现在学生的运动太单纯，太不经济，方面太少"；具体表现在"学生运动以罢课为利器，其余只有运动工商、游行演说、打电报为辅助品"。①

上述行动"是只可偶为不可常行的。常行是不灵"的。因为"罢课等事，只能耸动社会的耳目，使人因此奋兴、自动"。但兴奋剂不能有"滋补的远效"，故五四当年的第一次罢课，还能"有罢市罢工等响应"；到"一而再，再而三，连罢市罢工的举动都兴奋不起了"。而且，"农夫不到大难临头，断不肯把田圃停耕种；学生不到大难临头，也断不可把学校停功课"。虽然五四运动的"精神是不可磨灭的，吾国民众一线的希望，全仗这种精神"；却也要认识到，"学生的学课，就是国家的滋补品，就是一种最大的运动"。后一语最能体现当时老师辈说话的不得已，连上课也必须说成是"运动"，而且是比真正的运动更"大"的运动，才能增强其正当性和说服力。

朱希祖的实际建议是，即将毕业的学生，毕业后可以继续"做普及教育的事业、地方自治的联络，发展有益的实业，传布

---

① 本段与下两段，参见朱希祖：《五四运动周年纪念感言》，载《新教育》，2卷5期，1920年1月，615～617页。

文化的文章，研究精深的科学①，组织有力的团体，监督政府，指导社会"。而其余在校生则不妨"一面恢复学业，永不罢课，为积极的运动，储根本的实力；一面多出报纸，传布思想，制造舆论，批评群治，转移人心。政府朝禁一报，则学生夕出十报。又与各处学生及毕业生连络一致，劝告讲演多方并进，成就必较现在宏大"。他希望学生利用五四运动的周年，就此"清算账目，重整门面，明后天就可以开课"。把运动"换一种方法进行"，以获取"最后的胜利"。

在一般认知中，朱希祖远比蔡元培更限于"书斋"；而他对学生的"社会服务"范围，却要开放和宽广得多。蔡元培对学生的社会服务只开放到夜校一类的"指导平民"的程度，且是在求学有"余暇"时进行。朱希祖则除了游行罢课一类直接抗议活动外，几乎赞同并鼓励其他所有的非求学活动。所谓"政府朝禁一报，则学生夕出十报"，更是想象力十足的鼓动。照这样做去，黄日葵所描述的"猎学"而非"修学"的状况就会无限延续，哪里谈得上"储根本的实力"。恐怕正因其接触学生不多，朱希祖才能如此驰骋其想象。这种基于"无知"的想象性表述，却也揭示出当年的士风与世风。

曾经留学也资助他人留学的穆湘玥从实业家的立场说，救国之目的同，而其"道不一"，可以"有政治、教育、实业及种种方法，并行不悖"。各界当尽各自的责任，"青年当求学时代，故青年最大之爱国表示，尚在来日。而来日最大表示之豫备，在乎

---

① 这里所谓"科学"，其实是各学科学问的简称，既不是时人口中的"赛先生"，也不是我们今天区别于"文科"的那个"科学"。后文中好几处也是这个意思，不再出注。

专心向学，作他日献身社会之整备"。学生研究学术之余，也可发挥其爱国热诚。"如前此之爱国运动，偶一为之，本无不可"。但他对青年的"忠告"，仍是"爱国热诚，宜深蓄而不宜轻泄，俾日后蔚成大材，为国效用"。[①]

与他们相比较，陶履恭此时仍以为"学生运动太重视学生自身，忘却自身以外之社会"。他说，学生中真正"有觉悟有理想而从事运动者"只是少数，其整体上"仍然不与社会相联络"。学生多"出身中等阶级上等阶级，他与农人、工人、商人、军人，是完全没有社交的关系，没有相联的思想"。他们"自居为主人翁，却忘了那在中国坐镇几千年的乡下老、小工人、小商人"。其实，"中国的实力不在那一部分的受了肤浅的新思潮的学生"，而在那"不扬名不出风头终日勤苦耐劳的农工商的劳动者"。若是"乡下老一旦真全急了，政府也要束手的"。他希望学生"千万不要忘了中国的中坚国民，要把新思潮灌输在他们的脑里"。说了这么多鼓励学生走向社会的话以后，或许为配合蔡元培提出的基调，他才扭捏地说了一句"螳臂当车是一个最笨最无用的方法，荒废学业也是不经济的方法"。[②]

然而，对学生逐渐形成社会服务为主和读书为副的行为模式，曾经非常鼓励学生的蒋梦麟此时已有不祥之感。在五四周年之际，他和胡适联名发表文章，说得比上面的人都更直白干脆。两人明言，一年来"事势的变化大出我们的意料之外。这一年以

---

① 穆藕初：《实业界对于学生之希望》，载《新教育》，2卷5期，1920年1月，618～619页。

② 陶孟和：《评学生运动》，载《新教育》，2卷5期，1920年1月，600页（卷页）。

来，教育界的风潮几乎没有一个月平静的，整整的一年光阴就在这风潮扰攘里过去了"。他们承认，"这一年的学生运动，从远大的观点看起来，自然是几十年来的一件大事"，产生出不少好效果，"都是旧日的课堂生活所不能产生的"，不能不认为是学生运动的重要贡献。但其强调，"这种运动是非常的事，是变态的社会里不得已的事，但是他又是很不经济的不幸事"，所以只能是"暂时不得已的救急办法，却不可长期存在"。①

两人以为，综观古今中外的学生运动，没有一次"用罢课作武器"，故这是"最不经济的方法，是下下策。屡用不已，是学生运动破产的表现！"因为"罢课于敌人无损，于自己却有大损失"。更重要的是在精神上造成的大损失，即养成了"依赖群众""逃学"和"无意识行为"的恶心理和恶习惯。由于多数"学生把罢课看作狠平常的事"，导致"社会也把学生罢课看作狠平常的事"，结果已没有"什么功效灵验"，却仍在无意识地重复。"学生运动如果要想保存五四和六三的荣誉，只有一个法子，就是改变活动的方向，把五四和六三的精神用到学校内外有益有用的学生活动上去。"他们希望"学生从今以后要注意课堂里、自修室里、操场上、课余时间里的学生活动。只有这种学生活动是能持久又最有功效的学生运动"。

对比半年前蒋梦麟还希望学生在图书馆试验室里边不要忘了外在的社会，这些老师辈的态度真是发生了急剧的转变，而这样

---

① 本段与下段，参见蒋梦麟、胡适：《我们对于学生的希望》，载《新教育》，2卷5期，1920年1月，592～597页（卷页）。此文也发表在同年5月4日的《晨报副刊》上。

的转变正基于他们"对于现在学生运动的观察"。此文是胡适起草，那年3月，已回国的梅光迪曾致函胡适，认为"今之执政与今之学生，皆为极端之黑暗"。而"学生之黑暗，足下辈之'新圣人'不能辞其责"。盖"今日倡新潮者尤喜言近效，言投多数之好，趋于极端之功利主义；非但于真正学术有妨，亦于学术家之人格有妨"。对当时很多读书人而言，政府本已无望，"若学生长此不改，亦终无望耳"。[1] 梅光迪的文化立场与胡适有些对立，但老友的指责，恐怕对他仍有影响。

值得注意的是，蔡、蒋、胡三人共同提到了学生对他人的"依赖"。五四前蒋梦麟还认为"依赖成性"是中国青年最大恶德之一，其特点正是"事事随人脚后跟说话"，非常不利于"新事业之创造"。所以他那时特别强调青年必须"养成独立不移之精神"。[2] 五四后蒋氏一度以为青年在这方面已有较大改变，现在他似乎又收回了这一看法。这是一个非常深刻的观察，罢课等集体行为既有所谓"群体觉悟"的一面，也可视为对个人独立精神的一种放弃；这究竟体现出传统的惯性，还是一种因"运动"而新生的动向，或是两者无意中结合的结果，对时人和后之研究者，恐怕都不是可以"一言以蔽之"的。

没有参加这次《新教育》专辑写作的鲁迅，在五四周年那天写信给一位过去的学生，就分享着共同的担忧。他说："比年以来，国内不靖，影响及于学界，纷扰已经一年。世之守旧者，以

---

① 梅光迪致胡适（1920年3月2日），见耿云志主编：《胡适遗稿及秘藏书信》第33册，473~474页，合肥，黄山书社，1994。
② 蒋梦麟：《和平与教育》，载《教育杂志》，11卷1期，1919年1月，5页（栏页）。

为此事实为乱源；而维新者则又赞扬甚至。全国学生，或被称为祸萌，或被誉为志士。"但在他看来，学生们"于中国实无何种影响，仅是一时之现象而已；谓之志士固过誉，谓之乱萌，亦甚冤也"。鲁迅以为，"一无根柢学问，爱国之类，俱是空谈"。故"现在要图，实只在熬苦求学，惜此又非今之学者所乐闻也"。①

那时即使政治倾向偏于激进的老师辈，也未必赞成学生罢课。在上海正与共产主义者密切接触的陈独秀就致函胡适，主张既要反抗"政府的强权"，也要反抗"社会群众的无意识举动"。他建议胡适"邀同教职员请蔡先生主持北大单独开课"。对那些"不上课的学生，大可请他走路"。② 胡适自己那时也甚感学生已经静不下来了，稍后他对蒋梦麟说："现在的青年连一本好好的书都没有读，就飞叫乱跳地自以为做新文化运动。其实连文化都没有，更何从言新。"蒋氏借此劝导学生，"此后总要立志定向，切实读书"。③

爱国的基础在于自己有"学问"，承担着救国重任的学生本身要有"文化"，这些都只能从未必轻松的"求学"中得来，大致是那时多数老师辈的共识。然而那时的学生辈，却未必分享着这一共识。而老师辈自身对于青年在救国和读书之间怎样两全，看法也不那么一致。

---

① 鲁迅：《致宋崇义》（1920 年 5 月 4 日），见《鲁迅全集》第 11 卷，369~370 页，北京，人民文学出版社，1981。
② 1920 年 5 月 11 日陈独秀致胡适，未发表手迹，见《中国嘉德 2009 春季拍卖会——古籍善本》，北京，2009。
③ 蒋梦麟讲、陈政记：《蒋梦麟总务长演说词》，载《北京大学日刊》，1920-09-16，2 版。

三、救国和读书怎样两全？

从各文所论看，《新教育》的专辑似有预先的安排，至少在京之人很可能事先有过讨论。整体言，他们都在肯定学生运动重要性和贡献的同时，试图对学生有所规劝。且平时越接近学生的，说话越直白。蔡元培明言运动的损失大于功效，胡适、蒋梦麟则说出频繁罢课是 "学生运动破产的表现"。像朱希祖这样与学生相对疏离的老师，在劝导时就要尽量多表彰，即使带批评性的建议，表述得也非常委婉。而在学界之外的穆湘玥，说话就更显温和。专辑中还有老辈黄炎培的文章，主要说了些成不自满、败不灰心的鼓励话。他也提到 "根本救国，必在科学"，需要 "有人肯用冷静的头脑切切实实在科学上做工夫"；却仍不忘说 "劳工神圣"，要学生从知识和待遇上救助 "可怜的工人"。[①] 只有陶履恭一人例外，仍以鼓励学生外向为主，而以不荒废学业为点缀，或借此表示不与其他人异。

"劳工神圣" 是当时学界的流行语，但像黄炎培这样理解为 "可怜的" 救助对象，实在有些别出心裁，既提示出老辈读书人想要 "预流" 的从众心态，也表现出他们与时流的距离。而黄氏所说，却是蔡元培、胡适、蒋梦麟所能接受的学生社会服务的上限——他们只希望学生继续平民夜校一类的教学活动，其他活动都要放弃，以回归校园。从那以后的一段时间里，蔡元培频繁而

---

① 黄炎培：《五四纪念日敬告青年》，载《新教育》，2 卷 5 期，1920 年 1 月，591～592 页（卷页）。

持续地表述着这一主张。① 不过，那时的世风似乎并不在这些老师一边。专辑的所有立言者都反对继续罢课，但他们都首先认可学生运动的正当性，然后众口一词地从"不经济"的功利角度立论。就连说话最直白的胡适和蒋梦麟也强调：

> 社会上许多事被一班成年的或老年的人弄坏了，别的阶级又都不肯出来干涉纠正，于是这种干涉纠正的责任遂落在一般未成年的男女学生的肩膀上。这是变态的社会里一种不可免的现象。……在变态的社会国家里面，政府太卑劣腐败了，国民又没有正式的纠正机关（如代表民意的国会之类），那时候，干预政治的运动，一定是从青年的学生界发生的。②

蒋、胡二人以为，"学潮的救济只有一个法子，就是引导学生向有益有用的路上去活动"。问题在于，如果"变态的社会国家"并未改变，"成年的或老年的人"又没有希望，"干涉纠正的责任遂落在一般未成年的男女学生的肩膀上"已是"不可免的现象"，再加上几乎所有人都把未来的"大事业"寄托在青年身上，他们除了责无旁贷，还能怎样？

学生辈的黄日葵有着几乎相同的认知，他也发现，外国的各种运动，常是"很有学问、很有经验的先辈指导着经过训练的少壮派"去从事的，但"现在的中国怎样？凭你怎样找不出一个有

---

① 在下文引用的蔡氏 1920 年的多次演讲中，几乎都提到了这一社会服务的限度。

② 蒋梦麟、胡适：《我们对于学生的希望》，载《新教育》，2 卷 5 期，1920 年 1 月，592～593 页（卷页）。

学问、有经验，能够立乎社会之上，做指导我们的前辈，害得做预备工夫的也是我们可怜的青年。指导者、运动者，一起要我们青年包办"。这个年轻人虽然有些彷徨和忧虑，但义无反顾的责任感却很明确：

> 登上了二十世纪大舞台的青年怎样？一方要填前人遗下来的缺憾，他方要带着四万万同胞上水平线上，朝着光明广阔的路走。这样双重的责任，要担到我们的双肩来了。[①]

两相对比，师生两辈对现状的认知和思路非常接近。套用一句成语，黄日葵代表青年学生的表态可谓掷地有声。在逻辑上，胡适和蒋梦麟对现状的认知，基本已决定了其规劝的无力。[②] 进一步的问题是，既然学生辈已经重任在肩，并同时充当指导者和运动者，他们还需要老师辈的指导吗？他们又在多大程度上还能够接受老师辈的指导？

实际上，胡、蒋、黄等师生两辈的认知多少还有些传统士人的 "书呆子" 气味，他们基本都还维持着读书人既有 "澄清天下" 的责任，也有这方面能力的旧观念。如上所述，学了社会学的陶履恭就有了社会分析的新思维，所以并不这样看问题。而曾经身与革命的蔡元培也不这样看，他此时和此后反复申说的一个主题，就是学生只负有 "提醒" 社会的责任，真正解决问题的还是 "社会" 本身。这是困扰着那个时代许多读书人的大问题——

---

① 黄日葵：《中国危机与青年之责任》，载《救国日报》，1920-01-19，2 版。
② 唯一的解脱只有一个历时性的可能，即现状尚可维持，而学生还有时间提高自己，以为最后的解决进行预备。详后。

救国真必须有"学问"吗？当时中国的局势，还容许学生静下心来求学吗？

从今日的后见之明看，老师辈看到的问题是实际存在的，特别是蔡元培指出而胡适和蒋梦麟详论的"精神上的损失"，明显已体现在学生的思想和行为方式之上，且仍在发展之中。然而这些确实可以说改变了历史的学生，在五四前后也曾得到不少老师们的鼓励和支持。且不说这时还有其他继续鼓励学生投身救国事业的老师，即使想要规劝学生的老师，现在似乎也不能采取直接指教的方式了。近代新学制虽与传统规则大异，但老师明知问题所在，仍要如此谦恭地向学生进言，在中国历史上恐怕是第一次。[①]

这一现象最能凸显五四后学生地位的空前上升，尤其是那种无形中可以约束他人言说的影响力（包括师长在内）。蔡元培对此有很清楚的认识："'五四'以后，全国人以学生为先导，都愿意跟着学生的趋向走。"[②] 全国人在多大程度上如此且不论，"老师跟着学生跑"后来的确成为 20 世纪中国一个持续发展的趋向[③]，而五四就是这一趋向形成的里程碑。当时中国舆论的普遍认知是局势危迫，时不我待（其实至少国际局势相对平和），而政府已失去"舆论"的信任，如果"救国"的责任在"社会"一面，则既存各社群中，似乎还只有学生显得最有希望。

---

① 说老师们的言论显得谦恭更多基于历时性的比较，在当时的语境里，这样的言论至少已被相当一部分学生视为"冒犯"。胡适等关于"学生运动破产"的言论曾引起很多年轻人的激烈反弹，此不赘。

② 蔡元培：《在北京高等师范学校学生自治会演说词》（1920 年 10 月），见《蔡元培全集》第 3 卷，465 页。

③ 参见罗志田：《权势转移：近代中国的思想、社会与学术》，237～239 页，武汉，湖北人民出版社，1999。

　　这就出现一个诡论性十足的问题：那个被赋予救国重任，也决意自己想、自己说而无须古人或外国人替他们想、替他们说的学生群体，仍处于求学的阶段，他们有承担责任的意愿，但对承担这一责任是否已准备充足？这个问题后面隐伏的预设是相当传统的，即学术与国家有着密不可分的关联，至少知识与救国直接相关。从当时的社会区分看，《新教育》这一专辑的作者都是所谓新派，他们中的多数却仍维持着这一传统的认知，所以希望学生回到课堂中去。只有懂得社会分析的陶履恭一人多少延续着清末以来的反智思维，确认那 "不扬名不出风头终日勤苦耐劳的农工商的劳动者，才是中国真正的实力"。所以学生的任务不过是 "把新思潮灌输在他们的脑里"，使后者能有举足轻重的行动。[①]

　　上述问题后面还有一个隐伏的问题：假如救国真要指望学生辈，中国的局势到底是已经危迫，还是相对平和？若是前者，便不容学生继续以求学为主，他们只能立即走向社会；若是后者，则像蔡元培所说的，中国的 "大问题" 现在尚不能解决，只能将来解决，其潜台词是学生还有准备的时间。稍后他明确对学生指出："这时间父兄可以容我们用功，各方面都无牵制，所以用功是第一件事情。"[②]

　　其他多数作者也都持相近的看法，即爱国救国确实靠学生，

[①]　陶履恭特别将学生运动与大约同时北京教职员的 "索薪" 运动相比较："教职员因为受经济的压迫，发生了面包问题。因为面包问题，遂致不信任教育当局。教职员的运动，是经济的、职业的。学生的运动，是爱国的、社会的、政治的。"陶孟和：《评学生运动》，载《新教育》，2 卷 5 期，1920 年 1 月，600 页（卷页）。他虽然表示对两者不作评价，其实老师不如学生的意思相当清楚。

[②]　蔡元培：《蔡校长在话别会之演说词》（魏建功笔记），载《北京大学日刊》，1920-10-23，3 版。

但他们也需要学养的预备，而且局势也还允许学生回到课堂进行这方面的预备。朱希祖把学生上课视为"国家的滋补品"，最能体现这一思路；但他把上课表述为"一种最大的运动"，又已充分说明时势的特殊性——即使常规的主张，也要以非常的方式表达出。

"救国不忘读书，读书不忘救国"是那个时代的口头禅，而学生的兴起是五四后特别明显的现象。上面几位老师辈的心态和言说其实都很矛盾，他们把国家前途的希望寄托在学生身上，又已经看到持续的罢课不是办法，盖其对政府的实际威胁并不那么大，而学生自己的学业倒荒废了。但这些老辈的态度也不甚一致，如陶履恭就仍侧重学生的外向性努力，其他人至少隐约感觉到，由于学生未必能认清罢课等方式究竟有用到何种程度，他们可能无意之中被自身的行为定式所束缚，甚或被其"裹挟"而去。关键在于，一旦社会服务为主和读书为副成为定式，并养成了以抗争为表述的习惯，学生是否还能宁静地回到课堂从容学习，恐怕已成未知数了。

无论如何，身为教育者的蔡元培，既然看到了问题所在，仍在继续努力，想要扭转学生的发展方向。这一次，他采取了更温和的规劝方式，重在强调学生要能律己，才有希望实行"自治"。

四、社会模范的自制能力

1920 年 9 月，蔡元培在北大开学时对学生讲话，一改五月间直接的批评，转用勉励和引导的方式说，"一年以来，觉得学生方面近来很有觉悟：把从前硬记讲义、骗文凭的陋见渐渐儿打破了，知道专研学术是学生的天职"。他们"不但有研究学术的兴趣，兼且有服务社会的热诚，这也是可喜的事"。不过他不忘提醒学生，"服务社会的能力，仍是以学问作基础，仍不能不归宿于切实用功"。接着他说出了一个与他所谓学生"精神上的损失"相关的问题，希望学生们在"励行自治"的同时，先要以身作则："去年以来，尊重人格的观念，固然较从前为发达，然试各自检点，果能毫无愧怍么？"所谓自治，就是"人人能管理自己，同学能互相管理"。只有这样，才可以不像从前那样需要学监、舍监的管理。[①]

这是一种相当温和的提示，即学生如果不想被他人"管理"，就要真能实行"尊重人格"的自治。一个多月后，蔡元培又对北大同学说：五四后"大家很热心群众运动、示威运动"。此前的大运动虽有效果，"但这种骤用兴奋剂的时代已过去了，大家应当做脚踏实地的工夫"。接着他再次论及自治问题，"本校学生自治近来比从前好多了。但是宿舍里、公寓里，也还免不了闹笑话。校外说我们的人很多"。他以学生会里闹意见时往往以揭帖相互攻击为例，指出这些做法有损人格；并主张"我们见了别人的过失，总要用怜爱的意思劝告他，不可骤加攻击"。他尤其希望北大同学能"互相亲爱，厚于责己，薄于责人"。[②]

上面多少还是校长对校内的说话，随后他到湖南发表了一系列的演讲，除两三篇专门涉及美学的演讲外，蔡元培不时把自己对学生的希望化为已经发生的事实，用以诠释北大或北京的学生

---

① 蔡元培：《北大第二十三年开学日演说词》（1920年9月），见《蔡元培全集》第3卷，443～444页。

② 蔡元培：《蔡校长在话别会之演说词》，载《北京大学日刊》，1920-10-23，3版。

运动，并借此激励湖南的学生。那一系列演讲基本有两个主题，一是北大学生的注意力在五四后已从社会转向校园，正致力于求学；另一个则与他在北大所讲的"自治"接近，即强调自由和民主"不是不守秩序"，学生要能"自己尊重自己"和"自己管理自己"，然后才可减少教职员的管理。而且，学生入学，即等于自动接受了校园既存规则的约束，故对这些规则应有足够的尊重，不宜随意推翻。

蔡元培提出，学生干预政治本非常态，在国家一发千钧的时候，不能不"牺牲自己的光阴，去唤醒一般平民"。这样努力的结果是，"从前的社会很看不起学生"，五四后"社会便重视学生了"，但也因此而"生出许多流弊。学生以自己为万能，常常想去干涉社会上的事和政治上的事"。其实，"国家的事不是学生可以解决的，学生运动不过要提醒外界的人，不是能直接解决各种问题"。五四运动本是"万不得已之举动，可一不可再"。但五四以后，学生"大半都去注意社会上的问题，科学方面少有人去研究"，"简直没有求学的日子"。一些学生"不求学，专想干涉校外的事"；若这样"习以为常，永荒学业"，则对自己、对国家，都有"极大的危险"。[①]

他解释说，去年北大学生从事运动，乃"出于势不得已，非有意干涉政治。现在北大的学生决不肯轻易干涉政治上的事"。

---

① 本段与以下数段，参见蔡元培：《对于师范生的希望》，见《蔡元培全集》第4卷，36页；《对于学生的希望》（1920年秋），见《蔡元培全集》第4卷，37～41页；蔡元培讲、何元培记：《中学的科学》，载《大公报》（长沙），1920-11-11，9版；蔡元培讲、甈僧笔记：《学生的责任和快乐》，载《大公报》（长沙），1920-11-19，9版。以上都是他当时在湖南各学校的演讲。

他们认识到 "中国政治问题层出不穷，若常常干与，必至无暇用工"；且 "办事须从学问上入手"，若 "学问不充足，办事很困难"，故 "不得不专心求学"。北京学生 "受了这一番大教训，已有彻底的觉悟，大家都知道非我有学问不能救国"。因此，在他出京的时候，学生们已确定 "专心求学以外，只办平民学校，不管别的事情了"。北京学生如此，则湖南的学生也 "应该尽心研究科学，从根本上作救国的准备"。他盼望湖南学生 "把科学看重些，切实去研究；对于外界的事情，尽可少管些"。

　　除了求学的重要，蔡元培也着重讨论了学生的自律问题。他说，由于社会重视学生，北京的学生已了解到自己的责任，有了 "新觉悟"，知道 "自己尊重自己" 和 "自己管理自己的行为"。他引用罗素所说的 "自由与秩序并不相妨" 的见解，强调 "平民主义不是不守秩序"（按：平民主义是五四时对 "德先生" 的一种译法）。如果 "学生不喜教职员管理，自己却一意放纵，做出种种坏行"，那就不好了。只有学生能 "自定规则，自己遵守"，才可以不要学校的管理规则。实际上，学生本应知道学校的规则对其有益，"情愿遵守，才肯入校。所以学校的规则可说不是学校定的，是你们自己定的。学校的规则如很不方便，可求改良，但不得忽然破坏规则。教室内无规则，就没有秩序"。

　　针对湖南学生想要参与教务会议和废止考试两个具体问题，蔡元培明确表示了反对。他认为学生的自治不应延伸到参与教务会议的程度，因为学校校务是由教职员负专责的，学生既不熟悉，又不负责任，若参与，必不免纷扰。他同意考试可能 "有好多坏处"，也注意到 "北大高师学生运动废考甚力"。但他对北大办法是 "以要不要证书为准"，不要证书者即可不考试，要证书者仍须考试。蔡元培呼吁道："今日的学生，就是将来改造社会的中坚人物。对于读书和做事，都要存一种诚心，凡事只要求其尽其在我，不可过于责人。"对学校的设备，"或因经济的关系，或因不得已的事故，力量做不到的时候，大家要设身处地想想才好"。对于教职员，"不宜求全责备，只要教职员系诚心为学生好，学生总宜原谅他们"。

可以看出，在五四周年后的几个月里，蔡元培反复申论的，一是让学生回到校园专心求学，少管校外的事；二是要求学生遵守学校的规则，若想取消来自教职员的管理，就先要实行有效的"自治"。他在学理上将此上升到自由、民主与秩序关系的高度，再三希望学生能"厚于责己，薄于责人"。这些持续的规劝绝非无的放矢，反衬出教育者心目中学生的形象。他虽然用"以希望代事实"的诠释方式来表述意见，其实当然知道很多北大学生仍热心外骛而不能专意读书，既不能自律又不受管理、不守规则。

蔡元培一再申说的两者，本相互关联，多少都有些运动后遗症的意味，其实就是他和胡适、蒋梦麟所说的学生运动带来的"精神上的损失"。老师辈的认知当然并非凭空而至，大约同时，一些学生自己也有类似的反思。彼时还是中学生的沈昌，一方面非常积极地参与了上海的学生运动，并认识到"自己是一个堂堂正正的人，应该为全人类全社会谋幸福"；另一方面，认为"'五四运动'亦正有其害处"。他自从参加五四运动，就日渐浮嚣，"昧然以天下为己任，而把自己的切实基本学识弃去了；昧然的加入什么党什么会，天天谈些什么问题什么主义，还那里肯安心研究干燥的数理、艰深的英文？"结果他所读的南洋公学校长唐

文治 "为全校大局起见"，将他开除。[1]

唐文治显然没有蔡元培那样能包容，采取了断然做法。但两位校长所面临的学生状况，或大体相近。1922 年的五四周年时，蔡元培仍遵循他那种诠释取向，表示："我常常对人说，五四运动以后，学生有两种觉悟是最可宝贵的：一是自己觉得学问不足，所以自动的用功；二是觉得教育不普及的苦痛，所以尽力于平民教育。这两种觉悟，三年来很见得与前不同；不能不算是五四运动的纪念。"他承认有这样的觉悟只是一部分人，并注意到 "现在又是一个特别的时期。北京国立各校，安徽、江西、湖南等省公立各校，常常为经费问题，闹罢课"，但仍希望 "学生个个觉悟，都能自动的用功"，尽可能减少失学。[2] 蔡元培所谓 "我常常对人说"是很实际的表述，两个月后他就重申了学生这两种觉悟。[3] 这恐怕半是描述事实，半是表达希望。

基本上，那时学生的自主意识相当充分，但自律似未达老师们期望的程度。这些不要古人或外国人替他们想、替他们说的学生，似乎也可以不要老师辈替他们想和替他们说。身体虽回到校园的学生，心思却未必皆贯注于求学，甚或会把他们习惯了的社会抗争方式带进校园。且学生的抗争，也不时从国家民族的大问题转向校园内的具体小问题，并将前引蔡元培所说以 "揭帖"相互攻击的方式，也用在老师的身上。

---

[1]　沈昌：《我十年来的学生生活》，载《学生杂志》，10 卷 1 号，1923 年 1 月，5 页（文页）。沈昌时为东南大学学生。

[2]　蔡元培：《五四运动最重要的纪念》（1922 年 5 月 4 日），见《蔡元培全集》第 4 卷，196 页。

[3]　蔡元培：《〈中华教育改进社第一次年会日刊〉发刊词》（1922 年 7 月），见《蔡元培全集》第 4 卷，219 页。

　　1921 年 11 月，北大教务长发出布告，对"近日屡次有人滥用某班全体名义，或直接致匿名信于教员，或匿名揭帖，对于教员漫肆人身的攻击"的行为表示谴责。[①] 不久后，蔡元培也以校长名义发出布告，指责近日"少数学生，在讲堂或实验室中，对于教员讲授与指导之方法，偶与旧习惯不同，不能平心静气，徐图了解，辄悻悻然形于辞色，顿失学者态度。其间有一二不肖者，甚至为鄙悖之匿名书信、匿名揭帖，以重伤教员之感情"[②]。

　　但这样的劝诫效果似不明显，学生的类似行为仍在持续。约一年后，北大学生反对学校征收讲义费，再次采取了他们熟悉的抗争方式。数百学生（包括围观者）先后聚集在会计课和校长室，以呼喊等方式要求立将讲义费废止，并至少对门窗启动了肢体语言。校长蔡元培深感痛心，因愤怒而当场表现激烈，随即提出辞职。后来双方妥协，蔡元培在复职的全校大会上演说，虽以当时政治及国家机关"不循轨道的举动"影响学生为由给学生下台，但也明确指出："大学的学生，知识比常人为高，应该有自制的力量，作社会的模范，却不好以受外界暗示作护符。"[③]

　　所谓国家机关做事不循轨道，是实有所指。北大那时的经费就尚无着落，收讲义费或也是因应经费困难的一种措施。总务长蒋梦麟慨叹道："我们办教育的人，近来真觉得日暮途穷了！从前我们以为政治不良，要从教育上用功夫，养成人材，去改良政

　　① 《教务长布告》，载《北京大学日刊》，1921-11-24，1 版。
　　② 蔡元培：《校长布告》（1921 年 12 月 7 日），载《北京大学日刊》，1921-12-07，1 版（8、9 两日再刊）。
　　③ 蔡元培：《十月二十五日大会演词》，载《北京大学日刊》，1922-10-26，3 版。关于此次讲义风潮，详另文。

治。"近年政治愈趋愈纷乱，教育界"不但经济破产，精神上破产的征象，已渐渐暴露了。于是数年前'只讲教育，不谈政治'的迷信，渐渐儿打破"了。[①] 此前他和胡适联名的文章说，五四当时他们希望"在思想一方面提倡实验的态度和科学的精神，在教育一方面而输入新鲜的教育学说，引起国人的觉悟，大家来做根本的教育改革"。[②] 两相对比，这里所打破的"'只讲教育，不谈政治'的迷信"，就有具体所指了。

另外，五四当时就有人认为学生运动"是'目无师长'。此端一开，做官也做不来了，做校长教员也做不来了，做父母也做不来了"。老师辈的沈仲九还特地为学生辩护，指责这些反对者"不晓得'人有自主自动的人格'和'人民是民国的主人'"。[③] 但联系到蔡元培几年来关于学生应该"自治"的反复申说，部分学生终因过分"自主"不能"自治"而走上"目无师长"之路，恐怕也是让蒋梦麟等感觉教育"日暮途穷"的一个重要原因。周作人在几乎同时便说："五四以后，教育完全停顿，学校有不能开学的形势。"[④] 这感叹大概同时包括经费和学生等各方面的问题，且他的表述并非专论五四与教育的关系，但这无意之中的随口一说，可能正反映出他的心声。

---

① 蒋梦麟：《晨报四周纪念日之感想》，载《晨报副刊》，1922-12-02，21 版（这是上一日纪念增刊的延续，版数也接续前日增刊）。

② 蒋梦麟、胡适：《我们对于学生的希望》，载《新教育》，2 卷 5 期，1920 年 1 月，592 页（卷页）。

③ 沈仲九：《五四运动的回顾》，载《建设》，1 卷 3 号，1919 年 10 月，607 页（卷页）。

④ 作人：《同姓名的问题》，载《晨报副刊》，1922-12-03，3 版。

这些五四时的老师辈，以及那些参与北大讲义费事件但终于向不惜辞职的校长让步的学生，看到大学校园内外的教育现状（包括校园外政府与学校的关系和校园内老师与学生的关系），似乎都很容易想起刚过去没几年的五四。对他们而言，五四恐怕像一个涵盖极为复杂的符号和象征，很难一言以蔽之。

五、余论：学生与五四运动

基本上，五四运动一发生，很多人就感觉到其划时代的意义。前引恽代英所说"自从五四运动以来"是几年后的事，而黄日葵在 1920 年初就一则说"自从五四运动以后"，再则说"自从五四之后"；那时距学生运动不过几个月，他却明显感觉到什么都不一样了，就连外国也"上自一党的党务，下至个人的事业"，都在这一年开始之时，"陡然呈活泼泼的现象"。① 外国是否真有那些变化且不论（恐怕更多是黄氏自己心里动，所以看着外界也陡然活泼），这样的心态却很能体现不少人心目中五四带来的即时变化。

学生辈对当下的感觉似更敏锐，罗家伦对那几年的"分期"就颇为细致，以为"欧战以后，中国才发生'批评的精神'；五四以后，中国才发生'革命的精神'"。而"要救中国，就靠在这两种精神上"。② 若中国的"革命精神"始自五四，则其言外之意，不过十多年前的辛亥鼎革，便算不上"革命"，或只是一次

---

① 黄日葵：《中国危机与青年之责任》，载《救国日报》，1920-01-19，2 版。
② 罗家伦致张东荪（1919 年 11 月 19 日），载《时事新报》，1919-11-25，3 张 4 版。

没有 "精神" 的革命。也许是民国二、三年后国人对 "尝试共和" 的失望太强烈[1]，致使青年读书人在记忆中抹去了不久前的武力革命；更可能的是，一个兼具批评和革命精神的 "五四运动" 之所以能出现，已反衬出此前的革命即使存在也几乎是有等于无。

老师辈关于五四的历史对比，则多直接指向辛亥革命前后。陶履恭就说，清末也有学生运动，但 "学生运动成了弥漫全国的 '精神唤醒'，总要算是在 '新思潮' 发生已后。他的诞生日，就是民国八年五月四日"[2]。沈仲九则提出，清末 "改革的事业都是由地方而中央"，那时北京学生的表现 "是不及各省的"。五四就不一样了，"北京的学界，居然为全国新思想的发源地。因为有新思想，于是遂有 '五四运动' 的事实，这是北京学生进步的表现"。而且，清末学生 "也有做革命事业的"，但 "都是离了学生的地位" 的 "个人行动"；五四时的学生，则是 "用学生的资格，大家联合起来，去做关系国家社会的事业"。其意虽不在革命，倒更像是 "学生造反"。[3]

综合师生两辈的即时观感，可知五四的特点一是更能凸显其有 "思想"、有 "精神"，二是学生体现出进一步的群体自觉。前者与新文化运动关联密切，使五四在后人认知中轻易地从狭义延展到广义；后者提示出 "学生" 这一近代新教育的社会成果日渐

---

[1]　关于民初对 "尝试共和" 的失望，参见罗志田：《激变时代的文化与政治——从新文化运动到北伐》，41～57 页，北京，北京大学出版社，2006。

[2]　陶孟和：《评学生运动》，载《新教育》，2 卷 5 期，1920，598 页（卷页）。

[3]　沈仲九：《五四运动的回顾》，载《建设》，1 卷 3 号，1919 年 10 月，600～604 页（卷页）。

脱颖而出，却越来越疏离于学术和教育本身。① 沈仲九的观察视角有些特别，却不无所见。晚清从改革到革命，多数时候确实呈现出"由地方而中央"的态势；那时京师大学堂的学生，也的确没什么推动全国思想的表现。

沈氏说五四象征着以学生自己的认同联合起来"做关系国家社会的事"，也是一个卓见。蔡元培便指出，五四的一个变化就是学生"化孤独为共同"，不仅"自己与社会发生了交涉，同学彼此间也常须互助，知道单是自己好，单是自己有学问有思想不行"，必须"将学问思想推及于自己以外的人"。因此，"化孤独的生活为共同的生活，实是五四以后学生界的一个新觉悟"。② 曾任五四学生游行领导的傅斯年后来论"科学"在中国的历程时说，"五四"前已有不少人立志于科学，但"科学成了青年的一般口号，自'五四'始"；正是五四使科学从"个人的嗜好"变成了"集体的自觉"。③ 不仅科学，在其他很多方面，五四也起到了变"个人嗜好"为"集体自觉"的类似催化作用。④

五四前大受青睐的"个人"，因学生运动而开始淡出，时人

① 近代学生的兴起及其衍化是个大问题，本章不拟深入讨论。关于学生及其运动，可参见吕芳上：《从学生运动到运动学生》，台北，"中央研究院"近代史研究所，1994；桑兵：《晚清学堂学生与社会变迁》，上海，学林出版社，1995。

② 蔡元培：《对于学生的希望》（1920年秋），见《蔡元培全集》第4卷，38页。

③ 傅斯年：《"五四"二十五年》（1944年5月），见《傅斯年全集》第4卷，262页，长沙，湖南教育出版社，2003。

④ 叶嘉炽后来提出，学生界受新文化运动感染，意识到他们是一个具有特定利益和关怀的社群，甚至形成了自己的"亚文化"（subculture）。参见 Ka-che Yip, "Nationalism and Revolution: the Nature and Causes of Student Activism in the 1920s," in F. Gilbert Chan and Thomas H. Etzold eds., *China in the 1920s*, New York, New Viewpoints, 1976, pp. 94-108.

的思想和行动都转而朝着强调群体的方向发展。不少知识精英和边缘读书人关注的重心逐渐从文化向政治转移，也是五四后日益明显的趋势。[①] 但同时也有相反的观察，戴季陶在 1919 年末注意到，"今年所发生的新出版品，无论是月刊、周刊、旬刊，都是注目在社会问题，政治问题差不多没有人去研究"。即使偶有讨论政治问题的文字，"也引不起人的注意。而且多数热心的人差不多都很厌弃这一种著作"。他本人也不例外，但现在开始反思："我们所希望之社会的改革，是不是和一切政治的问题能够绝缘的呢？"他的结论是"我们不能厌弃政治"，不仅要研究政治，还要投身于政治。[②]

戴氏所说被"社会"一时压倒的"政治"，隐约指向今人所关注的"国家"（state）。那时与"社会"共同兴起的还有个人、世界、人类、思想、文化等范畴，它们之间相互也颇有竞争[③]，但都有一个共同的倾向，便是"非国家"。不仅傅斯年表示他只承认大的人类和小的"我"是真实的，两者"中间的一切阶级，若家族、地方、国家等等，都是偶像"[④]；沈雁冰稍后也喊出"我们爱的是人类全体，有什么国？国是拦阻我们人类相爱

---

① 这两方面都有许多待发之覆，当另文探讨。

② （戴）季陶：《政治问题应该研究不应该研究》，载《星期评论》，24 号，1919-11-16，4 页。

③ 北大一位学生当时就敏锐地意识到："现在有些人，看着什么上帝、国、教会、礼法一类的鬼玩艺失了效力了，又横抬出'社会'两个字来哄骗人。"该文指出，作为与个人相对应的范畴，那时"社会"所取代的正是近代西方意义的"国"。不署名：《女子独立怎么样》，载《北京大学学生周刊》，5 期，1920-02-01，3 页。

④ 傅斯年：《新潮之回顾与前瞻》（1919 年 9 月），见《新潮》2 卷 1 号（1919年 10 月），205 页，上海，上海书店，1986，影印本。

的！"① "个人"逐渐淡出后，这类"非国家"的倾向此后仍延续了相当一段时间，亦即从个人向群体的转移却不一定表现在"国家"之上。②

戴季陶的观察虽与后人研究所见相异，但此后也还有人呼应。甘蛰仙在 1922 年底就说，"四年以前中国思想界所评论的，多半是时事问题；近四年来的思想界所评论的，多半是学理问题"。尤其最近四年"我们青年所讨论的，大半都是趋向于学理方面了。这种风气，《新青年》杂志实开其先"。③ 然而，1922 年时《新青年》已"在上海自立门户"，转而倾向于"谈政治"了。④ 稍后杨鸿烈还表示不满说，"自《新青年》改观之后"，中国便不见"真正有普遍效力"的文化运动。因为像陈独秀这样"思想过于激进的人"没有觉悟到"自己在思想界革命事业的第一步还没有做完"，而像傅斯年、罗家伦这样"真正了解文化运动意义的人大多数出外留学"，丢下了他们未竟的工作。⑤

戴季陶、甘蛰仙、杨鸿烈三人的见解和立场不同，他们的观察或因此而有些仁者见仁、智者见智的意味。更可能的是，他们实皆各有所见、各有所本，最能体现五四前后中国社会、思想界的多歧特性。若进而把甘蛰仙的认知与蔡元培、胡适等人眼中青

---

① 雁冰：《佩服与崇拜》，载《时事新报·学灯》，1920-01-25，4 张 1 版。

② 这个现象非常值得关注，一些初步的探讨，可参见罗志田：《近代读书人的思想世界与治学取向》，22～26、66～83 页，北京，北京大学出版社，2009。

③ 甘蛰仙：《最近四年中国思想之倾向与今后革新之机运（续）》（1922 年 11 月 30 日），载《晨报副镌》，1922-12-03，2 版。

④ 沈雁冰：《客座杂忆——〈新青年〉谈政治之前后》（1941 年），见《茅盾全集》第 12 卷，95～96 页，北京，人民文学出版社，1986。

⑤ 杨鸿烈：《为新青年社的老同志进一解（续）》，载《晨报副刊》，1924-02-04，1 版。

年学生不读书的现象对看，特别是那时不少青年 "连一本好好的书都没有读，就飞叫乱跳地自以为做新文化运动"，则甘氏所谓 "我们青年" 所讨论的 "学理"，就很有些意味深长了。

　　而学生以自己的认同联合起来 "做关系国家社会的事"，也有些特别的影响。前引朱希祖说学生上课 "就是一种最大的运动"，这一有意的表述无意中揭示出一个重要的史实：五四的一项副产物，就是 "运动" 本身成了正当的象征，不知不觉中已被视为学生的正业。这虽仅是一个副产物，却是一个举足轻重、影响广泛的副产物。当老师辈为增强其正当性和说服力而不得不把在学校上课说成是比真正的运动更 "大" 的运动时，想必是别有一番滋味在心头吧。

第八章　无共识的共论：五四后期关于东西与世界的文化辨析

　　自从进化论引入近代中国，人们便开始关注世界各文化发展的时空差异。在不少民初读书人的表述中，西方、现代和世界常常成为可以替代使用的同义词。这意味着在他们心目中，代表现代的文化世界，其实就是指西方。有了这象征性的西方，加上他们身处的（也是他们实际最关注的）东方，似乎也就构成了一个地理的世界。①

　　如果说这就是那时很多人的世界想象，应大致不差。然而民初早已不是确信天圆地方的时代，至少那时不少成年人在晚清已读过《地球韵言》。② 换言之，时人的地理知识，与今天相差不多。在这样的语境下，人们可以说是明知东方、西方并未构成一

---

　　① 这倒是中国的传统思维方式，古人就常举四方以定中央，有了中央与四方，天下就算确立了。参见罗志田：《先秦的五服制与古代的天下中国观》，见陈平原、王守常、汪晖主编：《学人》第 10 辑，南京，江苏文艺出版社，1996。

　　② 郭沫若：《沫若自传·少年时代》，见《郭沫若全集》文学编第 11 卷，42 页，北京，人民文学出版社，1992；梁漱溟：《我的自学小史》（1934 年），见《梁漱溟全集》第 2 卷，667 页，济南，山东人民出版社，1990。

个完整的世界，却仍以它们来表述世界，仿佛其真能代表世界。

不少作出这样表述的人，完全称得上饱学之士，也就是他们应知道自己的言说不符合当时关于世界的地理知识，却也并未感到有必要对此进行"较真"的辨析。这样一种知其不可而言之的现象非常有意思，意味着那些立言者多少意识到自己是在缺乏共识的基础上进行讨论，实际形成一种并无共识而可以相互分享的探讨，可以说是无共识的共论。且这类共论的停歇往往并非达成了共识，而是被新的议题所取代。不过，真正重要的基本性议题仍会重复出现，尽管有时变换了表现形式。

近代中国发生了数千年来的"大变"，思想、社会、政治都失去重心，在士人心中造成一种天崩地裂的感觉。[①] 其一个直接后果，用民初副总统黎元洪的话说，就是"心无定宰"。[②] 思想长期定于一尊的状态被打破，难以形成一种近于共同信仰的意识形态，于是人各尊其所尊，终致国无共是。如杜亚泉所说，"国是之本义"，即"全国之人，皆以为是"的意思。然民初则"理不一理"而"心不一心"，任何主张都有人提出异议而无共识，形成"可是可非、无是无非之世局"。[③]

此种心无定宰、国无共是的局面，对处于中外竞争的中国来

---

① 参见罗志田：《失去重心的近代中国：清末民初思想与社会的权势转移》，见《道出于二：过渡时代的新旧之争》，1～37 页，北京，北京师范大学出版社，2014。

② 黎元洪：《黎元洪请颁定孔教为国教电》（1913 年 9 月 9 日），见中国第二历史档案馆编：《中华民国史档案资料汇编·第 3 辑·文化》，50 页，南京，江苏古籍出版社，1991。

③ 杜亚泉：《迷乱之现代人心》（1918 年），见田建业等编：《杜亚泉文选》，307 页，上海，华东师范大学出版社，1993。

说，不妙的是社会缺乏凝聚力，好处则是思想因而大解放。若细
心考察，当年不仅是对于思想史上一些描述不同而意旨相近的大
问题各自应答不同，根本是对那些大问题本身，也缺乏共同的认
识。在这样的语境下能形成无共识的共论，更多是立言者以天下
为己任的责任心使然。如陈独秀所指出的，对那些关系到"国家
民族根本的存亡"的大问题，人人都不能"装聋推哑"。①

　　盖"天下"虽已崩散，而"天下士"的余荫尚在。正是想要
澄清天下的义务和责任，使很多读书人在大是大非问题上无法装
聋作哑，即使不能"立功"，也当有所"立言"。而由于共论更多
建立在关怀层面，较少"共识"的限制，反给立言者以更大的个
人发挥空间。进而因为他们本就基于"理不一理"而立说，往往
无须"较真"，立论就更加自由开放，使无共识的共论特色更为
显豁。②

　　上述现象在不短的时间里还比较常见，过去似未引起足够的
注意，大概是我们有意无意间以为共论都建立在某种共识的基础
上。其实很多时候，或因彼此的关怀接近，或因他们的思虑相
近，或因他们共同认识到问题的重要，甚至有意无意间为争取共
同的受众，立言者很容易进行相互分享的探讨和争辩，而忽视某
些似可不言而喻的歧异认知。正如"西方"实际不能代表"世
界"却又在很大程度上主导着世界，要在学理上论证西方即世界
固然很难，却不排除很多人实际"相信"西方即世界。

---

　　① 陈独秀：《今日中国之政治问题》（1918 年），见任建树主编：《陈独秀著作
选编》第 1 卷，417～419 页，上海，上海人民出版社，2009。
　　② 此承清华大学历史系博士后流动站李欣然博士提示，谨此致谢！

然而如梁漱溟所说，有时"问题就在小异上"。① 一方面，尽管包括他自己在内的很多时人，在思考和表述时，常常不那么看重"小异"（后来的研究者，有时也会放过本来不可忽略的"小异"）。对当年很多人而言，东、西区域文化与世界文化之差，仿佛是可以不计的"小异"，实际却是最无共识的"大不同"。另一方面，虽然多数人分享着无共识的共论，但还是偶有"较真"的人出来挑战。如常乃惪就曾提出东方和西方不足以代表世界的质疑，然也有其特定的针对性（详后）。则时人对东西与世界的共论，还有进一步斟酌的空间。

一、文化的东西与世界

梁漱溟在五四学生运动后因出版《东西文化及其哲学》一书而"暴得大名"，也引起很多争论。② 在民初"西方分裂"③ 的语境下，梁漱溟把"西方"重新作为一个"整体"来审视和论述，远比以前困难。而他又常用东西文化来代表世界文化，或至少表述世界文化，就带来进一步的困惑。在梁漱溟自己，以具有代表性的特定色彩来表述整体，是可以允许甚至应当鼓励的。然而这里有一个仿佛不言而喻其实并无共识的重要分歧，即西方是否代

---

① 梁漱溟：《中国文化要义》（1949 年），见《梁漱溟全集》第 3 卷，41、45 页，济南，山东人民出版社，1990。

② 参见［美］艾恺：《最后的儒家——梁漱溟与中国现代化的两难》，王宗昱、冀建中译，127～136 页，南京，江苏人民出版社，1996。

③ 参见罗志田：《西方的分裂：国际风云与五四前后中国思想的演变》，载《中国社会科学》，1999（3）。

表了世界，以及西化是否等同于世界化。

以东方西方说世界不是梁漱溟的发明，那时这样说的中国人不在少数（甚至一些外国人也牵连其中），最足表示中国读书人眼中的世界，其核心正在西方。后来"全盘西化"的口号正式提出并引起争议，胡适又改表为"充分世界化"。而他在文中仅辨析了"全盘"与"充分"的差异，并无任何关于"西化"不是"世界化"的意思；且"充分世界化"又出于他以前用英文表述的"充分现代化"。[1] 这进一步揭示出在很多人心目中，西方、世界和现代都是同义词，或至少是近义词。

另外，这些讨论者当然知道，无论从地理言还是从学理言，东方和西方无法涵盖世界，也不能代表世界。同理，东方文化和西方文化这样的区域文化也不能代表世界文化。[2] 他们中一些人或许还期许一种真正的世界文化，但那不必是增添了其他区域因而更全面的世界，而更多是指不分东西认同的世界。以特定的区域涵盖世界，以特定的区域文化表述世界文化，正是那时很多读书人的时代风气，并形成一种几乎约定俗成的论述模式，即大家都在明知不是这样的基础上分享着这样的讨论。

从晚清开始，大概受日本所谓东洋、西洋的影响，中国读书人很早便形成了将世界二分为东西的习惯。早年中国人重视国耻

---

[1]　胡适：《充分世界化与全盘西化》（1935 年），见《胡适全集》第 4 卷，584～587 页，合肥，安徽教育出版社，2003。

[2]　梁漱溟在多年后就说，人类各"文化之间，无不有差异，亦无不有类同。自来公认中国、印度、西洋并列为世界三大文化系统者，实以其差异特大而自成体系之故"。梁漱溟：《中国文化要义》（1949 年），见《梁漱溟全集》第 3 卷，10 页。三大文化系统的说法是否"自来公认"，恐怕还有疑问，但至少表明他其实知道这是一种选择性的表述。

的时候还常提及印度、波兰等亡国之耻，因而也注意这些国家的历史；后来更加面向未来以寻求富强之后，多数人心目中就只有那些"崛起"的大国，世界也逐渐成了西方的同义词，不过还要加上正在争取"进入世界"的中国或东方。如王国维早在 19 世纪末就说：

> 古来西洋各国自为一历史团体，以为今日西洋之文化；我东洋诸国亦自为一历史团体，以为东方数千年来固有之文化。至二者相受相拒，有密接之关系，不过最近世事耳。故欲为完全之世界史，今日尚不能，于是大别世界史为东洋史、西洋史之二者，皆主研究历史上诸国相关系之事实，而与国史异其宗旨者也。①

王国维是在论述历史分为国史和世界史，他还有着对"完全之世界史"的期许，但已指出这是未来的可能性，现在只能退一步将世界史大别为东洋史和西洋史。其言外之意，所谓完全的世界史，似乎不是在西洋史和东洋史之外增添更多的历史团体，而是不分东西洋而通论之的世界史。然而正是这样一种"退而言之"的认知，后来逐渐推广，形成一种约定俗成的表述模式。

进入民国后，以东西说世界的风尚开始流行，一个代表就是在很多方面开风气之先的陈独秀。还在 1915 年，在他那篇处处强调二元对立的《敬告青年》中，陈独秀就已说，"欧俗以横厉无前为上德，亚洲以闲逸恬淡为美风"。不幸的是，西强东弱的

---

① 王国维：《〈东洋史要〉序》（1899 年），见谢维扬、房鑫亮主编：《王国维全集》第 14 卷，2 页，杭州，浙江教育出版社，2010。

局面，就因此而形成。① 同年他更提出，"世界民族多矣：以人
种言，略分黄白；以地理言，略分东西两洋"。陈独秀不仅再次
明确了"世界"就分为东西两洋，并给出了三种代表东西民族的
"本位"，即西洋民族以战争、个人、法治和实利为本位，而东洋
民族以安息、家族、感情和虚文为本位。②

同年张东荪摘取白芝浩（Walter Bagehot）《物理与政理》
一书的意思，说白芝浩"谓东方文明为静止之文明，西方乃为进
行之文明"。③ 这可能是中文世界里较早出现的从动静角度对比
东西文明之说。唯此非白芝浩原文，是张东荪撮取其大意。而白
芝浩言及东方文明似乎皆突然止于不当止，倒很像梁漱溟的文化
早熟说。④

次年杜亚泉发表了著名的《静的文明与动的文明》一文，处
处以二元对立的方式概括中国与西方，与陈独秀的风格相近。他
固然主张在东西社会交通日益繁盛的今天，"两文明互相接近，
故抱合调和，为势所必至"，但仍以为"吾国固有之文明，正足
以救西洋文明之弊，济西洋文明之穷"。⑤ 就是这表明他态度倾

---

① 陈独秀在文中给出了六对二元对峙的选项，即自主与奴隶、进步与保守、进
取与退隐、世界与锁国、实利与虚文和科学与想象。参见陈独秀：《敬告青年》（1915
年9月），见《陈独秀著作选编》第1卷，158～163页，引文在160页。

② 陈独秀：《东西民族根本思想之差异》（1915年12月），见《陈独秀著作选
编》第1卷，193～196页，引文在193页。

③ 东荪：《制治根本论》，载《甲寅杂志》，1卷5号，1915年5月，15页（文
页）。按：张东荪所引的是1872年原版 Physics and Politics 的第53页等，此书后有中
译本《物理与政理》，钟建闳译，上海，商务印书馆，1933，对应内容主要在44页。

④ 东方特别是中国文化早熟说是梁漱溟一生坚持的基本见解，尽管在不同时期
也有些不同的解释，但基本思路未改变，详另文。

⑤ 杜亚泉：《静的文明与动的文明》（1916年），见《杜亚泉文选》，242～
248页。

向性的说法，使一些趋新者不满。

到1917年，李大钊发表《动的生活与静的生活》，以静与动为东西方文明之特质，并鼓励中国的青年努力，让"我国家由静的国家变而为动的国家，我民族由静的民族变而为动的民族，我之文明由静的文明变而为动的文明，我之生活由静的生活变而为动的生活"。① 次年他复撰《东西文明根本之异点》，列举多方面的二元对立现象，详细论证"东洋文明主静，西洋文明主动"之说。其态度也较前温和，虽仍坚持中国文化须由静入动，也提出东西文明"必须时时调和，时时融合，以创造新生命而演进于无疆"。②

李大钊以动静区分东西文明说受到日本人茅原华山的影响，后者在1914年出版的《人间生活史》中已提出东方文明为"静"的文明、西方文明为"动"的文明之说。李大钊曾建议梁漱溟可读茅原华山的《人间生活史》等书，虽然梁似乎不会日文，茅原华山的想法至少通过李大钊对他产生了影响。如石川祯浩所说，民初中日两国知识界发生的有关东西文化的论战，是密切关联地展开的。③

所谓东方文明属于静止文明，在19世纪欧洲是相对习见的说法，如歌德（Johann Wolfgang von Goethe）在其1810年的《颜色学》中便已有类似表述，并为雷赫完（Adolf Reichwein）

① 李大钊：《动的生活与静的生活》（1917年），见中国李大钊研究会编注：《李大钊全集》第2卷，96～97页，北京，人民出版社，2006。
② 李大钊：《东西文明根本之异点》（1918年7月），见《李大钊全集》第2卷，211～214页。
③ 参见石川祯浩：《李大钊早期思想中的日本因素——以茅原华山为例》，载《社会科学研究》，2007（3）。

所引用，而吴宓也将雷赫完书撮译在《学衡》上。① 故不排除日本的类似说法有"东学源出西学"的可能。但将东西文明以动静对应看待，中国人大概还是受日本的影响更多。从前引张东荪撮取白芝浩大意而作出东西对应的比较来看，他可能也受到日本的影响。

无论如何，东西文明动静说那时在中国非常流行，以至于到1920 年冯友兰采访泰戈尔时，也问及他对东西方文明动静说的看法。在冯友兰引导下，泰戈尔认为"真理有动（Active）、静（Passive）两方面：譬如声音是静，歌唱是动；足力是静，走路是动。动常变而静不变"。甚至可以说"静就是所谓体（Capacity），动就是所谓用（Action）"。若"有静无动，则成为'惰性'（Inertia）；有动无静，则如建楼阁于沙上"。东方文明就像声音，西方文明则像歌唱，"两样都不能偏废"。而"现在东方所能济西方的是'知慧'（Wisdom），西方所能济东方的是'活动'（Activity）"。②

但冯友兰特别提醒大家，泰戈尔以体、用说静、动，"初看似乎同从前中国中学为体、西学为用之说，有点相像，其实不

---

① ［德］雷赫完（Adolf Reichwein）：《中国欧洲文化交通史略》，吴宓撮译，载《学衡》，第 55 期，1926 年 7 月，31 页。按：歌德的《颜色学》有英译本 *Theory of Colours*（London，Frank Cass，1967），但仅为第一册，关于东方文明静止的说法在第二册上。经张谷铭兄代为检核德文原版，知雷赫完书引用时所标《颜色学》版本页码亦有误。吴宓所据大概是雷赫完书的英译本（Adolf Reichwein，*China and Europe Intellectual and Artistic Contacts in the Eighteenth Century*，New York，Alfred A. Knopf，1925），后朱杰勤将全书译出，即利奇温（Reichwein）《十八世纪中国与欧洲文化的接触》（北京，商务印书馆，1962），相关文字在 118 页。为此一句话，张谷铭兄代为查阅多种德语和英语文献，让我感动，特此致谢！

② 本段与下段，参见冯友兰：《与印度泰谷尔谈话（东西文明之比较观）》（1920 年），见《三松堂全集》第 11 卷，5～7 页，郑州，河南人民出版社，2001。

同。中国旧说是把中学当个桌子，西学当个椅子；要想以桌子为体，椅子为用。这自然是不但行不通，而且说不通了"。而泰戈尔的意思是，"真理只有一个，不过他有两方面，东方讲静的方面多一点，西方讲动的方面多一点"。简言之，"泰谷尔讲的是一元论，中国旧说是二元论"。

这样一种有些难以捉摸的区分，提示出时人心目中东西文化问题那微妙的一面，即很多说法都不那么直截了当，常需要同时体会其言说的字面意和言外之意。

瞿秋白也认为人类文化是整个的，不过他的思路比较"辩证"。瞿秋白以为，"东西文化的差异，其实不过是时间上的"。比较地看，"各国各民族的文化于同一时代乃呈先后错落的现象"，其中因果关系非常复杂。他因而提出，"正因人类社会之发展有共同的公律，所以东方文化与西方文化有相异之处"；但这是由于彼此发展程度不同，其发展动力又是共同的。于是"此处的异点正足以表示其同点，是时间上的迟速，而非性质上的差别"，故"东方和西方之间亦没有不可思议的屏障"。[①]

所谓正因共同，所以相异，以及"异点正足以表示其同点"等，皆甚能展现其思维的辩证特色。我们不要低估辩证法在中国的影响，吕思勉在论人类社会状态的大同小异时也说，就像"夏葛而冬裘，正因其事实之异，而弥见其原理之同"[②]，与瞿秋白的所见相近。不过，瞿秋白又特别强调"帝国主义沟通了全世界

---

① 瞿秋白：《东方文化与世界革命》（1923 年 3 月），见《瞿秋白文集（政治理论编）》第 2 卷，14 页，北京，人民出版社，2013。

② 吕思勉：《从我学习历史的经过说到现在的学习方法》（1941 年），见《吕思勉论学丛稿》，582 页，上海，上海古籍出版社，2006。

的经济脉络，把这所谓东方西方两文化融铸为一"，就此而产生了"全人类的文化"。①

然而，假如人类社会的发展确有所谓"共同的公律"，则"全人类的文化"已然存在，帝国主义的沟通作用似乎仅仅体现在"时间上的迟速"方面。进而言之，既然东方、西方文化已经"融铸为一"，中国一方似乎也就没有多少向西方学习的需要了。这一暗示恐怕很多主张文化需要"相师"的人都未必同意。

常乃惪则强调，世界文化同为一途，本无所谓"东方、西方之分"，一般所说的"东西文化之分野，只是一个时代的分野，而不是性质的分野"。亦即"东方民族还在中古的时代，西洋人却已跑在前面去了"。但这不过是"跑的快些的占了先着，慢摇厮摆的落在后面"。既然"西洋人从前也点过油灯纸捻之类，则我们这些现在点油灯纸捻的民族，本来不必伤心，只要大踏步追了上去，万无赶不到的道理"。②

二、世界不是东西二元：常乃惪的挑战

这背后隐伏的问题，其实仍是西方是否代表了世界，而西化是否等同于世界化。故倾向于国家主义的常乃惪可以赞成和接受世界文化的一元或多元，却坚决反对世界文化的东西二元说。他是少数站出来"较真"、对此进行辨析的人。其实他也未必是

---

① 瞿秋白：《东方文化与世界革命》，见《瞿秋白文集（政治理论编）》第2卷，23页。

② 燕生（常乃惪）：《什么叫做东方文化?》，载《莽原》，第7期，1925-06-05，58页。

"为真理而真理"，而是有其自己的特定关注，因为他从这二元说里看到太强的西方对东方的压抑，似乎东方的西化是一种逼迫下的皈依，而不是后进者对先进者的追赶，甚至还暗示着因不同而不能的意味，即因文化对立而永远无法并驾齐驱。他在 1920 年就提出：

> 世界上只有古代文明和近世文明，没有东方文明和西方文明的区别。现代西洋的文明，是世界的，不是一民族的；是进化线上必经的，不是东洋人便不适用的。①

通过一系列历史的考察，常乃惪论证了世界文明多数时候都不是二元的，即使有也不是东西对峙；而其之所以被"认成是二元的缘故"，一是由于诠释者"读史的粗心"，二是"忽视时代的差别，强要拿过去的东方文明和现在的西方文明相比论"，三则"国拘的蔽过重，因而生出观察的错误"。他引用孔德的社会发展三阶段说，将世界文明的进化分为三期，以为"现在一般所谓东洋文明，实在就是第二期的文明，而西洋文明却是第三期的文明"。②

常乃惪强调，世界文明应"以世界为发源地"，各地不同的风俗习惯虽也影响到文明，"各自另加一点色彩"，这是因为"地球上所有各小区域都自有面目的"，既不影响世界文明的整体共

---

① 常乃惪：《东方文明与西方文明》，载《国民》，2 卷 3 号，1920 年 10 月，9 页（文页）。

② 本段与下段，参见常乃惪：《东方文明与西方文明》，载《国民》，2 卷 3 号，1920 年 10 月，3～7 页（文页）。按："国拘"是严复对英文 "the bias of patriotism" 的中译，包括"爱国之偏"和"贬国之偏"。参见［英］斯宾塞：《群学肄言》，严复译，155～181 页，北京，商务印书馆，1981。

性，也不能支持文化二元说。而且那更多是古代交通不便的时代使然，"到了现在交通大便的时代，凡有轮船火车所到的地方，决没有不同的文明"。

问题是，大同可以包容小异，但是否足以掩盖小异，或可以抹杀小异存在的正当性呢？几年后常乃惠有了新的认识：既然无数的国家"都各有特别的文化，但也有共同相似的地方。因此所谓世界文化者不但不是二元，抑且不是三元……它是多元的，又是一元的"。他赞扬梁漱溟以中国、印度和西洋三元来说世界文化，打破了"二元的谬说"，不过又不同意梁漱溟拿"向前、退后、持中"的人生态度来区分世界文化的方式，以为是"劳而无功"的。①

又几个月后，常乃惠的立场进一步改变，以为"世界上有的是全人类的整个文化，存的是各民族、各地域的分文化，但却没有一个整个的东方文化和整个的西方文化"。他开始承认"东方与西方之民族文化大体是不相同的"，但强调其不同之处并非"绝对对立而不可逾越"。考察世界各民族的文化史，可知"文化是多元的，而决不是二元的"。②

这样看来，常乃惠虽勉强接受了世界文化多元说，但仍坚持某种程度的文化一元说。他可以同意"就现状而论，中国与西洋诚然有绝不相同的两种文化"，但这并不如梁漱溟所说是"基于民族性的不同"，而在于"一种是农业的，一种是工业的"。既然

---

① 燕生（常乃惠）：《什么叫做东方文化?》，载《莽原》，第 7 期，1925-06-05，58 页。

② 本段与下两段，参见燕生（常乃惠）：《文化的横展与竖进》，载《狂飙》（不定期刊），第 1 号，1925 年 12 月，82～83 页。

欧洲以往的历史也曾有过与中国现代相似的农业社会现象，则双方的不同是因为"欧洲已脱离农业社会进入工业社会，中国则尚滞留于中途"，其实仍是一元文化中的程度差异。于此常乃惪说出了他真正想要表述的意思：

> （人类）由农业社会进入于工业社会，乃是自然的趋势。欧洲不过早些，中国亦终久不能不到。因此我们论东西文化之差别，乃是今古的，不是东西的；是竖进的，不是横转的。

这才是前引他说在"交通大便的时代，凡有轮船火车所到的地方，决没有不同的文明"的隐意。因为那种基于民族性不同的东西文化二元说，多少潜藏着中国终不能与欧洲同步的隐意，而人类社会发展的"自然趋势"表述出的"世界潮流之不可抗"①，恰证明了"欧洲不过早些，中国亦终久不能不到"。

就史实言，常乃惪为自己的辨析提出了足够多的证据，但他的商榷基本未能改变多数人以东西说世界的大趋势。有意思的是，尽管胡适和梁漱溟在这个问题上的见解明显不同，常氏稍后又援引他驳斥梁漱溟之说以质疑胡适。在这个敏感的问题上，敌之敌即我之友的规则并不适用，益显出问题本身的玄妙。

常乃惪重申他"主张世界上并没有东西文化之区别"，一般所谓东西文化之异，实即古今之异。且"人类对于生活的态度都是一样的"，虽因环境不同，"世界各民族的文化也许各具特色"，

---

① 常乃惪：《东方文明与西方文明》，载《国民》，2卷3号，1920年10月，7页（文页）。

但这不过是小异，"基于求生欲望而发展出的文化，决无根本差异之理"。故就历史事实而论，"世界上只有多元的文明，并无二元的文明"。或者说，"世界上的文化，大体说是一元的，细微说是多元的，而决无二元对立之理"。①

针对胡适曾说西洋近代文明是"利用厚生"的文明，常乃惪指出，一切文化"根本都是向着'利用厚生'的目的而进的，所以只有'量'的不同，决无'质'的不同"。故"'利用厚生'的文明，并不是'西洋近代文明'的特色，乃是一般人类文明的特色"。

从其论证可以看出，常氏关于世界文化基于相同的求生欲望而只有大同小异的论证，与胡适的观念并无多大差别，甚至可说基本相同。② 但由于他从东西二元说里看到了西方对东方的压抑，所以要坚决反对二元对立之说，于是把攻击的矛头指向了胡适。

常乃惪指出，胡适在文中"屡次使用'东西文化'的字样，并且几次拿他们来对举"；同时又"屡使用'近代文明'字样来代替西方的文明"。他的意思，究竟是"认这两大文化的差点是东西地域之不同呢？还是古今时代之不同呢？抑或合古今中外为一炉，如胡先生文中所又用的'西方近世文明'与'东方旧脑筋'之不同呢？"他也看出了胡适的倾向性，即中国须抛弃东方

---

① 本段与下段，参见常燕生：《东西文明问题质胡适之先生——读〈我们对于西洋近代文明的态度〉》，载《现代评论》，4 卷 90 期，1926-08-09，17 页。

② 按：胡适也认为，"生活只是生物对环境的适应，而人类的生理的构造根本上大致相同"。由于人类面临的问题和解决的方法都是"大同小异"的，故"民族生活的样法"也是"大同小异的"。胡适：《读梁漱冥先生的〈东西文化及其哲学〉》，见《胡适全集》第 2 卷，251 页。

旧文明来采纳西方近世文明。[①]

在这一点上，常乃惪确实看到了问题所在，即那些在意识层面主张文化多元的，下意识中却侧重于东西二元，往往习惯性地以中西或东西代表世界。很明显，那时（甚至迄今亦然）很多中国读书人心目中和口中的"世界"，更多意指西方；除了尚在积极争取"进入世界"的中国或东方自己，他们并不真正关注西方以外的"世界"。[②]

胡适的确喜欢以东西对应说世界，他稍早就说：

> 世界上的哲学大概可分为东西两支。东支又分印度、中国两系。西支也分希腊、犹太两系。初起的时候，这四系都可算作独立发生的。到了汉以后，犹太系加入希腊系，成了欧洲中古的哲学。印度系加入中国系，成了中国中古的哲学。到了近代印度系的势力渐衰，儒家复起，遂产生了中国近世的哲学，历宋元明清直到于今。欧洲的思想，渐渐脱离了犹太系的势力，遂产生欧洲的近世哲学。到了今日，这两大支的哲学互相接触，互相影响。五十年后，一百年后，或

[①]　常燕生：《东西文明问题质胡适之先生——读〈我们对于西洋近代文明的态度〉》，载《现代评论》，4卷90期，1926-08-09，16页。

[②]　如严既澄后来反驳王新命等十教授关于中国本位文化的主张时说，解决今日中国问题的一切"方法与工具，除了西化，便是守旧，我们决不能在短期内找出第三条路来"。由于世上的学问知识和文物制度均"已成为世界的公器"，也不必"为了所居地点的关系而妄为区别，把人类分划为东西两部"。参见严既澄：《〈我们的总答复〉书后——向〈中国本位文化建设宣言〉的十位起草者进一言》，见罗荣渠主编：《从"西化"到现代化——五四以来有关中国的文化趋向和发展道路论争文选》，483～484页，北京，北京大学出版社，1990。严既澄关于思想资源的主张实有所见，但他并未考虑世界的其他部分，表明他心中没有真正世界的其他部分。

竟能发生一种世界的哲学，也未可知。①

和王国维一样，胡适也有最后出现单一世界哲学的期许，而且这世界哲学同样不是增添了东西以外的其他哲学，而是不复分为东西的世界哲学。同时胡适也和王国维一样采取了"退而言之"的方式，把世界哲学分为东西两支。

这是常乃惪不能接受的，故尽管他大体赞同胡适的基本立意，仍"不得不提出抗议"——"抗议他用东方、西方的字样来分判两系的文明，抗议他把世界的文明无端分成两大系。"有意思的是，他也抗议胡适"把'求人生幸福'、'不知足'等人类文明公有的特色让给了西洋人作为专利品，抗议他替东方人无端加上个懒惰知足的罪名"。②

其实胡适曾指出，梁漱溟的"根本错误"即在于他"忽然很大度的把那条一切有情都是如此的生活本路让西洋人去独霸"。③但在常乃惪眼中，胡适自己在不知不觉中竟然表出了与梁漱溟相似的倾向性见解。这最能揭示东西文化问题那细微中的玄妙，即胡适与梁漱溟的民族论述底线不一样，而常乃惪与胡适的民族论述底线又不一样。他们的分歧仿佛是"小异"，其实又"大不同"。

前面说了，常乃惪出而"较真"，并不仅是"为学术而学

---

① 胡适：《中国哲学史大纲（卷上）》，5 页，北京，商务印书馆，1987，影印本。

② 常乃惪具体指出，希腊古文明时代的人，其实"与中国的古文明的距离，反要比和西洋近世文明的距离近点"。参见常燕生：《东西文明问题质胡适之先生（续）》，载《现代评论》，4 卷 91 期，1926-08-09，17～19 页。

③ 胡适：《读梁漱冥先生的〈东西文化及其哲学〉》（1923 年 3 月），见《胡适全集》第 2 卷，250～251 页。

术"，而有其特定的针对性。在某种程度上，他也是北京话所说的"拿梁漱溟和胡适说事"，即他虽共同挑战梁、胡，但真正的对话者其实是本章第一节述说的那些以动静观东西的文化二元论者，因为他们的说法往往不鼓励落后中国的奋起直追。常乃惪要抗议胡适把中国人说得"懒惰知足"，也因这样的品性预示着中国人无意进取。

按：梁漱溟并不真正主张世界文化多元论，他实际是用分阶段的线性一元文化来涵容多元文化。[①]　不知是对此未曾理解还是故意忽视，常乃惪选择性地赞同梁氏对世界文化的空间区分，而不同意他在时间上的反进化路线。常氏最希望论证的，用前引他自己的话说，即东西文化的差别"是竖进的，不是横转的"。通常被视为"国家主义派"要角的常乃惪，在世界各文化发展的时空差异方面，却选择了接受线性的世界进化观念。因为进化论最鼓励人的一面，即因为大家都在一条路上，后进者始终有赶上前行者的可能性。而世界的发展最终指向一个美好的未来，更是许多中国读书人的共同憧憬。

三、余论：线性进化的世界文化

马克思和恩格斯在 19 世纪就提出，资产阶级"使一切国家的生产和消费都成为世界性的了"，它"迫使一切民族都在惟恐灭亡的忧惧之下采用资产阶级的生产方式，在自己那里推行所谓

---

① 说详罗志田：《辩证的进化：后五四时代关于世界文化的辩论——侧重梁漱溟与胡适》，载《天津社会科学》，2017（3）。

文明制度"，并"按照自己的形象，为自己创造出一个世界"。①
在近代"道出于二"之后的中国②，由于自身的学术思想也"以
迎拒西洋资本主义制度和它底文化精神为核心"③，读书人有意
无意间在这方面的表现，或尚超出我们的认知。甚至一些被视为
"保守"或自由主义者的学人，他们关于世界文化发展的观念，
也与马克思主义的历史观相近。

　　到 1947 年，或许是延续其对单一世界哲学的期许，或许是
受到批评者的影响，胡适提出一种混同的世界文化观念，以为世
界文化"渐渐朝混合统一的方向"发展，这既是"自然的趋向"，
也"可以看出共同理想的目标"。"三四百年的世界交通，使各色
各样的文化有个互相接近的机会，互相接近了，才可以互相认
识，互相了解，才可以自由挑选，自由采用。"尤其近一百多年
"民族交通，文化交流的结果，已经渐渐的造成了一种混同的世
界文化"。④

　　次年胡适在演讲中进一步提出"文化的世界性"问题，指出
从前交通阻塞时，民族的生活"都有民族性、国家性、地方性，
各不相杂。交通发达以后，此种生活的民族性、国家性、地方性
渐渐地削弱，而世界性日渐加强"。日用品、风俗习惯、装饰等，
都是文化，"由于吸收外来文化的结果，打破了地方性，减少了
民族性，减少了国家性"。在交通发达的时代，生活方式不能不

---

　　① 　马克思、恩格斯：《共产党宣言》，见《马克思恩格斯全集》第 4 卷，469～
470 页，北京，人民出版社，1958。
　　② 　参见罗志田：《近代中国"道"的转化》，载《近代史研究》，2014（6）。
　　③ 　伍启元：《中国新文化运动概观》，25 页，上海，现代书局，1934。
　　④ 　胡适：《眼前世界文化的趋向》（1947 年 8 月），见《胡适全集》第 22 卷，
687～689 页。

受外国文化影响，"要分析那些还是纯粹本国文化，那些是受世界文化影响，几乎不可能"。因此，"这个时代讲到文化就是世界文化，很难找出一件纯粹的本国文化"，也没有什么"纯粹的地方性、民族性、国家性文化"了。①

上文是演讲记录的一个版本，为胡适所收藏。另一未经胡适校阅但曾公开发表的版本，文字更整饬，可与上文互补。文章说，从历史的进程看，文化"最初也含有相当的民族性和地方性，如衣冠、文物制度、生活习惯等，各地方各民族在交通不发达、彼此不易接触的情况之下，形成了它的特殊性"；到了交通逐渐发达，人类接触频繁，文化在交流中因互相吸收优点而"逐渐消失了地方性，减少了民族性，成为整个世界文化的一部份"。近一百多年来，"因为交通的便利，各国通商贸易畅行无阻"，各处的人可以在短期内往来，使"各色各样的风俗习惯、信仰思想，都可以很快的有彼此了解、彼此吸收的机会，很快的造成文化的交流混合"；故今天"只看到世界文化的整体，而不容易辨别那种文化是某一国的，那种文明工具是某一民族特有的"。②

那时胡适已开始疏离于社会主义③，他这次演讲的主旨就是中国应选择自由民主的文化，但其论旨在无意中却契合了马克思主义。马克思和恩格斯很早就指出：

---

① 胡适讲、居正修记：《当前中国文化问题》（1948 年 9 月），见《胡适全集》第 22 卷，742、744～745 页。

② 胡适讲、谈龙滨记：《当前中国文化问题》（1948 年 9 月），载《自由与进步》，1 卷 10 期，1948 年 10 月，12～14 页。

③ 参见罗志田：《再造文明之梦：胡适传》，304～305 页，北京，社科文献出版社，2015。

（随着世界市场的形成）过去那种地方的和民族的闭关自守和自给自足状态已经消逝，现在代之而起的已经是各个民族各方面互相往来和各方面互相依赖了。物质的生产如此，精神的生产也是如此。各个民族的精神活动的成果已经成为共同享受的东西。民族的片面性和狭隘性已日益不可能存在，于是由许多民族的和地方的文学形成了一个世界的文学。①

只要把引文中的"文学"换成"文化"，则马、恩之论与胡适所说即使不到若合符节的程度，也算大同小异。胡适不一定看过《共产党宣言》，但彼此"暗合"到这样的程度，也是很有意思的。

在很多人眼里，梁漱溟被认为是"东方文化派"的代表，而胡适则一向被视为西化象征。但从他们所表出的观念看，有时梁漱溟比胡适更强调西化，而胡适比梁漱溟更知中国历史。关键在于，面对西方几乎等同于世界的大背景，中国若不全盘西化，已不足以图存于世界之中，遑论什么文化"翻身"。② 而胡适后来的乐观看法，即文化的地方性和民族性在减弱，出现了走向单一世界文化的趋势，也因应着很多人心目中区域文化和世界文化的关联，尽管他的乐观连自己也未曾说服。③

---

① 马克思、恩格斯：《共产党宣言》，见《马克思恩格斯全集》第 4 卷，470 页。
② 参见罗志田：《文化翻身：梁漱溟的憧憬与困窘》，载《近代史研究》，2016（6）。
③ 按：胡适在前引《眼前世界文化的趋向》一文之前，刚写了一篇《眼前"两个世界"的明朗化》（《胡适全集》第 22 卷，678～681 页），分明承认了"世界"正走向两极化。而其《眼前世界文化的趋向》一文的主旨，就是中国应理直气壮地选择自由民主，更说明有待选的两种文化存在。

从前引陈独秀所谓国民而无世界知识，其国便不足以图存于世界之中看，他和梁漱溟的观念还更为接近。盖陈独秀所说的"世界知识"虽号称"共同原则"，其实那些"原则"本是西方提出或制定的；但其既然成为非西方人也承认的世界知识，当然也就是梁漱溟所说的西化就是世界化。[1] 这样的世界认知，多少接近于《共产党宣言》中资产阶级"按照自己的形象，为自己创造出一个世界"，并"迫使一切民族都在惟恐灭亡的忧惧之下采用资产阶级的生产方式"的意思。

如果说胡适不过与马克思、恩格斯的见解暗合，梁漱溟后来公开承认他在不少方面受到马克思主义的影响。[2] 实际上，此前便有一些人认为梁漱溟的历史发展观接近唯物史观的马克思主义阶段论。国民党方面的张冈就说，梁漱溟的世界发展阶段论，虽然有轮转，仍"好似马克思底唯物史观，好似运命必然论。说走完了第一路，便会走第二路；走完了第二路，去会走第三路"。[3] 给《学灯》投书的王晋鑫也说，尽管他"很赞成梁先生说的现在大家该走孔子所走的生活路向"，但他又"很反对"梁漱溟那"说将来这条路走了几时走到尽头，一定要转入佛家出世还灭的路"，这思路与"马克斯唯物史观一样"。[4]

① 在钱穆看来，梁漱溟《东西文化及其哲学》一书，"受陈氏议论的影响太深"，包括他说要批评的把中国态度拿出来，也是在"敷衍陈独秀一派的议论"。见钱穆：《国学概论》下篇，165 页，台北，台湾"商务印书馆"，1963。
② 梁漱溟：《自述》（1934 年），见《梁漱溟全集》第 2 卷，28 页。
③ 恶石（张冈）：《评梁漱溟先生底〈东西文化及其哲学〉》，载《民国日报·觉悟》，1922-03-28，4 张 1～2 版。
④ 王晋鑫致张东荪等（1922 年 4 月 11 日），载《时事新报·学灯》，1922-04-27，4 版。

　　李石岑稍后也指出，梁漱溟"言下有如果拿出孔子原来的态度，则中国可以无问题、世界从此亦无问题之意"。但这"不过是一种希望，与一般相信共产主义、无政府主义以及其他各种政制之能推行无弊者，同属一种希望"。① 很多年后还有人说，梁漱溟把中、西、印度三方面的文化"做成三个固定的范畴，而以整个的三方面的东西按于其下"，皆以"向前、持中、向后几个字样概之"，与马克思主义者"置一切于经济的动因之下"的"简单化"倾向是同样的。②

　　当然也有相反的看法，如李璜就认为梁漱溟不是唯物论，而是唯心论。他注意到梁漱溟批评了"唯物史观的说法"，认为其"过于牵强，并且忘了人类精神的能力"；而"梁先生说是'文化这样东西，点点俱是天才的创作、偶然的奇想'，也未免太偏于唯心的说法"。李璜自己既"觉得唯物观的说法太单纯"，又"觉着唯心派的解释不大够"，两方面的断论都让人"觉得是太简单了"。③

　　对明知自己国家在世界上地位不佳的中国读书人来说，马克思主义社会发展阶段论的吸引力，或正在于其指向一种必然可达的美好未来，给人以希望。当这些人自己憧憬社会发展阶段论时，也很可能产生类似的设计。实则在进化论影响下，19 世纪的西方社会发展阶段论大都呈现一种逐级进步的线性特色。被西

　　① 李石岑：《人生哲学》，95～96 页，上海，商务印书馆，1926。
　　② 黄昊：《读梁漱溟〈东西文化及其哲学〉》，载《燕京月刊》，10 卷 2 期，1934 年 2 月，34 页。
　　③ 李璜：《德模克拉西的由来（一个社会学上的看法）》，载《少年中国》，3 卷 12 期，1922-07-01，30、38 页。

方改变了思想方式的近代中国读书人，对孔德的社会发展三段论和马克思主义的五阶段论，都容易产生亲切的感觉，或径直接受，或稍改而推出，甚或虽模仿而不自觉，故不期然而然地出现了类似的思路。①

批评梁漱溟为唯心论者，指责他过于强调天才和偶然；而视他为唯物史观者，又认为他的观念中带有太多的先验决定论。②前者对天才和偶然的强调隐约指向每个文化自身的特色，而后者的命定论色彩则意味着一种不可避免的民族融合趋势。这与马克思主义基于世界大交通的社会发展阶段论有相通之处，而某种带有确定性和计划性的美好未来，也呼应了很多中国读书人的关怀和憧憬，故主张自由主义的胡适和被视为"保守"的梁漱溟有意无意间都曾接近马克思主义的看法。

那的确是一个含义丰富的时代，很难以明晰的标签覆盖。唯物和唯心两种截然相反的判断落实在梁漱溟一人身上，这样的对立统一既展现了他思想的辩证特色③，也表明文化的区域性与世界性在那时是个相当敏感而微妙的问题，所见人各不一。每个人用自己的眼光看他人，同样人各不一。上述各位见解的异同进而

① 按：中国读书人对世运阶段论并不陌生，以据乱、升平、太平为标识的世运发展三段论，便有类似线性进化的特色。不过公羊家有所谓"王鲁、新周、故宋"之说，进化色彩明显；而穀梁家则主张"尊周、亲鲁、故宋"，已有些退化的意味。后来士人把三代视为黄金时代的见解逐渐固定，进一步弱化了线性进步的特色。所以他们接受目的论明确的线性进化观念，大体还是由于思想方式被改变了。详另文。

② 西来的唯物论和唯心论成为相当一些人评判的基础或标准，这现象本身就说明中国思想界的西化已较深入。在那以后很长的时间里，唯物唯心一直是中国思想史言说中一对重要的指标性概念。

③ 参见罗志田：《文化表述的意义与解释系统的转换——梁漱溟对东方失语的认识》，载《四川大学学报》，2018（1）。

揭示出，共论不一定先有共识——由于关怀的相近，那些缺乏共识的时人，仍可在"心无定宰"之中，探索"全国之人皆以为是"的定见。即使未必成功，也已形成相互分享的共论，给后人留下了寻路的足迹。

第九章　从科学与人生观之争看学生运动后对五四基本理念的反思

新文化运动两个最基本的口号科学与民主，在五四学生运动之后各曾有过一场较大的争论，即 1923 年的科学与人生观（玄学）之争和北伐成功之后关于"人权"的论争以及"九一八"之后的民主与独裁之争。从思想史的角度看，这两次争论可以说是后五四时期中国思想界对五四基本理念的反思；而且这一反思基本是在尊西趋新派阵营中进行（较少受西方文化影响的真正"保守"派或正脱除西方影响的章太炎等人便几乎不曾关注这些争论），其中包括不少新文化运动领衔人物，较能反映同一批人在时代转变后对原有基本理念的重新检讨。[1]

科学与人生观之争过去一直受到学界关注，近年海峡两岸的少壮学人对此相当重视，新论不少。[2] 但除 20 世纪 30 年代的著

---

[1]　可以说，除"科学"外的大部分五四基本理念在后五四时期似乎都有从量到质较大的转化，甚至基本转到对立面，参见罗厚立：《历史记忆中抹去的五四新文化研究》，载《读书》，1999（5）。

[2]　较早的研究大约当属两位左派学者伍启元的《中国新文化运动概观》（上海，现代书局，1934）和郭湛波的《近五十年中国思想史》（北平，人文书店，1936；济南，山东人民出版社，1997）两书中关于此次论战的专章。美国汉学著作（转下页）

述外，从思想界自身反省的角度进行观察的似不多见。① 同时，
近几十年为多数人常规使用的"科学主义"概念是否准确表述了
五四新文化人心目中"科学"的真义，即其是不是一个有效的诠
释工具，也还有讨论的余地。

尽管有众多研究在前，论战本身的史实重建似仍不够充分，
有时一些看似细微的具体过程其实提示着这一论战非常重要的特
征和意义。就目前我已接触到的材料看，稍全面的史实重建绝非
一文的常规篇幅所能涵盖，故对有些既存研究论述较少的面相，
如从清季起中国士人已在关注的科学与"文学"（其义略近于今
日社会科学与人文学）的关系，大家都认为如此严肃重要的论战
为何以相当轻率随意的方式表述（此最足揭示五四人心态中一些

（接上页）中将此事列为专门章节讨论的有：Chow Tse-tsung, *The May Fourth Movement*: *Intellectual Movement in Modern China*, Cambridge, MA., Harvard University Press, 1960（江苏人民出版社 1996 年出版中译本）；D. W. Y. Kwok, *Scientism in Chinese Thought 1900-1950*, New Haven, Yale University Press, 1965（江苏人民出版社 1989 年出版中译本）；Charlotte Furth, *Ting Wen-chiang*: *Science and China's New Culture*, Cambridge, MA., Harvard University Press, 1970（湖南科学技术出版社 1987 年出版中译本）。此外，林毓生先生于 80 年代写有两篇专文《民初科学主义的兴起与涵义——对民国十二年"科学与玄学"论争的省察》和《近代中西文化接触之史的涵义——以"科学与人生观"论战为例》，均收入氏著：《政治秩序与多元社会》，台北，联经出版公司，1989。近年较详细的研究包括汪晖：《从文化论战到科玄论战——科学谱系的现代分化与东西文化问题》，见汪晖、陈平原、王守常主编：《学人》第 9 辑，南京，江苏文艺出版社，1996；汪晖：《科学世界观的分化与现代性的纲领——张君劢与"人生观之论战"的再研究》，见王守常、汪晖、陈平原主编：《学人》第 11 辑，南京，江苏文艺出版社，1997；叶其忠：《从张君劢和丁文江两人和〈人生观〉一文看 1923 年"科玄论战"的爆发与扩展》，载《"中央研究院"近代史研究所集刊》，第 25 期，1996；叶其忠：《1923 年"科玄论战"：评价之评价》，载《"中央研究院"近代史研究所集刊》，第 26 期，1996。

① 这些研究也包括陈端志的《五四运动之史的评价》（上海，生活书店，1936，有香港中文大学 1973 年影印本），该书有专章讨论德、赛二先生的发展和演化，不过其论证从材料到叙述基本都取自伍启元书。

隐伏但相当关键的因素），五四后"赛先生"实际落实到整理国故和史学（而非数理化和工业技术）之上，以及这次论战是在怎样的语境中进行和这一语境在多大程度上及怎样影响了论战本身等，均只能另文探讨。

我特别希望了解的是：张君劢一次带偶然性的讲话究竟在何处以及怎样挑战了五四人的基本观念（从而引起后者不得不拔剑而起）？同时，本章也拟从考察"科学"观念在后五四时期的演变这一视角来反观五四人心目中的"赛先生"究竟何义，希望能使我们对这次论战的理解和认识略有寸进，并进而有助于我们更进一步地理解"科学"这一五四新文化运动时的基本观念。

一、论战双方的动机

从论战的当时起，思想界和学术界对这次论战意义的评价都相当高。但这次被时人和后之学者赋予相当历史意义的思想论战有一个特点，即表述方式超乎寻常的不严肃，许多文字均以诙谐甚至攻击的口吻出之。最典型的概括即胡适所说"文虽近于游戏，而意则甚庄"。梁启超对此甚为不满，他认为："这回这论战题目太重大了，行文更要格外勤恳郑重。否则令人看作游戏文章，便会把原来精神失掉大半。"[①]为什么许多当事人认为如此重要的思想问题却以"游戏"文字表述之？深入分析这一诡论现象只能俟诸另文，但有一点可以考虑，即这次论战虽触及时人关

---

① 胡适致张君劢，附在其《孙行者与张君劢》，及梁启超《关于玄学科学论战之"战时国际公法"》，均收入张君劢、丁文江等：《科学与人生观》，济南，山东人民出版社，1997（用亚东图书馆本），引文在125、122页。

注的重大问题，但其爆发在一定程度上是偶然的，故许多人的表述呈现出相当的随意性。

正如梁启超所说，张君劢最初"不过在学校里随便讲演，未曾把'人生观'和'科学'给他一个定义。在君也不过拈起来就驳"。[1] 双方的思虑或者都较深远，但一开始并未特别注重其所讨论的具体概念。由于是针对特定对象的即席演说，而不是对全国学界发宣言，张君劢的演讲内容并非精雕细刻，自相抵牾之处确不少见。他后来回忆时却强调他其实有很高远的大目标，即"一个人对于社会提出一种思想，是对于青年、对于学术有重大影响；换句话说，提出一种思想方向是有重大的责任"。他当初即希望这"可以使我们的思想界有一种目标，大家可以向前进行；或者我们的思想史上，可以开一个新局面"。[2]

这样的大目标恐怕是后来逐渐"层累堆积"出来的，因为张第一次讲话的内容实在不足以承担这么大的抱负（当然他后几次文章越来越体现出关怀的深切）。[3] 梁启超也声称"这回论战原是想替我们学界开一新纪元，令青年学子对于这问题得正确深造的了解"。[4] 这是不是预定的目标同样很值得怀疑，因为最初讲话的张君劢并不知道丁文江要反驳。但张、梁均提及的"青年"却的确是论战者（特别是丁文江）针对的对象。

---

[1] 梁启超：《人生观与科学》，见张君劢、丁文江等：《科学与人生观》，138 页。

[2] 张君劢：《人生观论战之回顾》，载《东方杂志》，31 卷 13 期，1934 年 7 月，10、7 页。

[3] 后来张君劢等"新儒家"那种沉重的责任心和救世的道德负担在这里已有所显露，而其实际上提不出什么具体可行的方策这一特点也已稍露端倪。

[4] 梁启超：《关于玄学科学论战之"战时国际公法"》，见张君劢、丁文江等：《科学与人生观》，121 页。

　　张君劢的谈话对象是平日所学皆科学而"不久即至美洲"的清华学生，正因为"方今国中竞言新文化"，而这些学生又肩负着"将来沟通文化之责"，故张希望他们能将他之所论"时时放在心头"。张或担忧这些青年会将西方文化不加区别、不加选择地全盘引进，所以先给他们打一剂防疫针。其讲话的要点似即在最后一段，而最核心者大约即"吾有吾之文化，西洋有西洋之文化"一句。不过，张接下来并未明确为中国文化张目，而是提出"西洋之有益者如何采之，有害者如何革除之"这一取舍问题皆决之于人生观。所以，当他说人生观是"文化转移之枢纽"时，其实也不过是指引进西方文化时应有所取舍而已。这对饱受新文化运动冲击而即将留学美国的清华学生，当然有直接的针对性。[①]

　　新文化运动的早期研究者伍启元认为，张君劢的"直觉主义不过是一种玄学的思想"，其代表的是早已没落的封建残余，已无社会基础，故不过是一种"回光返照"，"其实不用实验主义者的全体动员，它也必不打而自倒了"。[②] 但这一点丁文江显然不同意，他从张君劢的言论中看出了非常严重的潜在"错误"影响，并不止一次表示他对张的讲话"决计不能轻易放过"，"势不能不"出来批驳，可知其感觉到一种非常明显的压力；而张在清华的讲话其实相当随意，在学理层面似不足以构成这样强烈的压力。

　　所以，是否可说丁文江等更为关注的是张君劢（以及更早的

---

① 张君劢：《人生观》，见张君劢、丁文江等：《科学与人生观》，33～40 页。
② 伍启元：《中国新文化运动概观》，177 页。

梁启超）的言论可能造成的影响，即对"科学"在中国的推进造成阻碍，特别是对青年可能产生误导作用。丁文江曾告诉胡适："前天君劢找我去谈天，与他辩论了一个钟头，几乎把我气死！"他在列举了两人对话的要点后说，"我想我们决计不能轻易放过他这种主张"，故决定作一文驳之。① 丁氏当时的心态在其给章鸿钊的信中说得很明白：他对"张君劢《人生观》提倡玄学与科学为敌，深恐有误青年学生，不得已而为此文"。②

胡适在 20 世纪 50 年代回顾这一论战时说：当日"君劢所要提倡的和在君所引为隐忧的"问题，表面是科学是否能解决人生观的问题，"但这问题的背后，还有一个问题"，即张君劢认为"科学及其结果——物质文明——不但是'已成大疑问'的东西，并且是在欧洲已被'厌恶'的东西"，青年人应该回归侧重内心生活之修养而"其结果为精神文明"的理学传统。因此，丁文江视此为"与科学为敌"，必须出来"提醒"青年学生。③

丁文江认为，"科学是欧洲人的精华，'形而上'学是他们的糟粕"。若依张君劢所说"人生观真正是主观者，单一的、直觉的，而甚么'专制婚姻，自由婚姻，社会主义，国家主义，男女平等，尊男轻女……'都是人生观，然则世界上还有甚么讨论，还有甚么是非?"④ 这正是一个丁不能放过张的关键，世界上无是非，特别是新文化人所关注推动的那些方面没有了是非，中国

---

① 《丁文江致胡适》（1923 年 3 月 26 日），见中国社会科学院近代史研究所中华民国史组编：《胡适来往书信选》上册，188～190 页，北京，中华书局，1979。
② 参章演存（鸿钊）：《张君劢主张的人生观对科学的五个异点》，见张君劢、丁文江等：《科学与人生观》，146 页。
③ 胡适：《丁文江传》，63～64 页，海口，海南出版社，1993。
④ 《丁文江致胡适》（1923 年 3 月 26 日），见《胡适来往书信选》上册，190 页。

的改良也就没有了明确的方向；若青年受此影响，则中国改良的希望就渺茫了。

故丁氏明确指出："张君劢是作者的朋友，玄学却是科学的对头。玄学的鬼附在张君劢的身上，我们学科学的人不能不去打他。"不过，"我做这篇文章的目的不是要救我的朋友张君劢，是要提醒没有给玄学鬼附上身的青年学生"。丁文江强调，玄学家如果自己研讨其本体论，可以不必反对，"但是一班的青年上了他的当，对于宗教、社会、政治、道德一切问题真以为不受论理方法支配，真正没有是非真伪；只须拿他所谓主观的、综合的、自由意志的人生观来解决他。果然如此，我们的社会是要成一种甚么社会？"[①] 可知其目的与张一样，都在针对学生而试图影响学生（或可说是在争夺学生）。

这样，论战诸公所欲针对的都是青年学生，应是无疑的。而胡适、丁文江等更加看重这一点，或因为当时青年本多站在他们一边。熊十力注意到："五四运动前后，适之先生提倡科学方法，此甚要紧。又陵先生虽首译名学，而其文字未能普遍；适之锐意宣扬，而后青年皆知注重逻辑；视清末民初，文章之习，显然大变。"[②] 一向乐观的胡适看到了趋新大势的社会影响，他发现自19世纪末以来，科学这个名词"在国内几乎做到了无上尊严的地位；无论懂与不懂的人，无论守旧和维新的人，都不敢公然对

---

① 丁文江：《玄学与科学》，见张君劢、丁文江等：《科学与人生观》，41～42、52页。

② 熊十力：《纪念北大五十周年并为林宰平先生祝嘏》，见《北京大学五十周年纪念特刊》，30页，北京，北京大学出版部，1948。

他表示轻视或戏侮的态度"。①

略带讽刺意味的是，在科学的"话语权势"之下，真正能对科学提出质疑的或者只有从西方回国的留学生。由于当时的"科学"其实是西来的，留学生大概因其略知西学而具有某种对"不科学"指责的"免疫"身份。如留学美日两国的杨荫杭就敢指斥时人"略闻一二粗浅之科学，即肆口痛诋宗教为迷信，此今日中国之通病"。其实"无论孔教、佛教、基督教，择其一而信之，皆足以检束身心，裨补社会；而独不可屏弃一切，以虚无鸣"。而胡适在一次与王宠惠等吃饭时，也听到王"大骂西洋的野蛮，事事不如中国"，只有请客吃饭的规矩比中国好。② 在当时的语境下，为"迷信"伸张或骂西洋的野蛮，似乎也只有留学生才能说得比较理直气壮。

正因为科学已处于一种"没有一个自命为新人物的人敢公然毁谤"的地位，但实际上又没有多少人"懂"（故其威权实不巩固），曾经是趋新先锋的梁启超站出来说科学"未必万能"就有不同寻常的影响了。胡适当时解释这次论战"发生的动机"说："欧洲的科学已到了根深蒂固的地位，不怕玄学鬼来攻击"；但中国的情形则不同，此时"正苦科学的提倡不够，正苦科学的教育不发达，正苦科学的势力还不能扫除那迷漫全国的乌烟瘴气"，却有名流学者出来"把欧洲文化破产的罪名归到科学身上"。不

---

① 胡适：《〈科学与人生观〉序》，见张君劢、丁文江等：《科学与人生观》，10 页。

② 载《申报》，1920-06-07，5 张 17 版，又见杨荫杭：《老圃遗文辑》，杨绛整理，11 页，武汉，长江文艺出版社，1993；《胡适的日记（手稿本）》第 2 册，1922年 3 月 31 日，台北，远流出版公司，1989（无页码）。

管其本意如何，"梁先生的话在国内确曾替反科学的势力助长不少的威风"。① 但由于丁文江与梁启超关系非同一般，他自己即曾追随梁同游战后的欧洲，且两人的辈分也有差异，丁恐不便直接向梁挑战。张君劢的演讲恰给丁以发动的机会。

吴稚晖当时已指出："张先生的玄学鬼，首先是托梁先生的《欧游心影录》带回的。"② 胡适复注意到张君劢实际也比梁启超走得更远，梁到底还声明本不欲"菲薄科学"，而张"原是一位讲究'精神之自足'的中国理学家，新近得到了德国理学家倭伊铿先生的印证，就更自信了，就公开的反对物质文明、公开的'菲薄科学'，公开的劝告青年学生：科学无论如何发达，决不能解决人生观的问题；公开的宣传他的见解：'自孔孟以至宋元明之理学家侧重内心生活的修养，其结果为精神文明。'"③

张君劢既然已突破清季以来不敢公开轻视科学的常规，其对新文化人所推动之事业的威胁就凸显出来了。值得注意的是"理学家"张君劢的"自信"其实是西来的，在尊西的民初，柏格森、倭伊铿等人的名字本身便具有相当的"话语权势"，张氏打着他们的"旗号"来"替梁先生推波助澜"，实具有更大的威慑性。在胡适看来，"新文化运动的根本意义是承认中国旧文化不

---

① 胡适：《〈科学与人生观〉序》，见张君劢、丁文江等：《科学与人生观》，12～13 页。胡适认为"中国此时还不曾享着科学的赐福，更谈不到科学带来的'灾难'"，所以不能允许玄学鬼的进攻。他实际上并未完全否认科学可能带来"灾难"，也不否认科学在中国普及后或应讨论科学可能带来的灾难；他只是认为时机不合适，即这样的问题不适宜在当时的中国讨论。

② 吴稚晖：《箴洋八股化之理学》，见张君劢、丁文江等：《科学与人生观》，308 页。按：吴文之所以甚得胡适欣赏，很可能正因其将矛头多指向梁启超和梁漱溟而非张君劢，不过胡适要到晚年才明确认识到这一点。

③ 胡适：《丁文江传》，64～65 页。

适宜于现代的环境，而提倡充分接受世界的新文明"。他们要引进的"新文化"，正以来自西方的科学与民主为表征。梁启超等人在欧战后对"科学"的质疑，实即向五四人最基本的观念挑战，当然要引起新文化人的激烈反弹；再加上梁、张等言论出处多自西来，更强化了挑战的冲击性，故"信仰科学的人"便不能不"大声疾呼出来替科学辩护"了。①

同时，许多新文化人仍像当年发动文学革命时一样感受到来自旧势力（即今人常说的"传统"）的强大压力，这在陈独秀对当时社会成分的观察中有充分的体现。他认为中国当时尚属孔德所说的"宗教迷信时代；你看全国最大多数的人，还是迷信巫鬼符咒算命卜卦等超物质以上的神秘；次多数像张君劢这样相信玄学的人，旧的士的阶级全体，新的士的阶级一大部分皆是；像丁在君这样相信科学的人，其数目几乎不能列入统计"②。

纯粹从总人数上看，陈的话似不能算不对。但就后五四时期构成所谓"舆论"的社会成分而言，他恐怕太低估了"新的士的阶级"中"相信科学"的人数（张君劢其实也只是想说科学还是有所不能而已）。叶其忠注意到，"所有支持张君劢的参战者有许

---

① 胡适：《〈科学与人生观〉序》，见张君劢、丁文江等：《科学与人生观》，12～13页；《新文化运动与国民党》，载《新月》，2卷6、7号，1929-09-10（非实际出版时间），5页。张君劢后来说，中国人接受西洋科学至少已数十年，"我们应该拿一种思索（Reflective thinking）的精神和批评的精神来想一想科学本身是什么"。这里他对"思索"所下的英文界定说明他的观念的确是反思性的，张当时或者真在思索"我们接受科学"之后的整体，而新文化人恐怕有意无意中视其为对五四新文化基本概念的反思。参张君劢：《人生观论战之回顾》，载《东方杂志》，31卷13期，1934年7月，6页。

② 陈独秀：《〈科学与人生观〉序》，见张君劢、丁文江等：《科学与人生观》，3页。

多保留"，且几乎为间接的；而"支持丁文江看法的参战者比较少保留"，且均直接支持。[①] 此最可见科学这一"话语权势"之预存，无人能公开与之对立。其实"旧的士的阶级"也不少趋从于科学的威力，几年前武昌高师的史地部主任姚明辉就在该校的《数理杂志》发表《三从义》和《妇顺说》，以数学原理证明"三从"和"妇顺"实天经地义，曾引起《新青年》的反弹。[②] 姚氏所论是否有理是一回事，但维护"三从"和"妇顺"也必须诉诸科学，并发表在《数理杂志》之上，却最能体现时代的转变和科学的威权。更重要的是，西化精英的社会影响实远超过其人数，他们的广大青年追随者（即论战双方所真正注目者）这一社会力量相当强大，陈对此估计明显不足。[③]

整个论战中科学派对来自"传统"那潜在的威胁或冲击给予了高度的重视，大致传承了新文化人对传统压力的想象倾向。[④] 但同为中国传统，还有上层主流文化与相对边缘的基层文化（即西人所谓大小传统）的关系问题。中国的大小两传统其实本是一直处于竞争之中的[⑤]，五四人大约因有西方这一参照系在，从中西文化竞争的角度着眼，反多看见其关联和相互支持的一面。胡

---

① 叶其忠：《从张君劢和丁文江两人和〈人生观〉一文看 1923 年"科玄论战"的爆发与扩展》，载《"中央研究院"近代史研究所集刊》，第 25 期，1996。

② 《请看姚明辉的三从义和妇顺说》，载《新青年》，6 卷 6 期，1919-11-01，"通信"栏，654～657 页。

③ 说详罗志田：《近代中国社会权势的转移：知识分子的边缘化与边缘知识分子的兴起》，载《开放时代》，1999（4）。

④ 参见罗志田：《林纾的认同危机与民初之新旧之争》，载《历史研究》，1995（5）。

⑤ 这里所谓的大传统、小传统，是套用西人对上层文化和下层文化的分法。如果从追随者的众寡看，下层文化这个传统当然要"大"得多。

适在科学的影响力方面虽比陈独秀更乐观，但他看见的中国实与陈之所见略同，仍是一片"迷漫全国的乌烟瘴气"。他那时要大家"试睁开眼看看：这遍地的乩坛道院，这遍地的仙方鬼照相……（我们）只有求神问卜的人生观，只有《安士全书》的人生观，只有《太上感应篇》的人生观"。①

当丁文江表示自己对宇宙间不知的成分宁取"存疑"态度时，陈独秀和胡适都认为丁太消极，等于间接承认了有神论；应采取一种相对"武断"的态度，明白宣称其无神论信仰（他们都认为无神论的证据已充足，要到有神论者拿出证据时才能放弃其信仰）。② 其实承认宇宙有不可知成分并不一定意味着神或上帝的有无，尤其玄学派完全没有这方面的暗示；但陈、胡二人却看到了潜在的威胁，即给玄学以地位就可能导致有神论，故胡适将吴稚晖否认上帝的言论誉为"真正的挑战"。其实吴所挑战的并非实际参战的玄学派，而是没有参与论战的"迷漫全国的乌烟瘴气"。

这正是吴稚晖眼里中国当时的情形：一方面象征西方经济入侵的"新新公司又将开幕"；而另一方面"同善社、道德社、大同教、吴鉴光、小糊涂、金刚眼，皆猖獗得远超过于戊戌以前"。③ 吴的观察提示了在戊戌以前儒家主流文化尚未崩散时，

---

① 胡适：《〈科学与人生观〉序》，见张君劢、丁文江等：《科学与人生观》，13页。这样看问题的时人尚不少，差不多十年以后，王造时发现"以前张君劢先生说了几句关于人生观的话，便有丁文江先生等一大群人去打玄学鬼；今年由考试院长戴季陶先生等所发起的时轮金刚法会在北京举行，在丁文江胡适之先生等脚下大演法宝，闹到轰轰烈烈，文化城中倒没有人去喇嘛庙里打鬼"。见王造时：《复兴新文化运动》，载《主张与批评》，第3期，1932，转引自陈端志：《五四运动之史的评价》，344页。

② 见张君劢、丁文江等：《科学与人生观》，7、17页。

③ 吴稚晖：《一个新信仰的宇宙观及人生观》，见张君劢、丁文江等：《科学与人生观》，404页。

"子不语"的怪力乱神在中国并无太多市场；西潮冲击使中国主流文化退居二线后，便先有义和拳的出现，后有 20 世纪 20 年代各种"怪力乱神"的猖獗，再次提示了作为异端进入中国的西潮无形中对昔日中国边缘文化的支持。[①] 所以新文化人眼中旧文化"妖焰"的复炽，其实恰是传统崩散的表征。特别具有诡论意味的是：一方面，新文化人将"怪力乱神"的猖獗看作传统的余威不绝；另一方面，这些孔教的反对者又实带儒家特别是"僧道无缘"的理学家气味，他们把道教（部分也包括道家）明确视为异端。

不仅胡适和吴稚晖的攻击范围均涉及道教，丁文江在声讨张君劢的"玄学"是"西洋的玄学鬼"联合了宋明理学"一班朋友的魂灵"时，也特别指出张的人生观"玄而又玄"。[②] 这里"玄而又玄"显系有意使用，正欲使读者产生联想。张君劢已注意及此，他指责丁文江虽"号为求证之科学家"，其为文之"字里行间，惟见谩骂之词"。张认为他自己对精神科学和物质科学的界限甚清，而丁"伪为不知，乃欲以'阴阳五行'之徽号加入，以为藉此四字可以乱人观听"。丁以玄学称谓张的人生观，正是"明知今之青年闻玄学之名而恶之，故取此名以投合时好"。[③]

张君劢的思想资源本来更偏向于西方，所以他认为"国人所以闻玄学之名而恶之者，盖惑于孔德氏人智进化三时期之说也"。

---

① 关于这一点，参见罗志田：《传教士与近代中西文化竞争》，载《历史研究》，1996（6）。

② 丁文江：《玄学与科学》，见张君劢、丁文江等：《科学与人生观》，51～52 页。

③ 张君劢：《再论人生观与科学并答丁在君》，见张君劢、丁文江等：《科学与人生观》，62、64、98 页。

但罗家伦却能理解到玄字在中国"向有的意义"才是关键所在，他认为："玄学（Metaphysics）的名词，在中文带着有历史背景的'玄'字，是很不幸的。因为涉及'玄之又玄'、'方士谈玄'……种种意义，引起许多无聊的误解。"①

在晚清诸子学兴起特别是在新文化人"打倒孔家店"之后，中国历史上的魏晋玄学其实已变成一个相对正面的词语。从国粹学派到新文化人中的鲁迅等人（甚至五四学生辈的朱谦之等），大致都对"魏晋文章"持欣赏态度。非儒家的梁漱溟先已非常正面地使用玄学一词，他以为玄学与科学正体现了中国与西方文化的区别。② 只有在正统儒家眼中，"玄学"才是一个负面名词。丁文江对此词的贬义使用，提示了儒家正统观念在西化的新文化人潜意识中不仅存在，而且相当深厚，稍一不慎即会表露。正如傅斯年对胡适所说："我们思想新信仰新；我们在思想方面完全是西洋化了；但在安身立命之处，我们仍旧是传统的中国人。"③其实他们岂止是一般"传统的中国人"，而且是儒家味道甚重的传统中国人。

新文化人正是在这样的心态下起而反击张君劢的人生观言论。由于"科学"作为西方文明（优越或不足）的象征更胜过其

---

① 张君劢：《再论人生观与科学并答丁在君》，见张君劢、丁文江等：《科学与人生观》，99 页；罗家伦：《科学与玄学》，见《罗家伦先生文存》第 3 册，279～280 页，台北，"国史馆"、国民党党史会，1976。

② 丁文江使用"玄学"一词或亦因梁漱溟先已论及玄学，提示着这次论战与稍前开始的"东西文化论战"的接续（其中"东方文化派"以二梁为代表）。参见汪晖：《从文化论战到科玄论战——科学谱系的现代分化与东西文化问题》，见汪晖、陈平原、王守常主编：《学人》第 9 辑。

③ 傅之言转引自《胡适的日记》，1929 年 4 月 27 日。

实际内容，论战表述的随意性之另一典型体现即各方在学理方面准备都不充分。时人已对论战的表述水平感到失望，陈独秀即说辩论双方未能将讨论集中在"科学与人生观"之上，他认为张君劢的文字固然更加枝蔓，但科学派的文章也"大半是'下笔千言离题万里'，令人看了好象是'科学概论讲义'"。[1] 其实丁文江等本意正不在此而在彼，他对此说得很明白：他不反对玄学家自己研讨本体论，而担心青年上了玄学家的当。

当时唯吴稚晖是解人，他根本认为"学问的法宝"谈得太多才是把官司"打到别处去了"。胡适在论战当年也与陈独秀有同感，以为论战者多未弄清楚科学的人生观究竟何义；但他到晚年更具后见之明的优势时，则转同意吴的看法，指出丁文江本清楚这次讨论"最重要的问题"是"科学方法是否有益于人生观，欧洲的破产是不是科学的责任"；但他不幸提出了"科学的知识论"问题，结果"把本题岔到别的问题上去了"。[2] 我们今日研究这一论战，恐怕也应该回到当事人更关注的"本题"吧。

不少后之研究者之所以也有类似陈、胡当年的失望感，或者即因为他/她们在心中预设了一个理想的（有时甚至是超越于论战者时代的）论战标准，然后再以此标准来衡量论战本身。[3] 其实论战的当事人之所欲言（当然各有侧重）与这些失望者之所欲

---

[1]　陈独秀：《〈科学与人生观〉序》，见张君劢、丁文江等：《科学与人生观》，2页。

[2]　吴稚晖：《箴洋八股化之理学》，见张君劢、丁文江等：《科学与人生观》，305页；胡适：《丁文江传》，68页。

[3]　不少研究者都根据几十年后西人对"科学"和"科学主义"的研究来反观时人的观念，他们在研究时无意中实际上参与或介入了这场争论，既成为争论之一方同时又兼充"裁判"之职，从而"发现"当时论者的种种疏漏和"不足"。

观本未必一致，前者真正关怀和关注的，并不一定在于"科学"和"人生观"本身究竟应如何界定，以及两者是否或怎样冲突等问题。后之研究者若仅将注意力集中于双方言论的概念层面（这是迄今为止研究得最多的），或不易把捉到论战诸人的真实心态。如果返其旧心，以"了解之同情"的态度去考察时人立论时的心态和意愿，也许所得便会不同。当然，论战者虽有其特定的关怀，但其各种表述仍围绕着"科学"这一核心观念进行，故五四人心目中的"科学"究竟何义，的确是应该澄清的问题。

二、进化论与作为五四基本理念的"科学"

过去对新文化运动或科学与人生观论战的研究都倾向于使用"科学主义"的概念来诠释五四新文化人心目中的"科学"。"科学主义"在西方是个含义不甚确定的术语，较早将其用于中国研究的郭颖颐对其定义是"把所有的实在都置于自然秩序之内，并相信仅有科学方法才能认识这种秩序的所有方面（生物的、社会的、物理的或心理的）"。① 这一定义如果较宽泛地使用，应有助于认识和解释许多新文化人的科学观，因为许多人或多或少都有相近的倾向。但在严格意义上使用，很可能对具体的每一个人都未必合适。特别是时人对于"科学"以及作为这一主义最基础的"科学方法"本身，其实有着相当不同甚至带本质区别的理解；在这样的情形下，一个带高度概括性的西方抽象术语对发生在中

---

① ［美］郭颖颐：《中国现代思想中的唯科学主义》，雷颐译，17 页，南京，江苏人民出版社，1995（这里"唯科学主义"即 Scientism 的中译）。

国的一次具体争论有多大的史学诠释能力，恐怕是要存疑的。①

　　且后之使用科学主义者常有进一步的发挥，如严搏非便认为，科学是带着伦理色彩作为一种价值体系进入中国，到五四时代成为具有"新权威"性质的价值信仰，与其在近代西方反权威的本质恰好相反。② 这样的观念，至少在这次论战之中"科学派"一边得不到充分反映。丁文江曾面告张君劢，"科学的通例是一种事实因果关系的缩写，并不是一成不变的。有了新事实，就可以推翻"。张的反应是"真正出乎意料之外"！他原"不知道科学是如此一文不值"，因此还增强了反对科学的信心。③ 胡适晚年回忆说：丁文江这一观念实在"太谦虚了，太不武断了，所以许多人感觉失望，许多人不认得在君说的是'科学'！"④ "科学"在丁氏那里"谦虚"到使"许多人不认得"，则不仅其"权威"性有限，更颇说明时人观念的不一致。

　　如前所述，科学概念本身未必是当时论战诸人关注的重心。胡适所说的"懂与不懂的人"均推崇科学一语很值得注意，在论战之中已有许多人指出许多参战者其实不怎么"懂"一般或具体某一科的"科学"，后之研究者也每每提到这一点。"不懂"者也要表示尊敬，非常能体现科学在那时的"话语权势"；而许多"不懂"者又都敢于在此方面立言而不觉有自我检束的必要，复

---

　　① 当时尚在美国读书并自称为此而参阅了四百多种书籍的罗家伦便发现，辩论双方对科学和玄学的理解都与当时的西方颇不相同。参罗家伦：《科学与玄学》，见《罗家伦先生文存》，215～220、381～384 页。

　　② 严搏非：《论"五四"时期中国的知识分子对科学的理解》，见林毓生等编：《五四：多元的反思》，198～214 页，香港，三联书店，1989。

　　③ 《丁文江致胡适》（1923 年 3 月 26 日），见《胡适来往书信选》上册，190 页。

　　④ 胡适：《丁文江传》，75 页。

体现出这一"权势"那虚悬的象征性，即其威权或无形的"控制"更多表现为一个大家必须尊重的社会象征，在具体的"话语"层面反而"懂与不懂的"各种人都可振振有词（实际历史画面呈现出的正是"言人人殊"的现象）。①

"科学"的概念本身是一个发展中的变量。我们今日提到"科学"，首先联想到的大概是数理化一类学科；但五四人更注意的是科学的"精神"和"方法"，而且这些"精神"和"方法"其实多来自生物进化论（对多数人来说恐怕意味着严复版的"天演论"而已②），又渐成为抽象的精神和广义的方法，特别与理化等具体学科的研究方法有距离。这大概即是科学与人生观之争时许多人下意识中那不言的"科学"，其与"格致"一线之科学发展的关联反而是相对松散的。

五四人多认为实验主义和辩证法的唯物史观是科学的两大分支，陈独秀在科学与人生观论战前后曾主张这两种方法应该合作成一条联合战线。胡适后来反驳说："辩证法出于海格尔的哲学，是生物进化论成立以前的玄学方法。实验主义是生物进化论出世以后的科学方法。这两种方法所以根本不相容，只是因为中间隔了一层达尔文主义。"③ 值得注意的是胡适用以判断或区分是否

---

① 若对参战者作一社会史分析，便会发现以科学为专业者实不甚多；且不仅他们的言说常常未能体现其专业训练，他们在论战中的影响通常也不及那些非专业而谈"科学"者，详另文。

② 丁文江即说："要知道达尔文的学说，最好是看他自己的书。我不知道在中国批评他学说的人，有几个从头至尾看过［《物种起源》］这部名著的。"丁文江：《玄学与科学的讨论的余兴》，见张君劢、丁文江等：《科学与人生观》，259 页。

③ 胡适：《介绍我自己的思想》，见《胡适论学近著》，496 页，济南，山东人民出版社，1998。

"科学"的标准正是进化论，他眼中的"科学"也是他爱说的"历史主义的"。①

　　进化论在当时及此后的西方已引起较大的争议，但今日意义上的"科学"在 19 世纪确立威望时，生物学的确起到了举足轻重的作用。像胡适等在中国受过严复版的"天演论"熏陶而在 20 世纪初受学于西方者，有这样的科学观是再自然不过的事。可知五四时人意识中的"科学"与我们今日所说的"科学"（其确立或晚到二战前后，近年又在转变）恐怕有相当大的距离。如果"科学"不同，所谓"科学主义"也就需要界定其在特定时空语境中的含义了。

　　正因为科学在中国与天演论的关联，欧战的残酷及战后西人的反思才对中国人触动极大，因为严复版的进化论（相对更轻视后天伦理的作用）本身受到了挑战。引进天演论的始作俑者严复本人在欧战后的观感很值得注意，他晚年在何遂的《观欧战纪念册》上题绝句五首（今录其前三首）：

　　　　太息春秋无义战，群雄何苦自相残。欧洲三百年科学，尽作驱禽食肉看。

　　　　汰弱存强亦不能，可怜黄草尽飞腾。十年生聚谈何易，遍选丁男作射蛹。

　　　　洄漩螺艇指潜渊，突兀奇肱上九天。长炮扶摇三百里，

---

　　①　至少在左派看来，胡适在这一点上确有"历史"方面的失误，伍启元即说他是半对半错："辩证法的唯心论没有错是玄学方法，但唯物辩证法是生物进化论成立以后的科学方法，这是不能否认的事。"参伍启元：《中国新文化运动概观》，72 页。

更看绿气坠飞鸢。①

　　同样有意思的是严复的自注：一、"战时公法，徒虚语耳。甲寅欧战以来，利器极杀人之能事，皆所得于科学者也。孟子曰：'率鸟兽以食人'，非是谓欤?"二、"德之言兵者，以战为进化之大具，谓可汰弱存强，顾于事适得其反。"三、"自有潜艇，而海战之术一变。又以飞车，而陆战之术亦一变。炮之远者及三百里外，而绿气火气诸毒机，其杀剧于火器，益进弥厉，况夫其未有艾耶！"

　　"公法"在戊戌维新期间曾是许多与严复同时代人寄予厚望的国际新秩序的代名词，而"科学"则是更持久的西方文明象征；前者对其创始人已成"虚语"，后者在西人手中造成如此剧烈的破坏，两者均导致"西方"这一整体形象的破坏。在这样失望的心态下过去本拟"束诸高阁"的孟子言论由隐复显，"夷狄"与当年的"泰西"之间的关联似乎又被唤醒了。其第二首的注语更已直接论及"汰弱存强"的"适得其反"，则严复到晚年实已稍悔其引述西方的"进化"学说（严自己已不用"天演"而改云"进化"，也值得注意）。特别有意思的是，时人对"科学"在中国与西方间的认知实有区别：科学在中国虽然更多体现为"精神"并落实在整理国故和史学的"方法"之上（详另文），在欧洲却像传教士所引导的那样仍与"物质"相连而落实在"技术"上。

　　严复虽然不像梁启超和梁漱溟那样公开检讨中西文化问题，

────────────

　　①　此诗由何遂示陈衍，黄濬录之，见黄濬：《花随人圣庵摭忆》，97～98页，上海，上海古籍书店，1983。

但他对西方文化的观感实与二梁相近。有类似看法的老新派尚不少见，被认为吸收西人方法于中国学术最成功的王国维那时即告诉胡适："西洋人太提倡欲望，过了一定限期，必至破坏毁灭。"王国维举美国耗巨资拍电影例，以为"这种办法不能持久"。胡适在这里又看见了"科学精神"，他认为"制一影片而费如许资本工夫，正如我们考据一个字而费几许精力，寻无数版本，同是一种作事必求完备尽善的精神，正未可厚非也"。他虽然对西方"不悲观"，但也以为"西洋今日之大患不在欲望的发展，而在理智的进步不曾赶上物质文明的进步"。可知胡适其实也已看出西方文化不尽美好，不过他主张"我们在今日势不能不跟西洋人向这条路上走去"，王国维"也以为然"。①

正是读到西人在战后对自己文化的反省，张君劢才（有信心）成为少数跳出了严复版进化论的学者，他明确将"达尔文之生存竞争论"列在科学所力不能及的"人生观"范围之中。仍在进化论中的丁文江立刻就注意到这一点，并将其点出，提请与他思想相近的"读者注意"。②另一位在美国学科学的任鸿隽与丁文江的观念接近，他说：诚如张君劢所言，达尔文的学说已经有后人的若干修正和改良，但"进化论的原理，却是无人能反对的"。任氏认为"近世的人生观，比中古时代的固定的消极的人生观进步多了"，而这一进步正得自进化论。他主张"把因果观念应用到人生观上去，事事都要求一个合理的。这种合理的人生观，也是研究科学的结果"。因为"只有由证据推出的结论"才

---

① 《胡适的日记（手稿本）》，1923 年 12 月 16 日。

② 张君劢：《人生观》，丁文江：《玄学与科学》，分别见张君劢、丁文江等：《科学与人生观》，35、51 页。

是合理的。①

任鸿隽对"进步"与"合理"等观念的运用明显体现出他在进化论武装下的"现代"心态，在美国学文科的罗家伦指出：斯宾塞（近代中国人另一重要思想资源）的进化论"用最机械的解说，先认定近代什么都是好的，是最高的发展之标准，所以强分多少时代，而以他们所认为'不好的'都加在以前的或初民的社会身上。现在经真正科学的考察，知道他们的论据充满偏见。进化（Evolution）只是现象的变动，是一种事实，但是进化不见得就是进步（Progress）"②。以今日后现代主义眼光看，"进步"也不见得就更"好"。唯罗氏当时对进化论如此认识，似已比那些学科学的人要更全面些。

多数中国人大致仍在进化论笼罩之下，他们不仅以进化论立论，在驳论时有意无意也以进化论为思想武器，就是张君劢自己也不例外。张氏在十年后回顾当年的论战时认为"最能代表中国这个时代的思想"的是吴稚晖的文章和胡适与陈独秀两人为论文集所写的序文（有意思的是三人均非学自然科学者），但三者在张的眼中当然都不够高明：吴的思想近于 19 世纪德国的朴素自然主义；胡适的文章则说明"他不是一个杜威的学生了，乃是十六十七世纪时之自然主义者"，其立意与文风，又类伏尔泰；而陈独秀不过"借科学与玄学的讨论来提倡唯物史观"。③

----

① 任叔永（鸿隽）：《人生观的科学或科学的人生观》，见张君劢、丁文江等：《科学与人生观》，128～130 页。

② 罗家伦：《科学与玄学》，见《罗家伦先生文存》第 3 册，244 页。

③ 本段与下段，参见张君劢：《人生观论战之回顾》，载《东方杂志》，31 卷 13 期，1934 年 7 月，8～10 页。

在进化论风行的近代中国，20 世纪之前的思想意味着什么，已不言自明。但张仍进一步提醒说，"我们现在生在二十世纪，我们是不是应该拿欧洲十七世纪的思路，再重复一下，又从十六十七世纪向前到二十世纪呢?"他特别指出"自然主义、唯物主义是各国思想界中必有的阶段"，唯物主义也只是在 19 世纪风行于欧洲，后来在英国和德国分别被经验主义和新康德主义所取代。只不过"在我们今日之中国，正是崇拜西洋科学，又是大家想望社会革命的时候，所以唯物主观〔主义? 史观?〕的学说，在中国能如此的流行"。他并预言，"恐怕不到几年后"，唯物主义"这种思想也就要过去了"。张的推理虽说"学术、宗教、政治问题决不是物质二字所能解决"，其实他的基本思路仍是以唯物主义在西方已过时这一进化论观念为基础。

而张君劢的"同时代人"其实不少，稍后唯物史观派攻击胡适所提倡的实验主义，同样说其是"中世纪"的和"违反科学"的。彭述之说："实验主义，从哲学的观点上看来，是一种变相的中世纪式的'烦琐哲学'"，其"表面上带着民主主义和似是而非的激进的科学的面具，然而实际上却是十分保守的、专断的、反动的、违反科学精神的"。[①] 彭氏言论最能表现当时的世风：第一要说对方旧，第二要说对方不科学；而其所用词语也最能体现当时的价值判断——"激进"正确而"保守"错误。在这方面，一般被认为是"守旧"的张君劢其实非常趋新。

在与丁文江争论时，张君劢多次强调他比丁文江更新，更能

---

① 彭述之：《评胡适之的实验主义与改良主义》，原载《读书杂志》卷二，转引自伍启元：《中国新文化运动概观》，75 页。

追随欧洲思潮。他认为"近三百年之欧洲，以信理智信物质之过度，极于欧战，乃成今日之大反动"。但欧洲玄学思潮从19世纪末已开始兴起，故他以"新玄学时代"来称谓近"二三十年之欧洲思潮"，并声明这样的新玄学是与此前旧玄学（注意仍是欧洲的）有区别的。张君劢先说，科学能否支配人生这一问题，"自十九世纪之末，欧美人始有怀疑之者，今尚为一种新说"，故丁文江不知，后又说，"以人生观为可以理智剖解，可以论理方法支配，数十年前或有如在君之所深信者，今则已无一人矣"。正由于欧美思潮的转变，今日"欲以机械主义支配吾国之思想界，此必不可得者矣"。①

张氏不久再申："科学自产生到现在，其于人生的利害究竟如何呢？在吾国人或不觉此是问题，因为科学一定是有益的；在欧洲则成为问题，已有数十年之久了。"欧洲人"自十九世纪下半期后，对于科学，渐由信仰而趋于怀疑，尤其是法国人怀疑最烈"。而且"方今欧美先知先觉，在精神方面提倡内生活，在政治方面提倡国际联盟，这种人已经不在少数；只看我国人如何响应他，必可以达到一种新境界"。故他"敢告诸君，我所说的并非梦话，欧美知识界之新学者，都已趋向我所说的新路上来了"。② 以欧美"新"学者走的"新"路来强化自己取向的吸引力，张氏用心相当良苦，而其尊西趋新的态度也表现得十分充分了。

由于张君劢自身在科学和人生观两方面都没有进行系统深入

① 张君劢：《再论人生观与科学并答丁在君》，见张君劢、丁文江等：《科学与人生观》，99～101、61、81、110页。
② 张君劢：《科学之评价》（童过西笔记），见张君劢、丁文江等：《科学与人生观》，221～226页。

的学理研究，又负有士人的立言之责，在立说时便不能避免随西
人之波而逐西方之流。虽然张君劢自称其治学与奔走政治皆有原
则，既"不以时俗之好而为之"，也"不以时俗之不好而不为"；
这针对他在中国的情形或不错，但并未能改变他的思想资源基本
是西来，而且正是在随西方之波逐西方之流这一事实。张自己
说，他与倭伊铿"一见倾心"，于是将正在读的"国际政治学书
束之高阁"，此后更"潜心于西方学术之源流，惟日叹学海之汪
洋，吾力之不逮"。①

　　最后一句的确是实话，张君劢所看的基本是国际政治和哲学
书籍，对西方近代史所知实浅。他一则曰"十九世纪之初，科学
的信仰，〔在欧洲〕如日中天"；再则曰"今日欧美之迷信科学
者，已不如十九世纪初年之甚"。② 这真不知是从何处得来的知
识，与历史事实全不符合。③ 如果不是想当然的话，即很可能是
据进化论以中国情形反推欧洲，认为欧洲当比中国提前若干时
间，由此得出这样的推论。我们当然不能要求不治史学的张君劢
不犯此类错误（但他敢于随便立说的勇气也太足），这里更值得
注意的是他拿欧洲之问题来说中国人及与丁文江比赛更新更西的

――――――――

　　① 张君劢：《再论人生观与科学并答丁在君》，见张君劢、丁文江等：《科学与
人生观》，119 页。劳榦已指出张君劢在论战时缺乏"为天地立心为生民立命"这样
一种"哲学"应有的高远思虑，却去追逐一战后欧洲的时流（随着世局的演变，这一
当时的"显学"终成西洋哲学的"旁枝"，愈发显出逐流者的低浅）。参见劳榦：《记
张君劢先生并述科学与人生观论战的影响》，载《传记文学》，29 卷 3 期，1976 年 9
月，引文在 82 页。

　　② 张君劢：《再论人生观与科学并答丁在君》，见张君劢、丁文江等：《科学与
人生观》，106、110 页。

　　③ 关于科学在 19 世纪欧洲的地位，参见 Raymond Williams, *Keywords：A
Vocabulary of Culture and Society*, New York, Oxford University Press, 1976,
pp. 232-235；罗志田：《传教士与近代中西文化竞争》，载《历史研究》，1996（6）。

明显倾向。

正是在比丁更新更西的自信上，张君劢敢于指责丁文江"连'心'同'物'的分别都不知道，那里还懂得哲学！"过去的研究者或受张君劢的影响，说丁文江是什么心物二元论者，其实丁本人就自认是唯心论者。丁氏本认为："所谓事实，包括精神物质而言，因为我以为物质是 mind content［精神内容］，此外并无独立的物质可言。"[①] 他又说："我们所晓得的物质，本不过是心理上的觉官感触，由知觉而成概念，由概念而生推论。科学所研究的不外乎这种概念同推论，有甚么精神科学、物质科学的分别？又如何可以说纯粹心理上的现象不受科学方法的支配？"[②] 今日受唯物主义影响较深的国人或难理解自然科学家何以能够是唯心论者，其实两者间未必有根本的矛盾，近年西方根据新发现的手稿研究近代科学的奠基者之一的牛顿，就发现占星术不仅影响了他的思维，而且根本就是他的研究对象。这个问题牵涉太宽，只能由内行的专家来解释了。

对丁文江自己而言，只要将科学限制在"方法"或"知识论"的范围内，便不受什么唯心唯物的影响了。所以他认为："科学的万能，科学的普遍，科学的贯通，不在他的材料，在他的方法。"故是否"科学"也只看其方法而已，爱因斯坦的相对论、詹姆士的心理学、"梁任公讲《历史研究法》，胡适之讲《红楼梦》"，以及"近三百年经学大师治学的方法"，均是科学。而西方科学之所以不屑同玄学争论，即因为其"知道在知识界内，

---

① 《丁文江致胡适》（1923 年 3 月 26 日），见《胡适来往书信选》上册，189～190 页。

② 丁文江：《玄学与科学》，见张君劢、丁文江等：《科学与人生观》，46 页。

科学方法是万能，不怕玄学终久不投降"。① 这样强调科学万能，似乎很像许多研究者所说的"科学主义"，但丁氏口中的"科学方法"却并非时人的共识。

三、余论：认识科学

今日学者好争论人文学是否社会科学②，其实对五四人而言，这不是问题；那时许多人认为所有学问都是（或应该是）科学，问题在于什么样的人文学才科学或人文学怎样研究才科学。五四人的前辈梁启超讲科学就注重的是其"精神"，且落实在方法之上，即"有系统之真智识，叫做科学；可以教人求得系统之真智识的方法，叫做科学精神"。③ 胡适晚年回忆说：丁文江和他自己都"最爱读赫胥黎讲科学方法的论文"，而赫氏恰将历史学、考古学、地质学、古生物学以及天文学都归入"历史的科学"一类，其适用的方法正与中国的"考据"相类。④

中国传统的考据方法是不是科学方法只是这次论战中的一个支题，却有着远更广泛的意义；因为五四人讲"科学"时甚少往"技术"方向走（讲到西方的物质一面时也一定要提高到"文明"

---

① 丁文江：《玄学与科学》，见张君劢、丁文江等：《科学与人生观》，46 页、53、51、57 页。
② 这是受英文著作的影响，法文对"科学"和"社会科学"便无英文那样明确的分界，参见 Raymond Williams, *Keywords: A Vocabulary of Culture and Society*, p. 235.
③ 梁启超：《科学精神与东西文化》，见《饮冰室合集·文集之三十九》，3 页，北京，中华书局，1989。
④ 胡适：《丁文江传》，73～74 页。

层次），与我们今日将"科技"完全合起来讲迥然不同。若落到实践层面，则"赛先生"真正落实的恰在胡适提倡的"整理国故"之上。对此许多胡适的支持者其实都或明或暗地反对（各人的出发点有所不同）。老一辈的吴稚晖干脆主张将国故"丢在毛厕里三十年，现今鼓吹成一个干燥无味的物质文明，人家用机关枪打来，我也用机关枪对打，把中国站住，再整理什么国故，毫不嫌迟"。胡适学生辈的追随者傅斯年也对整理国故很有保留，只是不曾正面挑战胡适而已。①

这里的根本大分歧正在于什么是"科学"，胡适和丁文江都认为考据方法即是科学方法，张东荪则反对说："汉学家的考据方法不能即算就是科学方法。我承认汉学家有点儿科学精神，但不能以一点的相同，即谓完全相同。本来考古学（按：非今日所谓考古学）只是历史地理的一个分支，自有其地位。若把考古学的方法推广而用于其他地方，科学家即承认这个就是科学方法，似乎未免太自贬了。"因为"科学注重在实验，考据不过在故纸堆中寻生活"而已。② 问题在于，如果以是否"实验"为判断依据，则大部分所谓"社会科学"都非科学，这恐怕连张君劢都不能同意。

---

① 吴稚晖：《箴洋八股化之理学》，见张君劢、丁文江等：《科学与人生观》，310 页；傅斯年：《历史语言研究所工作之旨趣》，见《史料论略及其他》，40～49 页，沈阳，辽宁教育出版社，1997。

② 参见张东荪为梁启超《人生观与科学》所写的按语及其自著的《劳而无功——评丁在君先生口中的科学》，见张君劢、丁文江等：《科学与人生观》，144～145、238 页。胡适的另一学生辈追随者罗家伦与张氏观点相近，他公开指出"国内许多人认为科学方法就是那种'整理国故'方法可以代表"，其实后者只是前者"很小的部分"，实不足"代表科学方法"。罗家伦：《科学与玄学》，见《罗家伦先生文存》第 3 册，243 页。

实际上张东荪本认为"科学当然是 Science 的译语"，所以中国汉学家的方法自然不可能是西来的科学方法。但对胡适来说，这里正意味着中西间是否平等的问题，他针对另一个北大学生毛子水提出的"世界上的学术，比国故更有用的有许多，比国故更要紧的亦有许多"的观点指出："学问是平等的。发明一个字的古义，与发现一颗恒星，都是一大功绩。"① 西方人尽可去发现恒星，中国人也可去发明字的古义，只不过是同一科学精神的不同运用而已。既然同是科学发明，则整理国故即进行"科学"事业，这或者即是胡适终其身都在进行考据的一个原因吧。

在科学方法的运用或其能力上，当时人的看法也相当不一致。任鸿隽认为，"科学方法虽是无所不能，但是他应用起来，却有一定的限度"，如张君劢那种"浑沌囫囵"的人生观便用不上。② 但更多的人则对科学期望甚高，蒋百里即注意到人类对科学的期望和要求过多："面包问题，也请赛先生来管；男女问题，也请赛先生来管。"其实科学真正涉及的不必是这类可以直接感知的具体事物，而多半是人类耳目所不能及的学理："赛先生的声学，是人类耳朵所听不见的占大部分；赛先生的光学，是人类眼睛所看不见的占大部分。"他以玩笑口吻指出："科学万能"与"科学破产"其实都是"人类寻着赛先生时一种高兴"以及"高

---

① 张东荪为孙伏园《玄学科学论战杂话》所写的按语，见张君劢、丁文江等：《科学与人生观》，135 页；胡适：《论国故学》，见《胡适文存》卷二，286 页，上海，亚东图书馆，1920。

② 任叔永（鸿隽）：《人生观的科学或科学的人生观》，见张君劢、丁文江等：《科学与人生观》，127 页。

兴的情调一时低下去"的不同反应，与科学本身恐怕无关。①

主张科学万能的丁文江其实是面向未来，他认为当时科学的力量还相当有限。因此，"欧洲文化纵然是破产（目前并无此事），科学绝对不负这种责任，因为破产的大原因是国际战争。对于战争最应该负责的人是政治家同教育家，这两种人多数仍然是不科学的"。他指出英国教育界从中学到大学，仍基本控制在教士手里，欧洲大陆和美国亦然（这意味着他说在欧洲混不下去的玄学鬼其实混得不错）；并以"欧美做国务员、总理、总统的从来没有学过科学的人"为例，证明"科学的影响，始终没有直接侵入政治"。故"欧美的工业虽然是利用科学的发明，他们的政治社会却绝对的缺乏科学精神"。如今"欧洲的国家果然都因为战争破了产"，该负责的是"不科学"的政治家同教育家。②换言之，欧洲破产的是尚未"科学"的"国家"，却不是"科学"的欧洲"文化"。

这提示着当时人所思考和讨论的，其实不必是研究学理的科学本身，而是人们认知中科学（实际和可能）的社会功能。正如史华慈指出的：科学与人生观论战中站在"科学"一边的人其实对科学的看法相当不一致，故这次论战"不过表明了这样的事实，即科学一词本身不再提供任何共同一致的基础"。③ 同样，前述张君劢和张东荪观念的歧异说明，"玄学"一边的人对科学

---

① 百里：《赛先生与人类》，载《改造》，4 卷 5 号，1922 年 1 月。此为该册册首之《一得录》，无页。

② 丁文江：《玄学与科学》，见张君劢、丁文江等：《科学与人生观》，54～57 页。

③ ［美］史华慈：《思想史方面的论题：五四及其后》，见［美］费正清编：《剑桥中华民国史》（上），494 页，北京，中国社会科学出版社，1993。

概念的认知也是相当不同的。

那时人们的科学观不仅歧异颇多，而且有的人变更极快。写《中国历史研究法》时的梁启超大致与胡、丁观念接近，但在该书出版的 1922 年当年即已有新的看法。他回顾说，由于"因果律是自然科学的命脉"，学者多欲证明自己所治学科也有因果可寻，以成为科学。"史学向来并没有被认为科学，于是治史学的人因为想令自己所爱的学问取得科学资格，便努力要发明史中因果。我就是这里头的一个人，我去年著的《中国历史研究法》内中所下历史定义，便有'求得其因果关系'一语"，现在读了西人著作，再加上自己的研究，"已经发觉这句话完全错了"。① 梁固以"与昨日之我战"而著称，但这样短的时间里有这样截然相反的根本转变，仍从一个侧面凸显了时人科学观的不稳定性。

梁启超自供的想为史学"取得科学资格"的心态，又揭示出科学作为社会象征的魅力。在五四人提出"赛先生"口号时，对"科学"的概念并无一个大家认可的共识，但作为一个正面象征还能为各方所接受。科学与人生观这次论战再次表明，在时人的心目中科学概念的歧异恐怕还超过其共性，且这一歧异已延伸到象征层面。西来的"科学"在象征层面也已不再一致，正是一战后"西方"分裂的明显表征。② 对这样歧异波动的科学观是否能以"科学主义"来作概括性的诠释，我以为是要打个问号的。

时人对科学缺乏共识直接影响到究竟应当怎样在中国提倡和

---

① 梁启超：《研究文化史的几个重要问题》，见《饮冰室合集·文集之四十》，2 页。

② 参见罗志田：《西方的分裂：国际风云与五四前后中国思想的演变》，载《中国社会科学》，1999（3）。

推进科学的问题。偏于玄学一边的林宰平提出，五四后的中国已与前不同，"真科学家固然不多，但是知道科学是重要的，这几年似乎很不在少数。现在提倡科学，正要为他显出真正的价值，筑了坚实的基础"。林氏认为"科学的"不一定就是"科学"，即"科学和科学的方法"两者并非一事。若两者不分即可能导致"天地间无一不是科学"这样一种泛科学化。若"把科学极力的普遍化，烧酒对水卖，分量越多，价值越少"。他观察到，当时学术界的毛病在于，"一个范围很谨严的名词，应用又应用后来渐渐失其本意，甚至有与原意义完全相反的"。故"科学一语，恐怕不久也要变成滥套了。这是糟蹋科学，不是提倡科学"。①

马克思就曾否认过他是时人认知中的"马克思主义者"，林氏所见的确是当时尚未引起足够注意的现象。古代中国曾有将政治泛道德化的现象，对外和战常提到道德的高度，致使一些相对切实的政策主张无法得到广泛的认同。② 近代中国也曾有明显的泛政治化倾向，如女性的缠足便常被提到国家民族存亡的高度，结果女性本身"人的解放"这一更根本的目标反被忽视。思想学术的泛科学化是 20 世纪中国的一个显著特征，其结果是"科学"变为象征和"口头禅"，在一定程度上反与具体学理上的科学研究疏离，这样的异化现象在最提倡科学的五四时期已有明显的反映。一般都认为科学与人生观的论战是以"科学"一方的胜利结

---

① 林宰平：《读丁在君先生的〈玄学与科学〉》，见张君劢、丁文江等：《科学与人生观》，158～161、180 页。

② 参见 Arthur N. Waldron, *The Great Wall of China: From History to Myth*, Cambridge, Cambridge University Press, 1990.

束的，但科学的"成功"或"胜利"其实也多是象征性的。五四运动八十年后强调"科教兴国"的今天，"尊重知识"（这里知识与科学的关系不言自明）仍是个尚未达到却心向往之的努力目标，最足说明问题。

图书在版编目（CIP）数据

激情年代：五四再认识/罗志田著．—北京：北京师范大学出版社，2023.5
ISBN 978-7-303-27075-0

Ⅰ．①激… Ⅱ．①罗… Ⅲ．①五四运动—研究
Ⅳ．①K261.107

中国版本图书馆 CIP 数据核字（2022）第 018760 号

营 销 中 心 电 话　　　010-58808006
北 京 师 范 大 学 出 版 社
新史学策划部微信公众号　　新 史 学 1902

JIQING NIANDAI
出版发行：北京师范大学出版社 www.bnupg.com
　　　　　北京市西城区新街口外大街 12-3 号
　　　　　邮政编码：100088
印　　刷：保定市中画美凯印刷有限公司
经　　销：全国新华书店
开　　本：880 mm ×1230 mm　1/32
印　　张：14.5
字　　数：325 千字
版　　次：2023 年 5 月第 1 版
印　　次：2023 年 5 月第 1 次印刷
定　　价：88.00 元

策划编辑：谭徐锋　　　　责任编辑：曹欣欣　　王子恺
美术编辑：王齐云　　　　装帧设计：王齐云
责任校对：段立超　　　　责任印制：赵　龙

版权所有　侵权必究
反盗版、侵权举报电话：010-58800697
北京读者服务部电话：010-58808104
外埠邮购电话：010-58808083
本书如有印装质量问题，请与印制管理部联系调换。
印制管理部电话：010-58804922